研究生“十四五”规划精品系列教材

社会保障概论

主　编 温海红 王立剑
副主编 杨　潇 商存慧

西安交通大学出版社
XI'AN JIAOTONG UNIVERSITY PRESS

内容提要

本书是西安交通大学研究生“十四五”规划精品系列教材之一。本书系统、全面阐述了社会保障概念和理念、社会保障体系、社会保障制度模式、社会保障政策与公共政策、社会保障管理体制、社会保障法制及国外社会保障制度等基本理论知识，介绍了当前国外社会保障制度的发展现状和趋势，并对中国社会保障制度现存的问题提出了改革思路。各章节安排了案例分析、复习思考题、阅读书目等内容。

本书不仅可作为普通高校劳动与社会保障、财政学、行政管理、人力资源管理等相关专业的本科生和硕士生教材，也可作为从事人力资源和社会保障、民政实务工作者的培训教材。

图书在版编目(CIP)数据

社会保障概论 / 温海红，王立剑主编
. — 西安 ：西安交通大学出版社，2022.5(2023.3 重印)
ISBN 978 - 7 - 5693 - 2480 - 8

Ⅰ. ①社… Ⅱ. ①温…②王…Ⅲ. ①社会保障-概论-研究生-教材 Ⅳ. ①C913.7

中国版本图书馆 CIP 数据核字(2022)第 054689 号

书　　名 社会保障概论
SHEHUI BAOZHANG GAILUN
主　　编 温海红　王立剑
责任编辑 李逢国
责任校对 郭　剑
封面设计 伍　胜

出版发行 西安交通大学出版社
(西安市兴庆南路 1 号　邮政编码 710048)
网　　址 http://www.xjtupress.com
电　　话 (029)82668357　82667874(市场营销中心)
(029)82668315(总编办)
传　　真 (029)82668280
印　　刷 西安日报社印务中心

开　　本 787mm×1092mm　1/16　**印张** 19.375　**字数** 489 千字
版次印次 2022 年 5 月第 1 版　2023 年 3 月第 2 次印刷
书　　号 ISBN 978 - 7 - 5693 - 2480 - 8
定　　价 59.80 元

发现印装质量问题，请与本社市场营销中心联系。
订购热线：(029)82665248　(029)82667874
投稿热线：(029)82664840
读者信箱：xj_rwjg@126.com

前言

社会保障是保障和改善民生、维护社会公平、增进人民福祉的基本制度，是促进经济社会发展、实现广大人民群众共享改革发展成果的重要制度安排。伴随着我国社会经济体制的改革，为了积极应对人口老龄化的挑战，国家高度重视社会保障体系建设。近年来，社会保障制度的公平性和普惠性不断提升。目前，我国以社会保险为主体，包括社会救助、社会福利、社会优抚等制度在内，功能完备的社会保障体系基本建成，基本医疗保险覆盖 13.6 亿人，基本养老保险覆盖近 10 亿人，建立了世界上规模最大的社会保障体系。

中国特色社会主义进入新时代，社会的主要矛盾已经转化为人民日益增长的美好生活需要和不平衡、不充分的发展之间的矛盾，为此社会保障体系建设要顺应时代的发展变化，坚持新发展理念，不断优化制度设计，以中国特色社会保障理论体系指导社会保障制度实践的深入改革，以实现社会保障事业的高质量发展。同时加快建成全覆盖、多层次的中国社会保障体系，最终实现幼有所育、学有所教、劳有所得、病有所医、住有所居、老有所养、弱有所扶、贫有所帮、灾有所援的民生保障目标。

早在 20 世纪 90 年代末，随着社会主义市场经济体制的建立，国家十分重视社会保障专业人才的培养工作，自 1998 年以来社会保障学科发展已有 20 多年的历史，全国已有 100 多所高校开办劳动与社会保障本科专业，已建成本—硕—博完整的人才培养体系，为国家社会保障实践发展输送了一批又一批的专业人才。

早期的社会保障专业教材建设步伐较慢，本科专业教学大部分使用中国人民大学孙光德、董克用教授编写的《社会保障概论》，2002 年西安交通大学的教师承担了全国公共管理专业硕士系列教材之一《社会保障概论》的编写任务，2003 年该教材由科学出版社出版，之后此教材没有机会再版，时至今日已成为时代记忆。2020 年西安交通大学研究生院部署“十四五”规划教材任务，教师踊跃申报参加编写工作，本教材有幸获得立项，以此为契机实现之前修订的愿望。

本书是西安交通大学、西北工业大学的老师共同合作的成果。全书共分十章，具体分工如下：温海红（西安交通大学）编写了第一章、第六章第一节和第三节；王立剑（西安交通大学）编写了第九章和第十章；商存慧（西北工业大学）编写了第三章第一节至第五节和第五章；杨潇（西安交通大学）编写了第七章和第八章；张泽滈（西安交通大学）编写了第四章；胡晗（西安交通大学）编写了第二章；章芬（西安交通大学）编写了第三章第六节；王怡欢（中国人民大学）编写了第六章第二节。全书由温海红负责统稿。

本书在编写过程中注重理论联系实际，内容具有系统性和全面性，各章节安排案例分析和复习思考题，有助于启发读者思考未来如何完善社会保障制度。本书不仅可作为普通高校劳动与社会保障、财政学、行政管理、人力资源管理等相关专业的本科生和硕士生的教材，也可作为从事人力资源和社会保障、民政实务工作者的培训教材。

本书在编写的过程中参考和引用了大量的相关著作、教材和论文，在此对相关作者表示衷心的感谢，同时也衷心感谢西安交通大学出版社李逢国编辑及全体工作人员对本书出版的大力支持和帮助。

由于时间比较仓促，加之水平有限，书中可能有许多不足，敬请读者提出宝贵意见和建议。

编者

2022年2月

目录

第一章　导论

学习目标

掌握社会保障概念和原则

掌握中外社会保障理念发展演变

掌握社会保障基础理论

关键概念

社会保障　社会保障理念

第一节　社会会保障的概念与理念

一、概念与原则

(一)社会保障概念

“社会保障”一词,源于英文的“social security”,意为社会安全,最早出现于1935年美国国会通过的《社会保障法案》中。该法案将社会保障界定为:“社会保障是对国民可能遭遇到的各种危险如疾病、老年、失业等加以保护的社会安全网。”美国社会保障制度的建立引起世界各国的关注,此后“社会保障”一词被广泛使用,各国根据经济水平、文化和价值观等建立了社会保障制度。

1942年国际劳工组织指出社会保障是“通过一定的组织对这个组织的成员所面临的某种风险提供的保障;它为公民提供保险金,并预防和治疗疾病,在一个人挣不到钱时,资助并帮助他重新找到工作”。社会风险的客观存在是社会保障制度产生的前提条件,国际劳工组织对社会保障制度承担的风险在1952年的《社会保障最低标准公约》中界定为生育、疾病、伤残、失业、养老、居住和灾害七大风险。2004年9月国际劳工组织在北京召开的国际社会保障协会第28届全球大会中认为:社会保障是一项基本人权,是增强社会凝聚力,从而确保社会和睦、社会包容的根本手段。它是政府社会政策的一个不可缺少的部分,也是预防和缓解贫困的一个重要工具。2007年国际劳工组织又提出基本社会保障的概念,包括基本医疗保健、家庭基本福利、老年人和残疾人的基本养老保险,提供基本社会保障是政府的义务。

我国是在20世纪80年代中期引入“社会保障”一词的,国内学者对社会保障概念的解释不尽相同,归纳起来为:社会保障是国家依法通过强制手段,采用国民收入再分配的方式,对暂时或永久失去劳动能力或因各种原因导致生活困难的社会成员提供基本的生活保障。1998年劳动和社会保障部成立后,对社会保障做了全面的概念界定,即“社会保障是指国家通过立法，积极动员社会各方面资源，保证无收入、低收入以及遭受各种意外灾害的公民能够维持生存，保障劳动者在年老、失业、患病、工伤、生育时的基本生活不受影响，同时根据经济和社会发展状况，逐步增进公共福利水平，提高国民生活质量[①]。”

社会保障的概念可分为广义和狭义两种，狭义的社会保障是指社会保险，广义的社会保障包括社会保险、社会救济、社会福利、家庭津贴、住房保障。不论是广义还是狭义的社会保障，都是从一国制定的社会政策角度来认定，欧洲福利国家把社会保障作为社会福利(social welfare)中的一个子项目。

随着社会经济的发展变化，社会保障概念的内涵也在不断丰富，其发展经历了社会救助→社会保险→社会保障→社会福利→社会保护，社会保障的覆盖范围越来越广，保障对象从特殊人群到全体国民，社会保障成为社会经济发展的“稳定器”“保护器”“调节器”。社会保障的内涵可归纳为以下几方面：

(1)社会保障的责任主体是国家。社会保障是一项重要的社会公共产品或“准公共产品”，需要政府通过公共财政支出为国民提供社会公共产品，而社会保障制度的设计、实施都必须由国家统一组织和管理。

(2)社会保障是社会的安全阀。任何社会的经济发展需要一个稳定的社会环境，社会保障作为社会发展的稳定机制，为了消除各种社会风险和劳动风险给社会成员带来的暂时或永久的困难，通过不同的保障项目为他们提供基本生活保障，以保证经济社会的协调发展。

(3)社会保障是国民收入再分配的一种手段。在市场经济条件下，初次分配是按生产要素所有权来分配的，注重效率原则，这种分配必然导致社会成员之间分配不公，出现贫富两极分化现象，会引起社会阶层之间的矛盾，对社会稳定构成威胁，于是政府为了弥补初次分配的缺陷，实现社会公平，通过国民收入再分配的手段，征收社会保障税(或社会保障费)，为社会成员基本生活权利提供安全保障，实现社会公平与公正。

(4)社会保障的实施依据是国家立法。社会保障的目的是保障社会成员的基本生活需要，为了确保社会成员的基本生存权得以实现，必须有法可依。一方面表现在雇主和雇员要依法履行缴费义务和享有保障待遇的权利；另一方面表现在根据法律规定征收社会保障基金，以确保社会保障制度的正常运行。

(二)社会保障遵循的原则

1. 公平原则

在社会保障设计中，必须打破各种身份限制，公平地对待每个国民，并确保其享受到相应的社会保障权益；在社会保障实践中，必须更多地维护好弱势群体的利益，以此达到缩小贫富差距，促进整个社会健康、和谐发展的目标。社会公平是社会保障的基本原则，主要体现在以下几个方面：一是保障范围的公平性，即不应对保障对象的性别、职业、民族、地位等身份有所限制；二是保障待遇的公平性；三是保障过程的公平性。强调社会保障公平性原则的同时也要兼顾效率。

2. 与社会经济发展相适应原则

社会保障是国家用经济手段来解决社会问题，进而达到特定的政治目标，因此，社会保障

① 成保良. 社会保障概论[M]. 北京：九州出版社，2001：4.

的发展必须坚持与社会经济发展相适应的原则。一方面，社会发展变化决定着社会保障的结构变化；另一方面，社会保障的确立无一例外地需要相应的财力支撑。与社会经济发展相适应是各国建立社会保障的基本原则。在坚持这一原则时，应当全面理解这一原则的含义，既不能单纯强调社会发展的需要，也不能单纯强调与经济水平发展相适应，而是需要综合考虑社会发展需要和经济发展的承受能力，否则，便会顾此失彼，使社会保障在实践中陷入被动。

3. 责任分担原则

只有确立责任分担原则，并按照这一原则来让政府、企业、个人乃至社会等合理分担社会保障责任，社会保障才可能获得持续发展并有利于整个社会的和谐发展。在政府改革向小政府、大社会格局和有限责任政府迈进的过程中，社会保障亦日益呈现出政府主导和社会分责的发展趋势。坚持责任分担原则，实现正式制度安排与非正式制度安排的有机结合，既是政府无法完全包办社会保障事务以及正式制度安排难以满足国民日益增长的福利需求的现实使然，也是提高社会保障公共资源的效率并充分调动民间与社会力量共同促进社会保障事业发展的必由之路，最终目的都是为了提高国民的福利水平。需要指出的是，国家虽然不能将非正式的社会性保障纳入正式的制度安排，却应当积极引导并发挥各种非正式制度安排的作用，正式制度安排与非正式制度安排的有机结合，将放大整个社会保障体系的效能。此外，对中国等具有家庭保障传统的国家而言，社会保障与家庭保障相结合亦应当成为责任分担原则的具体体现，将家庭保障作为整个社会保障制度安排的基础，将有利于促使整个社会保障步入稳定、健康、良性的发展轨道。

4. 普遍性与选择性相结合原则

与普遍性原则相比，选择性原则下的社会保障显然不可能是全民保障，因为人们对社会保障的需求客观上存在着差异，国家的财政实力亦有强弱之分，尤其是一些发展中国家的地区发展很不平衡，这些条件极大地制约了普遍性原则的实现，而遵循选择性原则既能够满足社会成员不同的社会保障需求，亦不会超越社会经济发展水平而构成沉重包袱。其实，选择性原则的实践为普遍性原则的落实创造着条件，在肯定普遍性原则并尽可能地推进社会保障公平性与公正性的同时，不能将选择性原则与普遍性原则对立起来，而应当承认发展中国家按照选择性原则或普遍性与选择性相结合的原则来建立社会保障的合理性与过渡性。

5. 互济性原则

社会保障是对社会高收入群体与低收入群体收入分配的调整，“劫富济贫”是社会保障资金筹集与使用过程中通行的原则，也是富人与穷人在同一社会、同一制度下获得共同发展的一种有益的协调机制。互济性原则还体现在社会对遭到风险的群体进行物质帮助方面，如在职者与失业者、年老者与年轻者、患病者与健康者的互助互济。互济性原则既是社会保障赖以生存与发展的基础，也是增进整个社会协调发展的重要条件。在理论与实践中，互济性原则其实是以互惠制为基础的，即我为他人做贡献，他人也为我做贡献，两者互为条件、互相促进。社会保障正是这种互助或互惠制的强制化、固定化和规范化。

6. 强制性原则

为了切实保障社会成员的基本生活，社会保障一般采用以国家信誉做担保，以法律法规明确规范做保证的强制性原则。国家法律硬约束与政府干预贯穿于社会保障正式制度安排中，但是在非正式制度项目中，通常采取自愿选择方式。社会保障必须以社会保障法律作为制度确立的标准，作为实施社会保障项目的依据，作为政府管理与监督社会保障事务的依据。不仅企业与个人需要依法承担相应的社会保障义务，享受相应的社会保障权益，政府在管理与监督社会保障事务时亦必须依法行政而不能越权行事。

7. 多样性原则

由于社会保障影响和制约因素的复杂化，社会保障制度安排需要体现多样性原则，具体包括：①制度模式的多样化，以适应不同的社会群体的需求；②项目结构的多样化，不能用一种办法涵盖社会保障的全部内容；③待遇水平的多样化，不同的社会保障项目在待遇水平上具有一定的差异，如养老金待遇、失业救济和城市居民最低生活水平救济待遇水平之间的差异。

二、社会保障理念

(一)内涵

理念在不同的领域，针对不同的主体有不同的理解。理念是古希腊哲学家们的一个用语。柏拉图认为理念是“独立存在于事物与人心之外的”一般概念，它是事物的原型，事物不过是理念的不完善的“摹本”或“影子”，理念在本质上就是一种观念。我国《辞海》相关词条把“理念”作为与“观念”相同的概念。但理念又不是一般的观念，它是有关事物的性质、宗旨、结构、功能和价值的一些达到理性具体的观念和信念。

理念在社会制度中具有特殊的地位与作用。理念是社会制度背后的核心动机，是社会制度建构的指导思想和创立宗旨，也是社会制度的精髓和灵魂。通常认为一个社会制度有四个基本要素，即理念、规范、组织和设施，其中最重要的就是理念与规范，它们两者共同体现社会制度的存在。一个科学的社会制度背后必有相应科学的理念。社会保障理念是人们对社会保障的精神、宗旨、功能的理性认识及其形成的观念，它制约着社会保障制度的建立、发展和改革的实践活动①。在社会保障制度的建设中，树立正确和科学的建制理念，有利于社会保障制度的有效和有序发展。

(二)国外社会保障理念的发展

从古代社会保障的起源到现代社会保障的建立和发展，伴随社会保障制度发展的不同阶段，社会保障理念经历了“慈善—惩戒—怀柔—平等普惠”的过程②。

1. 古代的“慈善”

在西方国家，宗教团体倡导慈悲为怀、爱人如己的慈善观念，在此基础上产生了救民济困思想，早期的社会保障已注入了仁爱和互助的道德因素，许多宗教团体举办各种慈善事业和救济活动，成为稳定社会和保障社会成员生存权利的非制度安排的基本机制。

2. 英国济贫时代的“惩戒”

英国在1601年颁布了旧《济贫法》，开创了世界首个社会救助制度，在1834年又通过了新《济贫法》，将政府干预社会保障的思想变成了现实，但是在社会救助制度实施中，贫民要通过惩戒的手段才能获得救济，这在一定程度上侵害了贫民的尊严。

---

① 汪连新，杨建海. 社会保障制度理念：历程与启示[J]. 产业与科技论坛，2011，10(13)：23－25.

② 李宏，李娟. 社会保障理念基础的演变[J]. 兰州学刊，2009(9)：30.

3. 德国社会保险时代的“怀柔”

1883 年德国首创社会保险制度，政府通过对工人阶级实行“红萝卜加大棒”的“怀柔”政策实现了经济的快速发展，该制度为工人阶级提供了较为全面的风险保障，实行劳资责任分担，成为社会保障制度发展史上重要的里程碑。

4. 英国国家福利时代的“平等普惠”

1945 年英国创建了国家福利制度，遵循公平、统一、权利与义务对等的基本原则，实现普惠的全民社会福利制度，该理念成为全球社会保障制度追求的理想目标。

(三)我国社会保障理念的发展

改革开放 40 多年来，伴随社会主义市场经济体制的运行，我国社会保障体制进行了重大的改革，同时人们对社会保障理念的认识也发生了深刻的变化。

1. 计划经济时代的“平均主义”

在 20 世纪 80 年代以前，我国由于实行社会主义计划经济体制，把完善的社会保障制度看作是社会主义社会的本质特征和社会主义制度的重要组成部分，认为现代社会保障制度是以工人阶级为主体构建起来的，社会保障在性质上是工人阶级的一项基本权利和社会福利，社会主义国有企事业单位有义务为职工提供相应的福利项目与相关服务。这种理念把社会保障与社会主义制度过度地联系起来，没有认识到社会保障与现代社会之间的内在联系和社会保障与社会秩序之间的内在联系。

2. 改革探索时期的“效率主义”

20 世纪 80 年代后期，我国进行了社会保障制度的改革探索。1992 年，伴随市场经济体制的建立，在社会保障制度改革探索中坚持“效率优先、兼顾公平”的理念，全社会在注重效率的同时，出现了社会成员之间、城乡居民收入差距悬殊的现象，因收入分配不公平导致的社会矛盾不断凸显，因此，政府高度重视此问题，提出要进一步完善社会保障制度，缓解社会成员之间分配不公的矛盾。

3. 现代社会保障时期的“公平正义共享”

20 世纪 90 年代末，我国建立了独立于企事业单位之外的社会保障体系，实行筹资多元化和管理社会化，将制度发展作为基本国策之一。2003 年以后对社会保障制度的理念重新审视，确定公平是现代社会保障制度的核心价值。2011 年实施的《社会保险法》确立了“公平正义共享”的价值理念，通过不断改革和完善城乡社会保障制度，缩小收入分配差距和缓解社会矛盾，将建设更加公平、更加可持续的社会保障制度作为我国努力奋斗的目标。

公平是社会保障制度自始至终遵循的理念。在社会保障制度运行中，公平是指一个国家的所有国民都能平等地享有维持基本生活的权利，它是起点公平、机会公平和结果公平的统一体。完善的社会保障制度能为社会成员提供基本生活保障，在一定程度上促进了起点公平和过程公平；同时，社会保障作为一种再分配政策，具有调节收入差距的功能，在一定程度上促进结果公平。

公平是社会保障遵循的首要原则。在社会保障制度安排中，政府通过立法确保国民社会保障权利平等，追求经济社会竞争中的机会公平，缩小收入分配结果的不公平，进而促进其他权益的公平[①]。因此，社会保障制度设计必须遵循公平的原则，处理好公平和效率之间的关系，通过实施社会救助制度保障社会弱势群体的基本生存权利；通过实施社会保险制度保障劳动者在遭遇生、老、病、死、伤残风险时维护劳工权益；通过调节再分配缩小社会成员的贫富差距，促进社会稳定和社会文明。

第二节　社会保障学的研究对象、目的和方法

一、研究对象

社会保障自产生以来就是一国重要的社会经济制度。作为一门新兴学科，社会保障学是一门研究社会保障理论与实践发展，揭示社会保障经济关系及其运动规律的科学。社会保障学具体研究社会保障所涉及的各种分配关系之间的内在联系，揭示国家、用人单位和劳动者之间、社会成员之间在社会保障过程中的经济关系和利益分配，明确社会保障基金的筹集、管理与分配的实现形式及其关系，阐明社会保障经济关系产生、发展和变化的规律。

二、研究目的

社会保障学研究的目的主要是：①分析社会保障制度产生和发展的历史动因、历史条件和历史过程，明确社会保障的研究对象和任务及社会保障体系的内容和各构成部分的主要职责、基本性质和相互关系。②分析社会保障制度的一般原理，探讨社会保障制度的功能和基本原则、社会保障资源合理分配及其发展关系。③分析社会保障基金的缴纳、筹集储存、分配使用之间的内在联系及其关系的本质，揭示社会保障基金分配和运行的原理和规律。④分析社会保障与经济发展的内在联系，阐明社会保障制度在经济发展中的重要性、社会保障与经济发展的辩证关系，总结社会保障制度运行模式及其特点，确立社会保障的适度水平。⑤揭示社会保障与其他经济保障制度的关系，确立基本保障和补充保障的内在关系、多层次和多支柱保障体系的内容。⑥分析比较中外社会保障制度的异同性，确立社会保障制度建立和发展的一般准则，探求适合我国国情的社会保障制度模式及其建立的途径。

三、研究方法

社会保障学是一门在多种学科基础上发展起来的综合性学科，与经济学、社会学、管理学、保险学、法学、人口学等学科关系密切。社会保障学属于社会科学，与其他任何一门学科一样，社会保障学不仅有自己的研究对象和目的，而且必须有正确的研究方法。其研究方法主要有以下几种。

(一)调查法

调查法是科学研究中最常用的方法之一，是有目的、有计划、系统地收集有关研究对象现实状况或历史状况的材料的方法。调查法是科学研究中常用的基本研究方法，它综合运用历史法、观察法等方法以及谈话、问卷、个案研究、测验等科学方式，对教育现象进行有计划的、周

① 郑功成.中国社会保障改革与发展战略：理念、目标与行动方案[M].北京：人民出版社，2008：18.

密的和系统的了解，并对调查收集到的大量资料进行分析、综合、比较、归纳，从而为人们提供规律性的知识。调查法中最常用的是问卷调查法，它是以书面提出问题的方式收集资料的一种研究方法，即调查者就调查项目编制成表式，分发或邮寄给有关人员，请其填写答案，然后回收整理、统计和研究。

(二)观察法

观察法是研究者根据一定的研究目的、研究提纲或观察表，用自己的感官和辅助工具直接观察被研究对象，从而获得资料的一种方法。科学的观察具有目的性、计划性、系统性和可重复性。

(三)文献研究法

文献研究法是根据一定的研究目的或课题，通过调查文献来获得资料，从而全面、正确地了解掌握所要研究问题的一种方法。文献研究法被广泛用于各种学科研究之中。

(四)实证研究法

实证研究法是科学实践研究的一种特殊形式。它依据现有的科学理论和实践的需要提出设计，利用科学仪器和设备，在自然条件下，通过有目的、有步骤地操作，根据观察、记录、测定与此相伴随的现象的变化来确定条件与现象之间的因果关系，主要目的在于说明各种自变量与某一个因变量的关系。

(五)定量分析法

在科学研究中，通过定量分析法可以使人们对研究对象的认识进一步精确化，以便更加科学地揭示规律，把握本质，理清关系，预测事物的发展趋势。

(六)定性分析法

定性分析法是对研究对象进行“质”的方面的分析的一种研究方法。具体地说是运用归纳和演绎、分析与综合以及抽象与概括等方法，对获得的各种材料进行思维加工，从而能去粗取精、去伪存真、由此及彼、由表及里，达到认识事物本质、揭示内在规律的目的。

(七)个案研究法

个案研究法是认定研究对象中的某一特定对象，加以调查分析，弄清其特点及其形成过程的一种研究方法。个案研究有三种基本类型：①个人调查，即对组织中的某一个人进行调查研究；②团体调查，即对某个组织或团体进行调查研究；③问题调查，即对某个现象或问题进行调查研究。

(八)定量分析法

定量分析法是指通过对研究对象的规模、速度、范围、程度等数量关系的分析研究，认识和揭示事物间的相互关系、变化规律和发展趋势，借以达到对事物的正确解释和预测的一种研究方法。

第三节 社会保障理论

一、古代社会保障理论

(一)中国古代社会保障思想

1. 大同社会思想

我国古代儒家思想的杰出代表人物孔子曾提出了著名的大同社会思想。他在《礼记·礼运篇》中说："大道之行也，天下为公。选贤与能，讲信修睦，故人不独亲其亲，不独子其子，使老有所终，壮有所用，幼有所长，矜寡孤独废疾者，皆有所养。男有分，女有归。货恶其弃于地也，不必藏于己；力恶其不出于身也，不必为己。是故谋闭而不兴，盗窃乱贼而不作，故外户而不闭，是谓大同。"孔子提出的大同社会是一种理想的社会状态，但是这种理想社会不复存在，于是他又提出了小康社会的思想，他说："今大道既隐，天下为家。各亲其亲，各子其子，货力为己。大人世及以为礼，城郭沟池以为固。"

我国古代道家杰出思想家老子提出了"小国寡民"的理想社会思想，他在《道德真经》中指出："虽有舟舆，无所乘之；虽有甲兵，无所陈之。使民复结绳而用之。甘其食，美其服，安其居，乐其俗。"庄子在《庄子·天下》指出："不离于宗，谓之天下，谓之神人。不离于真，谓之至人……以仁为恩，以义为理，以礼为行，以乐为和，熏染慈仁，谓之君子。"

2.社会救济与社会福利思想

1)仓储思想

仓储思想主要包括调粟、赈济、养恤和蠲缓等方面，这些思想经过历朝历代的发展和完善，形成了独具特色的中国传统社会保障理论体系。在《汉书·食货志》中李悝说："籴（买进）甚贵伤民，甚贱伤农。民伤则离散，农伤则国贫。故甚贵与甚贱，其伤一也。善为国者，使民不伤而农益劝。""善于平籴者，谨视岁有上、中、下熟。……故大熟则上籴三舍一，中熟则籴二，下熟则籴一，使民适足，贾平则止。小饥则发小熟之所敛，中饥则发中熟之所敛而粜之。"这些调粟的思想不断演变和发展，逐步在后代的执政中得以实施。

2)赈济思想

早在先秦著作中就出现了赈济思想。《左传》中有"振廪同食"，这里"振"就是"赈"的意思。以后历代赈济思想不断发展。至明代，林希元对古代赈济思想进行了系统的总结，提出救荒三便说，曰："极贫者便赈米；次贫者便赈钱；稍贫者便赈贷。"因此，赈济思想逐步发展成为中国传统社会保障思想的主流。赈济思想的发展尤以两宋为盛。宋代程明道在《程氏遗书》中写道："救饥者，日得一食则不死矣。当先营宽广居处，切不得令相枕借宿，戒使晨入，午而后与之食。择羸弱者作稀粥，早晚两给，勿使至饱，俟气稍完，然后一给，其力能自营一食者，皆不来矣。比之不择而与，能活数倍多也。"

3)互助思想

互助是中国的传统美德之一，它是社会成员之间的互助共济，是有余力余财者帮助无劳动能力或贫困或遭灾的社会成员避免生存危机的社会思想。社会互助思想基础产生于儒家的"仁孝"观念。在《论语·颜渊》里讲到"樊迟问'仁'。子曰'爱人'"。儒家将这种"爱人"的思想视作人的本性，构成了社会互助论的核心。由"仁"引发的忠孝观念就逐步将互助的观念深化。孟子在《滕文公》中主张："出入相友，守望相互，疾病相扶持……"《管子·五辅》中说："养长老、慈幼孤、恤鳏寡、问疾病、吊祸丧，此为匡其急。衣冻寒、食饥渴、匡贫窭、振疲露、资乏绝，此谓振其穷。"在唐代的律令条文中，有鳏寡、孤独、贫穷、老疾交由近亲收养的规定，如《户令》中有明确规定：诸鳏寡、孤独、贫穷、老疾，不能存者，令近亲收养。若无近亲，付乡里安恤。如在路有疾患，不能处胜致者，当界官司，收付村坊安养。仍加医疗，并斟问所由，具注贯属。患损之日，移送前所。墨子主张"兼相爱、交相利"，提倡"天下之人皆相爱，强不执弱，众不劫寡，富不侮贫，贵不敖贱，诈不欺愚"，"有力者疾以助人，有财者勉以分人，有道者劝以教人。若此，则饥者得食，寒者得衣，乱者得治。若饥则得食，寒则得衣，乱则得治，此安生生"。

4)养老思想

尊老爱老是中华民族的优良传统。养老起源于原始社会末期,在《礼记·王制》中记载:"凡养老,有虞氏以燕礼,夏后氏以飨礼,殷人以食礼,周人修而兼用之。五十养于乡,六十养于国,七十养于学,达于诸侯。"春秋战国时期的《周礼·地官司徒》提出:"一曰慈幼,二曰养老,三曰振穷,四曰恤贫,五曰宽疾,六曰安富。"《续汉书·礼仪志》记载:"仲秋之月,案户皆民,年始七十者,授之以王杖,哺之糜粥。八十、九十礼有加,赐王杖长尺,端以鸠鸟为饰。"《梁书·武帝本纪》中记载,梁武帝萧衍下诏宣布:"凡民有单老孤稚不能自存,主者郡县咸加收养,赡给衣食,每令周足,以终其身。又于京师置孤独园,孤幼有归,华发不匮。若终年命,厚加料理。"

中国古代的大同社会思想、社会救济与社会福利思想成为现代社会保障思想的重要理论渊源,而且儒家思想对社会保障制度的影响很深,在当时的自然经济条件下,社会保障思想的实践主要是以丰补歉的储粮度荒。从汉朝开始,就有了由朝廷兴办、名为"常平仓"的仓储制度;到了隋朝,又有了以地方劝募为主的"义仓";到了南宋年间,出现了主要由社区管理、居民普遍加入、带有一定社会保险意义的"社仓",体现了国家积极介入是中国古代社会保障实践的一个显著特点。

(二)西方古代社会保障思想

1. 城邦思想

古希腊时代的城邦思想是西方社会福利思想的重要历史渊源之一。代表人物柏拉图在《理想国》指出:"我们的立法不是为城邦任何一个阶级的特殊幸福,而是为了造成全国作为一个整体的幸福。它运用说服或强制,使全体公民彼此协调和谐,使他们把各自能向集体提供的利益让大家分享。而他在城邦里造就这样的人,其目的就在于让他们不至于各行其是,把他们团结成一个不可分割的城邦公民集体。"亚里士多德在《政治学》中指出:"城邦的一般含义就是要维持自给生活而且具有足够人数的一个公民集团。"他主张建立一种理想的政体来促进人们分享美好的生活,并设计了理性政体的原则,即多数人利益、人人享有幸福生活等。亚里士多德指出"所谓'公正',它的正式意义,主要在于'平等'"。他认为平等对于社会的稳定具有重要影响,而社会冲突的主要原则是由于社会不平等所导致的。

2. 基督教

基督教发源于公元1世纪巴勒斯坦地区犹太人社会,它继承了犹太教耶和华上帝和救主弥塞亚等概念,以及希伯来圣经为基督教圣经旧约全书。《新旧约全书》是犹太教与基督教的共同经典,书中指出:"爱是恒久忍耐,又有恩慈;爱是不嫉妒,爱是不自夸、不张狂、不做害羞的事,不求自己的益处。""偷窃的,不要再偷,倒要勤劳,亲手做正当的工作,就可有东西分给穷乏的人。"

3. 人文主义

文艺复兴起源于意大利,是14世纪到16世纪的一场反映新兴资产阶级要求的欧洲思想文化运动,是西欧近代三大思想解放运动(文艺复兴、宗教改革与启蒙运动)之一,对当时的政治、科学、经济、哲学、神学世界观都产生了极大影响,它揭开了近代欧洲历史的序幕,被认为是中古时代和近代的分界,其核心精神是人文主义精神,该时期代表人物但丁、达·芬奇、拉斐尔等,其代表作有"美术三杰""文学三杰",这些作品深刻地批判了封建道德伦理观念和社会陋习,集中体现了人文主义精神,发现了人和人的伟大,肯定了人的价值和创造力,提出人要获得解放，个性应该自由。恩格斯曾高度评价"文艺复兴"在历史上的进步作用。他写道："这是一次人类从来没有经历过的最伟大的、进步的变革，是一个需要巨人而且产生了巨人——在思维能力、热情和性格方面，在多才多艺和学识渊博方面的巨人——的时代。"

文艺复兴的核心思想是人文主义，即以人为中心而不是以神为中心，肯定人的价值和尊严。主张人生的目的是追求现实生活中的幸福，倡导个性解放，反对愚昧迷信的神学思想，认为人是现实生活的创造者和主人。人文主义具有如下特点：①提倡以人为核心，探讨人的本性，歌颂人的美，促进人的幸福。②反对禁欲主义，提倡享受尘世生活。③提倡理性，崇尚知识，反对迷信，强调修养。文艺复兴对西方社会福利思想的产生的影响较为深远。

4. 启蒙运动

启蒙运动是始于17—18世纪的一场资本主义性质的反封建、反教会的思想文化运动。启蒙运动最初产生在英国，随后发展到法国、德国与俄国，此外，荷兰、比利时等国也有波及。启蒙运动的主要思想是反对教会权威，反对封建社会，核心是倡导理性。启蒙运动的代表人物有孟德斯鸠、伏尔泰、狄德罗、卢梭、康德。其中卢梭是一位激进的民主主义者，他的思想精华和基本原则是人民主权思想。卢梭继承了洛克的"人民主权说"，进而提出"主权在民"的主张，他认为一切权利属于人民，权利的表现和运用必须体现人民的意志。卢梭还强调"公共意志"，认为它非常重要，公民应接受它的统治。"公共意志"的具体形式就是法律，遵守法律的行为就是自由的行为。启蒙运动的主要内容是提倡理性精神，其天赋人权思想确立了人人都有平等享有社会生活的权利的基本理念，公民有权享受必要的社会保障，政府有责任提供必要的社会保障。

二、现代社会保障理论

(一)国家干预主义

国家干预主义主张国家干预经济生活，通过用收入再分配的方法(如累进所得税、转移支付)，强调收入和财富分配的社会均等化，增进全社会福利，促进社会经济的增长。其代表学派主要有以下几类。

1. 德国新历史学派

该学派是19世纪末20世纪初对德国社会保障制度的建立产生直接影响的思想学派，又称"讲坛社会主义"，代表人物有施穆勒、阿道夫、布伦坦诺等，他们认为国家是集体经济的最高形式，在进步的文明社会中，国家的公共职能应不断扩大和增加。其主要观点如下：

(1)强调精神和伦理在社会经济与生活中的重要地位，通过对民族精神和道德伦理的强调，协调劳资关系，促进经济的发展。施穆勒曾说："劳资矛盾是由于工人缺乏道德造成的，劳资矛盾的解决应该依靠工人道德水平的提高。"桑巴特说"企业家精神和市民精神结合起来形成了资本主义精神"，"这种精神创造了资本主义"。

(2)强调国家在经济发展和社会进步中的重要作用，主张实行强有力的国家干预。施穆勒认为"没有一个坚强组织的国家权力并具备充分的经济功用，没有一个国家经济构成其余一切经济的中心，那就很难设想有一个高度发展的国民经济"。

(3)资本主义经济组织形式的变化可以避免其经济发展中的某些弊端，从而使资本主义经济过渡到社会主义计划经济。"德国卡特尔经济组织形式的出现，有利于德国资本主义经济计划性的实现，这也是实现德国经济走向社会主义计划经济的有效途径。”

(4)提倡社会改良主义，主张实行社会立法，促进社会福利事业的发展。主张制定社会立法，推行社会保险，建立工厂监督员制度、劳资纠纷仲裁制度，加强劳动保护，对贫困者提供社会救济，改革财政制度。

德国新历史学派主张国家干预、发展生产力、增进国民福利的思想，被认为是后来西方各国建立“福利国家”、实行社会保障制度的理论来源，是一种资产阶级改良主义，它更强调阶段矛盾的调和，成为统治者稳定其政府的工具。新历史学派的社会保障思想成为德国最早建立社会保险制度的理论基础。

2. 瑞典学派

瑞典学派又称北欧学派，起源于19世纪末20世纪初，该学派继承并进一步发展了威克赛尔的福利再分配理论，强调收入和财富分配均等化，实现“福利国家”。其代表人物威克塞尔和卡塞尔认为资本主义经济中各阶层的利益并不是和谐一致的，是会发生抵触的，财产分配的不公平就能说明这一点，他们主张改革当时瑞典的经济制度，政府应对经济与社会生活实施有效干预，推行扩张性财政政策，采取积极的社会政策，建立有效的社会保障制度，并强调实行充分就业对于社会经济发展的重要意义。其观点构成了福利国家的理论与政策依据，对当今社会仍有影响力；他们倡导的理想社会如消灭贫困、淡化阶级、减少不平等都是最低目标；他们主张的国有化和计划经济都是用高税收、高公债来支撑的高福利政策；他们提倡的社会福利民主化的理论仍随时代而不断发展。瑞典学派为政府实施对经济和社会的干预、制定合理的经济与社会政策，为瑞典建立“普惠型”社会保障制度奠定了理论基础。

3. 凯恩斯主义

20世纪前期西方经济学最有影响的经济学家之一约翰·梅纳德·凯恩斯提出了就业一般理论、有效需求理论、投资乘数理论、加速理论、经济危机理论。其中有效需求理论认为社会的就业量取决于有效需求，所谓有效需求，是指商品的总供给价格和总需求价格达到均衡时的总需求。当总需求价格大于总供给价格时，社会对商品的需求超过商品的供给，资本家就会增雇工人，扩大生产；反之，总需求价格小于总供给价格时，就会出现供过于求的状况，资本家或者被迫降价出售商品，或者让一部分商品滞销，因无法实现其最低利润而裁减雇员，收缩生产。就业量取决于总供给与总需求的均衡点，由于在短期内，生产成本和正常利润波动不大，因而资本家愿意供给的产量不会有很大变动，总供给基本是稳定的。这样，就业量实际上取决于总需求，这个与总供给相均衡的总需求就是有效需求。

凯恩斯认为资本主义市场经济的自动调节器作用尽管可以使储蓄和投资达到相等，但是却未必可以达到充分就业的水平。一旦出现小于充分就业的均衡水平，国家就应该积极干预经济生活，通过增加政府投资来推动就业的扩大并克服经济危机。“我所寻求的是改善资本主义的社会机器，而不是推翻它。”凯恩斯的建议和主张，并不是为了根除贫困和给人民带来更大幸福，他撇开资本主义生产关系的基本矛盾，用心理因素和庸俗的供求理论来解释资本主义社会存在的失业和危机的原因，其用心就是为垄断资产阶级推行国家垄断资本主义提供政策依据，为资本主义制度的存在进行辩护。第二次世界大战以后，凯恩斯的经济学曾一度成为资本主义国家，尤其是美国政府制定经济政策、社会公共政策和建立福利国家的重要理论依据。

(二)自由主义的社会保障思想

自由主义主张福利服务的市场化是最好的选择,应当降低并且转移国家的作用,让市场发挥主导作用。对政府而言,一方面提供最基本的福利,如安全网的建立;另一方面必须放弃那些不可能实现的关于建立平等和公正社会的目标。自由主义的代表学派有以下几类。

1. 古典政治经济学的社会保障思想

在19世纪古典政治经济学具有重要的影响,其关于财富、工资、人口与济贫法的主张奠定了自由主义社会保障理论的基础。亚当·斯密(Adam Smith)被称为"古典经济学之父",他是经济自由主义的倡导者,他期望在自律的个人自由基础上建立起一种自发调节的社会经济秩序,因而倡导一种"自然的、简单明了的自由体系"。在其中,政府只需维持和平,建立和维持一个严密的执法体制,以及提供教育和其他最低限度的公共事业;政府无须干预一般的经济事务,可以放心地让每一个人有按他自己的方式来行动的自由,这样他自然就会对公共利益做出最大的贡献。

亚当·斯密在其代表作《国富论》中认为国民财富就是一个国家所生产的商品总量,要促进国民财富的增长,需兼顾好个人、社会、生产者等各方的利益。他提出了经济自由主义理论,允许政府在"看不见的手"之外发挥重要的调节作用。按照亚当·斯密的观点,政府在市场经济中的三项基本职责是:①保护社会免遭其他社会之暴力入侵,如向他国实施经济制裁;②尽可能保护每个社会成员免受其他社会成员之不正义的压迫,诸如将声讨巨型集团定性为非法活动;③建立和维护特定的社会公共工程和公共制度,如向他国产品设置高额关税。而即使在履行这些职责时,政府的设计也应当考虑引入竞争。

李嘉图在《政治经济学及赋税原理》中,坚决主张废除济贫法制度。他认为"修改济贫法的任何计划,如果不以废除它为最终目标,都是不值一顾的"。如果实行全国统一征收的方式,我们所要消除的灾难不但不会减轻反而还会增加。而不同教区独立征集用于维持本教区济贫事业的基金,较之全国统一征收该种基金要好得多,也更能保持较低的济贫税率。因为,"当全部款项都将用来为一个教区本身谋福利时,和几百个其他教区共享这种利益时相比较,一个教区对于经济地征收济贫捐款和节约地分配救济金问题,远远地更为关心[①]"。马尔萨斯认为英国现行的济贫法影响人们自由构成和自立意识的发挥,削弱了普通人储蓄的能力和意愿,对劳动力市场产生障碍,并给那些不依靠救济者增加了许多麻烦。对此他提出首先要完全废除现有的济贫法制度,鼓励人们开垦新地,尽最大可能鼓励农业而不是制造业,各地可以为极端贫困者建立济贫院,由全国统一征收的济贫税提供经费,收容贫民。可以针对有劳动能力者建立专门的济贫院,其中的所有人都必须全天工作,并按照市价获得报酬[②]。

2. 供给学派

该学派明确反对福利国家政策,他们认为福利服务的市场化是最好的选择,应当降低并且转移国家的作用,让市场发挥主导作用。对政府而言,一方面提供最基本的福利,如安全网的建立;另一方面必须放弃那些不可能实现的关于建立平等和公正社会的目标。

---

① 李嘉图. 政治经济学及赋税原理[M]. 郭大力,王亚楠,译. 北京:商务印书馆,1962:88-91.

② 马尔萨斯. 人口原理[M]. 朱泱,胡企林,朱和中,译. 北京:商务印书馆,1992:33-39.

1)激进的供给学派

美国经济学家阿瑟·拉弗为了说明税率和税收之间的关系，以及减税在刺激经济增长中的作用，他提出了著名的“拉弗曲线”，即在一般情况下，提高税率能增加政府税收收入。但税率的提高超过一定的限度时，企业的经营成本提高，投资减少，收入减少，即税基减小，反而导致政府的税收减少，便成为此学派解释减税的理论依据。其主张有：①大幅度和持续地削减个人所得税和企业税，以刺激人们的工作积极性，并增强储蓄和投资的引诱力。②采取相对紧缩的货币政策，使货币供给量的增长和长期的经济增长潜力相适应，从而恢复某种形式的金本位制。③减少国家对经济生活的干预，特别是要改变国家干预的方向和内容，主张更多地通过减税实行“供给”管理，更多依靠市场的力量自动调节经济。④缩小政府开支，大规模缩减福利开支，提高私人投资的能力。

2)温和的供给学派

美国著名经济学家马丁·费尔德斯坦被称为供应学派经济学之父，其主张为：①平衡预算开支，削减不必要的支出，特别是要削减福利开支和价格补贴；②逐步改革税收体制，平衡国家预算，消除财政赤字，鼓励储蓄和投资，增加生产，加速资本形成；③长期推行低货币增长率(年货币增长率不超过 6%，并至少坚持 5～7 年)，采取有节制并可预期的货币供给政策。

供给学派是对凯恩斯主义的直接否定。它是适应资本主义经济“滞胀”的形势和要求而产生的，其理论和政策主张有一定的合理性，供给学派理论观点和政策主张很快受到美国统治阶级的重视，供给学派理论成为“里根经济学”的核心部分。

(三)新自由主义社会保障思想

新自由主义的主张对当代西方社会保障制度改革产生了重要的影响。哈耶克是奥地利裔英国经济学家，是新自由主义的代表人物。他主张以个人自由为基础的私人企业制度和自由市场制度是迄今为止所能选择的最好制度，国家过多地干预经济是忽略了市场的能动作用，也妨碍了个人的自我独立。

美国著名经济学家米尔顿·弗里德曼是货币主义经济学派的主要提倡者。他主张在通货膨胀与货币供给之间有着一个紧密而稳定的联结关系，亦即通货膨胀的现象应该是以联邦储备银行对全国经济提供的货币数量为基准；他强烈反对以金融政策作为需求管理的手段，并且主张政府在经济上扮演的角色应该被严格限制。他亦深信经济自由最终将导致政治自由。他主张国家只提供最基本的福利，并放弃不可能实现的建立平等公正社会的目标，同时提倡福利服务应由市场来提供，政府只负责推进，从而建立一个内部竞争的福利服务市场。米尔顿·弗里德曼在《资本主义与自由》中指出：“对低收入者按某一法定的标准由政府发给补助金，从而把低收入者的收入拉平，这会挫伤人们的劳动积极性……”弗里德曼强调“经济自由是达到政治自由的不可或缺的手段”。“资本主义和自由”相等这个等式是他对保守主义在 20 世纪 70 年代复兴的最大贡献。

(四)“第三条道路”社会保障思想

“第三条道路”是第二次世界大战后西方资本主义经济社会政策发展变化的直接产物，是为了避免传统的左翼(即社会民主主义)与右翼(即新保守主义)的极端化而寻求的一种中间道路,20 世纪末“第三条道路”开始对西方社会产生巨大影响[①]。

1. 英国“第三条道路”社会保障思想

安东尼·吉登斯(Anthony Giddens)在他的著作《第三条道路:社会民主主义的复兴》中指出“无责任即无权利”,主张积极福利和社会投资国家。他认为第三条道路是一种超越左派社会民主主义与右派新自由主义的政治理论、意识形态,其理论已成为流行于欧美的“第三条道路”思潮的重要基础,影响深远。1997 年以英国布莱尔首相为首的工党在执政期间,认为“第三条道路是现代社会民主重新得到恢复并取得成功的道路。绝不是在左派和右派之间的一条妥协之路。它寻找采纳中间和中左道路的基本价值观念,并使其适用于全世界根本的社会和经济变革,而且不受过时的意识形态的束缚”。布莱尔主张放弃传统的、单一的极端保守性或激进性政策选择,实行介于两者之间的调和性政策选择,强调有限的国家干预与有限的市场调节相结合,主张社会保障中的国家责任、社会责任与个人责任平衡,强调社会保障水平与经济发展水平的协调。布莱尔以“第三条道路”的思想为指导,在英国积极推行“布莱尔新政”,其观点主要有以下几方面。

1)减少政府干预,放宽劳动力市场管制

推行取消管制的政策不是解决失业问题的有效措施,福利支出应当维持在欧洲的水准上而不是向美国看齐;但是,应当把这些支出主要引向人力资源的投资上。对人力资源的投资,是主要经济部门中的企业所拥有的最主要的缩小社会差距的资源。

2)改革福利制度,增加社会就业

为了解决高福利制度带来的政府巨额开支问题和严重的失业问题,布莱尔政府在实行最低工资制、提供基本的社会保障的同时,积极提供培训和就业机会,消除人们对福利国家的依赖,鼓励人们的劳动积极性。国家不仅提供适当水平的养老金,而且应支持强制性的养老储蓄。

3)改革教育体制,改善国民医疗卫生服务

其具体内容包括提高教师素质,严格对教师的考核,关闭不合格的学校,缩短病人在医院的候诊时间,取消保守党政府在医疗卫生服务领域推行的内部自由市场等。

2. 美国“第三条道路”社会保障思想

克林顿当选为美国总统后,为了摆脱 1990—1991 年的经济衰退,便提出了反经济衰退计划,改革美国的健康保险制度是克林顿政府社会福利政策的重心。克林顿指出“我们的政策既不是随便的,也不是保守的;既不是共和党的,也不是民主党的。我们的政策是新的,是与以往不同的”,“是介于自由放任资本主义和福利国家之间的第三条道路”。他在《美国变革的前景》中提出了自己的政策主张,在国内政策上,克林顿提出要走“介于自由放任资本主义和福利国家之间的第三条道路”,这“第三条道路”也有称之为“克林顿经济学”。他认为政府必须干预经济,尤其是财政干预,以实现充分就业和经济增长的目标。具体表现为短期内用财政赤字刺激经济,促使经济复苏,增加就业;长期内逐步减少财政赤字,增加政府公共投资,以维持经济的持续稳定增长[②]。

---

① 李珍.社会保障理论[M].3 版.北京:中国劳动社会保障出版社,2013:161-165.

② 傅饮才,文建东.凯恩斯主义复兴与克林顿经济学[J].武汉大学学报(哲社版),1994(1):22-28.

三、马克思主义社会保障理论

(一)马克思、恩格斯的社会保障思想

马克思从人口学、制度经济学的视角,在《资本论》《哥达纲领批判》《英国工人阶级状况》等经典著作中阐述了社会保障的思想,提出了无产阶级贫困化理论、六项扣除理论,其中六项扣除理论是马克思社会福利的重要组成部分。马克思和恩格斯始终关注无产阶级的贫困问题。早在 1844 年马克思就指出工人的劳动为富人创造了财富,却为自己产生了赤贫,并论述了造成贫困的原因是资本主义制度的本质——生产资料私有化,资本主义工资制度导致无产阶级的贫困化。马克思指出"在劳动生产力提高时,劳动力的价格能够不断下降,而工人的生活资料量同时不断增加。但是相对地说,即同剩余价值比较起来,劳动力的价值还是不断下降,从而工人和资本家的生活状况之间的鸿沟越来越深"。

马克思在《哥达纲领批判》中明确了社会保障制度建立的必要性和可行性,他指出:"为了对偶然事故提供保险,为了保证必要的、同需要的发展以及人口的增长相适应的累进的扩大再生产(从资本主义观点来说叫作积累),就需要一定量的剩余劳动。补偿风险的保险费,只是把资本家的损失平均分摊,或者说,更普遍地在整个资本家阶级中分摊。相对过剩人口的最底层陷于需要救济的赤贫的境地……这个社会阶层由三类人组成。第一类是有劳动能力的人……他们的人数每当危机发生时就增大,每当营业复苏时就减少。第二类是孤儿和需要救济的贫民的子女。他们是产业后备军的候补者,在高度繁荣时期……他们迅速地、大量地被卷入现役劳动军的队伍。第三类是衰败的、流落街头的、没有劳动能力的人……因分工而失去灵活性以致被淘汰的人,还有超过工人正常年龄的人,最后还有随着带有危险性的机器、采矿业、化学工厂等的发展而人数日益增多的工业牺牲者,如残疾者、病人、寡妇等。"

马克思指出社会总产品的扣除为"第一,用来补偿消费掉的生产资料的部分。第二,用来扩大再生产的追加部分。第三,用来应付不幸事故、自然灾害等的后备基金或保险基金。……剩下的总产品中的其他部分是用来作为消费资料的。在把这部分进行个人分配之前,还得从里面扣除:①和生产没有直接关系的一般管理费用。和现代社会比起来,这一部分将会立即极为显著地缩减,并将随着新社会的发展而日益减少。②用来满足共同需要的部分,如学校、保健设施等。和现代社会比起来,这一部分将会立即显著增加,并将随着新社会的发展而日益增加。③为丧失劳动能力的人等设立的基金。总之,就是现在属于所谓官办济贫事业的部分。"

恩格斯在 1847 年《共产主义原理》中提出了 12 条"利用民主来实行直接侵犯私有制和保证无产阶级生存的各种措施",其中指出:"……(4)组织劳动或者让无产者在国家的田庄、工厂、作坊中工作……并迫使残存的厂主付出的工资跟国家所付出的一样高。(5)直到私有制废除为止,对社会的一切成员实行劳动义务制。""(8)所有的儿童,从能够离开母亲照顾的时候起,由国家机关公费教育。把教育和工厂劳动结合起来。(9)在国有土地上建筑大厦,作为公民公社的公共住宅。(10)拆毁一切不合卫生条件的、建筑得很坏的住宅和市街。"

恩格斯在《反杜林论》中提出无产阶级贫困化理论,明确了社会保障基金的来源与建立原则。"即将到来的社会变革将把这种社会生产基金和后备基金,即全部原料、生产工具和生活资料,从特权阶级的支配中夺过来,并且把它们转交给全社会作为公共财产,这样才真正把它们变成社会的基金。""劳动产品超出维持劳动的费用而形成剩余,以及社会生产基金与后备基金靠这种剩余而形成和积累,过去和现在都是一切社会的、政治的和智力的发展的基础。"

马克思、恩格斯社会保障思想不仅具有科学性，而且具有革命性，它与西方资产阶级社会保障思想具有本质的不同，是科学社会主义的重要组成部分，也是无产阶级社会保障思想的光辉篇章。

(二)列宁国家社会保险理论

列宁继承和发展了马克思、恩格斯的社会保障思想，在1899年俄国社会民主工党产生以来，在《我们党的纲领草案》中阐述了无产阶级贫困化理论，认为“在资本主义社会中存在严重贫困化的趋势”，主张必须把“贫困、压迫、奴役、屈辱、剥削的程度不断加深”写进纲领中。

列宁提出了国家保险理论，明确了无产阶级国家保险的建立原则和目的。“只有社会主义才可能广泛推行和真正支配根据科学原则进行的产品的社会生产和分配，以便使所有劳动者过最美好、最幸福的生活。只有社会主义才能实现这一点。”列宁指出工人保险的最好形式是国家保险，提出建立国家保险的四大原则：①工人在以下一切场合(伤残、疾病、老年、残废、女工生育)丧失劳动能力，或因失业失掉工资时国家保险都要给工人以保障；②保险要包括一切雇佣劳动者家属；③对一切被保险者都要按照补助金全部工资的原则给予补助，同时由企业主和国家负责；④各种保险都由统一的保险组织办理，这种组织应按区域或被保险者完全自理的原则建立。

列宁的社会保障思想不仅具有系统性，而且具有全面性，尤其提出的无产积极国家保险的基本原则，是对马克思主义思想和理论的重大发展和重要贡献。列宁的社会保障制度的理论基础，对后来其他社会主义国家的社会保障制度产生了直接而深远的影响。

(三)中国特色社会保障思想

中国特色的社会保障思想是构建中国社会主义理论体系的有机组成部分，是对马克思社会保障思想的继承和发展。中国社会保障思想的产生和发展与经济体制的改革息息相关，经历了对社会保障制度功能认识和中国特色社会保障制度本质属性认识的过程。在计划经济时代，依据列宁的国家保险思想建立了城乡分割的社会保障理论，自改革开放以来为了促进经济发展，1993年《中共中央关于建立社会主义市场经济体制若干问题的决定》提出“建立合理的个人收入分配和社会保障制度”；1999年《中共中央关于国有企业改革和发展若干问题的决定》提出“加快社会保障体系建设，是顺利推进国有企业改革的重要条件”；2003年《中共中央关于完善社会主义市场经济体制若干问题的决定》强调“加快建设与经济发展水平相适应的社会保障体系”；2006年《中共中央关于构建社会主义和谐社会若干问题的决定》指出“完善社会保障制度，保障群众基本生活”。党的十八大报告指出，“社会保障是保障人民生活、调节社会分配的一项基本制度”。2013年《中共中央关于全面深化改革若干问题的决定》指出“建立更加公平可持续的社会保障制度”；2015年《中共中央关于制定国民经济和社会发展第十三个五年规划的建议》指出“坚持共享发展，着力增进人民福祉”；党的十八届五中全会指出“实施脱贫攻坚工程”，到2020年“我国现行标准下农村贫困人口实现脱贫”；党的十九大报告明确指出“按照兜底线、织密网、建机制的要求，全面建成覆盖全民、城乡统筹、权责清晰、保障适度、可持续的多层次社会保障体系”。

1. 民生观

新中国成立以来，中国共产党始终坚持以适应时代发展要求和应对复杂的国际形势为宗旨，对民生建设提出了理论化、科学化的扶贫理论思想。毛泽东同志在《论十大关系》中指出：

“拿工人讲，工人的劳动生产率提高了，他们的劳动条件和集体福利就需要逐步有所改进。我们历来提倡艰苦奋斗，反对把个人物质利益看得高于一切，同时我们也历来提倡关心群众生活，反对不关心群众痛痒的官僚主义。随着整个国民经济的发展，工资也需要适当调整。关于工资，最近决定增加一些，主要加在下面，加在工人方面，以便缩小上下两方面的距离。我们的工资一般还不高，但是因为就业的人多了，因为物价低和稳，加上其他种种条件，工人的生活比过去还是有了很大改善。在无产阶级政权下面，工人的政治觉悟和劳动积极性一直很高。去年年底中央号召反右倾保守，工人群众热烈拥护，奋战三个月，破例地超额完成了今年第一季度的计划。我们需要大力发扬他们这种艰苦奋斗的精神，也需要更多地注意解决他们在劳动和生活中的迫切问题。”

20 世纪 80 年代，邓小平同志多次强调指出，社会主义的基本要求是在生产力不断提升的基础之上实现人民生活水平的显著提升。邓小平是从探索社会主义本质的政治高度来认识发展社会生产力和提高人民生活水平问题的。他深刻指出：“社会主义时期的主要任务是发展生产力，使社会物质财富不断增长，人民生活一天天好起来。”他多次强调指出：“我们社会主义发展过程中，贫穷绝不是社会主义，在社会主义建设中我们必须消灭贫穷。只有通过不断发展生产力，提高广大人民群众的生活水平，才能最终消灭贫穷，也只有这样才真正符合社会主义的要求。要坚持走社会主义道路，就要在生产发展的基础上改善人民生活。”

20 世纪 90 年代至 21 世纪初期，江泽民同志全面阐述“三个代表”重要思想的基本内涵，并把代表广大人民的根本利益作为民生建设的基本归宿及现实出发点。江泽民提出：“既要着眼于人民现实的物质文化生活需要，又要着眼于促进人民素质的提高，要努力促进人的全面发展。”“必须把为人民谋利益作为自己全部活动的出发点和归宿。人民群众的整体利益总是由各方面的具体利益构成的。”①

21 世纪以来，胡锦涛同志提出“必须坚持以人为本”的发展理念，及时提出科学发展观的现实论断，这是和谐社会构建过程中的基本目标，其目的在于实现社会与民生的双向发展。胡锦涛指出：“注重社会建设，着力保障和改善民生，推进社会体制改革，完善社会管理，推动建设和谐社会。”②

党的十八大以来，习近平总书记在领导中国特色社会主义民生建设过程中，始终实践和履行着党的为人民服务的根本宗旨，坚持以人民为中心的发展思想，结合新时代我国的实际国情，围绕社会发展过程中民生问题的具体特点进行政策路线的创新性探索，提出精准扶贫战略思想等具有中国时代特色的民生思想和致富方案。2012 年习近平指出：“我们的人民热爱生活，期盼有更好的教育、更稳定的工作、更满意的收入、更可靠的社会保障、更高水平的医疗卫生服务、更舒适的居住条件、更优美的环境，期盼孩子们能成长得更好、工作得更好、生活得更好。人民对美好生活的向往，就是我们的奋斗目标。”③2018 年习近平在湖北考察时强调：“民生是最大的政治。要抓住人民最关心最直接最现实的利益问题，把人民群众的小事当作我们的大事，从人民群众关心的事情做起，从让人民满意的事情抓起，加强全方位就业服务，高度重视困难群众帮扶救助工作，加快建成多层次社会保障体系，加强社区治理体系建设，坚持精准

---

① 江泽民文选：第 3 卷[M]. 北京：人民出版社，2006：294.

② 高举中国特色社会主义伟大旗帜，为夺取全面建设小康社会新胜利而奋斗[N]. 人民日报，2007-10-15(01).

③ 习近平谈治国理政[M]. 北京：外文出版社，2014：4.

扶贫精准脱贫，推进民生保障精准化精细化。”[①]2020 年 1 月 19 日至 21 日，习近平在云南考察调研时指出：“要坚持以人民为中心的发展思想，全面落实党中央各项惠民政策，抓住人民群众最关心最直接最现实的利益问题，全力做好普惠性、基础性、兜底性民生建设，让各族群众有更多获得感、幸福感、安全感。[②]”

2. 公平观

中国特色社会保障制度的公平观是中国特色社会主义的内在要求，也是马克思公平观与我国经济社会发展的阶段性特征相结合的产物。早在 1954 年 3 月，中共中央农村工作部发布的《中共中央关于发展农业生产合作社的决议》中明确地指出，要“逐步实行农业的社会主义改造……并使农民能够逐步完全摆脱贫困的状况而取得共同富裕和普遍繁荣的生活”。这表明当时社会主义改造的根本目的，就是要让农民摆脱贫困，实现共同富裕。

1978 年党的十一届三中全会前后，邓小平同志 14 次提出要把允许一部分地区和一部分人先富起来作为一个大政策定下来，强调这是为了实现共同富裕的一个必要的手段。对于发展过程中出现的地区差距和贫富差距问题，1985 年 3 月，在全国科技工作会议上，邓小平同志强调共同富裕是社会主义的目的，他指出：“社会主义的目的就是要全国人民共同富裕，不是两极分化。”同年在中国共产党全国代表会议上，邓小平强调共同富裕是社会主义必须坚持的根本原则之一：“在改革中，我们始终坚持两条根本原则，一是以社会主义公有制经济为主体，一是共同富裕。”在党的十六大报告中，江泽民同志指出：“在经济发展的基础上，促进社会全面进步，不断提高人民生活水平，保证人民共享发展成果。”胡锦涛同志在十七大报告中指出：“必须坚持维护社会公平正义。公平正义是中国特色社会主义的内在要求。要在全体人民共同奋斗、经济社会发展的基础上，加紧建设对保障社会公平正义具有重大作用的制度，逐步建立以权利公平、机会公平、规则公平为主要内容的社会保障体系，努力营造公平的社会环境，保证人民平等参与、平等发展权利。”

党的十八大明确提出：“公平正义是中国特色社会主义的内在要求。要在全体人民共同奋斗、经济社会发展的基础上，加紧建设对保障社会公平正义具有重大作用的制度，逐步建立以权利公平、机会公平、规则公平为主要内容的社会公平保障体系，努力营造公平的社会环境，保证人民平等参与、平等发展权利。”十八大以来，我国坚持以人民为中心的思想，着力改善社会公平环境，特别是从“两不愁”“三保障”等一系列人民群众最关心、最直接的问题入手，集中致力于社会公平制度建设。2015 年十八届五中全会提出的共享发展理念，为社会公平的制度建设提供了更为明确的理论遵循：“根据人人参与、人人尽力、人人享有的原则”，注重机会公平，提高公共服务共享水平，建立更加公平更可持续的社会保障制度。党的十九大提出：“坚持在发展中保障和改善民生。增进民生福祉是发展的根本目的。必须多谋民生之利、多解民生之忧，在发展中补齐民生短板、促进社会公平正义，在幼有所育、学有所教、劳有所得、病有所医、老有所养、住有所居、弱有所扶上不断取得新进展，深入开展脱贫攻坚，保证全体人民在共建共享发展中有更多获得感，不断促进人的全面发展、全体人民共同富裕。建设平安中国，加强和创新社会治理，维护社会和谐稳定，确保国家长治久安、人民安居乐业。”2021 年 1 月 28 日习近平总书记在十九届中央政治局第二十七次集体学习时指出：“要自觉主动解决地区差距、城

---

① 同①.

② 同①.

乡差距、收入差距等问题，坚持在发展中保障和改善民生，统筹做好就业、收入分配、教育、社保、医疗、住房、养老、扶幼等各方面工作，更加注重向农村、基层、欠发达地区倾斜，向困难群众倾斜，促进社会公平正义，让发展成果更多更公平惠及全体人民。”

中国共产党的根本宗旨是全心全意为人民服务，为人民服务是党的一切理论和行动的根本指导方针。改善民生是中国共产党100年来的重要实践，中国共产党成立以来始终把为中国人民谋幸福、为中华民族谋复兴作为自己的初心使命。坚持人民至上，是我们党始终如一的坚守、永恒不变的追求。

案例分析

新中国70多年社会保障发展的理论与实践逻辑

郑功成

中国的现代社会保障制度是新中国成立后逐步建立和发展起来的。70多年来，社会保障制度经历了全面而深刻的制度变革，实现了从部分覆盖走向全民福祉的发展目标，不仅反映了中国人民民生福利的持续改善与社会权益的持续扩大，更折射了中国经济社会的整体变革与发展进步，在中华人民共和国史上谱写了浓墨重彩的篇章。

经过70多年来的制度变革与发展，中国新型社会保障体系日益健全，不仅有效地解除了人民生活的后顾之忧，保障了14亿人的基本生活，还有力地保障了国民经济的持续发展，促进了社会公正。总结中国社会保障制度变革与发展的经验，主要有如下几点。

一、坚持民生为重的发展取向

新中国成立以来，民生问题一直受到党和政府的高度重视。重视民生必定重视社会保障，改善民生必定强化社会保障，这是中国社会保障70多年发展的一条基本经验。新中国成立初期，伴随着生产资料公有制的全面推行，国家通过迅速建立包括劳动保险、公费医疗、城镇社会福利、农村合作医疗等在内的一系列社会保障制度来保障民生，体现的即是以民生为重的价值取向。进入20世纪70年代末，中国实行改革开放并选择了更有效率的市场经济体制，国民经济获得了持续快速发展，社会保障制度变革则始终以民生为重，党和政府特别重视通过不断健全社会保障制度，让发展成果更多更公平地惠及民生。比如，20世纪80年代，针对可能出现的失业工人，建立了国有企业失业保险制度；20世纪90年代末，针对部分退休人员不能按时足额领取养老金、国有企业改革中出现大规模下岗职工等现象，强力推进“收支两条线”“两个确保、三条保障线”的政策；进入21世纪以来，国家全面推进养老保险、医疗保险的发展并迅速覆盖全体人民。这些举措不仅有效化解了困难群体的生活危机，而且全面增进了全体人民的福祉。

二、充分发挥社会主义的制度优势

中国是社会主义国家，社会主义的本质要求决定了社会保障制度的发展方向。早在1955年毛泽东同志就指出：“现在我们实行这么一种制度，这么一种计划，是可以一年一年走向更富更强的，一年一年可以看到更富更强些。而这个富，是共同的富，这个强，是共同的强，大家都有份。”可见，社会主义中国追求的是共同富裕。改革开放后，邓小平明确指出：“社会主义的目的就是要全国人民共同富裕，不是两极分化。”“社会主义最大的优越性就是共同富裕，这是体现社会主义本质的一个东西。”社会保障具有二次分配的功能，要走向共同富裕，就需要通过建立健全社会保障制度，实现社会财富更加公平的再分配。

中国共产党的领导和全国一盘棋的国家治理格局，决定了我们的国家发展能够考虑长远与全局，并且政府具有统一、有效的执行力。可以说，正是社会主义的制度优势和中国政府的积极作为，推进了新中国社会保障的快速发展。回顾70多年来的发展历程，中国社会保障的重大改革措施都是由党中央在凝聚全党智慧并广泛征求各界意见的条件下提出的，通过制定统一、具体的政策和大规模的转移支付，中央政府对社会保障改革发挥了有力的指导和支撑作用，各级政府在改革推进中能够保持行动的高度一致性。从新中国成立初期采取大规模的救济行动，到20世纪50年代迅速建成与计划经济相适应的传统社会保障制度，再到改革开放后新型社会保障体系的不断发展，特别是近10多年来社会保障成为全民共享国家发展成果的基本制度保障，党和政府发挥的作用为当代世界所有目共睹。比如，城乡养老保险中的基础养老金全部由政府负担，虽然开始时养老金水平并不高，但制度得以迅速全面建立起来，每个老年人的养老金待遇得到了保障；再比如，城乡居民的医疗保险，政府承担的筹资责任与个人缴费之比约为3∶1或4∶1，有力地推进了全民医保目标的实现；而针对困难群体的医疗救助更是政府的重要责任，2018年全国医疗救助基金支出424.6亿元，资助参加基本医疗保险7673.9万人，实施门诊和住院救助5361万人次，等等。

三、依据国情走中国特色的社会保障发展之路

中国是社会主义国家，也是一个历史悠久、地域辽阔、人口众多的发展中国家，这样的国情决定了我们不可能照搬任何国家的社会保障发展模式。新中国成立以来，党和政府依据现实国情，不断探索，走出了一条中国特色的社会保障发展之路。计划经济时代，在财力有限的条件下，中国重视预防、低成本高产出的农村合作医疗制度取得了巨大成功，获得了世界卫生组织与世界银行的高度赞誉；生产自救和政府救灾相结合的体制亦使中国能够化解自然灾害频繁发生的局面；强大的家庭保障与邻里互助传统则为社会成员应对生活风险提供了巨大的韧性。改革开放后，为减少改革成本，尽力保障群众福利不受损失，社会保障制度改革采取了渐进式的策略，每项改革都从地方试点开始，在总结经验教训的基础上再形成全国性方案，在全国加以推进。目前来看，政府补贴低收入困难群体参加基本养老保险、基本医疗保险，建立福利养老金、城乡居民养老保险制度，建立下岗职工基本生活保障制度，以及正在推进中的居家养老服务、保障性住房建设，等等，均是依据现实国情做出的具有鲜明中国特色的改革举措。尽管中国特色的社会保障制度还未完全成熟，但总体而言，它已经以造福全体人民并持续发展的客观事实，证明了走中国特色社会保障发展之路的正确性。

四、经济增长与社会保障相互促进

新中国成立之初，我国在一穷二白的条件下建立了传统社会保障制度，曾激发了亿万人民建设社会主义的积极性，国民经济快速发展，工业体系得以建立。后来因过分追求低工资高福利式的"大锅饭""平均主义"，导致生产效率下降，经济发展受挫，传统社会保障制度也难以为继。改革开放后，伴随国民经济的持续高速增长，政府持续加大对社会保障及相关公共服务的投入，让更多发展成果惠及民生，新型社会保障体系的不断发展也为经济增长创造了有利条件并在关键时点发挥出重要作用。

例如，1997年亚洲金融危机爆发，形成了不利的外部经济环境。1998年，党和政府意识到社会保障不足是消费不旺的重要原因，便将社会保障改革摆到头等重要位置，强力落实"两个

确保、三条保障线”,同时建立面向低收入困难群体的最低生活保障制度,推进医疗保险改革与住房体制改革等,这些举措不仅解决了城乡居民的现实困难,也刺激了居民消费,为全面推进各项重大改革并实现国民经济再次持续高速增长提供了良好的内部环境。2008 年国际金融危机爆发,再次形成了不利的外部经济环境。2009 年党和政府强力推进各项社会保障制度建设,包括为农民建立养老保险制度并很快实现了养老保险制度覆盖全体适龄人口的目标、启动三年医改计划并很快实现医保制度覆盖全民的目标,同年还掀起大规模的保障性住房建设,城乡居民的社会保障水平普遍得到大幅度提升。这些举措迅速减轻了百姓的后顾之忧,增加了城乡居民收入,促使居民消费快速增长,进而成为拉动国民经济增长的第一大引擎。

五、渐进式改革与收入增长替代是一种有效的策略

任何社会保障改革都是对既有利益格局的调整,必然触及部分群体的切身利益。如果在收入不增长的条件下削减福利,结果必然是社会成员的福利净损失。改革开放以来的社会保障改革,采取的是与经济改革一样的渐进式策略,即试点先行、渐次推进、平稳过渡。这种策略有利于及时总结社会保障改革中的经验教训并不断修订、完善改革方案,避免了任何一项社会保障改革因波及全国而产生巨大社会风险的可能。

此外,改革开放以来的社会保障改革几乎触及所有人的利益,它使改革对象丧失了免费享受养老金、医疗保障待遇的权益,还需要承担相应的缴费责任,但改革并未引发广泛的负面情绪,很大程度上得益于经济增长过程中城镇职工工资不断提升、农民因土地承包责任制和进城务工等使收入迅速增长而产生的收入替代效应。2014 年通过增加工资的举措,让面向机关事业单位工作人员的免费型退休金制度转为缴费型养老保险制度,也使利益相关者降低了对原有社会保障制度的依赖,直接增强了对社会保障改革的承受力和认可度。

六、建设更高质量的中国特色社会保障体系

2018 年我国人均 GDP 已达 1 万美元,2021 年我国步入高收入国家行列,这表明国家发展已经站在了很高的起点上。根据党的十九大报告明确部署的时间表,2035 年中国将基本实现社会主义现代化,21 世纪中叶将建成富强、民主、文明、和谐、美丽的社会主义现代化强国。这意味着到 21 世纪中叶,国民的社会保障需求将达到一个更高水平。为此,新时代的社会保障,要在全面优化现行制度安排的基础上,制定系统、科学的顶层设计,坚守共建共享、互助共济的基本原则,重构责任分担机制,充分调动各界各方的积极性,促使整个社会保障体系沿着普惠、公平、可持续的方向稳步迈进。一个高质量的中国特色社会保障体系的全面建成,将不仅能够不断增进全体人民的福祉,切实保障民生质量稳步提升,而且可以维系国家的长治久安,促使整个经济社会持续协调健康发展,成为国家富强、民族振兴、人民幸福的坚固制度保障。

(资料来源:光明日报)

思考:

70 多年来中国社会保障制度变革与发展的经验有哪些?

案例分析

2019 年法国大罢工与养老保险改革

2019 年 12 月,法国爆发全国性大规模罢工游行,涉及公交、能源、教育、医疗等多个行业,法国公共交通几乎全面瘫痪,部分示威者还与警方发生冲突,罢工的目的是抗议法国总统马克龙提出的大规模退休金制度改革。为抗议政府推行的养老金改革计划，法国工会自2019年9月份开始组织工人们进行罢工。这场罢工风波矛盾越来越高涨，已经成为法国近25年以来历时最长的一次罢工。

在2018年的最后一天，法国总统马克龙在发表新年贺词时，提到将退休制度改革视为法国2019年的重点改革项目。这项改革涉及养老金制度、劳动时间等方面，改革核心是将目前法国存在的42种不同退休金制度整合为一个全民统一的积分体系。对这次的改革，法国公共交通系统首先表达了不满，认为法国地铁员工的工作条件艰苦，经常要上夜班，还要忍受隧道污染等问题，所以地铁员工可以比其他职业员工稍稍提前退休，退休金也稍高于其他一些职业，这是他们仅剩的职业优势。而新的改革无疑会损害他们的利益。法国政府和工会组织互不让步，双方在是否继续养老制度改革的问题上无法取得共识。

（资料来源：中国新闻网）

思考：

随着人口老龄化程度加重，发达国家不断改革养老保险制度，采取延长劳动者退休年龄的办法缓解养老保险基金支出压力，请分析延长退休年龄的利弊。

本章小结

社会保障是工业社会发展的产物，是现代国家应对社会风险最有效的制度，它不仅是促进经济发展的社会稳定器，也是现代国家和社会文明的重要标志。本章主要介绍了社会保障的基本概念、特征和功能，社会保障学的研究方法，中外社会保障的理论基础。

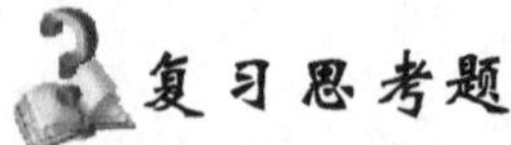

复习思考题

1. 简述社会保障的概念和特征。
2. 论述国外现代社会保障理论。
3. 论述马克思主义社会保障理论。

推荐阅读书目

1. 邓大松. 社会保障学[M]. 北京：高等教育出版社，2019.
2. 李珍. 社会保障理论[M]. 3版. 北京：中国劳动社会保障出版社，2013.
3. 杨翠迎. 社会保障学[M]. 上海：复旦大学出版社，2015.

第二章 社会保障制度

学习目标

了解中外社会保障制度发展历程

掌握社会保障制度的特征与功能

了解社会保障制度对储蓄、资本市场、经济增长、劳动力资源配置的影响与关系

关键概念

社会保障制度的特征　社会保障制度的功能　经济效应

第一节 社会保障制度的发展

一、国外社会保障制度的发展历程

(一)萌芽阶段(16 世纪—19 世纪上半叶)

社会保障制度起源于英国,在 16 世纪前后,英国首先进入工业化社会时代,在这期间,资产阶级及其国家用剥夺方法和暴力手段,诸如掠夺教会财产,欺骗性地出让国有土地,通过盗窃公有土地以及"圈地运动"等方式,将大批农民从土地上赶走,失去土地的农民到处流浪,对当时英国的社会稳定构成威胁。于是在 1601 年,英国女王伊丽莎白在综合、修订 1536 年、1572 年、1576 年有关救济贫民法规的基础上,颁布了《济贫法》(习惯称为旧《济贫法》)。其内容主要有:规定济贫事业属于教会义务,向地方征收济贫税,建议成立全国济贫机构,对贫民尽扶助义务,对贫民实行"院内济贫"管理。旧《济贫法》是英国新旧社会转型的产物,它的颁布和实施维护了早期资本主义社会的秩序,开创了通过税收和政府干预来实现穷人生活基本保障的先河。

进入 18 世纪以后,产业革命极大地推动了社会生产力的迅速发展,同时产业工人面临的失业、伤残、疾病等风险增加,生活进一步恶化,形成了大规模的城市贫民阶层,阶级和社会矛盾日益激烈,旧《济贫法》对贫民的模式管理已不可行。于是在 1834 年,英国议会在对旧《济贫法》实施情况进行调查研究的基础上,出台了新《济贫法》,其内容主要有:建立全国统一的济贫行政体制,重新设立劳役制度,受助者必须住进济贫院,救助水平设定在最底层劳动者的生活水准以下。新《济贫法》以国家立法的形式规定了政府对贫民实行社会救济的责任,开创了现代社会保障事业的先河,被认为是西方社会救济立法和贫民救济事业的一个里程碑,对欧美资本主义国家产生了重要影响。随后欧洲的其他国家纷纷仿效英国,建立了自己的社会救济制度。

(二)建立阶段(1883—1934 年)

第一次世界大战期间,德国在工业发展中为了赶超英、法两国,在采用国外先进科学技术的同时对工人阶级进行残酷的压榨和剥削,当时的工人阶级和资本家的矛盾加剧,工人阶级自发成立各种互助组织,强烈要求政府实施保护劳工权益的社会政策,迫于国内政治稳定的需要,俾斯麦(又称“铁血宰相”)政府接受德国新历史学派的主张,推行了一种“大棒加胡萝卜”的政策,即一方面残酷镇压工人运动,另一方面又推行社会保险政策安抚工人。1881 年,德国皇帝威廉一世颁布了建立社会保险体系的《皇帝诏书》,1883 年颁布和实施了《疾病社会保险法》,之后相继颁布了《工伤事故保险法》(1884 年)和《老年和残疾社会保险法》(1889 年)。

德国社会保险立法的颁布和实施标志着现代社会保障制度的形成,是世界上第一套最完整的工人社会保障计划,这种社会保险制度是与收入关联性的国家型保险计划,其主要特征是强调将劳动者的权利与义务相结合,采用自治管理和商业保险管理模式。德国社会保障制度的实施缓解了劳资矛盾,促成不同利益群体之间的认同,促进了德国资本主义经济的发展。

(三)发展阶段(1935—1947 年)

在 20 世纪 30 年代经济大危机中,美国经济受到严重的冲击。这次经济危机使美国政府意识到,完全依赖市场的作用似乎很难维持资本生产的持续稳定和繁荣,更不可能在非常时期对人们提供充分的保护和保障。在经济危机发生以前,人们认为一切以自我为中心,提倡个人奋斗,胜者存、败者亡,都反对政府承担社会救济责任,但在经济危机爆发以后,人们认识到贫困问题不是个人责任,而是社会问题,人们的观念发生了转变,由此形成强大的社会舆论,成为美国政府后来加快社会保障立法的压力和推动力。加之当时美国的老龄化问题突出,如何妥善解决老年人的生活和医疗保障已成为美国当时面临的最严重的社会问题。此时,欧洲社会保障事业的发展为美国社会保障倡导者提供了理论现实依据,他们一方面组织力量在国会、参议院和众议院游说,另一方面向美国广大公民灌输社会保障制度的意义、基本原则等。在凯恩斯国家干预主义的影响下,1935 年罗斯福政府颁布了《社会保障法》(世界上第一部社会保障法),此法确立了美国社会保障制度的基本原则与体系、政府的财政责任和行政责任。美国《社会保障法》的颁布在一定程度上缓解了本国的经济危机和劳资冲突,从当时来看,美国建立的社会保障制度是为了提高居民个人消费能力,社会保障制度是作为反经济危机和需求管理的工具来使用的。

(四)繁荣阶段(1948—1979 年)

第二次世界大战后,科学技术发展迅速,社会生产力大幅度提高,社会财富出现了惊人的增长。经济的快速发展为发达资本主义国家广泛推行社会保险福利政策提供了充分的物质基础。西欧各国政府普遍对 20 世纪 30 年代经济危机和第二次世界大战进行反思,吸收社会主义的某些思想,给公民以更加普遍的生活照顾,使他们能尽快地从战争的阴影中走出来。

1942 年 11 月牛津大学教授贝弗里奇(W. T. Beveridge)(1879—1963)受英国政府委托起草了《社会保险与相关服务的报告》(又称《贝弗里奇报告》)。此报告提出“国家对于每个公民‘从摇篮到坟墓’即由生到死的一切生活与危险,诸如疾病、灾害、老年、生育、死亡以及鳏寡孤独残疾等,都给予安全保障”。该报告认为社会保障应旨在维持生存的最低限度的收入,社会保障就是对收入达到最低标准的保障,国家所组织的社会保险、社会救助的目的在于保证以劳动为条件获得维持生存的基本收入,至于有些阶层需求保障超出最低生活标准的需要,可以通过参加私人举办的自愿保险计划去解决。他认为英国社会政策应以消灭贫困、疾病、肮脏、无知和懒散五大祸害为目标，主张通过建立一个社会性的国民保障制度，对每个公民提供七个方面的社会保障，即儿童补助、养老金、残疾津贴、失业救济、丧葬补助、丧失生活来源救济、妇女福利。同时报告提出了社会保障主要包括三方面内容：社会保险是用以满足居民的基本生活需要；社会救助用以满足特殊情况的需要，如给低于贫困线的人发放补助；自愿保险是用以满足较高收入的人的需要，如医生、律师(商业保险)。贝弗里奇报告对英国等西方国家实施“普遍福利”的社会政策产生了重大影响。1945 年英国工党执政后，政府采纳《贝弗里奇报告》，1948 年英国首相艾德礼宣布英国建成了面向全民提供终身福利的制度，拉开了“福利国家”的序幕。英国社会福利制度具有覆盖全民、项目齐全、水平较高的特征。

(五)改革阶段(20 世纪 70 年代末至今)

20 世纪 70 年代末以来，由于受石油危机的影响，西方国家经济增长缓慢，通货膨胀严重，财政收入不断下降，同时伴随着失业人员增多，导致社会保障支出增长，各个国家社会福利开支的增长速度超过了财政开支的增长速度，使国家财政负担沉重。由于实行高福利的社会政策，企业要缴纳较高的社会保障税，社会保障费用在劳动力成本中占有较大的比重，如法国等国家的社会保障费用已占劳动力成本的 25%～30%[①]，劳动力成本上升，削弱了企业的市场竞争力。同时该制度在一定程度上削弱了市场对劳动力供求关系的调节作用，加之政府管理效率低下和日益官僚化，福利国家的社会保障制度运行处于危机的境地，改革的呼声与日俱增。于是，各国政府在“福利国家”制度的框架下采取较为稳定推进的改革措施，改革措施主要包括：提高社会保障缴费率、征收社会保障税、扩大就业增加社会保障基金收入；改革养老金计发办法、提高退休年龄或鼓励延迟退休、严格给付条件、降低待遇水平等节约社会保障开支。

二、中国社会保障制度发展历程

中国社会保障制度实践源于古代，如储粮备荒、仓储赈灾、养老慈幼等措施，在新中国成立之前，现代意义的社会保障制度尚未建立。在民国政府时期，先后颁布了社会保险和社会救助的相关法令，如 1929 年的《工厂法》《工会法》《工作伤害保险法》、1941 年的《社会救济法》等，由于当时政局不稳定，社会保障的相关法规难以执行。

在中国共产党革命根据地和解放区，1931 年颁布了《中华苏维埃共和国劳动法》，1945 年制定了《解放区临时救济委员会组织和工作条例》，1948 年颁布了《东北公营企业战时暂行劳动保险条例》，等等。这些条例主要照搬苏联的社会保障制度，虽然条例内容不够合理，不符合我国的实际情况，但在当时条件下保障了广大职工和群众在遭遇生、老、病、死、伤残风险时的基本生活，解除了前线战士的后顾之忧。

新中国成立之前，虽然社会保障制度不健全，且发展缓慢、保障水平较低、覆盖范围狭窄，但是为新中国成立后社会保障制度的建立和发展奠定了基础。1949 年 10 月 1 日中华人民共和国成立，结合我国国情逐步完善和发展了社会保障制度，形成了中国特色的社会保障体系。

(一)创建时期(1949—1956 年)

1. 城乡社会救济制度

新中国成立后，因自然灾害频发，受灾人群较多，工人失业，生活困难，1949 年 12 月政务

---

① 张琪.社会保障概论[M].北京：中国劳动社会保障出版社，2006：29.

院颁布了社会保障第一份政策性文件《关于生产救灾的指示》，1950 年劳动部颁发了《救济失业工人暂行办法》，同时成立中央救灾委员会组织开展全国性救灾工作，组织群众开展生产自救、专业训练和节约互助。通过大规模应急救济活动缓解了灾民和失业工人的生活困难问题，稳定了灾区和重要城市的社会秩序。1956 年 1 月中共中央政治局提出《1956 到 1967 年全国农业发展纲要（草案）》，同年 6 月发布的《高级农业合作社示范章程》确立了面向农村孤老残幼的"五保"制度，这是第一项中国特色的乡村集体福利保障制度，为农村弱势老年人群提供了兜底保障，让广大农村居民感受到了社会主义的优越性①。

2. 革命烈士褒扬抚恤制度

根据 1949 年 9 月 29 日的《中国人民政治协商会议共同纲领》，1950 年 12 月内务部颁布了《革命烈士家属革命军人家属优待暂行条例》《革命残废军人优待抚恤暂行条例》《革命军人牺牲、病故褒恤暂行条例》《革命工作人员伤亡褒恤暂行条例》《民兵民工伤亡抚恤暂行条例》，这些条例对革命烈士和烈属褒扬抚恤工作做了具体规定。

3. 公职人员社会保障制度

1950 年以来，国家逐步通过单项法规形式对工作人员的疾病、养老、生育、死亡抚恤等做出规定，内务部颁布了《革命工作人员伤亡褒恤暂行条例》，政务院颁发了《关于各级人民政府、党派、团体及所属事业单位国家工作人员实行公费医疗预防指示》《关于各级人民政府工作人员在患病期间待遇暂行办法》《关于女工作人员生产假期的通知》《国家机关工作人员退休处理暂行办法》《国家机关工作人员退职处理暂行办法》，财政部、卫生部和国家人事局联合颁发了《关于国家机关工作人员子女医疗问题》。

4. 城镇企业职工劳动保险制度

1950 年 5 月 19 日，政务院颁布《救济失业工人暂行办法》，对城镇失业工人的救济范围、救济标准、方法及资金来源做了明确规定。在 1951 年 2 月由政务院公布实施《中华人民共和国劳动保险条例》（以下简称《条例》），这是我国第一部统一的社会保险法规，对建立我国企业职工社会保险体系架构具有重要意义。这部法规明确了除失业保险以外的养老、工伤、生育、遗属等基本保险项目，为我国企业职工社会保险制度发展奠定了基础，这也是我国企业职工社会保险制度的基本法律依据。该条例对企业职工劳动保险费的管理做出了具体的规定。该《条例》的实施在一定程度上纠正了以前社会保险工作中"各行其是"的现象，统一了保险项目保险费和待遇的标准。1953 年劳动部颁布《劳动保险条例实施细则修正草案》，把实施范围进一步扩大，保险津贴标准进一步提高。对那些尚未实行《条例》的企业，职工的保险待遇由企业行政与工会组织双方，根据《条例》的原则与本企业的实际情况进行协商，通过签订集体保险合同的办法解决。1956 年国家发布的《中华人民共和国女工保护条例（草案）》对女工结婚、怀孕、生育、哺乳做出保护性规定，促进了妇女健康和就业。

这一时期出台的法规政策，目的是解决人民群众的生活困难，促进经济发展和稳定社会，标志着新中国社会保障体系的初步形成，其主要特征是国家为责任主体，覆盖对象有限，是城乡有别的社会保障制度。

① 郑功成. 中国社会保障 70 年发展（1949—2019）：回顾与展望[J]. 中国人民大学学报，2019(5)：2－16.

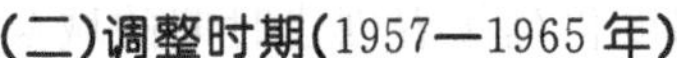

(二)调整时期(1957—1965年)

伴随经济实行全面调整的方针,我国社会保障制度也进入调整阶段。主要的政策调整有以下方面。

1. 统一退休条件和退休待遇

1958年2月,国务院公布实施《关于工人、职员退休处理的暂行规定》,同年3月全国人大常委会第九十四次会议原则上批准了《国务院关于工人职员退职处理的暂行规定(草案)》,统一了企业职工与国家机关工作人员的退休保险待遇,放宽了退休条件,适当提高了退职待遇标准。

2. 完善不同行业企业职工的养老保险

1962年4月中共中央批转《中央统战部关于处理资产阶级工商者退休问题意见》,同年7月国务院发布《关于处理资产阶级工商业者退休问题的补充规定》,对资产阶级工商业者的退休条件和待遇做了相应规定。针对精简下放职工和生活困难职工,1962年6月国务院颁布《关于精简职工安置办法的若干规定》,确定当地民政部发放救济费。为了解决集体所有制企业职工的退休问题,1966年第二轻工业部、全国手工业合作社制定了《关于轻、手工业集体所有制职工、社员退休统筹暂行办法》。

3. 确定了医疗收费制度

在医疗保险方面,20世纪50年代初,国家机关事业单位工作人员实行公费医疗制度,企业职工实行劳保医疗制度,都属于免费医疗保障制度。1965年9月,中央在批转卫生部党委《关于把卫生工作重点放到农村的报告》的批示中指出:“公费医疗应做适当改革,劳保医疗制度的执行也应当适当整顿。”根据中央的批示,卫生部、财政部发布《关于改进公费医疗管理问题的通知》,劳动部、全国总工会发出了《关于改进企业职工劳保医疗制度几个问题的通知》,这些规定使医疗保险制度更加适合当时的实际。

4. 工伤保险扩展了职业病

1957年2月,卫生部颁发的《职业病范围和职业病患者处理办法的规定》,是我国工伤保险的专门法规,促进了我国职业病防治工作。1963年,劳动部与有关部门又联合召开防矽尘危害,即防矽肺病工作会议,对矽肺病患者的社会保险待遇做了具体的规定。

5. 建立农村合作医疗制度

1960年中共中央转发卫生部《关于人民公社卫生工作几个问题的意见》,1965年毛泽东同志发表“六二六指示”,尤其是“把医疗卫生工作的重点放到农村去”的指示直接推动了农村医疗卫生事业的发展。同时大规模培训“赤脚医生”,通过互助合作的形式满足农村居民的医疗保障需求。1958—1965年,建立了适合农村情况的农村合作医疗制度。这一制度要求农民和集体各负担部分费用,筹集的医疗保险基金用于补贴农民患病后的医疗支出。

6. 社会救助和社会福利制度得以完善和发展

1962年内务部和财政部出台《抚恤、救济事业费管理使用办法》,规定合理和及时使用抚恤费和救济事业费。1963年《关于生产救灾工作的决定》确定了救灾的途径和方法等内容。1965年内务部出台《关于国家机关和事业单位工作人员福利费掌管使用问题的通知》,明确福利费用的使用范围。

这一时期的社会保障事业得到了较大发展，社会保险制度仍延续着创建时期的城乡有别和不同劳动者之间保障有差异的格局，同时，由于企业职工的劳动保险和社会福利从国家保障中分离出来由企业实施，导致企业社会负担加重。

(三)停滞时期(1966—1976年)

1966—1976年，“文化大革命”使我国经济和社会发展遭受了新中国成立以来最严重的挫折和损失，劳动保障制度由原来全国统一变为支离破碎的“企业保障”。1969年2月，财政部颁发《关于国营企业财务工作中几项制度改革意见(草案)》，明文规定不再向企业统一提取社会保险费，用于职工退休、生育、疾病、工伤等保险费用改为企业自筹，从“企业营业外收入中列支”。原来管理劳动保险业务的工会系统也瘫痪了。

(四)恢复时期(1977—1983年)

“文化大革命”结束后，国家出台一系列政策恢复和重建社会保障制度，促进社会保障事业的发展，恢复企业生产及社会经济。

1. 严格和规范了机关事业单位干部和企业职工的离退休制度

针对“文化大革命”期间退休退职工作的随意性等问题，国务院1978年6月出台《关于安置老弱病残干部的暂行办法》《关于工人退休、退职的暂行办法》，1980年10月国务院颁布《关于老干部离职休养的暂行规定》，1981年11月国务院发布《关于严格执行工人退休、退职暂行办法的通知》，1982年中央军委颁发《关于军队干部离职休养的暂行办法》、国务院颁发《关于发布老干部离职休养制度的几项规定的通知》，1983年劳动部、人事部颁发《关于建国前参加工作的老工人退休待遇的通知》。在此期间也补充和完善了集体所有制企业职工的社会保险制度，1977年12月轻工业部、财政部和国家劳动总局颁布《关于手工业合作工厂劳动保险福利待遇标准和劳保费用列支问题的意见》，1978年国务院同意商业部、财政部、供销合作总社、国家劳动总局的《关于合作商店实行退休办法的报告》，1979年卫生部、财政部、国家劳动总局颁布《关于集体卫生人员实行退休退职有关问题的通知》。

2. 恢复和重建社会救助和社会福利

1978年民政部、财政部重新印发《抚恤、救济事业费管理使用办法》，1981年国务院转发民政部《关于进一步加强生产救灾工作报告》，规范救灾费用管理，扩大救济范围。为了改善和提高职工福利，出台和转发民政部关于印发《城市社会福利事业单位管理工作试行办法》，1983年民政部、劳动人事部颁布《关于进一步做好城镇待业的盲聋哑残青年就业工作安置的通知》，大力扶持和保护福利企业生产，做好特殊青年群体的就业安置。

(五)改革探索时期(1984—2013年)

党的十一届三中全会以来，伴随着经济体制改革的实施，我国社会保障制度发生了巨大的变化。这一时期，为了加快国有企业改革的步伐，我国借鉴国外社会保障制度经验，结合国情积极探索和改革社会保障制度，构建中国特色的社会保障体系框架。

1. 城乡社会保险制度的改革探索

1)城乡养老保险制度

养老保险是社会保险制度改革的先锋，1984年我国在广东、江苏等地开展养老保险制度，实行社会统筹的改革试点工作，1986年国务院出台《国营企业实行劳动合同制暂行规定》，确定职工缴费比例。1991 年国务院发布《关于企业职工养老保险制度改革的决定》，确定由国家、企业和个人承担养老保险费。1995 年国务院发布《关于深化企业职工养老保险制度改革的通知》，确立养老保险制度实施“社会统筹＋个人账户”相结合的模式。1997 年国务院颁布《关于建立统一的企业职工基本养老保险制度的决定》，明确了全国统一企业和个人的缴费比例和待遇。2005 年国务院颁布《关于完善企业职工基本养老保险制度的决定》，指出扩大覆盖范围，调整个人账户缴费比例和完善养老金计发办法。

我国农村养老保险制度改革试点是从 1991 年开始的，1992 年民政部印发《县级农村社会养老保险基本方案(实行)》，确立个人缴费的个人账户制度，1998 年将农村社会养老保险制度交给人社部，实行社会保险的统一管理，2009 年国务院发布《关于开展新型农村社会养老保险试点的指导意见》，明确新农保实行“基础养老金＋个人账户”模式，2011 年国务院发布《关于开展城镇居民社会养老保险试点的指导意见》，实行和新农保一样的制度模式，为没有收入的人群建立社会养老保险制度，充分体现了我国养老保险制度的公平性和普惠性。

2)城乡医疗保险制度

1989 年国家在吉林四平、辽宁丹东等地开展医疗保险制度的试点工作。1994 年国家体改委等部门发布《关于职工医疗制度改革的试点意见》，在江西九江市和江苏镇江市率先试点，实行社会统筹和个人账户相结合的模式。1996 年国务院转发此文件，扩大试点范围。2003 年，1998 年国务院发布《关于建立城镇职工基本医疗保险制度的决定》，明确了制度模式和覆盖范围。为了进一步扩大社会保障覆盖人群，劳动和社会保障部出台《关于城镇灵活就业人员参加基本医疗保险的指导意见》。

我国农村医疗保险制度是根据 1993 年中共中央《关于建立社会主义市场经济体制若干问题的决定》精神，1996 年卫生部决定开展改革试点工作，1997 年国务院颁发《关于发展和完善农村合作医疗的若干意见》，2003 年国务院颁发《关于建立新型农村合作医疗制度的意见》，2007 年国务院颁发《关于开展城镇居民基本医疗保险试点的指导意见》，规定参保人群和缴费，2008 年国务院下发《关于大学生纳入城镇居民医疗保险试点范围的指导意见》，2009 年卫生部等五部委联合下发《关于巩固和发展新型农村合作医疗制度的意见》，这些政策文件促进了城乡医疗保险制度的公平性。2012 年针对城乡居民医疗保障水平低和费用负担重的情况，国家发改委等发布《关于开展城乡居民大病保险工作的指导意见》，明确针对城镇居民医保、新农合参保(合)人员大病负担重的情况，引入市场机制，建立大病保险制度，减轻城乡居民的大病负担，要求大病医保报销比例不低于 50％。

3)失业保险制度

为了配合劳动合同制的推行，1986 年国务院颁布的《国营企业职工待业保险暂行规定》，明确了领取失业保险金的人员和待遇。1993 年国务院颁布《国有企业职工待业保险规定》，该规定扩大了保障范围，调整了收缴基数。1999 年国务院颁布《失业保险条例》，对失业保险参保单位和人员、筹资比例、基金管理等做了明确规定，从此我国失业保险制度走向法制化、规范化。

4)工伤保险制度

劳动部于 1988 年拟定了《关于企业职工保险制度改革的设想(讨论稿)》，之后召开多次会议提出改革工伤保险制度，并在部分地区开始了工伤保险制度的改革试点。1994 年通过的《中华人民共和国劳动法》第 73 条的规定，劳动者在因工伤残或者患职业病情况下，依法享受社会保险待遇。这一基本法以国家法律的形式保障了工伤者享受工伤保险待遇。1996 年劳动部颁布《企业职工工伤保险试行办法》,2003 年国务院出台《工伤保险条例》,该条例是第一次制定的、专门的、具有法律效力的工伤保险法规,从法律上实现了劳动法赋予劳动者的工伤保险待遇权利,增强了工伤保险待遇权的行使与保护机制,为建立和健全比较完善的社会保障法律体系奠定了法律基石。之后在工伤保险制度实施中仍存在一些问题,2010 年 12 月 20 日《国务院关于修改〈工伤保险条例〉的决定》发布,2011 年实施的新条例扩大了保障范围、修改了工伤认定程序,提高了待遇。

5)生育保险制度

国务院于 1988 年颁布《女职工劳动保护规定》,确定了产假。1994 年劳动部颁布《企业职工生育保险试行办法》,规定了管理原则、覆盖范围和待遇标准等。在 2011 年的《中华人民共和国社会保险法》和 2012 年国务院公布的《女职工劳动保护特别规定》中,明确了延长产假天数、生育津贴、医疗费用标准等。

2. 城乡社会救助制度改革探索

1)最低生活保障制度

20 世纪 90 年代以来,为了缓解城市新贫困问题,1997 年国务院出台《关于在全国建立城市居民最低生活保障制度的通知》,1999 年国务院发布《城市居民最低生活保障条例》,极大地推动了城市居民最低生活保障工作的开展,将城市居民最低生活保障制度纳入了法制化发展轨道。为贯彻落实党的十六届六中全会精神,切实解决农村贫困人口的生活困难问题,2007 年国务院颁发了《关于在全国建立农村最低生活保障制度的通知》。针对城乡最低生活保障制度实施中存在的问题,2012 年国务院颁布《关于进一步加强和改进最低生活保障工作的意见》,并提出改进措施。

2)医疗救助制度

根据 2002 年《中共中央、国务院关于进一步加强农村卫生工作的决定》,为了改善农村医疗卫生状况,提高城乡居民的医疗保健水平,自 2003 年以来民政部等陆续发布了《关于实施农村医疗救助的意见》《关于加快推进农村医疗救助工作的通知》《关于建立城市医疗救助制度试点工作的意见》,城乡医疗救助制度逐步走向完善阶段。2009 年民政部等发布《关于进一步完善城乡医疗救助制度的意见》,明确救助资金来源、规范管理运行。

3)临时救助制度

临时救助是一项传统的民政业务,长期以来,临时救助制度在保障城乡困难群众的基本生活、缓解群众的特殊困难方面发挥了重要作用。早在 1982 年国务院就颁布了《城市流浪乞讨人员收容遣送办法》,2003 年民政部发布了《城市生活无着的流浪乞讨人员救助管理办法实施细则》。针对流浪未成年人数增加和犯罪率上升问题,2006 年民政部等十九部委发布了《关于加强流浪未成年人工作意见》。为了妥善解决城乡贫困居民的突发性、临时性生活困难问题,推进社会救助体系建设,2007 年民政部颁发了《关于进一步建立健全临时救助制度的通知》。2011 年国务院发布《关于加强和改进流浪未成年人救助保护工作的意见》,该意见针对未成年人流浪现象,明确了流浪未成年人救助保护工作的总体要求、基本原则以及改进救助保护工作的政策措施。

4)住房救助制度

为贯彻落实《中共中央关于建立社会主义市场经济体制若干问题的决定》,深化城镇住房制度改革，促进住房商品化和住房建设的发展，1994 年国务院发布《关于深化城镇住房制度改革的决定》，强调城镇住房制度改革的根本目的是建立与社会主义市场经济体制相适应的新的城镇住房制度，实现住房商品化、社会化，加快住房建设，改善居住条件，满足城镇居民不断增长的住房需求，明确了城镇住房制度改革的基本内容和全面推行住房公积金制度。同年建设部、国务院和财政部印发《城镇经济适用住房建设管理办法》，制定该办法的目的是为了建立以中低收入家庭为对象，具有社会保障性质的经济适用住房供应体系，加快经济适用住房建设，提高城镇职工、居民的住房水平。

1998 年国务院发布《关于进一步深化城镇住房制度改革加快住房建设的通知》，具体目标是停止住房实物分配，建立和完善以经济适用住房为主的多层次城镇住房供应体系，最低收入家庭租赁由政府或单位提供廉租住房。1999 年建设部发布《城镇廉租住房管理办法》，明确具体目标是停止住房实物分配，建立和完善以经济适用住房为主的多层次城镇住房供应体系，最低收入家庭租赁由政府或单位提供廉租住房。2003 年和 2007 年建设部分别印发《城镇最低收入家庭廉租住房管理办法》《廉租住房管理办法》，我国廉租住房制度不断完善，2012 年住建部发布《公共租赁住房管理办法》，对公共租赁住房的管理、分配、运营与退出机制进行了详细的规定，使公共租赁住房的建设和管理逐渐步入了规范化的轨道，明确了保障对象的特殊性。

5)教育救助制度

20 世纪 80 年代末我国中小学阶段通过实施“希望工程”和“春雷计划”等政策，救助贫困地区失学儿童。为了解决特殊困难未成年人面临上学难的问题，2004 年民政部、教育部印发《关于进一步做好城乡特殊困难未成年人教育救助工作的通知》，保障这部分人员的受教育权利。2005 年国务院颁布《关于深化农村义务教育经费保障机制改革的通知》《关于做好免除城市义务教育阶段学生学杂费工作的通知》，全部免除城乡义务教育阶段学生学杂费。为了解决贫困学生接受高等教育的问题，进一步做好资助高校贫困家庭学生工作，2004 年教育部、财政部、中国人民银行银监会发布《关于进一步完善国家助学贷款工作的若干意见》。

6)就业救助制度

就业救助也称就业援助，为了确保国有企业改革顺利进行，重点围绕解决国有企业下岗失业人员再就业问题，2002 年国务院出台《关于进一步做好下岗失业人员再就业工作的通知》，2005 年国务院发布《关于进一步加强就业再就业工作的通知》，强调重点解决好体制转轨遗留的再就业问题的同时，努力做好城镇新增劳动力就业和农村富余劳动力转移就业工作，有步骤地统筹城乡就业，提高劳动者素质，探索建立市场经济条件下促进就业的长效机制。2007 年全国人民代表大会常务委员会颁布《中华人民共和国就业促进法》，其目的是为了促进就业，促进经济发展与扩大就业相协调，促进社会和谐稳定，此后确立中国特色的积极就业政策框架，就业援助制度趋于法制化。2008 年国务院颁布《关于做好促进就业工作的通知》，进一步完善面向所有就业困难人员的就业救助制度。

(六)全面发展阶段(2014 年至今)

1. 城镇机关事业单位养老保险制度改革

基于 2008 年试点省份的经验，2015 年国务院出台《关于机关事业单位工作人员养老保险制度改革的决定》，确立参保单位和参保人员，实行社会统筹与个人账户相结合的基本养老保险制度，改革遵循公平与效率相结合的原则，建立待遇与缴费挂钩机制，多缴多得，长缴多得，提高单位和职工参保缴费的积极性。该制度的改革标志着我国城镇基本养老保险制度从二元制走向一元制，进一步提升了基本养老保险制度的公平性。

2. 整合城乡居民基本医疗保险制度，实施医疗保险与生育保险合并

2016 年国务院下发《关于整合城乡居民基本医疗保险制度的意见》，提出要按照“统一制度、整合政策、均衡水平、完善机制、提升服务”的总体思路，突出整合基本制度政策，突出理顺管理体制，突出提升服务效能，实现统一覆盖范围、统一筹资政策、统一保障待遇、统一医保目录、统一定点管理、统一基金管理，从而建立起统一的城乡居民基本医疗保险制度。同年人力资源和社会保障部发布《关于开展长期护理保险制度试点的指导意见》，决定在河北省承德市、吉林省长春市等 15 个城市开展长期护理保险制度试点，为应对人口老龄化、实现“老有所养”目标奠定了制度基础。

3. 社会救助制度趋于法制化

2014 年国务院颁布《社会救助暂行办法》，确立了以最低生活保障、特困人员供养、受灾人员救助、医疗救助、教育救助、住房救助、就业救助、临时救助等八项救助制度为主体，社会力量参与为补充的制度框架，基本覆盖各类困难群众。《社会救助暂行办法》是社会救助领域统领性、支架性法规，是对促进社会公平、增进人民福祉的庄严承诺，2019 年修订此暂行办法。2021 年民政部关于印发《特困人员认定办法》，明确了认定工作遵循的原则和条件。为规范最低生活保障审核确认流程，确保低保制度公开、公平、公正实施，民政部制定了《最低生活保障审核确认办法》，于 2021 年 7 月 1 日起施行。

为了维护残疾人的合法权益，发展残疾人事业，保障残疾人平等地充分参与社会生活，共享社会物质文化成果，2018 年全国人民代表修订了《中华人民共和国残疾人保障法》。为了保护未成年人身心健康，保障未成年人合法权益，促进未成年人德、智、体、美、劳全面发展，培养有理想、有道德、有文化、有纪律的社会主义建设者和接班人，培养担当民族复兴大任的时代新人，2020 年 10 月 17 日全国人民代表大会常务委员会修订《中华人民共和国未成年人保护法》，于 2021 年 6 月 1 日施行。

2020 年 5 月 28 日，第十三届全国人民代表大会第三次会议审议通过了新中国历史上首部以法典命名的法律——《中华人民共和国民法典》。这是中国特色社会主义法治体系建设进程中具有划时代意义的大事，是新时代我国社会主义法治建设的重大成果，是一部社会生活的百科全书，是人民民事权利的保护法典，共分为 7 编，依次为总则编、物权编、合同编、人格权编、婚姻家庭编、继承编、侵权责任编。《中华人民共和国民法典》的颁布为民事权利提供全面保障，标志着中国特色社会主义法治建设进入新时期。

4. 慈善制度逐步完善

为了发展慈善事业，弘扬慈善文化，规范慈善活动，保护慈善组织、捐赠人、志愿者、受益人等慈善活动参与者的合法权益，促进社会进步，共享发展成果，2016 年以来我国国务院先后出台《中华人民共和国慈善法》《志愿服务条例》。

5. 医疗保险制度全面深化改革

自 2015 年以来，我国从卫生体制、医保、医药、医院等方面进行了深入改革，出台了一系列政策完善医疗保险制度。2015 年国务院转发民政部等部门出台的《关于进一步完善医疗救助制度全面开展重特大疾病医疗救助工作的意见》，该意见明确任务目标是城市医疗救助制度和农村医疗救助制度于 2015 年底前合并实施，全面开展重特大疾病医疗救助工作，进一步细化实化政策措施，实现医疗救助制度科学规范、运行有效，与相关社会救助、医疗保障政策相配套，保障城乡居民基本医疗权益。为了推进城乡居民大病保险制度建设，筑牢全民基本医疗保障网底，让更多的人民群众受益，同年国务院印发《关于全面实施城乡居民大病保险的意见》。2016 年国务院发布《关于整合城乡居民基本医疗保险制度的意见》，该意见是推进医药卫生体制改革、实现城乡居民公平享有基本医疗保险权益、促进社会公平正义、增进人民福祉的重大举措。2017 年国务院办公厅印发《生育保险和职工基本医疗保险合并实施试点方案的通知》，其指导思想遵循保留险种、保障待遇、统一管理、降低成本的总体思路，推进两项保险合并实施，通过整合两项保险基金及管理资源，强化基金共济能力，提升管理综合效能，降低管理运行成本。为更好地保障参保人员权益、规范医疗服务行为、控制医疗费用不合理增长，充分发挥医保在医改中的基础性作用，经进一步深化基本医疗保险支付方式改革，2017 年国务院发布《关于进一步深化基本医疗保险支付方式改革的指导意见》。

为推进"健康中国"建设，提高人民健康水平，2016 年中共中央国务院印发《"健康中国 2030"规划纲要》，纲要的战略目标是到 2020 年，建立覆盖城乡居民的中国特色基本医疗卫生制度，健康素养水平持续提高，健康服务体系完善高效，人人享有基本医疗卫生服务和基本体育健身服务，基本形成内涵丰富、结构合理的健康产业体系，主要健康指标居于中高收入国家前列。到 2030 年，促进全民健康的制度体系更加完善，健康领域发展更加协调，健康生活方式得到普及，健康服务质量和健康保障水平不断提高，健康产业繁荣发展，基本实现健康公平，主要健康指标进入高收入国家行列。到 2050 年，建成与社会主义现代化国家相适应的健康国家。

2018 年 3 月，组建中华人民共和国国家医疗保障局，它是实现"三保合一""四权合一"的新的主管部门。2019 年国务院发布《关于全面推进生育保险和职工基本医疗保险合并实施的意见》，国家医疗保障局发布《关于印发医疗保障标准化工作指导意见的通知》，国家医疗保障局、人力资源和社会保障部印发《国家基本医疗保险、工伤保险和生育保险药品目录的通知》，为了解决医疗保障发展不平衡不充分的问题，全面提升医保治理能力，深度净化制度运行环境，2020 年国务院出台《关于深化医疗保障制度改革的意见》《关于推进医疗保障基金监管制度体系改革的指导意见》。为规范基本医疗保险关系转移接续工作，统一经办流程，提升服务水平，2021 年国家医疗保障局、财政部印发《基本医疗保险关系转移接续暂行办法》。同年国务院出台《健全重特大疾病医疗保险和救助制度的意见》，该意见明确指出要"促进基本医保、大病保险、医疗救助综合保障与慈善救助、商业健康保险等协同发展、有效衔接，构建政府主导、多方参与的多层次医疗保障体系"。为进一步提高参保人员的用药保障水平，国家医疗保障局、人力资源和社会保障部印发《国家基本医疗保险、工伤保险和生育保险药品目录(2021 年)》。

为了积极应对人口老龄化，满足长期失能人员的基本生活照料需求，2020 年国家医疗保障局和财政部颁布《关于扩大长期护理保险制度试点的指导意见》，国家医疗保障局出台《关于坚持传统服务方式与智能化服务创新并行优化医疗保障服务工作的实施意见》，该实施意见的宗旨是着力解决老年人等群体运用智能技术遇到的困难，强化服务意识，坚持传统服务方式与智能化服务创新并行，不断提升服务质量，努力打造群众满意的医疗保障服务。

6. 军人优抚制度框架初步形成

2012 年人力资源和社会保障部颁布《中华人民共和国军人保险法》，为维护军人军属合法权益，加强退役军人服务保障体系建设，建立健全集中统一、职责清晰的退役军人管理保障体制,2018 年 3 月我国组建了中华人民共和国退役军人事务部,随后退役军人事务部等 10 部门联合印发《关于进一步加强由政府安排工作退役士兵就业安置工作的意见》,这是党中央决策部署组建退役军人事务部后,首个专门针对由政府安排工作退役士兵出台的政策性文件。2018 年全国人民代表大会常务委员会通过了《中华人民共和国英雄烈士保护法》,该法是对英雄烈士事迹和精神的弘扬其中第三条指出:“英雄烈士事迹和精神是中华民族的共同历史记忆和社会主义核心价值观的重要体现。”2019 年中共中央办公厅、国务院办公厅印发《关于解决部分退役士兵社会保险问题的意见》,为解决部分退役士兵的基本养老、医疗困难提供了政策依据。2019 年退役军人事务部、中央军委政治工作部联合印发的《关于进一步规范退役士兵移交安置工作有关具体问题的通知》,该通知针对当前军地在移交安置工作中的一些难点、断点问题提出了解决意见,进一步压实了军地责任,增强了刚性约束,加强了业务衔接,对于提升工作的严肃性和协同性,健全军地移交工作机制具有重要作用。2020 年中央宣传部、国家发展改革委等 20 个部门联合印发了《关于加强军人军属、退役军人和其他优抚对象优待工作的意见》,全力推进退役军人事务领域治理体系和治理能力现代化。

2021 年 1 月 1 日实施了《中华人民共和国退役军人保障法》,其目的是为了加强退役军人保障工作,维护退役军人合法权益,让军人成为全社会尊崇的职业。此法遵循以人为本、分类保障、服务优先、依法管理的原则,内容共分十章,对退役军人的移交接收、退役安置、教育培训、就业创业、抚恤优待、褒扬激励、服务管理、法律责任做了明确规定。作为我国第一部关于退役军人的专门法律,其颁布出台顺应了新时代发展要求,为厚植强军兴军根基、维护社会安全稳定提供了法律保证。2021 年中央政法委、最高人民法院、最高人民检察院、公安部、司法部、退役军人事务部 6 部门联合印发《关于加强退役军人司法救助工作的意见》,明确了退役军人司法救助工作的主要原则和对象范围。

目前我国社会保障制度已从城镇扩大到农村,从国有企业扩大到各类企业,从就业群体扩大到非就业或就业不稳定的群体,已经建立起世界上覆盖人群最多的社会保障制度。近年来我国社会保障法制建设步伐加快,促进了社会保障体系不断完善,基本形成由民政部主导,以最低生活保障与特困人员供养制度、受灾人员救助以及医疗救助、教育救助、住房救助、就业救助和临时救助为主体,以社会力量参与为补充的综合性社会救助制度,社会保险制度和体系不断完善和发展,基本养老保险制度覆盖全体城乡居民,全民医保体系基本形成,各项社会福利事业稳步发展,社会保障制度成为全民共享国家发展成果的基本制度保证①。

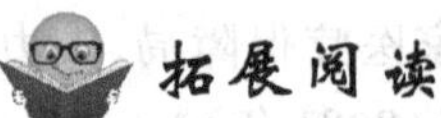

中国基本养老保险政策的不断完善充分体现了制度的公平性

文件 1:《国务院关于建立统一的企业职工基本养老保险制度的决定》(国发〔1997〕26 号)

1. 出台背景

近年来,各地区和有关部门按照《国务院关于深化企业职工养老保险制度改革的通知》(国发〔1995〕6 号)要求,制定了社会统筹与个人账户相结合的养老保险制度改革方案,建立了职工基本养老保险个人账户,促进了养老保险新机制的形成,保障了离退休人员的基本生活,企

① 郑功成. 中国社会保障发展报告[M]. 北京:人民出版社,2016.

业职工养老保险制度改革取得了新的进展。但是，由于这项改革仍处在试点阶段，目前还存在基本养老保险制度不统一、企业负担重、统筹层次低、管理制度不健全等问题，必须按照党中央、国务院确定的目标和原则，进一步加快改革步伐，建立统一的企业职工基本养老保险制度，促进经济与社会健康发展。

2. 主要内容

(1)制定了社会统筹与个人账户相结合的养老保险制度改革方案，建立了职工基本养老保险个人账户。基本养老金由基础养老金和个人账户养老金组成。

(2)企业缴纳基本养老保险费的比例，一般不得超过企业工资总额的20%(包括划入个人账户的部分)。按本人缴费工资11%的数额为职工建立基本养老保险个人账户，个人缴费全部分记入个人账户，其余部分从企业缴费中划入。

(3)个人缴费年限累计满15年的，退休后按月发给基本养老金。退休时的基础养老金月标准为省、自治区、直辖市或地(市)上年度职工月平均工资的20%，个人账户养老金月标准为本人账户储存额除以120。个人缴费年限累计不满15年的，退休后不享受基础养老金待遇，其个人账户储存额一次支付给本人。

文件2:《国务院关于建立统一的城乡居民基本养老保险制度的意见》国发〔2014〕8号

1. 出台背景

在总结新型农村社会养老保险(以下简称新农保)和城镇居民社会养老保险(以下简称城居保)试点经验的基础上，按照全覆盖、保基本、有弹性、可持续的方针，以增强公平性、适应流动性、保证可持续性为重点，全面推进和不断完善覆盖全体城乡居民的基本养老保险制度，充分发挥社会保险对保障人民基本生活、调节社会收入分配、促进城乡经济社会协调发展的重要作用。

2. 主要内容

(1)参保范围。年满16周岁(不含在校学生)，非国家机关和事业单位工作人员及不属于职工基本养老保险制度覆盖范围的城乡居民，可以在户籍地参加城乡居民养老保险。

(2)个人缴费。参加城乡居民养老保险的人员应当按规定缴纳养老保险费。参保人自主选择档次缴费，多缴多得。

(3)坚持和完善社会统筹与个人账户相结合的制度模式，巩固和拓宽个人缴费、集体补助、政府补贴相结合的资金筹集渠道，完善基础养老金和个人账户养老金相结合的待遇支付政策。

(4) 政府对符合领取城乡居民养老保险待遇条件的参保人全额支付基础养老金，其中，中央财政对中西部地区按中央确定的基础养老金标准给予全额补助，对东部地区给予50%的补助。

文件3:《关于机关事业单位工作人员养老保险制度改革的决定》国发〔2015〕2号

1. 出台背景

为统筹城乡社会保障体系建设，建立更加公平、可持续的养老保险制度，改革现行机关事业单位工作人员退休保障制度，逐步建立独立于机关事业单位之外、资金来源多渠道、保障方式多层次、管理服务社会化的养老保险体系。

2. 主要内容

(1)机关事业单位实行社会统筹与个人账户相结合的基本养老保险制度，由单位和个人共同缴费。

(2)待遇水平与缴费相关联,建立多缴多得、长缴多得的激励机制;建立基本养老金正常调整机制。

(3)同步建立职业年金制度,形成多层次的养老保险体系;建立健全养老保险筹资机制,确保待遇发放;逐步实行社会化管理服务,不断提高管理服务水平。

文件4:《关于建立企业职工基本养老保险基金中央调剂制度的通知》国发〔2018〕18号

1. 出台背景

着力解决发展不平衡不充分的突出问题,围绕建立健全更加公平更可持续养老保险制度目标,从基本国情和养老保险制度建设实际出发,遵循社会保险大数法则,建立养老保险基金中央调剂制度,作为实现养老保险全国统筹的第一步。均衡地区间企业职工基本养老保险基金负担,实现基本养老保险制度可持续发展。

2. 主要内容

(1)中央调剂基金筹集。中央调剂基金由各省份养老保险基金上解的资金构成。按照各省份职工平均工资的90%和在职应参保人数作为计算上解额的基数,上解比例从3%起步,逐步提高。

某省份上解额=(某省份职工平均工资×90%)×某省份在职应参保人数×上解比例

各省份职工平均工资为统计部门提供的城镇非私营单位和私营单位就业人员加权平均工资。各省份在职应参保人数暂以在职参保人数和国家统计局公布的企业就业人数二者的平均值为基数核定。将来条件成熟时,以覆盖常住人口的全民参保计划数据为基础确定在职应参保人数。

(2)中央调剂基金拨付。中央调剂基金实行以收定支,当年筹集的资金全部拨付地方。中央调剂基金按照人均定额拨付,根据人力资源和社会保障部、财政部核定的各省份离退休人数确定拨付资金数额。

某省份拨付额=核定的某省份离退休人数×全国人均拨付额

其中:

全国人均拨付额=筹集的中央调剂基金/核定的全国离退休人数

(3)中央调剂基金管理。中央调剂基金是养老保险基金的组成部分,纳入中央级社会保障基金财政专户,实行收支两条线管理,专款专用,不得用于平衡财政预算。中央调剂基金采取先预缴预拨后清算的办法,资金按季度上解下拨,年终统一清算。各地在实施养老保险基金中央调剂制度之前累计结余基金原则上留存地方,用于本省(自治区、直辖市)范围内养老保险基金余缺调剂。

(4)中央财政补助。现行中央财政补助政策和补助方式保持不变。中央政府在下达中央财政补助资金和拨付中央调剂基金后,各省份养老保险基金缺口由地方政府承担。省级政府要切实承担确保基本养老金按时足额发放和弥补养老保险基金缺口的主体责任。

第二节　社会保障制度的特征与功能

一、社会保障制度的特征

社会保障的本质是一种社会福利。社会保障由国家主办，是为了补偿现代社会中被削弱的家庭和企业保障功能，是家庭保障、企业保障逐渐解体的结果。当劳动者保障由分散走向集中，由家庭、企业走向社会时，国家作为全社会的总代表，责无旁贷地担当起组织劳动者保障的责任。当然，这个转变不是偶然的，它深刻地反映了由小生产向社会化大生产飞跃的实质，体现了经济发展的内在要求。所以，社会保障具有社会性的特点，其主要目的是在社会劳动者面临生、老、病、死等方面困难时向其提供帮助，其本质是社会福利事业。社会保障制度具有以下特征。

（一）强制性

社会保障制度通过立法确定社会成员的权利与义务关系，制定有关社会保障法律法规，规定社会保障的项目、内容、形式、享受标准、运作程序、实施范围、对象、资金来源、待遇标准、管理办法，规范社会保障中各方的责任、权利和义务是社会保障制度实施的基础。国家必须保证社会成员在遇到年老、疾病、生育、死亡等风险时得到基本生活的保障，同时政府必须以社会保障税（费）的形式强制征集社会保障基金，以保证某一社会保障项目的支出，个人账户也实行强制缴纳保险费。

（二）保障性

保障性又称补偿性，社会保障制度是国家按照一定时期经济发展水平和承受能力对生存发生困难的社会成员的基本生活需要给予符合实际的物质帮助的一种社会经济制度。基本生活需要包含两方面的内容：一是社会保障制度提供的保障项目是与社会成员生存直接相关的；二是社会保障制度提供的保障水平应限于社会成员的基本生活需要费用。因为生存发生困难的社会成员会引发社会问题，影响社会安定，社会保障制度作为一种社会安全制度，通过提供必要的物质保证，帮助这部分人克服其所面临的生存危机，可以减少社会矛盾和冲突，有利于社会的稳定。当然，社会保障水平是相对的，因为社会生产力的发展水平是社会保障发展的物质基础，即随着生产力发展水平的提高，社会保障的水平将会逐步提高。但是，无论在什么情况下，对社会成员由于生存而引起的基本生活需要国家或政府必须予以物质保障。

（三）普遍性

社会保障制度对于社会成员来说，应不分部门和行业，不分就业单位的所有制性质或有无职业，不分城市和农村，只要社会成员生存有了困难，都应普遍地、无例外地给予基本生活的物质保障。社会成员之间只存在保障基金的筹集方式、保障的项目标准以及采取形式的不同，不存在社会保障有无的差别。社会成员普遍地得到社会保障，是生产社会化和以生产资料公有制为基础的社会主义社会的客观要求，也是社会主义制度优越性的体现。

（四）公平性

实现公平是社会保障追求的主要目标。凡是生存有困难的社会成员，都可以均等地享有获得社会保障的机会和权利。而且每个社会成员从社会保障中获得的物质帮助是基本均等的，社会主义社会保障制度的公平性是在人民地位平等、权利平等的基础上的机会均等，是真正意义上的公平。社会保障制度的公平性具体为以下三个方面：①社会成员在收入分配上公平。社会保障是国民收入分配和再分配的一种手段，它必须体现公平分配的原则。②社会成员在机会上公平。凡是生存有困难的社会成员，都可以均等地享有获得社会保障的机会和权利，任何一个社会保障项目对于其适用的社会成员来说，都是一种机会公平的保证。③促进社会成员之间起点和过程的公平。对于社会中的部分弱势群体，社会保障制度通过再分配手段解决其基本生活问题。

（五）互济性

社会救助和社会福利的资金来自劳动者为社会剩余劳动所提供的资金，体现了劳动者对非劳动者的无偿援助，其互济性十分明显。社会保障是按照社会成员共担风险的原理组织进行的，从原则上讲，社会保障具有权利与义务的统一性；从实际操作来看，个人是否承担了义务以及承担了多少义务与本人享受社会保障待遇的多少是不相关的，社会保障基金的统筹支付与管理充分体现了人类互助互济的原则。这一特征的产生是因为每个劳动者遭遇的特殊情况不尽相同，退休后的寿命期也有差别，对社会保障的需求量不同，因而每个劳动者的社会保障基金的扣除、存储、分配和使用，在数量和时效方面是不相等的。社会保障在劳动者之间互相调剂，发扬了劳动者之间的互助互济精神，社会保障基金只有进行社会统筹，才能充分体现和发挥互济性的特点，统筹范围越广，互济性效果就越好，保障的程度也就越高。

（六）储存性

社会保障制度的资金是先行扣除、缴纳和储存，然后进行分配和使用的。社会保障的储存性是社会保障保证性和普遍性的物质基础。社会保障的储存性意味着，劳动者的社会保障基金的分配使用，是将原来储存的社会保障基金返还给劳动者，其实质是“取之于己，用之于己；能劳动时储存，不能劳动时返还”。储存性还意味着，这部分基金形成后，除增值目的外，一般不用于生产，也不采取经济原则进行分配，以便在任何情况下都能使社会保障获得物质保证。

（七）共享性

社会保障制度是公共产品，具有一定的福利性，其共享性体现在每个社会成员都可以享受经济发展带来的社会发展成果。社会保障通过各项目的实施，调节不同地区、行业、部门之间劳动者的收入分配差距，缓解不同收入阶层之间的贫富差距，保障社会成员的基本生活。社会保障制度的共享性不仅是现代社会保障制度的重要属性，而且也是社会保障公平正义理念的具体体现和践行。

（八）统一性

社会保障制度的统一性是指社会保障制度在设计和实施中要统一标准（缴费和待遇）、统一政策、统一管理和统一制度。统一性体现了社会保障制度的公平性，同时减少了社会保障机构的管理成本，其理论依据是来自英国贝弗里奇的福利国家思想。英国社会保障制度具有统一性和普惠性的特点，成为世界各国社会保障制度发展的理想模式和重要目标。目前中国基本养老保险制度完善与发展已趋于统一性。

二、社会保障制度的功能

(一)补助功能

社会保障制度的补助功能，是指保障失去或没有生活来源者、贫困者、遭遇不幸者和一切工资劳动者，在暂时或永久失去劳动能力以及暂时失去工作岗位后，仍能维持最低生活水平、继续基本生活，是社会保障的基本功能。

社会保障制度的补助功能主要体现在社会救助和社会保险两个方面，特别是社会保险尤为明显。社会救助的目的在于保障最低生活水平，具有鲜明的扶贫特征，属于最低限度的社会保障。它使那些被救助的个人或家庭，在国家和社会群体的帮助下，具有最低生活水平。尽管对最低生活水平的界定各国不尽相同，但就现代社会救助而言，它已不是自然经济、半自然经济统治地位的社会条件下的以保有维持生命所需的最低限度的饮食、穿戴和居住条件而不致受冻挨饿的社会救助了。现代社会救助对最低生活水平的界定已是相对的含义了，虽然各国的经济发展水平差异较大，但是，最低生活水平应该是指享有和当地生产力水平相适应的数量最少的消费资料和服务，因为随着生产力水平的逐步提高，绝对贫困现象总会愈来愈少，并逐步消除。因此，现代社会举办的社会救助，它所能保障的最低生活水平标准只能是相对的最低生活标准线。例如，国际劳工组织认为，在工业化发达国家，所谓最低生活水平，是指收入相当于制造业工人平均工资的30%的家庭和个人。尽管如此，社会救助毕竟属于最低层次的社会保障，其范围不大，而且还呈愈来愈少的趋向。社会保险的直接功能就是对工资劳动者在其全部生命周期遇到的各种失去收入的风险，进行一定补偿，以保证他们的基本生活。这样一来，就使劳动者对现实、对明天都抱有希望，在很大程度上增强了社会凝聚力，有利于保证社会生活的稳定。

(二)社会稳定功能

社会保障制度的稳定功能集中表现为“安全网”和“减震器”的作用。通过建立社会保障制度，国家为社会成员的基本生活乃至不断发展提供相应的保障。首先是能够帮助陷入生活困境的社会成员从生存危机中解脱出来；其次是能够满足社会成员对安全与发展保障的需要。如市场经济条件下工人因企业破产或就业竞争失败而失业，即可能陷入生存困境，失业保险与社会救济制度的确立正是对这类社会成员基本生存权利的保障；各种社会福利服务的提供，有效地解除了社会成员在哺幼、养老及其他生活服务等方面的后顾之忧，显然为社会成员的发展创造了条件；等等。可见，社会保障能够防范与消化社会成员因生存危机而可能出现的对社会、对政府的反叛心理与反叛行为；能够保障社会成员在特定事件的影响下仍然可以安居乐业，从而有效地缓和乃至消除引起社会震荡与失控的潜在风险，进而维系社会秩序的稳定和正常、健康的社会发展。因此，社会保障是通过预先防范和即时化解风险来发挥其稳定功能的，它在许多国家均被称为“精巧的社会稳定器”或“减震器”。

(三)多领域调节功能

社会保障制度的调节功能表现在政治、经济与社会发展等广泛领域。在政治领域，社会保障既是各种利益集团相互较量的结果，同时也是调整不同利益集团、群体或社会阶层利益的必要手段，并在不同的社会制度下表现出不同的政治功能。在社会主义制度下，社会保障制度除具有一般的政治调节功能外，还特别促进了社会成员在国家和社会生活中的主人翁地位；在资本主义制度下，社会保障亦强化了国民对现存制度的依赖意识，同时对调节不同社会阶层的政治冲突、促进政治秩序的长期稳定并维持其整体正常运营发挥着特别重要的政治作用。现代社会保障在工业化国家之所以成为党派斗争和政党政治、民主竞选中的重要议题，正是社会保障具有不容忽略的巨大政治功能的体现。在经济领域，社会保障的调节功能尤其显著。

1. 社会保障制度有效地调节着公平与效率之间的关系

社会保障水平愈高、规模愈大，意味着国家在公平方面的强制力愈强；反之，若社会保障水平愈低、规模愈小，则意味着国家在公平方面的强制力愈弱；而社会保障对公平效率的合理调节，则是促进国民经济持续发展的必要举措。

2. 社会保障制度调节着国民收入的分配与再分配

社会保障资金来源于国民收入的分配与再分配，并通过税收或征费或“转移性支付”给予保证，进而分配给受保障者或有需要者，在社会保障制度健全的国家，这种调节功能更加显著，它通过社会保障资金的征集与社会保障待遇的给付，在不同的受保障对象之间横向调节着收入分配，同时还在代际关系中实现着纵向调节收入分配。

3. 社会保障制度调节着国民经济的发展，它甚至被称为国家的福利投资

一方面，社会保障资金的筹集、储存与分配，直接调节着国民储蓄与投资，并随着基金的融通而对相关产业经济的发展格局产生直接调节作用。另一方面，社会保障还是经济发展周期与周期之间的蓄水池，当经济增长时，失业率下降，社会保障收入增加而支出减少，社会保障基金的规模便随之扩大，减少了社会需求的急剧膨胀，最终对平衡社会总供给与总需求起重要作用；当经济衰退时，失业率提高，由于失业者不再缴纳社会保险费等而导致社会保障基金收入的减少，而失业者及经济衰退带来收入下降的低收入阶层对社会保障待遇的要求随之增大。这又使社会保障基金支出规模扩大，从而在一定程度上唤起了有效需求，提高国民的购买力，最终有助于经济的复苏。

社会保障制度事实上还对市场体系起调节作用，如养老、失业保险制度对劳动力市场起直接调节作用，是劳动力资源自由流动和优化配置的基本条件；社会保障基金的融通对资本市场与产业结构起调节作用；社会保障体系中的教育福利、职业培训、医疗服务和社会福利等，又为提高劳动者的知识素质与身体素质等奠定了基础，并对技术市场产生相应的影响。在社会发展领域，社会保障亦有效地调节着社会成员的协调发展。在社会保障制度健全的国家，社会保障是调节社会成员中高收入阶层（富人）与低收入阶层（穷人）、劳动者与退休者、就业者与失业者、健康者与疾患者、幸运者与不幸者、有子女家庭与无家庭负担者之间利益关系的基本杠杆。不同社会阶层之间的利益冲突因社会保障制度调节功能的发挥而得到了有效缓和；社会因收入分配差距等导致的非公正性、非公平性在一定的程度上得到了调节。

（四）促进社会发展功能

社会保障制度的促进发展功能表现在社会发展领域有如下几个方面：一是能够促进社会成员之间及其与整个社会的协调发展，使社会生活实现良性循环；二是能够促进遭受特殊事件的社会成员重新认识发展变化中的社会环境，适应社会生活的发展变化；三是能够促使社会成员的物质与精神生活水平的提高，使其更加努力地为社会工作；四是能够促进政府有关社会政策的实施，如社会保障对象通常不分性别的做法就极大地促进了男女平等，教育福利有助于义务教育的普及，养老保险与家庭津贴等有利于生育政策的实施等；五是能够促进社会文明的发展，如社会保障为社会成员提供了安全保障，有助于消除其对不幸事件或特殊事件的恐惧感，增强自信心，进而破除封建迷信观念，树立起互助互济、自我负责、积极向上的新观念。可见，社会保障制度在社会成员与社会发展中的促进作用是十分明显的。在经济领域，社会保障通过营造稳定的社会环境促进着经济的发展，同时透过社会保障基金的运营直接促进着某些产业的发展。此外，社会保障对劳动力再生产的保障与劳动力市场的维系，又促进了劳动力资源的高效配置和生产效率的提高。因此，社会保障制度对市场经济并非只有单纯的维系、润滑作用，还有督促促进作用。

(五)社会互助功能

社会保障制度资金来源于包括税收、缴费、捐献等多种渠道，又被支付给受保障者与有需要者，这种分配机制其实是一种风险分散或责任共担机制，风险分散与责任共担本身即是以互助为基石并在互助中使风险得到化解的；同时，构成社会保障体系重要组成部分的社会福利与社会服务，无论在国内还是在国外，几乎均以社区为基础，以社会成员之间相互提供劳务为主要的表现形态，从而从实质上体现出了互惠互助以及在互惠互助中的他助与自助。资金的互助、物的互助和劳务服务的互助，表明社会保障制度不仅是一种社会稳定机制，也是一种社会互助机制。在当代社会，生产的社会化与生活方式的社会化，使完全形态的自助成为不可能；而市场机制的作用和人类的私欲，又使完全形态的他助成为不可能。因此，那种希望社会保障完全自助化(完全自我负责)或完全他助化(完全劫富济贫)都是不现实的也是无法实践的；而强调以互惠为基础，充分发挥社会保障的互助功能，同时发挥社会成员自助与他助的作用，将不仅有利于正确理解社会保障制度的实质，更有利于社会保障制度的持续、健康发展。

第三节　社会保障制度的经济效应

社会保障制度对经济增长的作用主要是通过该制度对储蓄、资本形成和资本市场的影响实现的。

一、社会保障制度对储蓄的影响

社会保障制度与经济发展密切相关，学界讨论最多的是社会保障制度对储蓄的影响。由于社会保障制度(主要指养老保险)与储蓄关系非常复杂，关于社会保障制度与储蓄的关系至今仍是学界争论的焦点之一。

(一)现收现付制对储蓄的影响

1. 储蓄挤出论

公共养老金制度挤出储蓄的观点是由哈佛大学马丁·费尔德斯坦于1974年提出的。他认为，社会保障制度具有再分配功能，可能会挤出个人储蓄，减少经济增长所需的资金积累，这种现象被称为社会保障的挤出效应(crowded-out effect)。马丁·费尔德斯坦认为，社会保障会通过两个方向相反的力量影响个人储蓄：一个力量是“挤出储蓄”的，即人们既然可以从公共养老金计划中获得养老金收益，就可能减少为退休期消费而在工作时期积累财产的需要，这叫作“资产替代效应”；另一个力量则是“挤进储蓄”的，即由于现收现付制提供了较为安全的退休待遇，可能会诱使人们提前退休。提前退休则意味着工作期缩短、退休期延长，这反过来又要求人们在工作期有一个比较高的储蓄率，这叫作“引致退休效应”。个人储蓄的净效应就取决于这两个方向相反效应的力量对比，如果资产替代效应大于引致退休效应，个人储蓄就会减少；如果引致退休效应强于资产替代效应，则个人储蓄就会增加。

马丁·费尔德斯坦以美国为例，根据修正的哈德罗储蓄生命周期模式得出结论：美国社会保障制度将会通过资产替代效应和引致退休效应的共同作用影响个人储蓄，如果没有公共养老金计划，个人储蓄总量将至少增加 50%甚至 100%。由于养老保险制度提供退休保险金，导致私人储蓄水平下降了 30%～50%甚至更多，因而社会保障制度对个人储蓄具有明显的挤出效应。马丁·费尔德斯坦的这些论述引发了美国有关社会保障制度的讨论，推动了社会保障私有化理论的发展及美国社会保障制度的改革。

挤出效应的实质在于公共养老金计划向个人提供了退休后有一定养老金收入索取权的制度化保证。这就使个人有条件减少他在工作期间为退休后生活而积累的部分个人储蓄。第一，个人储蓄只是把自己工作时的收入转移到退休后消费，不存在代际转移行为，储蓄仅源于消费动机，否则，挤出效应不能成立；第二，个人在其生命周期收入一定的前提下，工作期消费和退休期消费的边际替代率要小于 1，总是更偏好当期消费，否则，挤出效应就不能成立。

社会保障制度（主要指现收现付制的养老金财务制度）虽然会对储蓄产生挤出效应，但由于劳动者对收入和支出的不确定性预期，挤出效应事实上很弱。第一，社会养老保险制度会通过资产替代效应和引致退休效应两个方向相反的力量来影响个人储蓄，但在现收现付的养老保险制度框架中，这两种效应不会完全抵消，而会在共同对养老保险制度施加影响的过程中产生相互转换的倾向。一方面，劳动者收入和支出的不确定性会减少社会养老保险制度的资产替代效应，基于自己家庭生存、发展的考虑，人们要求增加储蓄；另一方面，示范效应和对个人老年生活预期的作用，提前退休或者按政府规定年龄退休所产生的引致退休效应进一步增强，这种情况下个人储蓄的提高同样可以认为是“资产替代效应”的动态变化或弱化。第二，现收现付的养老保险制度对储蓄的影响程度可能会因自愿性家庭代际转换和政府强制实施的代际转换而降低。但由于社会经济的发展，劳动力价值不断提高，人们对养老金受益水平提高的期望值较大，这就要求新一代人通过更高的养老保险缴费等来承担未来一代人的养老保险，因而增加企业经济负担，影响企业劳动生产率的提高。政府部门基于人口老龄化和对本国国际竞争力的考虑，会对代际转移行为采取措施，抑制公共养老金支出的增长势头，并通过政府政策引导私人储蓄率的提高。

2. 巴罗中性论

巴罗（Barro）运用他的“中性理论”指出：社会保障有可能被个人代际转移支付所补偿，抵消一部分挤出效应；如果不同的人都具有相同的偏好、工作岗位、禀赋、税资及社会保障缴费率，那么退休年龄就不会因为社会保障制度的引入而受影响。在这种情况下，如果存在遗产动机，即私人储蓄并不仅仅为个人进行，那么社会保障对于个人储蓄的挤出效应为零：当私人储蓄只是一个消费者一生中不同阶段收入转移的工资，即储蓄仅仅源于“消费动机”（consumption-motive）时，社会保障才可能挤出私人储蓄。

人们对于社会保障挤出效应的争论不仅存在于理论研究领域，同样也反映在大量经验研究中[①]。费尔德斯坦等人的经验研究证明了挤出效应的存在；但巴罗、科皮兹（Kopits）、戈特

① 胡宏伟，栾文敬，杨睿，等. 挤入还是挤出：社会保障对子女经济供养老人的影响：关于医疗保障与家庭经济供养行为[J]. 人口研究，2012，36(2)：82－96.

(George)等人研究得出社会保障对个人储蓄没有影响，甚至有激励作用的结论，不同程度地否定了挤出效应假设；斯特雷的实证研究认为，社会保障计划对私人储蓄没有显著影响，且对不同国家的实证研究表明：在不同国家，挤出效应的大小及存在与否有巨大差异。因此，无论从理论还是从实证方面挤出效应理论尚无定论，但多数学者倾向于挤出效应的存在。

由于数据、时期以及模型的不同，世界银行 1997 年的研究表明，发达工业国家现收现付社会保障制度的实证研究得出了完全不同的结论；发展中国家现收现付社会保障制度的研究虽然较少，但结果却显示对储蓄的负效应可能也很小，原因主要有：第一，社会保障的覆盖面小；第二，缺少可靠的储蓄手段，这就意味着储蓄和资产额较小；第三，私人的家庭内财富转移会抵消公共转移；第四，新的养老保险制度缺乏可信度。所有这些都增强了年轻人为自己老年生活增加储蓄的愿望，因此社会保障制度对储蓄的挤出效应微弱。

(二)基金积累制对储蓄的影响

基金积累方式实际上是一种强制或半强制的储蓄积累方式。采取此种方式的主要原因是基于人们的非理性预期。人们不一定都有合理预期的长远眼光，工作期间对未来所做的安排经常是不够的，收入用于当期消费过多，对未来退休生活预留不够，社会出现老年人口生活贫困现象，对个人和社会均会产生消极影响。因此，政府通过强制方式，帮助工作人口进行储蓄和积累以防止老龄危机，但人们对强制性储蓄积累对社会总储蓄和积累的影响也有不同认识。

1. 世界银行的观点

世界银行认为：实行完全积累制的老年保障计划，一方面要求人们积累一定的储蓄额，另一方面会减弱现收现付制对储蓄的消极影响，从而增加完全积累制对储蓄的促进作用。世界银行通过对美国、澳大利亚的职业年金方案及智利、新加坡养老保障制度的研究，认为积累制有增加居民储蓄、促成资本形成的潜力。

2. 戴维斯(E. P. Davis)有关理论

戴维斯利用生命周期理论研究了养老保险基金对个人生命周期储蓄的影响。如图 2－1 所示，首先假定不存在现收现付制的养老金计划，个人生命周期的收入是流动性约束收入和无流动性约束收入之和；个人在年轻时收入较低，由于工作期和退休期消费的边际替代率小于 1，当不存在流动性约束(以下标 u 表示)时，可以借债消费，这样消费支出大于当期收入，因而净资产 A_u 为负；由于边际消费倾向小于边际收入增加，随着收入增加，将会达到收入等于消费支出 C_u 的点，并从这个点开始还债，净资产也开始增加；当存在流动性约束(以下标 c 表示)时，一定收入水平下只能消费 C_c，直到这一消费超出经过调整后的最优消费水平为止。这时，净资产 A_c 在超出最优消费水平之前为 0，超出消费水平之后则会远高于流动性约束时的净资产。进一步，如果在工作期再参加某强制储蓄计划，为退休后积累足够收入，那么工作期消费水平 C_{cp} 还会进一步下降，相应的净资产积累 A_{cp} 也会进一步增大。由此，养老金基金这种强制性储蓄就会对个人储蓄行为产生影响。

首先，由于养老金承诺的非流动性和未来收益的不确定性，尤其是在通货膨胀的压力下，个人储蓄不会随着养老金收益增加而减少。其次，流动性约束的存在限制了个人自由借债的能力，意味着个人在一生中需要较高借入的时间段，并不能够按照其整个生命周期的计划进行消费，这样，强制储蓄(如养老金基金的缴费)既不会因为借债也不会因为减少个人自愿储蓄而减少。再次，在增长经济中，雇员希望提前退休，也会使其增加工作期储蓄。最后，如果从当前

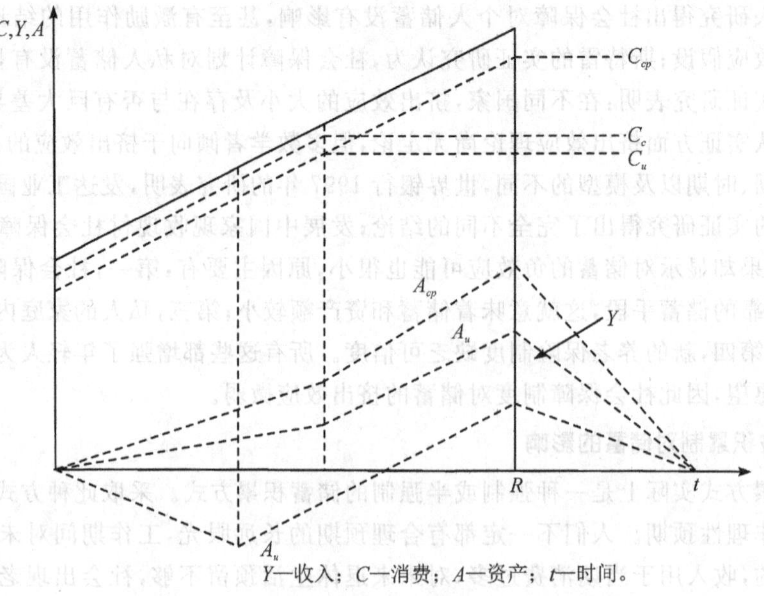

图 2-1 生命周期、流动性约束和养老保险基金

消费转向未来消费的替代超过了可以减少储蓄的收入效应，那么税收方面的优惠政策也会为提高个人的总储蓄而提供激励。

戴维斯认为，短视行为是影响储蓄的重要因素之一。一方面，通过养老基金的强制储蓄可以提高个人的储蓄率；另一方面，并非所有的强制储蓄计划都能这样。如果养老金计划的信用太低或比其他储蓄计划风险大，个人就会设法逃避缴费，且年金市场也可能减少个人的预防性储蓄。税收的激励作用仅限于储蓄愿望低于养老金计划提供的储蓄水平的那部分人，对于储蓄愿望大于这一水平的就起不了作用。

基金积累制的社会保障制度对个人储蓄行为的影响比现收现付制要复杂。假定一个既定供款的基金积累制养老金计划，作为对个人部分收入延迟支付的机制它强制工作期的个人储蓄，再假定个人生命期收入和消费倾向一定，则这种强制储蓄也可能会减少个人的自愿储蓄，因为强制储蓄和自愿储蓄之间具有替代效应。所以，它对个人生命周期储蓄的影响，首先取决于强制储蓄和自愿储蓄之间边际替代率的大小，如果边际替代率是 1，则强制储蓄对个人生命周期储蓄不会有影响；如果边际替代率不等于 1，则强制性储蓄会减少个人自愿储蓄。戴维斯在分析了不同国家的养老基金后，没有发现其对个人储蓄的规律性影响，因而得出结论：基金积累制养老计划对个人储蓄的影响要依具体情况而定，即针对具体经济而言，通过养老金实行的强制储蓄和个人储蓄之间的边际替代率是可以进行有目的的调整的。

如同对现收现付制储蓄影响的研究一样，有很多实证文献研究年金与储蓄的关系，但得出的结论并不一致：狄克斯-米罗（Dicks-Mireaux）和金（King）发现年金和储蓄之间存在抵消作用，而舒尔茨（Schulz）却发现年金和储蓄之间不相关或负相关，肯尼克尔（Kennickell）和苏顿（Sunden）利用消费者财务调查数据，认为既定供款型的职业年金计划对非养老金储蓄的影响效果微不足道，同样对养老金的储蓄也没有太大影响。

（三）社会保障制度变化或改革是影响以社会保障为目的的储蓄的决定性因素

社会保障制度的财务安排不是影响储蓄的主要原因，储蓄的变化更多的是缘于社会保障制度本身的发展和变化。他们认为,无论是现收现付制还是基金积累制,在制度安排趋于成熟时,从动态、长期观点看对储蓄不会有显著的影响。当制度的保障水平发生改变时则会对储蓄这一经济变量产生显著作用。

不论采取现收现付制还是基金积累制的财务制度,当一国社会保障水平提高时,人们对未来的预期普遍比较乐观,因此会增加消费,减少储蓄量,即对储蓄产生"挤出"作用;相反,当一国保障水平降低时,人们就会减少消费而增加储蓄,社会保障制度的变化对储蓄产生"挤进"作用。这里我们以中国为案例说明社会保障制度改革对居民储蓄产生的"挤进"作用。

1998 年初到 2000 年末,社会保障制度改革所造成的不确定性等原因,导致中国持续出现了数十个月储蓄居高不下、有效需求不足的局面。城镇养老保险制度改革减少了居民预期收入,医疗保险、福利住房、免费高等教育、失业保险等改革增大了居民消费支出,对居民即期储蓄产生了"挤进"效应,促使人们增加储蓄以防止未来不确定性危机。有关数据显示,1998—1999 两年间,在家庭收入增加的情况下,消费者处理收入的首选方式是储蓄,其中首要原因是子女教育,其次养老和住房。可见,社会保障制度改革对储蓄具有很强的"挤进"作用。

目前,除现收现付制社会保障计划挤出储蓄的理论得到相对比较肯定的认同外,关于现收现付制社会保障对总储蓄的影响、基金积累制对于个人生命周期储蓄的总影响在理论上仍无定论。

二、社会保障制度对资本市场的影响

社会保障与资本市场的联系源于社会保障基金管理模式的转变,主要体现在社会保障基金与资本市场的互动上。

(一)社会保障基金管理观念的改变促进了资本形成

早期社会保障实行现收现付财务制度,基金直接或间接由政府经营,不存在基金保值增值压力。20 世纪 70 年代石油危机之后,西方各国经济增长速度下降,专家认为巨额的社会保障支出带来高额公共开支和不平衡预算,使传统社会保障制度出现了危机;雇主负担社会保险费致使产品成本增加,降低了产品的国际竞争力;过分慷慨的社会保障支出造成了懒惰与依赖心理,特别是随着人口老龄化逐步加深,现收现付制发生了未来支付危机,因而引发社会保障改革浪潮,其中以智利的私有化改革和新加坡的中央公积金制度为典型,取得了令人瞩目的成绩,促使人们对退休金的管理制度重新认识。

与各国私营"企业退休基金"的投资模式进行比较,政府经营的、投资于政府债券或其他公共部门的社会保障基金管理模式未必是最好的选择,多数政府经营的社会保障基金实际投资收益率甚至为负,而私人经营的企业退休基金则有较高的投资收益率。有研究表明,在 1969—1990 年的投资活动中,兼顾投资收益与投资风险,债券投资是较差的选择。因此,一些国家开始在社会保障基金管理的主体模式和投资模式上做出尝试、变化。人们认识到政府管理、投资政府债券的基金过于强调名义安全性,而使基金实际投资收益率过低,难以适应人口结构老化矛盾,因而开始关注社会保障与资本形成的关系。社会保障基金的积累在多大程度上能够转化为资本,取决于投资主体和方向的选择,社会保障基金管理已超出了仅仅对基金保值增值的要求,同时强调了其对资本形式、资本市场繁荣及经济增长的综合作用。

(二)养老基金推动了国际资本市场的全球一体化趋势

养老基金对安全性的特殊要求,促使其为避免一国经济波动对基金收益的影响,逐渐把投资范围扩大到世界资本市场，以期在全球范围内实现投资收益最大化和资源的最优配置。20世纪90年代初以来，养老基金运营国际化，投向海外证券市场的比例不断上升，各国纷纷放宽对养老基金投资海外证券的比例限制。例如，管理着800亿美元证券资产全球最大独立养老金组织之一的荷兰ABP养老基金工会，1988年时仅允许以5%的资产投资于海外资产，而到20世纪末，其对国内股票和财产的投资只占其全部财产的20%，其余80%投资于海外。据调查，1991—1992年瑞士的基金将其投资于外国证券的比例从24.7%提高到27.3%，爱尔兰将这一比例从25.7%提高到42.9%，英国也只要求养老基金和人寿保险公司能证明其证券资产符合储备金和偿付能力即可，其养老基金在海外投资的总资产比例已达20%。养老基金投资的国际化，加速了资本的国际间流动，促进了国际资本市场一体化的进程。

(三)社会保障基金的金融创新推动了资本市场发展

进入20世纪70年代以来，西方发达国家金融业根据经济和社会发展的需要出现了一股金融创新浪潮，新的金融工具、金融机构、金融服务及融资方式不断涌现，促进了金融业的长足发展，其中养老基金起到了非常关键的作用；20世纪70年代以来，养老基金的投资对各国资本市场产生了深远的影响。一般而言，现收现付通过税收融资，通常不会与资本市场发生直接联系。一般认为，养老基金(主要是私人养老基金)投资于资本市场的效应能够强化资本市场的长期投资，提高资本配置效率，并引导金融结构创新和市场结构现代化。

养老基金作为机构投资者，通常可以通过三个途径影响资本市场的供求关系：第一，作为长期强制储蓄计划，增加资本市场的总供给；第二，对其本身的资产组合具有特定的选择偏好，影响资本市场的需求；第三，通过自己的资产组合选择，影响资本市场中其他投资者的资产在银行和证券之间的组合分布。因为养老金收益是一种劳动补偿的延迟支付，所以养老基金对投资工具的选择必然会集中到那些长期投资回报率较高的资产组合，增加资本市场的长期性投资。

当养老基金高度成熟时，为了满足即期支付养老金的需要，它所拥有的部分资产要具有相当的流动性；同样为保证长期内能够支付养老金的需要，养老基金还要求投资具有相当的安全性。这就使它对资本市场中各种金融工具的风险分布以及回报分布产生了重新归整的内在要求，从而推动了金融创新。一方面，它作为一类规模较大的机构投资者，鼓励了竞争性金融中介机构的发展；另一方面，它推动了金融工具的创新，例如，不附息证券、附属抵押债券以及担保投资契约等各种金融工具的创新均与养老基金需求有关。20世纪70年代，美国的共同基金只有5种类型361只，到1998年底，美国基金的数量已达33种7000多只。从封闭式基金到共同基金，从股票基金、债券基金到货币市场基金，从指数基金到对冲基金，从主要面向中小投资者到注重机构投资者，以主要投资于国内市场到进行全球化分散投资等，不断的金融创新给基金发展带来无限生机，其中拥有共同基金最高资产额的养老基金的作用不容小视。在美国，私人养老基金的高额回报率(20世纪80—90年代，美国私人管理的养老基金，扣除通货膨胀因素，年均收益率一直维持在高水平，达10%左右)大大提高了老年人的退休金收入，增强了其消费能力。同时，养老基金的高收益率对稳定公众预期起到了积极作用，增加了消费，促进了生产，导致了整个经济的繁荣。同时，美国私人养老基金大量进入风险投资市场，促进了高新技术的发展，推动经济高增长、低通胀、高就业，实现经济全面发展。

以智利为例，由于有多个私人基金参与竞争，基金的管理和经营相当成功，基金的高速积累为充足的退休金提供保障。据美国摩根集团的估计，在1981年到1991年的10年中，该制度的基金实际收益率为年均150%，高投资收益率加上通货增值，使得日益增多的工薪人士愿意将资金投向基金。到1993年，智利退休基金积累额已达19.22亿美元。另外，与巨额储蓄和极高储蓄率相对应的是，新的退休金制度创造了良好的地方资本市场，巨额基金为公共部门尤其是私人部门长期投资提供了资本，满足了国内资本需求，稳定了国内金融市场，刺激了经济实际增长。同时，减轻了企业的负担，提高了企业竞争力。以上分析表明，退休金的发展规模与资本市场的完善程度密切相关。

我国资本市场发展处于初级阶段，这决定了我国目前社会保障基金还不能照搬西方国家的经验。但完善的社会保障体制对我国资本市场的形成与发展可能产生巨大而积极的影响。虽然社会保障制度与资本市场之间并无必然联系，但我们可以在社会保障制度的设计中在二者之间架起一座桥梁，使社会保障制度对我国尚不完善的资本市场的发展起到积极的促进作用。

当前，我国养老基金可能对资本市场的积极作用表现在如下几方面：①退休基金可以为资本市场注入大量资本。目前我国资本市场发展处于初级阶段，股票市场规模小，资本市场形式单一是主要问题，而养老基金进入资本市场可为其提供大量资金。同时，由于养老基金对安全性的特殊要求，可以促进投资理性化，降低投机行为，为资本市场和金融工具的多元化提供机会和场所，引导资本市场走向良性循环。②有利于改变我国居民的储蓄习惯和储蓄结构。1998—2000年，困扰我国宏观经济的一个主要因素就是消费不足，虽经过中央银行的多次降息仍无法降低储蓄意愿。这种高储蓄不仅没有有效转化为投资，反而抑制了企业投资行为，制约经济发展。退休基金的建立和发展可以创造非银行的存储机构，实行专业化的基金管理，克服目前我国居民投资知识缺乏和投资工具有限的弊端，有助于吸收和提高长期存款数额，鼓励长期投资，改变目前储蓄不能转换为有效资本的状况。③有利于促进银行系统和银行服务业的专业化和多样化。在社会保障制度较为完善的国家和地区，商业银行和投资银行是养老基金的主要联络网，业务已经实现了专业化、网络化和现代化。在我国，由于特殊的金融市场条件，养老基金的主要经营部门将是银行等金融部门，随着这些金融机构对养老基金的经营，以及加入世界贸易组织与国外金融机构共同竞争局面的到来，与世界接轨成为一种必然，因而必须加速我国银行等金融机构的专业化、网络化的建设步伐，从各个方面促进我国资本市场的建立和完善。

三、社会保障制度与经济增长的关系

(一)社会保障制度与经济增长的一般关系

长期以来，人们在谈到社会保障与经济的关系时，经常认为社会保障是一种社会政策，是经济政策的补充，社会保障实施受制于经济发展水平。随着社会保障制度的不断建立与完善，一些学者明确指出，社会保障不仅是一种社会制度，同时也是一种经济制度，它可以用来再分配、需求管理，还可提高储蓄能力及促进资本形成等①。从积累的角度来评价社会保障制度，主要是要看社会保障制度是否能够促进社会形成适当积累率，从而促进经济增长②。一般而言，实现经济增长，一方面要靠每个社会成员努力工作，另一方面要不断有新的投资形成积累，

① 杨燕绥，张曼. 社会保障内涵再认识[J]. 社会保障研究，2008(1):6-9.

② 周小川. 社会保障与企业盈利能力[J]. 经济社会体制比较，2000(6):1-5.

特别是对处在经济起飞阶段的发展中国家而言，资本形成对经济增长更具有非常重要的作用，而社会保障制度的合理设计就能够有效促进资本形成。

从总体上讲，社会保障制度与经济发展是相互影响、相互促进的。一方面，社会保障制度的建立和发展离不开社会经济的发展，现代社会保障制度就是社会化大生产发展的产物；另一方面，社会经济的发展离不开完善的社会保障制度，社会保障制度能够促进经济的发展。

社会保障作为一项经济政策主要源于 1929—1933 年资本主义世界严重的经济危机，此后，凯恩斯主义盛行于资本主义各国。凯恩斯认为造成危机的原因是“有效需求”不足，要彻底解决这些问题，政府必须扩大财政开支，刺激需求增加①。各国政府把扩大社会保障规模作为增加需求的重要途径和政府宏观调控的经济工具，用它来调节社会需求和消费结构，促进社会经济发展。在萧条时期，经济增长放慢甚至下降，企业开工率下降，就业人数减少，失业增加，劳动者及其家庭收入水平下降，结果是社会保障基金中用于失业救济和家庭补助的补助金增加。同时，对工作报酬所征的保险税收入却大为减少，社会保障基金当期收不抵支，出现赤字，就会动用其结余基金，使原本处于储备状态的一部分基金重新被纳入经济运行中，家庭收入增加、购买力增强、社会总需求上升，有助于恢复经济增长，即在萧条时期自动释放需求，改善有效需求不足的状况；在经济高涨时期企业开工增加，就业人数增加，劳动者收入水平提高，减少社会保障基金中用于失业救济和家庭困难的补助金，基金出现结余，即经济高涨时自动缓解需求压力，抑制增长速度，从而起到平抑经济周期的作用。社会保障制度的实践过程中，人们对其评价随着经济的波动有所不同，在经济增长时期，人们认为社会保障制度对经济发展具有正外部效应；而当经济处于萧条、低速发展时期，人们又转而攻击社会保障制度，认为它是经济发展的阻碍因素，特别是随着人们对西欧、北欧福利制度的深入探讨，社会保障越来越受到人们的批评，改革的呼声日益高涨。可见，人们对社会保障制度与经济增长之间的关系尚无统一认识，评价随经济状况的变化而改变。这种现象也反映在理论界对社会保障与经济增长关系的分析上。

(二)不同理论对社会保障制度与经济增长关系的研究

在关于社会保障制度对经济增长效应的分析中，同样也对现收现付制和基金积累制的不同影响进行了区分②。在研究思路上一般分为两种：一种是以储蓄为中间变量，认为储蓄对经济增长的作用不容忽视，因而通过考察现收现付制和基金积累制对储蓄的影响进而分析对经济增长的影响；另一种思路则是不考虑储蓄这一变量，而是基于经济增长的“黄金律”理论，即如果经济是稳定增长的，那么经济增长与储蓄率无关。

1. 以储蓄为中间变量的分析

1)保罗·萨缪尔森对养老保险制度进行的研究

保罗·萨缪尔森首先假设一种经济在没有资本存量的前提下，均衡状态中现收现付制养老保险制度的实际回报率等于实际工资总额增长率，即人口增长率和生产增长率的总和。如果工资的增长率加上劳动力增长率所形成的“生物回报率”大于利率，现收现付制在长期运作中仍然有成本优势和较高的收益率，所提供的养老保险制度则不会影响经济增长。

① 马涛.西方经济学的范式结构及其演变[J].中国社会科学，2014(10)：41-61，206.

② 都春雯.对社会保障经济增长效率和社会分配效率的思考[J].人口与经济，2004(6)：73-78.

但现实经济生活中资本存量是存在的，从长期来看，资本的边际产出大于工资总额的增长率，此时，如果生物回报率低于利率，完全基金积累制养老保险制度更具备长期运作的成本优势和较高收益率。也就是说，基金积累制下，由于资本生产率较高，能在缴费额较低的情况下向每一代人支付同样甚至更多的养老金，更有助于减少阻碍增长的隐含成本，诸如储蓄减少、财政负担加重等。

2)基金优势论的观点

基金优势论承认基金积累制对储蓄有“挤进”效应，现收现付制对储蓄有“挤出”效应，现收现付制在总体上即使对储蓄只有很小的负面作用，但因储蓄的损失而错过资本市场发展的机遇可能无法弥补。现收现付制由于切断了养老金缴费和受益之间的市场联系，更注重收入的再分配功能，可能会引致偷税漏税及劳动力市场供求的扭曲，影响效率的提高，减缓经济增长速度。而基金积累制能极大增加储蓄，通过具备长期效应的储蓄率提高可以促进资本形成、优化资本配置、推动金融创新，不断促进资本市场效率的提高，为一国经济的长期、稳定增长提供基础条件。

基金优势论认为，基金积累制会引致储蓄增加、投资增加和比现收现付制更高的产出增长，从而能够有效地推动经济增长。但上述每一环节的实现都存在一定限制条件：在第一个环节上(即基金会引致储蓄增加问题)，无论何种情况只有当基金正在建立时储蓄可能会较高；增加的年金储蓄是否会抵消其他储蓄，主要取决于人们为了资助退休或留下遗产而进行储蓄的程度。这一结论源于马丁·费尔德斯坦关于现收现付制会对储蓄产生“挤出”效应的论述，目前虽得到广泛认同但在理论上还是不确定。在第二个环节上，增加的储蓄并不必然引致更多的投资，年金储蓄也可用来购买收藏品，没有证据表明年金储蓄的增长与投资增长是高度相关的。在第三个环节上，储蓄促成资本形成，引致投资，资本能够进行有效配置是促进经济增长的条件，没有证据说明退休金管理机构会比其他机构做出更有效的选择，而且许多国家为了保证年金储蓄的安全性，对其投资做出了多种限制，比如美国严格规定社会保障基金主要投资国债和银行，加拿大注册退休金计划中允许投资外国资产的最高比例限制在30%(2000年)，这些限制大大减少了投资途径，降低了投资效率。此外，各国由于文化传统的差别，在年金储蓄的使用上存在极大差异，年金储蓄的增长与投资增长、经济增长是高度正相关的假设尚未得到有力的证明。

2. 以经济增长“黄金律”为基础的分析

除了以储蓄为中间变量研究社会保障与经济增长的关系外，还有根据经济增长的“黄金律”来讨论养老金对经济增长的作用，即以经济增长“黄金律”为基础，不考虑储蓄来分析社会保障制度对经济增长效应。经济增长的“黄金律”理论认为，如果经济是稳定增长的，那么其增长路径与储蓄率无关，它表明在封闭经济中，只要资本收益的递减保持在一定水平上，那么经济的稳定增长与储蓄无关。因此，经济增长与社会保障的财务制度模式没有直接关系，也就是说，即使“挤出”效应存在，也并不说明现收现付制会阻碍经济增长，相反，即使基金积累制有增加储蓄的作用也不一定能够促进经济增长。因此，在促进经济增长方面，基金积累制与现收现付制没有优劣之分。

3. 现收现付制与基金积累制混合优势论

皮特·戴蒙德(Peter A. Diamond)等人在分析现有关于养老金计划和经济增长的关系的

研究成果后得出结论：现收现付制或基金积累制中任何单独的一种制度安排都不能保证满足实现“黄金律”增长的条件。

(1)假定公共养老金制度只是现收现付制计划，且可以视为转移支付制度，那么养老金收益增加即转移支付增加就必须依靠税收的增加来实现。税收的增加要减少纳税者的可支配收入，从而降低其消费需求，但由于现收现付制的养老金计划只是转移支付制度，因此，只有当养老金计划是在指定收入税融资时，它才可能不减少总需求，否则，总消费需求一般而言会减少。商品和劳务市场上总需求的降低减少了总消费支出，进而通过乘数作用减少国民收入，最终投资乘数减少投资。

(2)假定只有基金积累制的养老计划，那么税收收入、货币基数、政府商品、劳务和债务利息开支可以保持不变，养老金转移支付的增加就要通过政府增加资本市场上的借债来融资。政府在资本市场上增加债务发行的短期影响，通过两个相互关联的因素起作用：一是政府增加债务发行对消费者的永久性可支配收入的影响，另一个则是政府债务对利率的影响。在短期内，可以假定消费者不知道政府增加债务发行会迫使他将来支付更多的税收，从而减少他们的可支配收入，这样，政府债务的增加对个人消费和储蓄都不会有直接影响；但由于增加政府债务会提高市场利率，提高资本价格，所以除政府之外的其他资本需求将减少，投资也会减少。当长期时，假定消费者知道政府增加债务发行肯定会提高税收，从而减少其永久性可支配收入，那么理性消费者会减少消费，增加储蓄，增加资本市场供给，利率保持不变，当前消费者支出必然下降。因此，一个依靠政府债务进行融资的养老金计划将会在短期内减少投资，长期内虽然对投资没有影响，但却是以消费萎缩为代价。

任何一个同质结构的养老金计划并不能保证经济能够沿着最优的路径增长。无论从收入再分配角度还是从经济适度增长的角度看，现收现付制和基金积累制在功能上均是互为补充的。养老金制度设计的关键在于，适当搭配现收现付制和基金积累制，促进经济增长和收入分配的共同改进，达到制度的外部正效应。以上分析表明，社会保障制度对经济增长的作用同样存在着不同的观点，人们站在不同角度、从不同的前提条件中得出了不同结论。

社会保障的给付水平虽然受制于经济发展，但作为一种经济制度，它又推动着经济的增长和发展，并作用于它的社会保障功能，人们在设计社会保障制度时不仅关注其社会职能，而且试图通过合理的制度设计，发挥该制度对经济的促进作用，以期使社会保障制度达到“双赢”的效果。

四、社会保障制度与劳动力资源配置的关系

社会保障从根本上讲是对人的保障，是对社会个体所提供的一系列保护或制约政策，因此它必然与劳动者发生密切联系。

(一)社会保障制度与劳动力流动

在市场经济国家，社会保障制度是对市场机制缺陷的一种弥补，其出发点是为了达到最低限度的社会公平。社会保障制度的实施是社会财富再分配的过程，它为失业者提供失业保险，为老年人提供养老和医疗照顾，为贫困妇女和儿童提供实物和资金帮助，为病人和残疾人提供伤残保障和健康服务，为贫困人口提供基本生活资料，从而起到了社会安全网的作用。社会保障能够有效地缓解生存风险，在一定程度上影响人们行为选择。

在没有社会保障制度的经济中引入社会保障会提高社会福利水平，并加速劳动力在部门

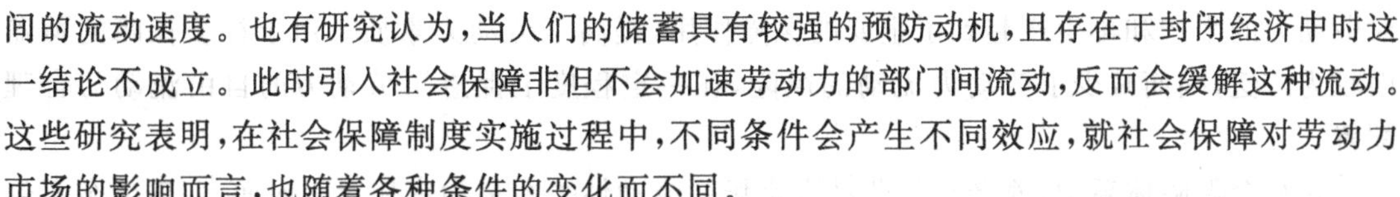

间的流动速度。也有研究认为，当人们的储蓄具有较强的预防动机，且存在于封闭经济中时这一结论不成立。此时引入社会保障非但不会加速劳动力的部门间流动，反而会缓解这种流动。这些研究表明，在社会保障制度实施过程中，不同条件会产生不同效应，就社会保障对劳动力市场的影响而言，也随着各种条件的变化而不同。

1. 计划经济条件下社会保障制度与劳动力流动

1978 年以前中国实行计划经济体制，所有制结构分国有经济、集体经济和非公有经济。1966 年"文化大革命"后，非公有经济小到可以忽略不计，主体基本是国有经济。社会保障制度按所有制设计，国有经济部门为雇员以企业或单位为主体提供工作保障，如高水平的养老、医疗、工伤保险和高水平的住房、教育等福利；除少量救济外，广大农村集体经济劳动者被排斥在正式社会保障制度外。城镇集体所有制企业的社会保险和福利事业是真正意义上的企业保险和福利，企业是真正的责任主体，只能为雇员提供低水平的保险和福利。对于劳动者，这三个部门的比较收入差别是极大的。

这种以企业为分配单位的经济部门差别巨大的工资及社会保障制度对中国劳动力资源的优化配置造成的负面影响是深远的，它阻碍了劳动力在企业间和部门间的有效流动，阻碍了中国城镇化、非农化发展，最终影响中国经济发展速度。由于上述部门收入和保障的巨大差别，国有经济部门具有强吸引力，劳动力自动流入，从而使该部门劳动力价格（高工资加高保障）趋于下降，直到与其他部门接近。由于国有部门劳动力成本高，政府能提供的就业机会有限，在这种情况下，政府不但有必要而且有可能限制和压抑对该部门的劳动力需求，这样，国有经济部门的工作愈发成为稀缺资源。

计划经济体制下的就业和社会保障制度对中国经济的影响是深刻的。一是制度安排固化了中国城乡二元经济结构，成为经济体制改革前中国经济的基本特征，也是中国经济发展缓慢的主要原因之一。二是对国有经济就业的高度保护，"铁饭碗"养成了一代又一代的"贵族工人"，劳动效率低下，是城镇经济体制改革首先从打破"铁饭碗"开始的原因。三是直接影响了中国经济由计划向市场的转型，加大了改革的成本和摩擦力。

2. 转型经济中的社会保障制度与劳动力流动

对处于转型时期的国家和地区，如中东欧国家、中国，现有的社会保障制度成为劳动力流动的制约因素。伴随着中国经济体制改革的进行，多种所有制形式逐步出现，市场经济逐渐建立，劳动力市场成为最活跃的市场，企业与劳动者的双向选择是市场经济发育成熟的重要标志。然而，如果劳动者没有统一的社会保障体系为其提供社会化的基本保障，那么进入劳动力市场就会困难重重。我国原有的社会保障范围只限于国有企业，非国有部门缺少相应保障，使得走出国有企业风险加大，出现了看似奇怪却又合理的现象——国有企业职工宁愿待岗、失业、半失业也不愿到非国有部门就业，这极大地限制了劳动力的合理流动，导致劳动力资源配置效率低下，原因无非是国有企业的高福利及全面社会保障，非国有企业的低保障性使职工无安全感。在这种状况下，如果能够建立统一的社会保障制度，解除劳动者对企业的过分依赖，进入劳动力市场自主择业的积极性就会提高。因此，社会保障体系的建立和完善，可以促进劳动力市场形成，有利于劳动力在地区间、部门间的合理流动。

3. 成熟市场经济条件下的社会保障制度与劳动力流动

在西方成熟的市场经济国家，由于实行普遍社会保障制度，这保证了劳动者的基本生活，对劳动力的生产和再生产起到了重要的保障作用，提高了劳动力素质。由于社会保障的覆盖面较为广泛，因而减少了劳动力流动的风险，在一定程度上促进了劳动力的自由流动与合理配置。

在社会保障体系中，养老金与劳动力市场的流动性关系最为密切。一般而言，养老金不仅影响退休雇员的流动性，也与年轻人对新工作机会的选择有关。由于养老金收益与雇员资历密切相关，所以养老金可以减少劳动力市场的流动性。部分研究认为养老金是雇主以支付雇用和训练成本的方式对雇员进行的一种投资，所以希望雇员能够工作足够长的时间，待其收回投资后再改变工作，因此，雇主试图减少雇员的流动性。此外，养老金还可以帮助雇主判别雇员是否愿意长期留在该企业工作，因为建立在长期合约基础上的养老金计划对于那些希望频繁更换工作岗位的人而言其价值和吸引力会降低；然而养老金通过给予雇员某些权利而诱使他直到获得这些权利后才会离开这个企业，从而减少流动性。

(二)社会保障制度与劳动力市场

1. 社会保障与劳动力供给

社会保障制度作为基本保障制度，为社会成员的基本生活提供了有效保障。比如，劳动者在失去劳动能力后，可以继续获得社会帮助，或者从自己劳动所得积累中改善生活，使其能够在劳动期间免除后顾之忧，全身心投入到劳动之中。从这个层面讲，社会保障有利于激发劳动者的积极性。

但现实中，社会保障实际运行的各个阶段对劳动力供给的影响是不同的。在征收社会保险税，对失业者、退休者支付救济金、养老金时，情况就有所不同。以社会保险资金筹集为例，世界各国社会保障都存在纳税人与受益人相脱离的问题。因此，尽管社会保障从整体上对劳动力供给有积极影响，但其相对影响不确定甚至是消极的，会阻碍劳动力供给。

从理论上讲，社会保险税的增加对劳动力供给的影响是不确定的。一方面，社会保险税的征收虽然可以为劳动者提供长期稳定的工作环境，但会减少个人收入总量，降低当期消费水平，劳动者会选择以闲暇替代劳动(替代效应)，从而抑制劳动力供给；另一方面，由于课税使当期收入减少影响纳税人生活水平，劳动者会为弥补收入下降而努力工作，从而增加劳动力供给。至于最终会增加还是会减少劳动力供给，则要看替代效应和收入效应之差。若替代效应大于收入效应则会减少劳动力供给，反之，则会增加劳动力供给。许多研究表明，工薪税增加会减少就业人口。社会保险税有可能引致低工资收入，如果低收入者在其退休后能够通过社会保障制度获得足够的养老金，满足其基本生活需要，或其养老金与工作收入相当或高于工作收入，他们就很可能提前退休，过早地离开劳动力市场，减少劳动力供给。

世界银行 1994 年在《防止老龄化危机》的报告中指出，过去 30 年全世界都存在退休年龄提前现象，发达国家更甚，公共和私人年金计划是主要诱因之一。大多数发达国家公共年金计划的收入审查制度诱使老年人退休，否则他们将会失去一定的年金收入；欠发达国家退休年龄的降低主要有以下几个因素：①公共年金制度的覆盖率低；②缺乏必要的收入审查制度；③存在大量非正规部门，退休后仍能够在这些部门继续工作获得收入，决定了提前退休的经济性。世界银行在 1994 年计算得出，提前退休使发达国家劳动力市场中熟练人口的供给减少了 3%～6%，发展中国家则减少了 1%～2%。

发展中国家由于工业劳动力比例较低，加之非正规部门庞大，逃税变得相对容易，一些雇主为了逃税也向非正规部门转移，甚至一些大公司也将某些工作交由管理不规范的小企业去做。非正规部门的增长破坏了公共年金计划的目标，影响了政府的财政能力、劳动力和国民产出。非正规部门的雇主和雇员一方面通过逃税行为减少政府税收收入，另一方面由于缺少资本和工作培训，生产力低下，对国民经济产生不利影响。据估算，假设非正规部门雇员的边际产出比正规部门低 2%，工资税的征收使 20%的劳动者转入非正规部门，那么劳动对国内生产总值的贡献将会减少 4%。这种由高工资税造成的劳动力市场效率的损失，一般发展中国家比发达国家更为严重。

社会保险税对劳动力供给影响的长短期效应不同。从短期效应看，生产者把社会保险税同其他生产成本一样处置，并企图通过涨价来弥补，提价后销售量会受到影响，产出和就业会有下降趋势，如果政府通过货币政策与财政政策，把产品需求保持在原有水平上，这种作用就能抵消；从长期效应看，社会保险税的影响取决于工薪者对工资降低的反应，在生产技术一定的情况下资本要素和劳动力要素边际收益递减，企业总是在“劳动—资本”的最佳组合中获取最低的生产成本，开征社会保险税并没有使劳动者发挥更高的生产力，因此企业没有理由在征税后支付较高的附加费用，除某些工薪收入者对收入减少的反应是退出劳动力行列，这样企业就不得不用较高的工资来增加或留住雇员。在劳动力过剩和工资水平较低的国家，劳动力的总供给与工资的期望值没有密切关系，较低的工资并不会导致劳动者离开或明显减少工作时间。

还有一种可能，即使劳动力供给对工资期望值不是没有一点关系，雇员也会承担这项税收。如果雇员把用这项税收所资助的福利作为相应的补偿，他们可能情愿接受这项税计征以后的较低工资。如果这是一种普遍流行的态度，这项税就如同享用福利者付费一样，劳动力的供给不会发生变化，工薪收入因税收的额度而下降，全部负担将由挣工资者承受。

2. 社会保障与劳动力需求

社会保障制度是一种再分配制度，无论它采取何种财务制度，社会保障支出都会成为劳动力成本的一部分，因此，社会保障必然增加劳动力成本，从而影响雇主对劳动力资源的需求。社会保险税虽然由雇员和企业或雇主共同承担，但由于雇员与雇主所处地位不同，两者所具有的供给弹性不同，因而社会保险税对雇员或劳动力的影响更大，劳动力的供给弹性相对较小甚至没有弹性，使劳动力相对资本而言缺乏转嫁能力，而资本常常可以通过减少工资、增加劳动需求等措施将大部分税赋转嫁给劳动者。但各国实践证明，即使存在转嫁行为，社会保障对劳动力需求的影响仍不容忽视。

(1)失业保险会挤出劳动力需求。失业保险属于事后措施、再分配行为，公共经济学已证明，任何再分配行为都不是无成本的，必须为之付出效率的代价。失业保险所需要的基金最终由劳动者承担，因此，失业保险给付水平过高必然会引起劳动力成本的上升，减少雇主对劳动力的需求。20 世纪末西欧各国正是因为失业保险给付水平的上升，使得劳动力成本不断上升，加剧了失业保险金支出的负担，使失业和失业保险陷入恶性循环之中。

(2)高水平的社会保障引起的提前退休或相对低退休年龄对劳动力市场会形成一种压迫。有一种观点认为，年轻人就业比老年人更重要，老年人较早退休能够为年轻人提供工作机会，但目前没有任何研究证明降低退休年龄有利于提高就业率。

从理论上讲，退休模式与资本有机构成密切相关。如果劳动力的成本低而资本的成本高，市场就会选择劳动力而不是资本；相反，如果劳动力成本高于资本，市场就会选择资本而不是劳动力。劳动力成本的高低取决于包括养老金在内的工资和福利的高低。提前退休一方面意味着劳动年限缩短，另一方面意味着较长的退休期。如果社会保障给付水平一定，为了达到既定保障水平，社会保障供款率必然提高，劳动力成本必然上升；由于社会保障水平具有刚性，雇主不能随意改变，但可以选择用资本替代劳动，资本替代劳动的结果是一部分劳动力被排挤出生产过程，失业率上升。许多欧洲国家近年来失业率居高不下的重要原因之一就是提前退休等高福利引起的劳动力成本过高。

对具有刚性的社会保障支出，雇主可能采取的措施就是试图将其负担的社会保障税转嫁给消费者，从而提高产品价格，但这对面对竞争性市场经济特别是国际市场竞争的雇主而言几乎是不可能的。因此，他们只能减少产量或者退出生产领域，或者通过高价格转嫁给消费者，通过降低工资转嫁给雇员。

3. 社会保障与劳动力价值(价格)

既然社会保障是对劳动者提供的一种保护措施，那么社会保障费用从何而来？与劳动力的价值或价格之间存在何种联系呢？有关社会保障与劳动力价值的讨论是以社会保障基金的来源为切入点的。值得一提的是，这里的社会保障仅指国家强制实行的制度，就是我国社会保障体系中的社会统筹部分。从世界范围来看，社会保障的财务制度主要有三种，即现收现付制、基金积累制和现收现付与基金积累混合制。社会保障基金有三个主体来源，即政府、雇主和雇员。关于社会保障基金的属性问题则有以下不同的观点。

1)公共服务价格论

既然社会保障由政府组织实施，并经常以税收的形式征集，它关系到整个经济中每个主体的经济利益，关系到各种经济资源的有效配置，关系到全民福利，因此社会保障制度是一种公共产品，政府支付的成本最终是由全体公民承担的，对个人而言，只不过是承担多少的问题，所以从本质上讲，社会保障基金属于对公共物品和服务支付的费用。

2)属性多样论

社会保障基金来源不同，其属性也不尽相同。由雇员缴纳的社会保险费是维持劳动力再生产的费用，因而属于必要劳动；由雇主缴纳的社会保险费是对企业利润的扣除，因而属于剩余劳动。

3)必要劳动论

社会保障基金不论采取何种形式、何种渠道筹集，从来源上都可以划分为两部分，一部分由雇员个人缴纳，另一部分由政府和雇主缴纳。由雇员个人缴纳的费用所形成的社会保障基金，由雇员按工资的比例直接从工资收入中缴纳，因而是工资的一部分，故属于必要劳动时间创造的价值。对于由雇主和国家承担费用所形成的社会保障基金，同样也认为其属性是必要劳动。理由如下：

(1)马克思对资本主义条件下劳动力价值的分析表明，劳动力价值包括三部分，即劳动者维持自身生存所必需的生活资料的价值、劳动者养活家属所必需的生活资料的价值、劳动者为了掌握一定的生产技术所必须花费的受教育训练费用。随着劳动者生活水平的不断提高，必要劳动将会扩大，这时劳动者的必要劳动不仅包括维持和再生产劳动力所必需的生活资料价值，还应包括劳动者丧失劳动力后维持生活所需要的生活资料价值。

(2)从劳动者养老保险基金的实际来源看，劳动者养老保险基金属于必要劳动。从形式上看，劳动者丧失劳动力后，维持生活所需要的生活资料价值不包括在劳动力价值之内，给予劳动者的福利似乎是雇主从剩余价值中拿出一部分转移给劳动者的，属于剩余劳动。但从社会保障基金的实际来源看，并非如此。马克思认为，剩余价值率首先取决于劳动量的剥削程度，在考察剩余价值的生产时，我们总是假定工人得到正常工资，就是说，工人得到的工资同他的劳动力价值相等。但是在实际生活中，社会保障基金对工资的扣除起着极为重要的作用，因此我们不能不对这一点略加考察，在一定限度内，这实际上是把劳动者的必要消费基金转化为资本的积累基金。马克思的这一论述，深刻揭示了劳动者社会保障基金的真实来源及其劳动属性。劳动者获得的社会保障待遇，是从劳动者必要劳动创造的价值中进行的一种扣除，因而属于必要劳动。

社会保障基金无论是由政府、雇员还是雇主缴纳，其本质都是劳动者创造价值的一部分，是劳动者应得利益的组成部分，而不是政府或雇主对劳动者的恩赐，政府只是对个体的短视行为进行修正，在制度的运行中起到促进和监督作用。但劳动者应得利益必须与经济发展水平相适应，否则将会对经济发展造成不利影响。

本章小结

社会保障制度具有强制性、保障性、普遍性、公平性、互济性、储存性、共享性、统一性等特征。在社会经济发展中，社会保障制度发挥着补助功能、社会稳定功能和多领域调节功能。社会保障制度对经济增长的作用主要是通过该制度对储蓄、劳动力和资本市场的影响实现的。

案例分析

世界最大社会保障体系是怎样建成的？

党的十九届五中全会指出，“十三五”时期，我国“建成世界上规模最大的社会保障体系，基本医疗保险覆盖超过十三亿人，基本养老保险覆盖近十亿人”。中国为什么能建成世界最大的社会保障体系？如何进一步完善中国特色社会保障体系？

一、正确定位：全民共享改革发展成果的基本途径与制度保障

调研结果表明，社会保障已经成为我国全体人民共享改革发展成果的基本途径与制度保障。例如，河南省商丘市平安街道董庄新村一户郭姓人家有四代共 8 口人，社会保障项目解除了他们在老年生活、疾病医疗、子女教育、住房等方面的后顾之忧，也减轻了家庭成员照顾残疾人生活等负担。四川省凉山彝族自治州喜德县郊一户建档立卡贫困户祖孙三代 5 口人，他们过上吃穿“两不愁”和义务教育、基本医疗、住房安全“三保障”的生活，也离不开社会保障制度的兜底作用。这些都源于我国社会保障制度的正确定位和中国特色社会主义的制度优势。

党的十八大以来，我国坚持把社会保障全民覆盖作为全面建成小康社会的新要求，实施全民参保计划，各项社会保障的覆盖人数大幅增加。到 2019 年末，全国共有 861 万人享受城市最低生活保障，3456 万人享受农村最低生活保障，439 万人享受农村特困人员救助供养。这使我国社会保障建设深得人心，得到人民群众支持，为我国建成世界规模最大社会保障体系提供了重要前提。我国成为当今世界社会保障发展速度最快、覆盖人口规模最大、保障水平持续提升幅度最大的国家，国际社会保障协会 2016 年授予中国政府“社会保障杰出成就奖”。

二、根本原因：中国特色社会主义制度优势

社会保障制度是保障人民生活、调节社会分配、促进社会公正的一项基本制度。中国特色社会主义制度优势使我国能够在很短时间里就把社会保障制度快速覆盖到全民，让日益健全的社会保障体系成为满足人民群众美好生活需要的重要制度保障。

1.确保社会保障体系建设持续推进

中国共产党领导是中国特色社会主义制度的最大优势。在党的领导下,新中国成立之初虽然积贫积弱,但依然创造条件,在城镇建立了比较健全的劳动保险等一系列社会保障制度,在农村建立了初级社会保障体系。改革开放后,我国社会保障实现了制度转型与持续发展,迅速建成与社会主义市场经济体制相适应的社会保障制度。

2.保证社会保障高效率建设

比如,我国的根本政治制度、基本政治制度确保党中央集中统一领导和国家制度统一、政令统一,从根本上保证了社会保障建设的有力、有效推进。又如,我国的长远战略规划,包括新时代中国特色社会主义发展的战略安排及连续不断的五年规划等,保证了我国社会保障建设的连续性和可持续性。

3.解放和发展生产力,奠定雄厚物质基础

社会保障需要财力支撑。改革开放推动了国民经济持续快速发展,社会保障也有了越来越雄厚的物质基础。党的十八大以来,我国财政性教育经费达到国内生产总值的4%,社会养老保险制度全覆盖,为全体城乡居民医疗保险提供筹资规模2/3以上的财政补贴,精准扶贫、精准脱贫让连片深度贫困地区在短短几年内发生了翻天覆地的变化。

三、展望未来:走向成熟、定型发展

党的十九届五中全会提出了到2035年基本实现社会主义现代化的远景目标,提出“十四五”时期“多层次社会保障体系更加健全”的发展目标,为完善中国特色社会保障体系提供了行动指南。当前,我国社会保障体系建设正在走向成熟、定型发展的新阶段,全民共享的社会保障安全网将进一步织密扎牢。

近年来,我国社会保障学界不断深化研究,为促进社会保障改革与发展贡献了力量。例如,在养老保险、医疗保险基本实现全覆盖的条件下,深入研究社会保障高质量发展问题;探讨完善统一的城乡居民基本养老保险制度、城乡居民基本医疗保险制度的路径与方案;深化对社会保险制度的权责均衡问题研究,探索降低用人单位缴费率、加大政府公共投入并适度提高个人责任的可行方案;围绕补齐制度短板,加强对社会救助制度等制度研究;围绕积极应对人口老龄化,探索养老服务业的发展新路径;围绕形成多层次社会保障体系,深化企业年金、商业性养老金研究,探索引入社会资本进入养老、医疗及基本公共服务领域的路径;围绕维护制度公平、促进制度可持续发展,研究设计基本养老保险全国统筹方案等。

面向未来,我国社会保障学者应继续深化重大问题研究。一是进一步研究中国特色社会保障制度在中国特色社会主义制度和国家治理体系中的定位与功能,更好地发挥制度作用。二是深入研究数字化时代社会保障发展面临的新机遇、新挑战,既适应新就业形态的劳动关系特点,创新完善社会保障制度,又运用数字技术提升社会保障现代化水平。三是进一步研究社会主义市场经济条件下社会保障与经济发展的关系,促进二者良性互动。四是深入研究中华优秀传统文化中的社会保障思想,为进一步增强社会保障制度的中国特色提供思想来源。五是适应新时代我国社会主要矛盾变化,顺应人民对美好生活的新期待,深入研究优化现行制度安排的路径和方案,促进中国特色社会保障体系更加成熟、更加定型,更好地维护社会公正,更好地造福人民。

(资料来源:中国共产党新闻网)

思考：

1. 中国特色社会保障制度的特点是什么？

2. 中国特色社会保障制度未来发展面临的问题有哪些？

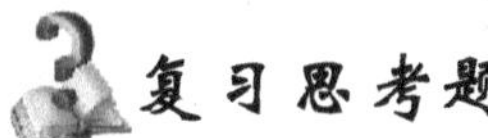

复习思考题

1. 简述社会保障制度的特征和原则。

2. 结合实际，分析社会保障制度具有哪些功能。

3. 社会保障的经济效应制度主要体现在哪些方面？

4. 什么是挤出效应论？

5. 社会保障制度与储蓄的关系如何？

6. 社会保障制度与投资的关系如何？

7. 社会保障制度与经济增长的关系如何？

推荐阅读书目

1. 郑成功. 社会保障学：理念、制度、实践与思辨[M]. 北京：商务印书馆，2000.

2. 米尔丝，郑秉文. 社会保障经济学[M]. 北京：法律出版社，2003.

3. 封进. 人口转变、社会保障与经济发展[M]. 上海：上海人民出版社，2005.

第三章 社会保障体系

学习目标

掌握中国社会保障体系构成及其特点
掌握补充保障的内容及其特点
了解国外社会保障体系的发展情况

关键概念

社会保险　养老保险　医疗保险　工伤保险　失业保险　生育保险　长期护理保险
社会救济　社会福利　社会优抚 企业年金 商业保险 慈善 住房保障

第一节 社会保障体系构成

一、体系构成内容

社会保障体系构成可以反映一国社会保障事业发展的情况。由于受建制理念、文化背景、经济发展水平等因素的制约，世界各国社会保障体系的构成内容不尽相同。根据各成员国社会保障政策和实际做法，国际劳工组织（ILO）认为，社会保障主要对疾病、生育、老年、残疾、死亡、失业、工伤、职业病和家庭风险带来的损失提供物质帮助，保障目的是满足社会成员的基本需求，从而促进社会稳定和经济发展。1952 年国际劳工组织在《社会保障（最低标准）公约》中指出社会保障体系构成内容有医疗护理、疾病和生育津贴、失业津贴、家庭补助、工伤保险、残疾、老年和遗嘱保险。到 20 世纪 80 年代，国际劳工组织所界定的社会保障体系构成内容包括社会保险、社会援助、由国家财政收入资助的补助金、家属补助金、储备基金、企业补充年金以及围绕社会保障而发展的辅助性或补充性计划①。目前，世界上绝大多数国家和地区都建立了社会保障制度，随着经济水平的不断提高，社会保障体系构成的内容不断增加，但各国国情不同，社会保障体系的构成也各具特色。

（一）体系构成特点

1. 发达国家社会保障制度的全面性

发达国家在建立和实施社会保障制度的过程中，对社会保障体系具体内容的规定不尽相同，但其社会保障体系构成具有稳定和共同的内容，主要是社会救助、社会保险和社会福利三

① 曾煜. 新编社会保障通论[M]. 北京：中国建材工业出版社，2003：11.

大部分。社会救助是社会保障制度的最低层次，是国家通过国民收入的再分配，对因自然灾害或其他经济、社会原因而无法维持最低生活水平的社会成员给予救助，以保障其最低生活水平的制度；社会保险是社会保障制度的核心内容，是指以国家为主体，对有工资收入的劳动者在暂时或永久丧失劳动能力，或虽有劳动能力而无工作亦即丧失生活来源的情况下，通过立法手段，运用社会力量，给这些劳动者以一定程度的收入损失补偿，使他们能继续基本生活，从而保证劳动力再生产和扩大再生产的正常运行，保证社会安定的一种制度；社会福利是社会保障制度的高层次，是指国家和社会通过社会化的福利设施和有关福利津贴，以满足社会成员的生活服务需要，并促使其生活质量不断得到改善的一种社会政策。社会保障制度构成的内容与社会保障制度发展阶段紧密联系，不同的国家对保障项目均有所侧重，如英国是以社会福利为主的保障体系，德国是以社会保险为主的保障体系。发达国家社会保障体系的全面性具体表现在以下几方面。

1)社会保障项目齐全

各发达国家结合自身经济发展水平建立了老年、残疾、遗属、工伤、生育、失业、家庭津贴、医疗和保健服务、教育等社会保障项目。以福利国家的典型代表英国为例，它的社会保障制度项目众多、体系庞大，对国民的社会保障非常全面，几乎涵盖了“从摇篮到坟墓”的全部人生过程。英国的社会保障制度由四个部分组成：①社会保险。这是英国社会保障体系中最大的系统，其宗旨是使国民在遭遇困难或不幸事故时能够获得基本生活保障。它主要包括养老金、失业津贴、工伤津贴、疾病津贴、寡妇津贴。②社会救助。这是英国社会保障的基本系统，包括住房补助、低收入家庭补助、特殊困难补助、病弱者津贴、病弱者抚恤金、残疾及死亡津贴、孕产妇补贴、儿童津贴、幼儿津贴、儿童特别津贴、入学后的各种补贴、附加补助等。③国民保健服务。根据《国民保健事业法》建立起来并为英国公民提供免费或低价医疗服务的社会保障系统，其宗旨是改进国民的健康状况并提高其身体素质。④个人生活照料。这是为那些有特殊需要的个人提供个别服务的保障系统，其服务对象包括丧失生活能力者、老年人、儿童、精神失常者等。

德国社会保障体系以强制性社会保险制度为主体，其中又以养老保险与医疗保险为骨架，同时辅之以社会救助与社会福利[①]。德国社会保险主要包括养老保险、医疗保险、促进就业与失业保险、意外事故保险和长期护理保险。社会救济制度的保障对象有遭灾居民、贫困者、失业者、病人、残疾者、老年人和低收入家庭救济。德国的社会福利主要有家庭补助、住房补助、教育福利、老年福利、儿童福利等项目。

2)社会保障范围广

发达国家社会保障制度的覆盖范围经历了从保障部分人群到广泛人群再到全体社会成员的过程，其主要内容有针对全体有收入者实施的社会保险制度、针对没有收入或低收入者的社会救助制度和针对全体公民的公共福利制度和社会保障服务，这三个组成部分共同构成西方国家社会保障制度内容体系[②]。如英国和瑞典等国家，社会保障保险对象基本上包括所有公民。有的国家针对不同的社会成员建立不同的社会保障体系。如美国的社会保障体系分为公共项目和私人项目两大类[③]。公共项目包括转移补偿项目、社会服务项目和特殊群体保障，其

① 郑功成.社会保障学[M].3版.北京：商务印书馆，2003：277－278.

② 丁建定，杨泽.论西欧社会保障制度的三个体系[J].社会保障研究，2013，17(1)：156－159.

③ 同①287.

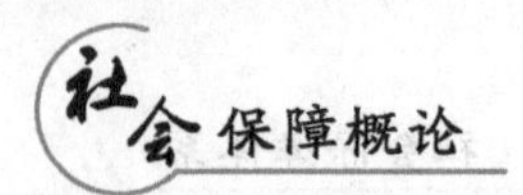

中转移补偿项目包括社会保险、税收转移补偿、公共援助、健康转移补偿、住房转移补偿、食品援助等，特别群体保障包括退休军人、农民、印第安人等的保障。私人项目则包括私人保险、慈善性转移支付、私人社会服务等项目，其中私人保险主要包括人寿保险、健康保险、企业年金等。日本全面建立了由社会保险、社会救济、社会福利、公共卫生及医疗、老人保健五大部分在内的社会保障制度。社会保险包括年金保险、医疗保险、工伤事故保险、失业保险等；社会救济包括生活救济、住宅救济、教育救济、医疗救济、职业救济等；社会福利包括老人福利、儿童福利、残疾人福利等。

3）社会保障管理机构健全

发达国家十分重视对社会保障制度的监督和指导，在国家最高层通常设有社会保障或者社会保险总局，直接或间接地对社会保障制度运行进行宏观监督管理与控制。如德国社会保障实施分散管理的模式，社会保险的各项事务都是由各个地区和行业建立的社会保险机构负责，社会保险机构有专门的管理委员会负责管理，管理委员会先由代表大会推选理事会成员，再由理事会提名确定会长，德国的社会救济由州和市政府负责管理。日本的社会保障管理模式是典型的集散结合管理，社会保障的管理机构主要有立法机构、行政机构、经办机构、营运机构以及监督机构，立法工作由参议院和众议院负责，行政管理机构分为中央和地方两级，保险机构主要负责厚生年金、健康保险和船员保险，同时指导和监督厚生年金。各保险组合以及医疗机构国民年金机构主要负责指导监督国民年金的具体运作，以及指导所属市县、区、村的社会保险事业①。

4）社会保障法制完善

发达国家的社会保障制度之所以体系完善，是因为有一套完善的法律做保证，并且随着社会的发展，政府不断完善法律制度。如德国是社会保障法律制度较为完备的国家，早在19世纪晚期，俾斯麦政府相继推出《医疗保险法》《工伤事故保险法》《伤残和养老保险法》，在20世纪的社会经济发展中，对养老保险法、事故保险法、失业保险法、医疗保险法等进行了十余次较大规模的根本性改革和调整，到1995年《社会护理保险法》的颁布，形成了社会保险法律制度的五大支柱。目前德国社会保障立法由多法并立向法典化方向发展，完善的社会保障立法增强了社会保障制度的规范性和稳定性②

5）社会保障体系多层次

面对人口老龄化，发达国家受到了经济发展滞胀的影响，2000年国际劳工组织主张扩大社会保障覆盖面，改善社会保障管理，促进民众的积极参与和缴费意愿。世界银行主张在公共管理的以税收筹资的养老计划与私人管理的完全积累制的养老金计划之外，实行一种自愿性养老金计划作为补充的老年保障三支柱方案。许多国家纷纷进行社会保障制度的改革，尤其是养老保险制度的改革中将兼顾国家、企业和个人的责任，如瑞士养老保险建立了三支柱的保障体系。第一支柱是由国家提供的基本养老保险，其全称为"养老、遗属和伤残保险"。这是一种强制性保险，旨在保证退休老人、遗属和残疾人的基本生活费用。第二支柱是由企业提供的"职业养老保险"。这是对第一支柱中的"养老、遗属和伤残保险"的有力配合。第二支柱和第一支柱所提供的养老金总和可达到投保者退休前全部薪水的60%左右，足以使退休老人保持

① 邓大松，丁怡．国际社会保障管理模式比较及对中国的启示[J]．社会保障研究，2012(6)：5－6.

② 林俏．德国社会保障法律制度及对中国的借鉴[J]．天津行政学院学报，2014(3)：107－108.

较高的生活水平。第三支柱是各种形式的个人养老保险，是对第一和第二支柱的补充，以满足个人的特殊需要。所有在瑞士居住的公民都可以自愿加入个人养老保险，政府还通过税收优惠政策鼓励个人投保。个人养老保险的投保方式比较灵活，可向保险公司投保，也可在银行开户。

2.发展中国家社会保障体系构成的差异性

20世纪80年代以来，基于经济结构的调整，发展中国家开始对本国的社会保障体系构成进行调整，以促进本国经济的发展，并满足国民生活的基本保障。由于各发展中国家经济发展水平存在差异，各国国内经济社会发展的区域差异以及民众对社会保障需求的客观差异，使得发展中国家按照选择性原则或普遍性与选择性相结合的原则，建立了具有差异性的社会保障制度。这种差异性的社会保障体系是发展中国家社会保障制度发展必须经历的重要阶段，它适应了各发展中国家的基本国情，在一定意义上具有合理性①。发展中国家社会保障体系构成的差异性表现在以下几方面。

1)社会保障体系的多层次性

受发达国家经济发展水平的制约，社会保障关注的对象不同，早期社会保障对象是贫困人口和脆弱群体，如老年人、残疾人、贫困者、失业者等，后期伴随经济发展，不断扩大社会保障覆盖范围，大部分发展中国家没有建立覆盖全体国民的统一社会保障制度。目前，要针对不同人群的收入水平，建立适应不同社会群体需求的社会保障制度，但这为后期社会保障制度的整合带来一定的影响。如东欧等发展中国家建立多支柱社会保障模式，实现社保基金筹资多元化，这样既保障了低收入人群的基本生活，又满足了高收入者的保障需求②。又如印度社会保障体系在原有的单层次基础上发展为多层次，包括低收入民众和弱势群体的基本生活保障、无工会组织部门工人保障、农村就业人口的基本医疗保障、儿童健康和义务教育保障内容。

2)社会保障项目结构多元化

新加坡的社会保障制度以公积金制度及其扩展计划为主体，同时还有一些其他的制度安排来弥补公积金制度的不足③。其体系框架构成如下：①公积金制度。它最初是为保障工人的老年生活而建立起来的，后来扩展到住房福利与健康保障等方面；每个受保者在中央公积金局均有三个账户，即可以用来购买保险、房屋和进行投资的普通账户，不能随便支用且只能用作养老金和紧急财务用途的特别账户，专门用于医疗住院的保健账户；公积金制度的保障范围是宽泛的，从而构成了新加坡社会保障体系的核心内容与主体骨架。②公务员社会保障。它包括养老保险与福利待遇等。③雇主责任制。即国家强制雇主必须投保雇主责任保险，以便为劳动者提供工伤保障待遇，但该项业务在劳工部监督下由私人保险公司负责经办。④其他保障计划。如保健双全计划、家庭保障保险计划等，前者是一项由公积金局操作的自愿性低价医疗保险，后者则是在受保者终身残疾或死亡时为其家属提供生活保障的一项福利型计划。

智利的社会保障体系由以下几个部分组成：①养老保险，军人以外的所有劳动者必须按其月工资收入的10%缴纳保险费，存入个人退休账户。对于改革前后分别参加工作的“老人”和“新人”采取不同的缴费办法。个人退休账户积累的资金由养老保险基金管理公司管理运营，

---

① 郑功成.社会保障学[M].3版.北京：商务印书馆，2003：264.

② 穆怀中.发展中国家社会保障制度的建立和完善[M].北京：人民出版社，2008：325.

③ 同①292.

政府建立了较为规范化的投资管理体系，并制定出极严格的基金投资规则。②医疗保险。所有劳动者缴纳工资的7%作为医疗保险费用，由各类公立、私立或公私混合型医疗保险经办机构管理。③工伤保险。保险费主要由雇主缴纳，由养老金规范化协会组织和管理，政府基本上不负责任。四是社会救助。它包括家庭津贴和残疾津贴，对象为人均收入低的贫困家庭和残疾人，资金主要由政府财政提供[①]。

3. 中国社会保障体系构成的内容和特点

我国社会保障制度的发展经历了从计划经济体制时代的国家保障改革为市场经济体制的社会保障制度。在改革开放前，强调国家、单位、个人利益高度一致的原则，国家和单位共同扮演着社会保障的供给者与实施者的角色。

20世纪60年代中期，我国社会保障体系由国家保障制度、企业保障制度和农村集体保障制度构成。改革开放之后，在1985年9月制定的《关于制定国民经济和社会发展第七个五年计划的建议》中，第一次明确提出了我国社会保障体系包括社会保险、社会救济、社会福利和优抚安置四部分内容。1993年11月，党的十四届三中全会通过的《关于建立社会主义市场经济体制若干问题的决定》强调，我国要建立多层次的社会保障体系，并将体系内容规定为社会保险、社会救济、社会福利、优抚安置、社会互助和个人储蓄积累保障六个部分，确立了国家、单位和个人三方承担社会保障责任的原则。2004年9月，党的十六届四中全会《关于加强党的执政能力建设的决定》提出要健全社会保险、社会救助、社会福利和慈善事业相衔接的社会保障体系，第一次将“社会救济”表述改为“社会救助”。2006年10月，党的十六届六中全会提出，为适应人口老龄化、城镇化和就业方式多样化，逐步建立社会保险、社会救助、社会福利和慈善事业相衔接的覆盖城乡居民的社会保障体系，完善优抚安置政策，发挥商业保险在健全社会保障体系中的重要作用。2007年10月，党的十七大报告第一次完整提出“社会保障体系”，既要以社会保险、社会救助、社会福利为基础，以基本养老、基本医疗、最低生活保障制度为重点，以慈善事业、商业保险为补充，加快完善社会保障体系。党的十八大报告中明确提出要增强社会保障制度的公平性、适应流动性和保证可持续性，全面建成覆盖城乡居民的社会保障体系。党的十九大报告指出要加强社会保障体系建设。按照兜底线、织密网、建机制的要求，全面建成覆盖全民、城乡统筹、权责清晰、保障适度、可持续的多层次社会保障体系。十九届五中全会指出要健全多层次社会保障体系，全面推进“健康中国”建设，实施积极应对人口老龄化国家战略，加强和创新社会治理。

目前，中国社会保障体系构成的主要内容为：①社会保险。它包括企业职工基本养老保险、失业保险、医疗保险、工伤保险、生育保险以及公务员养老保险，城乡居民养老保险和医疗保险。③社会救助。包括生活救助（城市居民最低生活保障制度）、专项救助（医疗救助、住房救助、教育救助、失业救助、司法救助）、临时救助（城市流浪乞讨人员救助）、其他救助（农村五保户供养制度、扶贫开发、灾害紧急救助）。③社会福利。它包括残疾人福利、老年人福利、妇女儿童福利、教育福利、住房福利。④社会优抚。它包括军人社会保险、军人抚恤、退伍军人安置、军人福利、军人优待、军人救助等。⑤补充保障。它包括补充保险（企业年金、职业年金）、商业保险、慈善事业和互助保障（社会互助保障、职工互助保障和社区互助保障）。我国社会保

① 宋晓梧.中国社会保障体制改革与发展报告[M].北京：中国人民大学出版社，2001:254.

障体系构成具有如下特点：①制度覆盖范围不断扩大。经过20多年的社会保障制度的改革探索，我国社会保障制度覆盖人群从公营单位职工到城镇各类用人单位和灵活就业人员，从职业人群到城乡居民，制度覆盖人群迅速扩大。2020年建立的覆盖城乡居民的社会保障体系，实现了人人享有社保的目标。②制度体系框架基本形成。在20世纪50年代建立劳动保险的基础上，经过改革探索建立了城镇企业职工社会保险制度，实现了制度安排从城镇到农村的目标，建立了新农合、城镇居民医保、新农保、城乡居民养老保险制度，建立和完善了以城乡最低生活保障制度为基本内容的城乡社会救助制度。③多层次保障体系逐步建立。20世纪90年代末，我国社会保障制度建设的主要任务是建立国家、企业和个人三方筹资的基本保障制度，基于国际经验，为了提高社会保障水平，在近几年的社会保障制度发展中，根据经济发展水平，为了满足社会发展中的民生需求，从保障人民群众的基本生活开始注重住房保障和教育保障，从强调国家基本保障到企业补充保障和慈善及商业保险。

二、多支柱的社会保障体系构成

20世纪70年代以来，由于社会保障制度出现了诸多危机，面对人口老龄化的挑战，发达国家都不同程度地对社会保障制度进行了调整和改革。大多数国家所实行的社会保障制度改革，主要是对原有模式进行局部调整和改革，重心是增收节支，也有一些国家对社会保障的制度结构进行了改革。在世界银行的倡导下，各国改变过去单一的社会保障制度构成，开始尝试建立国家基本保障、企业补充保障和个人储蓄性保障的三支柱社会保障体系。于是，建立多支柱的社会保障制度正逐渐成为各国社会保障制度改革和发展的重要道路选择。

（一）第一支柱——国家基本保障

国家基本保障是指法定的、基本的社会保障，包括社会保险、社会救助、社会福利、医疗保障、军人保障等。社会保障是政府的责任，如果没有外敌入侵或遭遇不可抗拒的严重自然灾害，一个尽职、合格的政府就应保障其公民的基本生活。当代社会保障的主要特征是强调政府或国家的责任。所谓政府或国家责任，既包括国家有责任建立起完善的社会保障制度，以保障公民享受社会保障的权利，也包括国家必须承担必要的财政支出，以及通过行政手段具体实现劳动者社会保障权利的义务。

在现代社会保障制度出现以前，对社会各种弱势群体的救助往往靠慈善事业。现代社会保障制度出现以后，对社会弱势群体的救助成为政府必须履行的重要职责。对于受助者来讲，慈善恩赐和公民权利是不同的。可以说，当代社会保障从慈善事业发展到权利责任是人类文明史的进步。现代社会保障不同于传统家庭保障和济贫保障的最明显标志，就是政府在社会保障中扮演着不可或缺的角色，尽管当代经济学家们受新自由主义理论的影响，注意到了与市场失灵相对应的政府失效问题，并提出了一些不同于以往的社会保障模式和政策主张，但都不否认政府在社会保障中的积极作用，所争论的只是政府和市场如何在其中发挥作用。社会保障现在已成为政府解决劳动者和社会成员风险的一种有效机制，发挥着"安全网""减压阀""稳定器"的作用。

在三支柱社会保障制度即国家基本保障、企业补充保障和个人储蓄性保障中，政府都承担着相应的责任：基本保障是由政府主导的，政府承担着财政支持、监管、实施的责任；政府也应当通过税收优惠间接地向单位保障提供财政支持;政府还倡导社会保障制度与家庭保障相配合①。

(二)第二支柱——企业补充保障

企业补充保障是指企业根据自己的经济效益情况,在参加社会保险的基础上,为进一步增强员工防御养老或疾病等社会风险能力,自行采取的一些具有保障作用的措施机制。企业补充保障是社会保障体系的重要组成部分,也是社会保障的第二道防线,对提高社会保障水平具有特别重要的意义。企业补充保障所需资金主要由企业负担,也可由企业和个人共同负担。补充保险费计入职工个人账户,退休后和失业时一次或分次领取,使职工的社会保障能在基本保障的基础上得到补充和提高。

在企业补充保障中,尤以企业年金制度影响最大,它也得到了世界各国的普遍重视。以美国的退休金计划为例②,美国由雇主举办的年金计划产生于19世纪70年代,至今已有100多年的历史。美国有专门机构批准建立年金计划,政府一直通过立法手段来鼓励、调节、规范企业年金的发展。1978年,《美国国内税收法案》增加了第401条k款,对企业年金规定了新的税收优惠。在这一背景下,根据该条款建立了一种专门的退休养老计划——401(k)计划。其主要内容有企业员工自愿参与、自定款额。企业则在雇员供款的前提下按一定比例配套供款。法律规定雇主出资不得超过雇员工资的15%。个人与企业供款当年不纳税,投资收益也不纳税。员工至59.5岁时允许提款,按提款当年税率纳税。提前取款除补缴所得税外另缴罚金。该计划一般由专业金融机构管理。

401(k)计划建立以来发展很快。它既是一种储蓄方式也是一种投资方式,该计划的优势在于它对政府、企业、个人三方都有利,具有激励机制,政府利用它可降低福利成本。过去,401(k)计划只在企业中推行,2003年,有些不堪财政重负的州政府已开始在政府雇员、教师中推行。401(k)计划对参与者个人的积极作用在于,个人供款后能获得一笔可观的配套资金,财产积累又能以多种方式投资。2001年年底前,一般401(k)计划的投资者相当成功,在20世纪90年代,不少人甚至可取得两位数的收益率(最高可达30%)。公司举办401(k)计划能增加资金积累,提高职工的福利待遇,增强凝聚力与竞争力。2000年,美国401(k)计划发展处于高峰期,举办该计划的企业有30万家。2006年《养老金保护法案》的颁布迎来了401(k)计划的新发展时期。法案在加大税收优惠力度的同时,提出了一些新的规定。法案再次明确提出,鼓励雇主对新雇员和已经加入计划的合格雇员实行自动加入,只要雇员不明确提出自动退出计划,将自动加入年金计划。同时该法案致力于打破各地劳动法的阻碍,为雇主提供法律保护,以推动自动加入机制的运用。此外,法案还设计了"合格自动缴费安排",规定雇员自动加入后,如果没有选择缴费率,将按照默认缴费率缴费,并要求雇主适当匹配缴费或对所有参与者提供固定比例的缴费率。法案还规定,如果雇员未明确做出投资决定,其资产将自动投资于合格的默认投资组合,雇主投资于默认投资组合可免除受托责任。"合格自动缴费安排"于2008年生效,运行10多年以来,美国根据经济发展现状不断对其进行修改,2013年通过的《SAFE退休法案》提出,取消401(k)计划自动合格默认缴费率最高10%的上限,以增加退休储蓄。

① 杨方方.中国转型期社会保障中的政府责任[J].中国软科学,2004(8):40-45.

② 林羿.美国的私有退休金体制[M].北京:北京大学出版社,2002:3.

(三)第三支柱——个人储蓄性保障

个人储蓄性保障是以保障被保险人在发生各种风险后的生活为目的,以自愿参加为原则,以投保人与保险人的约定为基础,以保险合同为依据,由政府规范、保险人提供的特定保险。实施主体(即保险人)是人寿保险公司等商业性保险机构,对象主体(即被保险人)则包括已经参加基本社会保险而仍感到保障水平不足的人以及尚未参加到基本社会保险、补充社会保险的人①。

个人储蓄性保障是社会保障体系的重要组成部分,它具有社会保障的属性,从其经营方式、方法来看,属于典型的商业性保险。政府对于个人储蓄性保障的发展一般都有相应的扶持、鼓励政策和措施,因此,个人储蓄性保障不是一般意义上的商业性保险。投保个人储蓄性保障可以为劳动者退休以后提供一定的生活保障,免除劳动者个人和家庭的后顾之忧。个人储蓄性保障同国家基本保障、企业补充保障相比,满足社会需要的方式更加灵活多样。通过发展个人储蓄性保障,既可以配合国家政策的实施、增进社会福利、扩大社会保障,又可以减轻国家和社会的负担,因此,个人自愿性储蓄保障为许多国家所鼓励和支持。

瑞士在1985年开始实行多层次的社会保险制度,在由国家提供最低限度生活保障的基础上,突出强制性企业补充保险和个人储蓄保险的作用,充分强调劳动者的自我积累和自我保险意识。匈牙利在1991年把原由国家统一管理的社会保险制度改由两个独立的社会机构管理,即全国退休金公积金自我管理委员会和全国医疗公积金自我管理委员会管理。委员会的职责是管理公积金,提出调整和改进方案,经与政府协商、报国会审议后实施。公积金的主要来源为用人单位缴纳的社会保险费和劳动者个人按月工资的5%缴费。国家一方面拨给两个委员会一部分不动产,用以开展经营活动,收入纳入公积金;另一方面,国家从财政中拨款对其予以资助②。

在我国,第三支柱是指在国家税优政策支持下由个人发起建立的个人养老账户,它主要包括保险业和基金业两个行业提供的养老金产品。1991年《国务院关于企业职工养老保险制度改革的决定》指出应将基本养老保险与企业补充养老保险和职工个人储蓄型养老保险相结合。该文件中提出的个人储蓄型养老保险即为我国最早的第三支柱个人养老金制度的概念来源。

基金行业推出个人养老金制度产品主要是“养老型公募基金”,2018年3月,证监会发布《养老目标证券投资基金指引(试行)》,该文件标志着养老型公募基金正式投入市场运营,相比之下,保险业进入个人养老保险市场则相对较早。2013年5月6日,中国保监会以保监发〔2013〕43号印发《养老保障管理业务管理暂行办法》,其意在促进保险业积极参与构建多层次养老保障体系,推动养老保障管理业务健康发展。

第二节 社会保险制度

一、概述

(一)概念

社会保险是社会保障的核心或基本内容,它是国家通过立法的形式,对全体劳动者在遭遇

① 宋晓梧.中国社会保障体制改革与发展报告[M].北京:中国人民大学出版社,2001:124.

② 孙光德,董克用.社会保障概论[M].北京:中国人民大学出版社,2000:92.

年老、疾病、伤残、失业、死亡等风险时提供的基本生活保障制度，它强调被保险人的权利和义务相对等，其目的是解除劳动者的后顾之忧，维护社会安定。2011 年 7 月 1 日我国实施的《中华人民共和国社会保险法》第二条明确"国家建立基本养老保险、基本医疗保险、工伤保险、失业保险、生育保险等社会保险制度，保障公民在年老、疾病、工伤、失业、生育等情况下依法从国家和社会获得物质帮助的权利"。

美国危险及保险学会社会保险术语委员会将社会保险界定为："通常由政府采用危险集中管理方式，对于可能发生预期损失的被保险人，提供现金给付或医疗服务。"1953 年在维也纳召开的社会保险会议把社会保险定义为："社会保险是以法律保证的一种基本社会权利，其职能主要是以劳动为生的人，在暂时或永久丧失劳动能力时，能够利用这种权利来维持劳动者及其家属的生活"①。社会保险主要包含以下要素：①它是为了解决劳动者因劳动风险带来的后顾之忧，确保社会安定和家庭稳定；②它是通过国家立法的形式强制实施的保险制度；③保障的对象是劳动者，其享受待遇的前提条件是缴纳社会保险费，并已丧失或暂时丧失劳动能力或者收入来源；④保障的水平是维持丧失劳动能力者及其家属的基本生活需要。

(二)特征

1. 实施过程的强制性

社会保险是以国家为主体建立的国民生活安全保障制度，由国家立法建立，因此，具有法律强制性。只要是法定范围内的投保者，都必须按照国家有关法律规定参加社会保险，并按时缴纳保险费，依法享受社会保险待遇。社会保险明显区别于商业人身保险的"意思自治"原则。

2. 社会政策目的性

社会保障制度作为市场经济国家社会政策的重要组成部分已被各国普遍认可，而作为社会保障制度主体的社会保险制度自然就承担了更多的社会责任，各国建立社会保险制度的主要目的是为劳动者的基本生活提供保障，维护社会稳定。其明显区别于商业人身保险主办者追求赢利的目的。

3. 保险权利与义务的对应性

享受保险保障是劳动者的权利，缴纳保险费是劳动者的义务。各国社会保险均规定享受权利的重要前提条件是履行了缴纳社会保险费的义务。参保者缴费是社会保险基金的来源之一，在日益重视社会保险运行效率的前提下，个人缴费与享受待遇的关系越来越密切，缴费多少与保障待遇高低成正比。社会救助是国家和社会对困难群体的单方面援助，接受社会救助者无须履行相应缴费义务。社会福利是以提高社会成员的生活水平为宗旨，也没有要求权利与义务的对应关系。

4. 保险基金的储备性

社会保险是一个社会风险的防范机制，它预先筹集社会保险基金，当预定风险发生后才运用保险金补偿风险损失。因此，保险基金就具有一定的储备功能。就个人而言，从参加社会保险开始便按规定缴费，等于为自己积累了领取保险金的权益，待遭遇风险时就可以领取保险金；就社会而言，这个储备基金可以投资，促进经济发展。在实行基金积累制的财务机制下，保

① 林义. 社会保险[M]. 北京：中国金融出版社，1998：20.

险金的储备性更加明显。社会救助和社会福利基金则完全属于流动基金,基本没有储备功能。

5. 保险功能上的互济性

社会保险借鉴了保险制度中风险分担的一般原理,通过社会保障费的筹集和支付实现了个人风险在全体参保者之间的分担,同时也就实现了参保者之间的互助。主要表现为被保险人缴纳的保险费,在保险范围内进行地区之间、企业之间,或强者与弱者、老年人与年轻人之间的调剂和收入再分配。

另外,社会保险是在政府主导下为其社会成员提供基本生活保障制度,在遵循社会保险权利与义务对应关系的同时,还要充分体现其福利性,这也是社会保险的一个最基本的特点。

(三)基本原则

1. 强制性原则

强制性原则指凡属于法律规定范围内的劳动者都必须无条件地参加社会保险,并按规定履行缴纳社会保险费的义务,这是社会保险的首要原则①。强制劳动者参加社会保险是社会化大生产的客观要求,生产的高度社会化促进了劳动力再生产的社会化,人作为社会劳动力而存在,物质资料的再生产与劳动力的再生产是相互结合的;而家庭作为社会的基本组成单位,其抚养、赡养功能逐渐削弱。社会保险的强制性特点,一般是通过国家立法和国家强制征收社会保险费来具体体现的。社会保险的缴费标准和待遇项目、保险金的给付标准等均按国家和地方政府的法律、法令统一确定,劳动者对于是否参加社会保险和投保的项目以及待遇标准等均无权任意选择和更改。

2. 满足基本生活需要原则

要满足基本生活需要,一是按照一个国家的不同气候和其他自然特点,确定不同的衣、食、住、行等自然需要;二是根据一个国家的经济、文化发展水平,确定需要的范围和需要的方式。社会保险实行满足基本生活需要的原则,是同社会保险的性质相适应的。在劳动者部分或全部丧失劳动能力或失业时,由国家通过法律保证而获得物质生活权利,提供切实可靠的基本生活保障。

3. 社会公平原则

社会公平原则指当风险出现时,对所有被保险人提供维持特定生活标准的给付,以满足他们的基本生活需要②。这一原则与个人酬报对等原则是相对的,所谓个人酬报对等原则,是指投保人所得到的津贴直接取决于他所缴纳的保险费,津贴的精算标准完全等于缴费的精算标准。社会保险在充分的社会公平性和充分的个人酬报对等性之间选择一个作为提供津贴的基础时,明显地偏重前者。社会保险的基本目标决定了它必须选择社会公平原则,如果社会保险采用个人酬报对等原则,个人所得到的保险津贴实际上等于他们缴纳的保险费,那么低收入群体所能领得的津贴不足以维持他们的基本生活,社会保险的基本目标就无法实现。

4. 法制原则

法制原则指政府利用法律手段建立和管理社会保险事业。它主要包括下述几个方面:首

---

① 张洪涛,郑功成.保险学[M].北京:中国人民大学出版社,2004:206.

② 林义.社会保险[M].北京:中国金融出版社,1998:25.

先，用法律确定社会保险资格条件、缴费义务与津贴权利。在社会保险中，将领取社会保险津贴视作一种法定的权利，不需要像社会救助那样，申请救助者必须证明其收入与资产无法维持本人及其家庭的生活，亦即不需要做家庭财产状况调查。其次，用法律确定管理机构及主要管理办法。由于社会保险涉及面广、标准化要求高、管理难度大，为保证该项事业的顺利发展，国家一般对有关的管理事项要用法律的形式明确规定。

二、社会保险制度的构成

由于各国经济发展的水平不同，每个国家在一定时期所能提供的经济保障水平存在着较大的差别，因此，各国社会保险实施的范围、内容是不一样的。从基本的方面看，社会保险制度主要包括养老保险、医疗保险、失业保险、工伤保险和生育保险。

（一）养老保险制度

1. 概述

养老保险又称老年社会保险或退休收入计划，是国家通过立法，对达到国家法定的退休年龄或缴费满一定年限的劳动者，由国家或用人单位为其提供社会保险金，以保障其基本生活需要的一项社会制度。养老保险由于适用人数多，基金数额庞大，因此构成了社会保险制度中的核心组成部分。德国是最早建立养老保险制度的国家，随后养老保险制度被许多国家所效仿和采纳，迄今已有 160 多个国家和地区建立了养老保险制度。

由于世界各国社会经济发展水平不同，各国养老金发展水平也不一致。但是世界社会养老金制度的发展表现出两个基本的进程：一是从最初的国家养老金制度即国家基本养老金制度，发展到建立国家补充养老金制度，进而发展到建立各种职业养老金制度，从而使得养老金津贴水平和养老保险的保证水平不断提高；二是养老金制度从最初仅仅针对城市工业劳动者，发展到政府公务员、商业服务人员、林业工人、农业工人，最后发展到各种手工业者、自我雇佣者等，从而使得养老保险的覆盖水平不断提高。

养老保险制度具有以下特点：一是由国家立法，强制实行，企业单位和个人都必须参加；二是养老保险费用由国家、单位和个人三方或单位和个人双方共同负担。养老保险模式的分类若根据养老基金的筹资方式进行，则可分为现收现付制、完全积累制和部分积累制。现行养老保险体系一般由三个层次构成：国家基本养老保险、补充养老保险和个人储蓄性养老保险，其中国家基本养老保险是最重要，也是最高层次的养老保障，一般由国家强制实施；第二和第三层次作为企业或职工自愿参加的养老保险形式，对一个国家的养老保险制度起着重要的补充作用。

2. 中国基本养老保险制度发展阶段

新中国成立后，由于生产力水平低，在养老制度方面，政府机关和部分国有企业实行退休养老制度。改革开放后，逐步建立了符合中国历史文化和现实需求的养老制度，并在实践中不断调整完善。20 世纪 80 年代中后期，相继建立了城镇职工养老保险、城镇居民养老保险、农村养老保险三大养老保险制度，开创了养老统筹发展新格局。随着时代的不断发展，养老制度由“三险共存”到城乡一体，实行了城乡居民养老保险制度并轨改革、机关事业单位养老保险社会化改革、建立职业年金等改革措施。基本养老保险制度实现了“转轨”和“并轨”两大变革，建立了更加公平、更可持续的养老制度，基本养老保险制度发展历程见图 3－1。

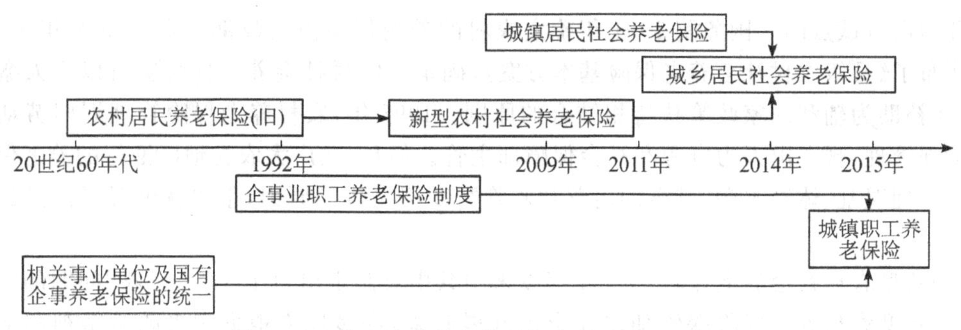

图 3-1 我国社会基本养老保险发展历程示意图

1)城镇企业职工养老保险制度的发展

1986 年的"七五"规划对社会保障的改革与社会化问题进行了阐述,社会保障社会化正式载入国家发展计划。同年 7 月,随着劳动合同制度实行,劳动合同制工人的养老保险制度开始建立,劳动合同制工人按工资 3%缴纳养老保险,个人开始参与养老保险缴费。为适应市场经济改革的需要,1991 年 6 月国务院发布《关于企业职工养老保险制度改革的决定》,正式提出养老保险实行社会统筹,养老金由国家、企业和职工共同负担,同时探索建立多层次的养老保险体系。其后社会统筹在全国范围内逐步推行,虽然一定程度上解决了统筹区域内企业间负担不均的问题,但统筹层次较低且激励机制尚不完善。1993 年,十四届三中全会《关于建立社会主义市场经济体制若干问题的决定》提出企业职工养老保险实行社会统筹与个人账户的模式,成为社会保障制度改革的重大突破。

1995 年国务院发布《关于深化企业职工养老保险制度改革的通知》,明确了我国企业职工养老保险改革的目标,提出两个社会统筹与个人账户相结合的实施方法供地方选择,同时地方可结合实际情况进行修改和完善。1997 年国务院颁布《关于建立统一的企业职工基本养老保险制度的决定》,开始建立统一的城镇企业职工养老保险制度。1998 年,国务院发布了《关于实行企业职工基本养老保险省级统筹和行业统筹移交地方管理有关问题的通知》,将电力、铁路、邮电等 11 个行业的统筹权限移交地方,结束了行业与地方分别统筹、多头管理的局面。

2005 年,国务院发布《关于完善企业职工基本养老保险制度的决定》,修改了养老金计发办法,规定企业缴费全部计入统筹账户,个人账户由工资总额的 11%降为 8%,提高了制度的激励性,同时将个体工商户、灵活就业人员纳入了覆盖范围。2015 年国务院发布《机关事业单位工作人员养老保险制度改革的决定》把机关事业单位的工作人员也纳入社会保险制度的范围,机关事业单位养老保险实行和企业基本养老保险相同的缴费比例。

2017 年 12 月,人力资源和社会保障部、财政部联合下发了《企业年金办法》,企业年金是在基本养老保险基础上建立的企业职工补充养老保险制度。2018 年国务院发布《关于建立企业职工基本养老保险基金中央调剂制度的通知》,均衡地区之间由于人口结构、人口流动等因素带来的养老负担,发挥地区间互济功能。2019 年国务院办公厅发布《关于印发降低社会保险费率综合方案的通知》,将 18 城镇企业职工养老保险的单位缴费比例由 20%降低为 16%,同时调整缴费基数,两项政策为进一步推进城镇企业职工养老保险全国统筹奠定了良好的基础。

2)城乡居民养老保险制度的发展

(1)农村社会养老保险(也称老农保)。农村社会养老保险是在 20 世纪 80 年代末至 90 年代初开始进行试点的。国务院1991年确定农村的养老保险由民政部负责。1992年1月,民政部颁布了《县级农村社会养老保险基本方案》,确定了农村社会养老保险实行以个人缴费为主、集体补助为辅和国家政策扶持相结合的原则。1997年,农村养老保险管理划归劳动和社会保障部管理,现在由人力资源和社会保障部主管。但是,在广大农村地区推行的养老保险制度由于管理混乱、体制不顺、基金的运营和监管制度不完善等原因,很快就出现了停滞甚至倒退的现象。

(2)新型农村社会养老保险。2004年以来中共中央制定出台了关于"三农"问题的三个一号文件,新型农村养老保险探索随之在全国开展起来,许多地方根据中央政策精神和本地实际,并汲取农村养老保险失败教训,按照个人、集体和政府三方筹资原则,开始探索建立新型农村养老保险制度,中国农村养老保险由此进入"新型"时期。国家新农保借鉴了"宝鸡模式"。陕西省宝鸡市是国家新农保的最早试点城市,从2007年开始,宝鸡有216个村的老人已经可以"凭证领钱"。到2009年,新农保就已经在宝鸡市境内推行了"全覆盖",参保农民已达116万人。

2009年9月,国家在总结各地经验的基础上出台了《关于开展新型农村社会养老保险试点的指导意见》,正式在国家层面启动了新型制度试点,新型农村养老保险制度正式确立。随着新型农村养老保险的建立和全覆盖的实现,农村居民终于结束了在国家层面无养老保障的局面。

(3)城镇居民社会养老保险。城镇居民社会养老保险是我国为实现全民共享社会主义改革发展的成果,对城镇户籍非从业居民开辟的新的养老保险制度,是继2009年新型农村社会养老保险试点后,党中央、国务院为加快建设覆盖城乡居民的社会保险体系做出的又一重大战略部署。

根据党的十七大精神和《中华人民共和国国民经济和社会发展第十二个五年规划纲要》《中华人民共和国社会保险法》的规定,我国要加快覆盖城乡居民社会保险体系的建立,逐步解决城镇居民的养老问题,到2020年基本建成覆盖城乡居民的社会保障体系。2011年国务院颁布了《关于开展城镇居民社会养老保险试点的指导意见》,提出根据城镇居民的实际情况,实行政府主导和居民自愿相结合的城镇居民社会养老保险试点工作。

城镇居民实行个人缴费和政府补贴相结合的社会养老。个人缴费标准设为10个档次,依次为每年100元,200元,300元,……,最高为1000元。政府补贴标准为:对中西部地区按国家标准给予全额补助,对东部发达地区按国家标准50%给予补助。地方政府对城镇居民缴费补贴标准每人每年不低于30元,可适当提高个人高档次缴费的补贴,根据实际情况由地方政府确定。在养老金运营管理方面,实行社会统筹和个人账户相结合制度,基本养老金包括基础养老金和个人账户养老金,基础养老金标准设为每人每月55元,由国家财政拨款。个人账户由个人缴费、地方政府缴费补贴等构成。城镇居民年满60周岁,可按月领取养老金。到2012年我国已基本实现城镇居民养老保险制度全覆盖。

4)城乡居民基本养老保险并轨

城乡居民基本养老保险是在城镇居民社会养老保险和新型农村社会养老保险合并统一后的一项基本养老保险制度。为实现我国养老城乡统筹发展、有效衔接,2012年人社部发布了《城乡养老保险制度衔接暂行办法》的征求意见。2013年底,国务院顺应形势要求,适应将农村社会养老保险和城镇居民养老保险两项制度合并实施,在全国范围内建立统一的城乡居民基本养老保险。2014 年 2 月，国务院下发了《关于建立统一的城乡居民基本养老保险制度的意见》，该意见强调：按照全覆盖、保基本、有弹性、可持续的方针，以增强公平性、适应流动性、保证可持续性为重点，全面推进和不断完善覆盖全体城乡居民的基本养老保险制度。在基金筹集、建立个人账户、养老金待遇及调整、领取条件等方面，城乡居民养老保险制度与农村社会养老保险、城居保的规定基本上一致。2018 年 1 月，中央全面深化改革领导小组审议通过了《关于建立城乡居民基本养老保险待遇确定和基础养老金正常调整机制的指导意见》，要求建立城乡居民基本养老保险相关机制，确保参保居民共享经济社会发展成果。

2. 养老保险制度现存的问题

(1)法制化水平低，不利于养老保险制度统一和明确各方参与主体的预期。一个主要依靠政策性文件实施的养老保险制度无疑是中国特有的现象，但这种状况正在损害制度的权威性与稳定性，从而需要尽快改变。

(2)多层次养老保险制度框架体系已呈雏形，但尚未成型。即第一层次的法定基本养老保险制度还未完全定型，而第二、三层次的养老保险并未充分发展，中国养老保险制度改革任重道远。

(3)基本养老保险制度解决了普惠性问题，但还未解决公平性问题。三大基本养老保险制度已经覆盖全民，老年人均能够按月领取数额不等的养老金，但地区之间、城乡之间、群体之间的待遇差距仍大。

(4)突出了政府责任，但政府责任边界以及中央与地方政府的责任划分还不明确。例如，中国政府对职工基本养老保险的财政补贴在逐年增长，但这种兜底保障机制在稳定和预期性等方面均不如固定比例分担机制合理；城乡居民养老保险制度得益于政府提供的基础性养老金，但财政对参保人的缴费补贴缺乏明确和稳定的规制；对企业年金、商业性养老金的财政与税收支持政策还欠精准。

(5)基本养老保险的保障水平不断提高，但缺乏统筹考虑与正常调整机制。以职工基本养老金为例，2005 年至 2015 年每年提高 10%，2016 年提高 6.5%，2017 年提高 5.5%，2018 年、2019 年分别提高 5%，但这并非根据物价上涨指数与同期工资增长指数等相关参数及其不同权重进行的自动调整，而是更多地考虑到公众诉求与同期基金收支及财政状况提供的临时性增长。养老金正常调整机制的缺乏导致养老保险待遇的提高缺乏可预期性。

近年来通过国家层级强化统筹考虑与顶层设计，中国养老保险制度正在从长期试验性改革状态走向成熟和定型发展的新阶段。2018 年中央政府建立职工基本养老保险调剂制度，向全国统筹的既定目标迈出了实质性步伐，但真正建立全面统一的制度还需要更多规制；2019 年出台降低基本养老保险单位缴费率的政策，使主体各方筹资责任向相对均衡迈进了一大步；此外，国家还出台了促进商业性养老保险的政策和开展个人税收递延型商业养老保险试点，这表明中国养老保险制度在向构建多层次养老保险体系的方向稳步发展。

3. 完善养老保险制度的思路

1)加快养老保险制度的法制化进程

当务之急是尽快修订《社会保险法》，包括：机关事业单位工作人员、城乡居民的社会养老保险应当纳入法律，社会保险费统一由国家税务机构征收需在法律中加以明确，国家财政承担的兜底责任、各级政府的责任分担、职工基本养老保险个人账户的私有性等内容均需要对现有法律做出相应的调整。同时，宜制定专门的《养老保险条例》(行政法规)，为三大基本养老保险制度的统一提供具体的执行依据。条件成熟时应择机制定专门的《养老保险法》。

2)完善多层次养老保险体系的建设方案

关键是明确不同养老金层次的功能定位，包括促使法定的基本养老保险制度早日定型并公平地惠及全民，重点发展适度普惠的企业年金，鼓励中高收入群体通过商业性养老保险获得更好的保障。根据这种功能有别的定位，制定精准的政策体系并有序促进，这样才能取得预期效果。

3)在巩固制度普惠性的同时提高公平性

在这方面，需要全面落实全民参保计划，特别是确保灵活就业和新业态从业人员、高流动性的就业人员能够参保且不会断保；同时通过统一缴费基数、缴费率、视同缴费方案、待遇计发政策，确保避免政策偏差带来的待遇不公；还需要尽快建立正常的养老金待遇调整机制。

4)建立全国统一的养老保险信息系统

国家层面应当推出养老保险信息标准体系，尽快实现纵向、横向信息对接畅通、上下一体，以之为养老保险制度的统一提供有力的技术支撑，并为参保人参保缴费提供便捷条件①。

(二)医疗保险制度

1.概述

医疗保险是国家和企业对职工因患病(含非因工负伤)暂时丧失劳动能力时的治疗与生活给予物质帮助的一种社会保险制度②。最早建立医疗保险制度的国家是德国，其后，许多国家纷纷建立了适合本国情况的医疗保险制度。目前全世界大部分国家不同程度地建立了医疗社会保险制度。医疗保险是社会保险的重要组成部分，也是社会保障制度中运行十分复杂的社会保障项目。

目前医疗保险采取的是现收现付制，因此为了保证医疗社会保险的顺利运行，其基金的筹资遵循“以支定收、收支平衡、略有结余”的原则。在医疗保险基金的筹集方面由国家、企业和个人三方共同承担。各国医疗保险制度主要有国家医疗保险模式、社会医疗保险模式和个人储蓄医疗保险模式。其中社会医疗保险模式是目前世界上大多数国家所采用的一种模式。这种模式大都以立法的形式对医疗保险的各项内容做出规定，雇主和雇员均需缴纳医疗保险费，建立医疗社会保险基金并用于雇员及其家庭成员的医疗保障。苏联等社会主义国家大多实行国家医疗保险模式，而美国等国则是个人储蓄医疗保险模式的典型国家。

我国医疗保险制度经过不断改革和完善，目前医疗保险制度的构成内容主要包括三险一助，其中三险分别为职工基本医疗保险、城镇居民基本医疗保险和新农合，一助为医疗救助制度。现有制度体系基本实现了城乡基本医疗保险制度。

2.中国医疗保险制度发展阶段

1)基本医疗保险的全面建立(1998—2009年)

1998年国务院发布《关于建立城镇职工基本医疗保险制度的决定》(国发〔1998〕44号)，标志着职工医保的全面建立。社会统筹和个人账户相结合的职工医保制度是德国社会保险模式

① 华颖，郑功成.中国养老保险制度：效果评估与政策建议[J].山东社会学，2020(4)：66-74.

② 荆涛.保险学[M].北京：对外经济贸易大学出版社，2003：658.

和新加坡个人账户模式的结合体，不仅是出于当时对我国社会主义市场经济的理解，即所有制结构亟须进行变革。

2003 年，卫生部、财政部、农业部共同发布了《关于建立新型合作医疗制度的意见》，标志着新农合制度正式建立。试点工作在全国展开并普及，2009 年参合人数达 8.33 亿，基本实现农村人口全覆盖。新农合本质上是社会医疗保险，它保障的对象是农村户籍人口，农民以家庭为单位参保，中央政府、地方政府和个人共同出资，以县市为统筹单位形成医疗保险基金，当参保人发生医疗费用时，医保基金给予补偿。随着城乡居民医保整合，新农合的名称成为历史。

2007 年，城镇居民基本医疗保险制度开始试行，中央发出指示要求城镇居民基本医疗保险工作要按照“试点—推广”的政策运行，先期在条件充分的省份选取 2 至 3 个城市作为政策试点地区，由试点城市比照城镇职工基本医疗保险政策的相关规定执行，待试点成熟后全面展开，并“鼓励有条件的地区结合城镇职工基本医疗保险和新型农村合作医疗管理的实际，进一步整合基本医疗保障管理资源”。这一要求的提出直接推动各地实践探索整合统筹城镇职工基本医疗保险和新农合，无论是将城镇居民基本医疗保险和城镇职工基本医疗保险整合还是与新农合整合，都在一定程度标志着在全国范围内开始了医疗保险管理经办的跨险种、跨城乡统筹整合。

2）新医改背景下医疗保险的进一步完善（2009 年至今）

为了进一步完善我国医疗保障体系，2009 年中共中央、国务院明确提出要“做好城镇职工基本医疗保险制度、城镇居民基本医疗保险制度、新型农村合作医疗制度和城乡医疗救助制度之间的衔接。以城乡流动的农民工为重点积极做好基本医疗保险关系转移接续，以异地安置的退休人员为重点改进异地就医结算服务”。2010 年 10 月 28 日颁布的《中华人民共和国社会保险法》为各项医疗保险制度统筹提供了法律支持，这在法理上为医疗保险政策整合奠定了基础。

国务院于 2016 年 1 月发布《国务院关于整合城乡居民基本医疗保险制度的意见》。该意见以时间表和路线图的方式为整合新农合和城镇居民基本医疗保险提出了要求，要求务必于 2016 年 6 月底前做出规划和部署，并于 2016 年 12 月底前出台具体实施方案。由于原有制度运行惯性和路径依赖，因此为两项医保的整合提供了一年的过渡期和接轨期，2018 年，城乡居民医疗保险制度实现无缝衔接，并轨运行。

2018 年 3 月，根据十三届全国人大审议通过的国务院机构改革方案，组建并挂牌成立了医疗保障局，这是医疗保险政策变迁过程中的重大改革，这一机构的设立将全面整合与医疗保险相关的各项职能，为今后建立一体化的医疗保险制度奠定重要基础。

3. 中国医疗保险制度改革现状

1）城镇职工基本医疗保险制度现存问题

城镇职工基本医疗保险制度的改革和探索对于增强职工的自我保护意识，完善职工基本医疗保险的社会化管理具有积极的意义，同时有力地遏制了医疗保险费用的过快增长。但是，我国基本医疗保险管理体制依然存在许多问题，主要有以下几个方面：

（1）基本医疗保险制度改革缺乏相关管理机构的配合。中国基本医疗保险制度改革由于缺乏药品流通管理部门、医疗机构管理部门的积极配合，导致医疗保险制度改革疲于应付药品、医疗费用不断上涨，医疗保险资金实现收支平衡的压力比较大。在医疗机构追求利润最大化目标的驱使下，参保人员承受着高昂的医药费。

(2)医疗保险给付无法满足基本医疗保障的需求。我国医疗保险制度提供的保障,不仅不能满足劳动者的基本医疗需求,不能满足城镇居民的基本医疗需求,更不能满足农村居民的基本医疗保障需求。例如,大多数参保人员的门诊费用都由个人承担,住院治疗的起付线比较高,封顶线比较低,导致参保人员承担过高的医疗费用,许多参保人员因病致贫。

(3)基本医疗保险制度设计比较复杂,管理难度大,管理成本高。我国基本医疗保险对于起付线和封顶线的制度设计导致参保人员跨统筹地区、跨省看病的难度比较大。同时,医疗保险管理机构监控病人跨统筹地区就医、治病的管理成本也比较高。

(4)医疗保险对参保人员受益条件的要求越来越苛刻。我国一些地区在制定城镇职工基本医疗保险制度时规定,劳动者必须履行较长的医疗保险缴费年限。一些地方政府设置的缴费年限合格期显然过长,条件过于苛刻,有悖于医疗保险制度改革“低水平、广覆盖”的目标,这对于未达到基本医疗保险受益条件的个人是不公平的。

2)新型农村合作医疗制度现存问题

(1)新型农村合作医疗制度的保障水平比较低。新型农村合作医疗制度主要补偿大额医疗费用支出或住院费用支出,但是,由于新型农村合作医疗制度的保障水平比较低,不仅不能满足农民的基本医疗需求,而且不能满足农民大病治疗的需求;由于新型农村合作医疗的补偿率比较低,造成新型农村合作医疗基金的累计结余比较多。

(2)新型农村合作医疗制度的资金筹集比较困难。由于各地区的经济发展不平衡,一些地方政府在解决新型农村合作医疗的资金问题上,缺乏长远的规划,致使新型农村合作医疗的资金筹集比较困难,新型农村合作医疗的可持续发展面临的问题比较多。

(3)农民参加新型农村合作医疗制度的比率比较低。虽然发展新型农村合作医疗的目的是分散农民的医疗风险,增强农民的抗风险能力,但是由于农民的收入比较低,医疗保障水平比较低,农民的参保积极性比较低,农民参加新型农村合作医疗保险的比率比较低。

(4)新型农村合作医疗保险的管理很不规范,运营费用比较高。目前,我国新型农村合作医疗制度的发展方兴未艾,但是新型农村合作医疗制度的管理却很不规范,制度的运营成本比较高,加上我国医疗卫生管理体制改革滞后,新制度发展面临的困难比较多。

3)中国城镇居民基本医疗保险现存问题

(1)城镇居民界定模糊。由于对城镇居民的界定模糊,造成边缘群体容易被遗漏,影响了基本医疗保险覆盖范围的扩大。

(2)城镇居民基本医疗保险与城镇职工基本医疗保险、新型农村合作医疗保险之间缺乏有效的转移、接续办法。城镇居民基本医疗保险难以适应劳动力城乡之间频繁流动的要求,容易造成参保人医疗保障权益的流失。

(3)城镇居民基本医疗保险抗风险能力比较弱。城镇居民基本医疗保险的覆盖对象存在老、幼、病、残者较多,低收入者和无收入者较多,而参保人数却相对较少等问题,制度的抗风险能力弱。

(4)社区卫生服务功能弱化。城乡居民难以获得疾病预防、医疗、保健、康复教育等综合性医疗卫生服务,只能到二、三级医院就诊,造成城镇居民基本医疗保险资金不合理流动。

(5)逆选择的风险比较高。由于城镇居民基本医疗保险是自愿参加的,容易发生参保人没病不参保、有病才参保的逆选择行为,不利于城镇居民基本医疗保险的健康发展。

4. 中国医疗保险制度改革思路

1)改革以药养医的管理体制公开

不少医药单位为了增加销售收入,采取给进药人员提取手续费、发奖金实物和回扣等手段,刺激采购人员购进非治疗性商品。为了追求利润,一些医疗机构采取给医生下达定额的方式,要求医生完成一定金额的卖药、检查费收入或者介绍一定数量的患者住院,这不仅损害了患者的利益,而且也影响了医疗保险制度的长期、健康发展。实行医药分开的管理方式,是中国医疗保险制度改革的发展方向。

2)改革医疗卫生体制,实现医政分离的管理制度

改革我国医疗卫生管理体制,划分为营利性医疗机构和非营利性医疗机构。政府有关管理部门应逐步开放医疗卫生市场,鼓励社会力量办医院,扩大基本医疗保险定点医院、定点药店的范围,打破行业垄断,形成公平、有序的市场竞争环境。只有健全医疗卫生市场的竞争机制,医疗社会保险的协议管理才能不断地降低成本,才能遏制医疗费用的过快上涨。

3)医疗服务机构日趋多元化

随着经济的发展和政府财政转移支付的增强,我国的医疗卫生服务体系将发生以下几方面的变化:中外合资、合作医疗机构的比重将会上升,医疗卫生市场的竞争会很激烈。医疗卫生机构之间的竞争将会加剧,患者就医的成本将会大幅度地降低。医疗服务质量将会提高,广大消费者将会享受到高质量的医疗服务。医疗行业的竞争日趋规范,独家垄断的局面将会被打破,市场竞争主体将在国家法律、法规的监管下有序地竞争。监管的难度将会加大,目前我国医疗卫生市场以行政管理为主的监管体系将不再适应多元化医疗服务体系的需要,将代之以行政监管和市场监管相结合的管理方式。医疗费用的使用结构显著变化,患者用药费用在医疗保险费用支出中的比重将下降,医疗服务的费用支出在医疗保险费用中的比重将会上升。

4)加大对医疗卫生的财政投入

未来几年,政府会进一步增加对医疗卫生的财政投入,这些医疗卫生资金会向公共卫生、农村卫生和社区卫生倾斜,会向社会贫困阶层、低收入阶层倾斜,会向医疗救助制度倾斜。加大对医疗卫生的财政投入,可以让公民分享到经济发展的成果,这是切实解决民生问题的重要举措。

5)构建全民医疗保障制度

目前,建立覆盖全民的医疗保障制度已经在我国一些地方开始试点。2007 年 7 月,国务院发布的《国务院关于开展城镇居民基本医疗保险试点的指导意见》强调,目前没有医疗保障制度安排的是城镇非从业居民,为实现基本建立覆盖城乡全体居民医疗保障体系的目标,国务院决定,从 2007 起开始实施城镇居民基本医疗保险的试点。在各地试点的基础上,通过出台法律法规的形式,逐步建立以覆盖城乡全体居民为目标,以保大病、保基本为重点的基本医疗保障制度。在此基础上,逐步形成以医疗救助和商业医疗保险为补充的多层次的医疗保障体系。

(三)失业保险制度

1. 概述

失业保险制度是劳动者由于非本人原因失去工作、中断收入时,由国家和社会依法保证其基本生活需要的一种社会保险制度①。其核心内容是通过集中建立失业保险资金,分散失业

① 孙光德,董克用. 社会保障概论[M]. 北京:中国人民大学出版社,2000:175.

风险,使暂时处于失业状态的劳动者得到最基本的生活保障,并通过就业培训,使失业者尽快就业。1905年,法国建立了非强制性失业保险制度,是最早建立非强制性失业保险制度的国家;1911年,英国建立了强制性失业保险制度,是世界上首个建立强制性失业保险制度的国家。此后,许多国家纷纷建立失业保险制度。目前全世界有69个国家建立了失业保险制度,其中大部分国家实施强制性保险制度。由于世界各国的社会、经济、政治和文化发展不同,各国所实施的失业保险制度的类型有:①强制性失业保险制度。它是由国家通过立法强制实施的失业保险制度,这是目前大部分国家采取的失业保险形式,美国、日本、英国、加拿大等30多个国家都采取这种制度。②非强制性失业保险制度。这种类型的失业保险制度不是由政府管理,而是由工会组织建立,政府提供大量的资金,劳动者自愿参加,采取这种制度的代表国家有法国、挪威、丹麦等。③双重失业保险制度。这种制度是指既有国家强制性失业保险,又有由国家提供资金,以经济状况调查为发放失业救济金依据的失业补贴制度,采取这种制度的典型国家是德国。

失业保险资金的筹集一般也是采取现收现付的方式,其基金的来源一般包括雇主、雇员缴纳的失业保险费和政府的财政补贴。雇主按雇员工资总额的一定比例缴纳失业保险费,雇员按自己工资的一定比例缴纳失业保险费;当雇主与雇员的失业保险费收入不能抵消支出时,政府财政给予补贴。失业保险制度是社会保险制度的重要内容。由于失业问题已经成为世界大多数国家的主要社会问题,并具有持续性和广泛性的社会影响,失业保险制度的作用和影响也就越来越明显。同时,失业保险制度理念与目标转变也越来越受到各国的关注,改变传统失业保险制度注重消极性提供失业津贴的做法,转而推行以促进就业为目的的积极性失业保险制度,从20世纪中期以来已经成为西方各国失业保险制度改革和发展的道路选择。

2. 中国失业保险制度发展阶段

中国失业保险制度的正式建立,经历了一个极其曲折、漫长的过程。我国的失业保险制度起步较晚、重视程度不足、制度功能发挥有限。自改革开放以来,我国失业保险制度经历了从“昙花一现”到不断规范、完善的过程。

1)建立与初步发展(1980—2000年)

1986年7月12日,为改革国营企业劳动人事制度、增强企业活力,国务院颁布《国营企业职工待业保险暂行规定》[①],标志着由改革劳动用工制度催生的待业保险制度正式确立,“社会主义国家没有失业”的神话从此被打破。

1987年,财政部分别于1月13日和3月21日先后下发了《关于加强国营企业职工待业保险基金和退休养老基金财务管理的暂行规定》[②]《国营企业职工待业保险基金和退休养老基金预算管理暂行办法》,对待业保险基金要纳入国家预算、专户储存、专款专用、实行“收付实现制”等财务预算管理细则做出了明确规定。

1989年4月21日劳动部印发《国营企业职工待业保险基金管理办法》,进一步细化了待业保险基金管理方面的工作细则,实现了从“待业救济”到“待业保险”的制度观念转变。

1993年4月12日,国务院正式颁布《国营企业职工待业保险规定》,标志着我国首次从国家立法层面正式确立了失业保险制度,这是进一步完善我国现代社会保障制度体系的又一里

① 《国营企业职工待业保险暂行规定》,1986年7月12日由国务院发布,1986年10月1日起施行,共5章16条。

② 《关于加强国营企业职工待业保险基金和退休养老基金财务管理的暂行规定》,财政部发布,国发〔1986〕77号。

程碑事件，其实施对于缓解全面经济体制改革阶段国有企业消化冗员、实现劳动力优化组合、平稳过渡发挥了重要作用。截至 1998 年底，全国参加失业保险的人数达到 7928 万人，全年有 158 万人享受失业保险待遇，另有 149 万企业内职工享受了一次性救济。

1998 年 12 月 26 日国务院第 11 次常务会议正式颁布《失业保险条例》，标志着我国第一次以国家正式法规的形式认可了现代失业保险制度在社会主义市场经济中的作用，也意味着我国现代失业保险制度从此进入了新的发展阶段。

1999 年 1 月 22 日，国务院以第 259 号令颁发了《社会保险费征缴暂行条例》，对包括失业保险在内的各项险种的费基、费率以及征收、缴纳等工作进行了详细的规定，促使失业保险等各项社会保险制度向着更加规范的方向发展。

1998 年 6 月，中共中央、国务院颁布《切实做好国有企业下岗职工基本生活保障和再就业工作的通知》，要求“各地广泛建立再就业服务中心，负责为本企业下岗职工发放基本生活费和代下岗职工缴纳养老、医疗、失业等社会保险费用，组织下岗职工参加职业指导和再就业培训，引导和帮助他们实现再就业”。

2)21 世纪后失业保险制度持续发展期(2000—2010 年)

2000 年 8 月劳动部颁布《关于切实做好事业单位参加失业保险工作有关问题的通知》，要求各地劳动保障部门及其经办失业保险业务的社会保险经办机构，切实抓紧事业单位失业保险工作。同年国务院下发《关于进一步做好下岗失业人员再就业工作的通知》，肯定了国有企业下岗职工基本生活保障制度、失业保险制度和城市居民最低生活保障制度的“三条保障线”的作用，并指出要进一步积极稳妥地做好下岗职工出中心向失业保险并轨的工作方针。2005 年 11 月国务院发布的《关于进一步加强就业再就业工作的通知》中再次明确提出要“建立就业与失业保险、城市居民最低生活保障工作的联动机制”，对进一步完善失业保险金的申领、失业保险金标准等具体工作给出了指导意见，并要求“进一步发挥失业保险制度促进再就业的功能，鼓励东部地区在统筹考虑地方财政就业再就业资金安排的前提下，可以结合本地实际进行适当扩大失业保险基金支出范围试点”。2006 年 6 月针对当年普通高校毕业生规模猛增、就业压力突出的问题，中央 14 部委联合颁布《关于切实做好 2006 年普通高等学校毕业生就业工作的通知》，要求各级单位加强领导、落实责任，引导高校毕业生面向基层就业，加强对离校后未就业高校毕业生的就业服务和社会保障工作，切实把高校毕业生就业工作纳入再就业工作体系，统一领导和统筹协调。

2008 年 3 月国办发《关于加快发展服务业若干政策措施的实施意见》指出，应“尽快修订《失业保险条例》，完善失业保险制度，扩大参保范围，加快把从事服务业的个体经营户、非正规就业人员、农民工纳入失业保险覆盖范围”。同年针对当年国际金融危机对我国经济的影响不断加深，国内就业压力明显增大的局势，人社部联合财政部下发了《关于采取积极措施减轻企业负担稳定就业局势有关问题的通知》，允许困难企业在 2009 年内“缓缴社会保险费”；“阶段性降低城镇职工基本医疗保险、失业保险、工伤保险、生育保险的费率”，并明确表态可以“使用失业保险基金帮助困难企业稳定就业岗位”。

2009 年 7 月东部 7 省(市)扩大失业保险基金支出范围试点期限 3 年过去后，为应对国际金融危机，进一步发挥失业保险基金预防失业、促进就业的作用，人社部联合财政部下发了《关于延长东部 7 省(市)扩大失业保险基金支出范围试点政策有关问题的通知》，要求 7 省(市)试点期限延长 1 年，努力提高失业保险基金统筹层次，继续完善省级调剂金制度，加大省级调剂金筹集和调剂使用力度。

3)提升社会治理:失业保险制度深化发展阶段(2011年至今)

2011年我国第一部《中华人民共和国社会保险法》正式实施。作为五大社保项目之一的失业保险制度,不断拓展自身功能,多方面、全方位参与社会治理,开始进入深化发展期。2015年开始实施"稳岗补贴"政策,面向不裁员、少裁员、稳定就业岗位的企业(主要适用于实施兼并重组的企业、化解产能严重过剩的企业、淘汰落后产能的企业),按不少于企业上年失业保险缴费总额的50%给予稳岗补贴,从失业保险基金中列支。2018年6月,人力资源和社会保障部、财政部联合发出《关于使用失业保险基金支持脱贫攻坚的通知》,这是人社领域贯彻落实中央精准扶贫决策部署的重要行动,是失业保险支持深度贫困地区脱贫攻坚的创新政策,也是失业保险助力打赢脱贫攻坚战的有效举措。

2019年以来人力资源和社会保障部等相关部门发布《关于失业保险支持企业稳定就业岗位的通知》《关于失业保险基金省级统筹的指导意见》《失业保险金申领发放办法》《关于公布失业保险金网上申领平台的通知》《关于进一步推进失业保险金"畅通领、安全办"的通知》《关于扩大失业保险保障范围的通知》等政策,以促进失业保险制度的完善。

3. 失业保险制度发展中存在的问题

1)失业保险缓和劳资矛盾的作用微弱

目前,我国政府为了维护劳工权利、缓和劳资矛盾,采取了一系列措施,而单位缴费率仅占0.5%的失业保险仅发挥了非常有限的作用。以上海市为例,2019年上海市五项职工社会保险费率总水平为44.5%,以养老保险为首的四项基本保险的单位缴费率高达33.5%,远高于仅占0.5%的失业保险。另外,中央政府设计了一揽子的社会保障计划来保障劳动者的权利,包括最低工资制度、城市居民最低生活保障、农村居民最低生活保障制度等。其中,社会救助已经成为保障个人及家庭基本生活的"最后一道安全网"。因此在缓和劳资关系、维护劳动者权利方面,其他制度及政策的实施对失业保险制度产生了明显的替代作用,导致失业保险能够发挥的作用已经非常有限,不符合目前时代发展的需求。

2)失业保险基金平滑经济波动的功能不明显

失业保险具有天然平滑经济波动、双向调节有效需求的经济功能:在经济衰退期,失业率攀升,通过增加失业金支出刺激需求;经济繁荣期,情况则相反。反观我国的失业保险制度,保险金的收支情况却未能与经济发展形成良好的互动。如图3-2所示,2003—2008年,我国的城镇登记失业率攀升,均高于3.9%,但失业保险金支出却未相应增加,其占GDP的比重低于0.2%。尤其是金融危机发生的2008年和2009年,我国的城镇登记失业率达到巅峰值4.2%和4.3%,而失业保险支出占GDP的比重却是制度创建以来的历史最低水平,仅为0.08%和0.11%,基金却仍加速滚存,2008年比2007上涨了33.80%,完全不符合"在经济衰退期,失业增加,失业保险基金支出相应增加,从而拉动需求、增加就业机会和促进经济增长"的一般规律。另外,截至2018年底,失业保险金累计结余5817亿元,是当年基金支出规模(915亿元)的6.35倍,即使不缴纳保费,现存基金结余也能继续支付6年。

3)失业保险金受益率和替代率过低,无法提供基本生活保障

由于《工伤保险条例》对失业金领取条件的各种限制,我国真正能领取到失业金的失业人员数量很少,导致失业保险金受益率较低且呈不断下降趋势。此外,为预防"失业陷阱"问题的发生,我国失业保险制度待遇标准较低,既与缴纳费用标准脱钩,又没有根据物价水平有效建

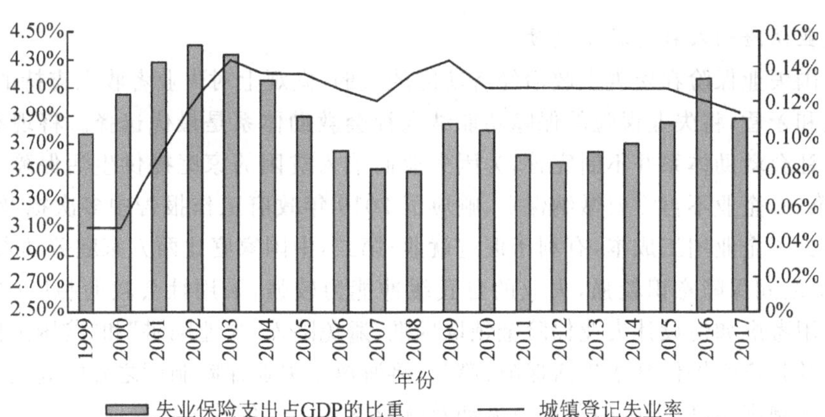

图 3-2　1997—2017 年中国失业率与失业保险支出占 GDP 的比重变化情况
（数据来源：根据 1999—2017 年《中国统计年鉴》和《人力资源和社会保障事业发展统计公报》整理计算得出）

立相应的调整机制，实际的替代率水平也较低，且给付期限较短。

4. 失业保险制度改革思路

1）提高失业保险金领取标准

鉴于失业保险金无法保障失业者的基本生活，学者们提出了逐步提高失业保险金领取标准的改革建议。但是，当政府试图寻求适当的失业保险金领取标准平衡点的时候，制度容易陷在“进退维谷”的困境中，高福利国家在这方面有很多教训。过高的失业保险金水平会影响失业人员对职业搜寻的积极性，甚至引致失业率的攀升。过低的失业保险金水平又很难保证失业者本人及其家庭成员的基本生活需要，使失业保险制度丧失了最初和最重要的功能，仍陷在“进退维谷”的困境中。此外，仅是提高失业保险金领取标准不仅无法触及制度覆盖面狭窄的问题，也没有有效解决制度效率损失的问题，在理论和实践上均行不通。

2）建立“失业保险储蓄账户”

通过建立“失业保险储蓄账户”制度，将城镇灵活就业人员（含自雇者）建立纳入制度之内。然而，从理论上而言，“失业保险储蓄账户”不属于社会保险模式，不具备再分配的性质，无法分散社会风险。该制度存在基金运营和管理成本较高、对金融市场要求比较高等问题，必然要求政府增加公共财政投入，这既不符合现阶段我国经济发展和财政收入双双进入“新常态”阶段的现实和新时代发展的基本要求，也违背了“社保降费”的政策理念。

3）将失业保险金用于就业促进

目前，将失业保险金用于就业促进的政策导向已经成为国际上失业保险发展的主流，我国也顺应该发展趋势，积极发挥失业保险促进就业的作用。但是，我国的基本国情与实施就业保险制度的国家不同，预防失业和促进就业是中国政府的分内职责。党的十九大报告中明确提出“就业是民生之本”，“保障就业”是政府“最要紧的责任”。而且，从理论上分析，保险是一种风险分散机制，劳动者的一生有可能面临失业风险，而就业并不是一种风险，也无须建立一种保险制度去分散风险。因此，将失业保险金用于就业促进，未来建立就业保险制度，不仅违背了保险理论的基本逻辑，也不符合中国现实。

4)将失业保险纳入社会救助制度

鉴于中国失业保险在宏观上政治经济功能的微弱、微观上对失业者收入支持的不力，且陷入各种困境和矛盾，将失业保险的保障功能纳入社会救助体系是最优选择。将现有的失业保险制度纳入社会救助体系并不断完善，为因失业而陷入贫困的家庭提供生活保障。此改革的优势在于：第一，企业不再需要缴纳保费，响应了2019年政府工作报告中多次提及的“社保降费”要求，减少了企业用工成本，有利于促进就业；第二，中国家庭比西方家庭劳动参与率高、储蓄率高，成员之间保障意识较强，失业的自我缓冲能力较强，采用社会救助制度的“家计调查法”，不仅不用考虑如何设计失业保险金领取标准，避免陷入“失业陷阱”和“贫困陷阱”，而且能为失业人员及其家庭提供基本生活保障；第三，将游离于失业保险制度之外的高失业风险群体纳入社会救助制度，顺应了中国劳动力流动及就业方式多元化的发展趋向。

(四)工伤保险制度

1. 概述

工伤保险也称职业伤害保险，是指劳动者在生产劳动或其他工作过程中遭受意外伤害或因长期接触有毒有害因素引起的职业病伤害后，由国家或社会向其个人或其所供养的亲属提供必要的物质保障制度[①]。工伤保险是世界范围内实施最广泛、立法最早的社会保险制度。德国是世界上最早建立工伤保险制度的国家，其后，许多国家也都建立了工伤保险制度。据国际社会保障协会的数据资料，在全球建立社会保障制度的200个国家和地区中，建立工伤保险制度的国家有164个。工伤保险实行的是“无责任补偿原则”，即无论事故责任是否属于劳动者本人，受害者均应无条件地得到一定的经济补偿。另外，在工伤保险中，劳动者个人不缴纳保险费，工伤保险费由企业或雇主按照国家规定的费率缴纳，这是工伤保险与养老、医疗、失业等其他社会保险项目的不同之处。

目前世界上现行的工伤保险制度有三种类型：①工伤保险制度独立于其他社会保障制度，工伤保险经办机构对工伤保险管理和工伤保险基金均有自主权，如比利时、德国、意大利、日本和泰国等。②工伤保险虽然独立于其他社会保障制度，但是在行政管理方面是同一个机构，如奥地利、法国和菲律宾等。③工伤保险及其他意外伤害事故包括在整个社会保障制度之中，如阿尔及利亚、巴哈马、缅甸、哥伦比亚等。在经济全球化的今天，工伤保险制度与经济贸易有着更为密切的联系，不少国家将产品生产地是否建立了工伤保险制度，作为能否进行贸易的先决条件。根据1964年国际劳工组织《工伤事故和职业病津贴公约》，政府应当重视职业康复工作，提供充足的财政援助，以满足残疾人对职业康复的需要。职业康复作为现代工伤保险制度的重要目标之一，其目的是使因工伤残的劳动者尽可能地恢复重新就业的能力，这不仅有利于增强他们的生活适应能力，而且有利于扩大他们的就业机会。目前世界上大多数国家现行的工伤保险制度都是工伤预防、工伤补偿和职业康复三位一体的结合，成为工伤保险制度发展的必然趋势。

2. 中国工伤保险制度发展阶段

1)1996—2003年缓慢起步阶段

1996年劳动部颁发266号文件《企业职工工伤保险试行办法》，于同年10月1日在全国

① 尹成远，闫屹. 保险学[M]. 北京：人民邮电大学出版社，2003：214.

试行。虽然《企业职工工伤保险试行办法》仅是一部由劳动部颁布的规范性文件，层次较低，但却是我国第一部关于工伤保险的专项立法，且是第一次将工伤保险作为单独的保险制度统一组织实施，对沿用了多年的企业自我保障的工伤福利制度进行了社会化统筹的改革，从而对工伤保险制度具有体制创新和机制转换的重大意义。

2003 年 4 月 16 日经国务院第 5 次常务会议讨论通过，4 月 27 日由温家宝同志签署的《工伤保险条例》出台，并于 2004 年 1 月 1 日起开始正式实施。《工伤保险条例》的颁布既是现实的要求，亦是必然的选择。随着我国经济和社会的发展，《企业职工工伤保险试行办法》作为部门规范性文件所导致的法律效力低、强制性不足的弊端，以及内容不完善等问题逐渐暴露出来，再加上我国所面临的第五次事故高发期的现实需求，迫切需要颁布一部与经济发展水平相适应并与国际接轨的工伤保险法律。

2)2004—2010 年快速发展阶段

2003 年 4 月 27 日国务院颁布了《工伤保险条例》，于 2004 年 1 月 1 日开始施行，该条例以行政法规的形式规范了工伤保险制度，成为完善工伤保险制度、进一步维护劳动者权益的重要举措，标志着与社会主义市场经济体制相适应的工伤保险制度的基本确立①。

为完善工伤认定程序，依法进行工伤认定，维护当事人的合法权益，根据《工伤保险条例》的有关规定，2003 年 9 月 8 日经劳动和社会保障部第 5 次会议通过，劳动和社会保障部于 2003 年 9 月颁布了《工伤认定办法》《非法用工单位伤亡人员一次性赔偿办法》《因公死亡职工供养亲属范围规定》，自 2004 年 1 月 1 日起施行。

为了维护农民工的工伤保险权益，改善农民工的就业环境，根据《工伤保险条例》规定，从农民工的实际情况出发，2004 年劳动和社会保障部发出了《关于农民工参加工伤保险有关问题的通知》，要求各级劳动保障部门要统一思想、提高认识，高度重视农民工工伤保险权益维护工作。2006 年《关于解决农民工问题的若干意见》明确提出要优先解决农民工的工伤保险和大病医疗问题，依法将农民工纳入工伤保险范围，2007 年劳动和社会保障部发布了《关于印发加强工伤康复试点工作指导意见的通知》，工伤康复是工伤保险制度的重要组成部分，是科学发展观和构建社会主义和谐社会理念在社会保障领域的重要体现，建立健全工伤预防、工伤补偿和工伤康复相结合工伤保险体系，是我国工伤保险制度发展的要求。

2008 年 3 月 11 日，《关于印发〈工伤康复诊疗规范（试行）〉和《工伤康复服务项目（试行）的通知》发布。2010 年 10 月 28 日《社会保险法》颁布，并于 2011 年 7 月起开始正式施行，该法在总结实践经验的基础上，对工伤保险单独成章，对其覆盖范围、资金来源、待遇项目和享受条件做了具体的规定。2010 年 12 月 20 日颁布的经过修订的《工伤保险条例》则是《社会保险法》的重要配套法规，对原工伤保险制度中存在的覆盖范围不够广、保障水平不够高、保障功能较为单一等不足进行了修订，这是我国工伤保险事业发展中的大事件，它的修订颁布实施，对完善我国的工伤保险制度，更好地维护广大职工地合法利益，促进社会主义和谐稳定发展具有重要的意义。

3)2010 年至今改革发展阶段

针对工伤保险实施过程中出现的新问题，《国务院关于修改〈工伤保险条例〉的决定》于 2011 年 1 月 1 日正式实施。该决定共增加和修改了 24 条相关内容，其修订和完善不仅增加

① 杨思斌．我国工伤保险制度的重大发展与理念创新[J]．中国劳动关系学院学报，2011，25(4)：77－81．

了强制力度，还使工伤保险制度更符合社会发展的需求[①]。2011 年 1 月人力资源和社会保障部、财政部、国务院国资委、监察部印发《关于做好国有企业老工伤人员等纳入工伤保险统筹管理有关工作的通知》，要求彻底解决国有企业老工伤人员等工伤统筹问题。

2014 年 9 月《劳动能力鉴定职工工伤与职业病致残等级》(GB/T 16180—2014)颁布，同年人力资源和社会保障部、住房和城乡建设部、国家安全监督管理总局、全国总工会出台《关于进一步做好建筑业工伤保险工作的意见》，大力推进建筑业农民工参加工伤保险工作。2015 年 3 月人力资源和社会保障部办公厅印发《关于开展建筑业"同舟计划"——建筑业工伤保险专项扩面行动计划的通知》，要求用 3 年左右时间，全面推进建筑业从业人员参加工伤保险。同年 7 月人力资源和社会保障部、财政部印发《关于调整工伤保险费率政策的通知》，根据行业工伤风险将工伤保险行业基准费率划分为 8 档，要求根据用人单位工伤保险费使用、工伤发生率、职业病危害程度等因素，确定工伤保险费率并进行浮动。

2016 年 2 月人力资源和社会保障部、民政部、国家卫生计生委联合颁布《工伤保险辅助器具配置管理办法》(人力资源和社会保障部令第 27 号)。2017 年 6 月人力资源和社会保障部、财政部印发《关于工伤保险基金省级统筹的指导意见》，7 月人力资源和社会保障部印发《关于工伤保险待遇调整和确定机制的指导意见》，作为调整和确定工伤保险待遇水平的政策依据，8 月人力资源和社会保障部、财政部、卫生计生委、安全监管总局印发《工伤预防费使用管理暂行办法》，明确工伤预防费从工伤保险基金列支的标准以及适用范围。在实际工作中，人社部门不断提升工伤保险保障能力，通过不断扩大覆盖面、加强基金征缴，工伤保险基金收入稳步增长，基金规模不断扩大，保障能力日益增强。2017 年，人社部下发了《关于推进工伤保险基金省级统筹的指导意见》，提出要在 2020 年底前全部实现省级统筹，这对增强保障能力和水平产生了重大影响和极大推动。

2020 年，为应对新冠肺炎疫情影响，根据党中央、国务院部署，人社部会同相关部门出台了减免企业社保费政策。从 2020 年 2 月份到 2020 年底，养老、失业和工伤三项社会保险免、减、缓、降等政策合计减费 1.54 万亿元。阶段性减免社保费是一项临时性支持政策，2020 年年底已经到期，三项社会保险费从 2021 年 1 月 1 日起已按规定恢复正常征收。同时，考虑到疫情风险仍然存在，部分企业压力可能较大，规定阶段性降低失业保险、工伤保险费率政策 2021 年 4 月底到期后，将再延长 1 年至 2022 年 4 月 30 日。

3. 工伤保险制度发展中存在的问题

1)工伤保险的社会统筹有待于进一步加强

目前，我国工伤保险的覆盖范围还比较狭窄，覆盖率较其他社会保险项目偏低，仅为 50.1%。许多乡镇企业、三资企业、私营企业及其职工并没有被纳入工伤保险的社会化统筹范围中来。此外，我国工伤保险制度的统筹层次还比较低，多数地区实行工伤保险的地市级统筹，不利于工伤保险基金在各市之间调剂余缺，工伤保险基金的利用效率比较低，不利于资金的优化配置。

2)工伤评残制度有待于进一步完善

目前，我国制定的评残制度存在的问题比较多，主要表现在以下几个方面：①劳动能力鉴

① 陈磊. 工伤保险制度法律研究[D]. 武汉：华中师范大学，2011.

定不规范。我国各级劳动能力鉴定委员会对于伤残人员劳动能力的鉴定还很不严格、不规范，主观随意性比较大，不仅影响劳动能力鉴定的公正性、客观性，而且还影响了劳动能力鉴定委员会的声誉。②某些伤残程度分级不明确。我国于2006年公布的《劳动能力鉴定职工工伤与职业病致残等级》，对于伤残程度的分级比较粗糙、不细致，致使对某些工伤人员的伤残评级不合理，影响了伤残职工的生活。③难以具体操作和管理。我国工伤保险仅将伤残确定为10个等级，使有关鉴定操作缺乏具体的依据，造成工伤评残制度存在一系列问题，工伤评残鉴定标准有待进一步细化。

3)申请工伤认定困难

修订后的《工伤保险条例》规定，申请工伤认定需要提交工伤认定申请表，与用人单位存在劳动关系的证明材料和医疗诊断证明或职业病诊断证明书三项。申请材料不完整的，社会保险行政部门不予受理。但是，有些用人单位为了逃避法律责任，故意不同劳动者签订劳动合同或者收回一切可以证明劳动关系的证据，导致劳动者难以收集到与用人单位存在劳动关系的证据。为了证明工伤人员同用人单位存在劳动关系，劳动者又要申请劳动争议仲裁、劳动争议诉讼，等到被确定存在劳动关系后，再申请工伤认定，由此，增加了工伤人员申请工伤认定的难度，影响了工伤保险的信誉。

4)工伤赔偿和民事赔偿的协调问题有待于进一步规范

工伤赔偿和民事赔偿的协调问题一直是工伤保险立法和实践中争议较大的问题。1996年颁布的《企业职业工伤保险试行办法》规定，由交通事故引起的工伤，应当首先按照《道路交通事故处理办法》及有关规定处理，工伤保险待遇按照以下规定执行：交通事故肇事方已支付医疗费、丧葬费、护理费、误工工资的，用人单位或社会保险经办机构不再支付相应的待遇；交通事故已经赔偿的死亡补偿费、残疾生活补助费，用人单位或社会保险经办机构不再支付。2010年公布的修订的《工伤保险条例》对此问题依然未做出明确的规定，这种回避让工伤人员和社会保险行政部门感到无所适从。

5)工伤事故的预防制度有待进一步完善

工伤保险给付的目的是保障工伤职工获得必要的经济补偿，保障工伤职工及其家属的生活。但是，国家在实行工伤保险的同时，更应该加强对工伤事故预防的管理，使引发风险事故的风险因素能够得到及早的识别和纠正，这既可以防止风险事故对财产和人身造成重大损害，又可以降低工伤保险基金的支付。目前，我国进城务工和在乡镇企业就业的农民工总数已经超过2.5亿人，他们大多数分布在采掘、建筑和加工制造等行业。在乡镇企业中，83%的企业存在不同程度的职业危害，30%的工人接触有害物质，60%的企业没有为从业人员配齐必需的防护用品。在这种情况下，完善相关法律法规，加大监管的力度，建立工伤预防的制度化管理机制势在必行。

4.工伤保险制度改革思路

1)工伤保险的覆盖范围进一步扩大

目前，《工伤保险条例》已经从立法上覆盖了所有用人单位，不仅覆盖合法用工单位，而且覆盖非法用工单位。保障人员也从正式职工扩大到所有与用人单位建立劳动关系的职工。从世界范围看，工伤保险制度的覆盖范围也呈现出逐步扩大的态势。例如，德国工伤保险制度自建立以来保障的范围也是逐步扩大的，不仅保障包括企业的所有雇员、农业产业的雇员、公职人员、学徒、家庭手工业者、大中小学生和幼儿园儿童等群体，而且还保障因上下班途中被狗咬伤的职工。今后,我国工伤保险制度也应顺应社会发展的要求,将保障范围逐步扩大到所有受雇劳动者。

2)更科学地界定工伤认定的含义

修订后的《工伤保险条例》在工伤的认定上虽然有了突破性的进步,但是,在立法上仍然停留在逐一列举的方式上,基本排除了概括式的规定。这一立法方式的优点是明白清楚,易于掌握;缺陷是容易忽略对工伤含义本质的认识,且不能涵盖现实中出现的所有情况,导致立法落后于现实。借鉴其他国家在认定工伤方面的经验,认定工伤应该从工伤的本质含义出发,强调认定工伤的主要条件应该考虑职工是否是因为工作而受伤。例如,德国政府规定工伤事故认定的前提条件是:导致事故发生的行为与用人单位的工作有着内在的关系,至于时间或地点仅是次要的条件。因此,今后立法上应该采取概括式的方式加以确认,而保证所有由于工作而受到伤害的职工都能够获得应有的保障。

3)简化工伤认定程序

针对工伤认定程序上存在的问题,有必要设计工伤认定的简易程序,让工伤人员尽快获得赔付。针对劳动合同签订等环节存在的困难,赋予工伤认定部门直接认定劳动关系的权力,以便于工伤人员治疗和康复。

4)理顺工伤赔偿和民事赔偿的关系

从世界各国对于工伤赔偿与民事赔偿问题的规定看,有四种基本类型:①以工伤保险取代民事赔偿;②由职工选择工伤赔偿或民事赔偿;③既可以获得工伤保险的赔偿,又可以获得民事赔偿;④完善工伤事故预防制度。国家有关管理部门应当出台更细致的法律法规,要求用人单位制定有关规章、制度和措施,提高工伤事故预防的管理。政府有关管理部门应当加强监管,做到常检查、早发现、早治理,将可能发生的工伤事故消灭在萌芽状态。

(五)生育保险制度

1. 概述

生育保险是指女职工因怀孕、分娩而无法从事正常的生产劳动,中断经济来源时由国家和社会给予医疗保健服务和物质帮助的一种社会保险制度①。其最早也是在德国建立,目前,已有105个国家实行这种社会保险制度。生育保险制度包括生育津贴、医疗护理、生育补贴和生育休假四个内容。生育保险与医疗保险、工伤保险等同属于劳动者健康保障范围,但不同的是生育保险的对象是已婚的女职工,范围有限。国外生育保险制度的指导思想是立足国情,依法保护妇女权益,全面提高妇女素质,促进妇女积极参与经济建设和社会发展,进一步提高妇女地位。国外生育保险制度具有覆盖范围的广泛性、立法的非独立性(生育保险与医疗保险合并立法)、待遇的项目较多且水平较高 、法律法规体系较为完善等特点。国外生育保险制度在实施中坚持三个原则:生育保险发展目标与国家总体目标的协调统一;现实和未来、必要性和可行性的协调统一;宏观指导与可操作性、经济发展与待遇水平的协调统一。

2. 中国生育保险制度发展

早在1951年颁布的《中华人民共和国劳动保险条例》来就对生育保障问题做出了规定,女职工生育费用由企业或资方负担,规定了相应的产假待遇。凡在城镇国有和集体企业,国家机

---

① 尹成远,闫屹.保险学[M].北京:人民邮电大学出版社,2003:217.

关和事业单位工作的女职工才能享受到较为优厚的生育保障待遇，农村妇女生育没有保险保障。改革开放后，随着社会主义市场经济体制的逐步建立，由于非公有制经济组织不愿意承担生育保险的责任，它们还拒绝女性劳动者就业，或者限制女性结婚和生育，所以生育保险制度的改革势在必行，1994 年劳动部颁布了《企业职工生育保险试行办法》，为我国新型生育保险制度的建立奠定了基础。为贯彻落实党的十七大提出的加快建立统筹城乡社会保障制度的要求，解决城镇居民生育保障问题，2009 年 9 月人社部决定开展城镇居民生育保障试点工作，2011 年实施的《社会保险法》对生育保险进行了法律规范。

目前我国生育保险制度主要包括企业职工生育保险制度、城镇居民生育保险制度和计划生育保障制度。生育保险制度的实施对于确保妇女儿童的生育健康、当代妇女的自我实现和人口与经济的协调发展具有重要作用，但是生育保险制度在立法、制度覆盖面、权益保障水平和责任承担等方面尚存在一些问题，面对人口老龄化、城镇化、劳动人口流动性的不断增强，构建我国城乡一体生育保险制度的任务较为艰巨。

党的十八大首次将“坚持男女平等基本国策，保障妇女儿童合法权益”写入报告，从国家层面为维护和促进妇女及其子女的发展做出指示。从该要求审视出发，我国的生育保险应将发展全民生育保险作为制度发展的长远目标①，因此，为了缓解我国未来老龄化的压力，借鉴国外失业保险制度的经验，我国生育保险制度的改革与人口政策的调整要衔接，进一步扩大生育保险的覆盖面和受益面，将男性生育陪护假及其津贴纳入生育保险待遇，强化政府在生育保险制度中的基本责任，做好生育保险法规与相关法律法规的衔接。

(六)长期护理保险制度

1. 含义

长期护理保险是指对个体由于年老、疾病或伤残导致生活不能自理，需要在家中或疗养院治病医疗由专人陪护所产生的费用进行支付的保险。长期护理保险属于健康保险范畴，标的物为个体的身体健康状况。通常护理期限较长，可能为半年、一年、几年甚至十几年，护理的意义在于尽可能长地维持个体的身体机能而不是以治愈为主要目的，长期护理保险可以作为对护理费用的经济补偿。长期护理险保障主要是支付老年人的日常照顾费用，或者由于疾病或伤残引起的日常照顾费用。与医疗险的区别在于，医疗险主要保障医疗治疗所需要的费用，而长期护理险主要用于保障一般生活照料所支付的费用，一般不包含医疗介入。

2. 中国长期护理保险制度发展

2016 年 6 月，人力资源和社会保障部印发《人力资源社会保障部办公厅关于开展长期护理保险制度试点的指导意见》，提出开展长期护理保险制度试点工作的原则性要求，明确将河北省承德市、吉林省长春市、黑龙江省齐齐哈尔市等 15 个城市作为试点城市，这标志着国家层面推进全民护理保险制度建设与发展的启动。

截至 2019 年 6 月底，青岛等 15 个首批试点城市和吉林、山东两个重点联系省的参保人数达 8854 万人，42.6 万人享受待遇。2020 年 5 月，国家医疗保障局发布的《关于扩大长期护理保险制度试点的指导意见》(征求意见稿)提出扩大试点范围，拟在原来 15 个试点城市的基础上，按照每省 1 个试点城市的原则，将试点范围扩充为 29 个城市，试点期限两年。同年 9 月，

---

① 潘锦棠. 社会保障通论[M]. 济南：山东人民出版社，2012：269.

经国务院同意，国家医疗保障局会同财政部印发《关于扩大长期护理保险制度试点的指导意见》，将长期护理保险试点城市增至49个。

3. 长期护理保险制度发展中存在的问题

1）老年长护保险没被纳入社会保障法

我国现有法律中并没有对老年长护保险有明确的规定，所以无法为老人提供强力保障。税收政策可为长护保险起到促进作用，但目前并无相关税收优惠。护理行业发展落后，护理机构的质量和护理人员的数量不能满足如今强大的需求。护理行业发展落后影响了长护险的供给，造成供不应求的状况。从护理机构方面而言，国内护理机构通常都是养老机构，这种机构普遍缺乏专业人员的管理和运作，社会化程度较低，且设施老化、服务不到位。从护理人员方面而言，护理人员需要持有相关证件才能上岗，而我国长护保险发展相对缓慢，目前的服务人员专业程度普遍偏低，而实际情况是护理人员需求不断上升，具有专业技术的护理人员供不应求。因此，护理保险的供给与需求之间的平衡有待完善。

2）我国社保经验不足

社会保险涉及问题有：养老保险只提供基本社会保障，医保也缺乏长护的内容，也没有涉及长期康复护理与老年人的重疾险等商业险种。商业保险已发展成形，长护保险虽然已推出，但是存在门槛高、保障低、保障人群有限、不能满足多样化的问题。由此可见，我国社会及商业保险有待进一步细化和全面化。

3）居民投保意识不强

（1）居民的收入水平不高。影响人们购买保险的最大因素便是收入水平，高额的保费使他们无法承担。在我国，许多地区的居民衣食住行都无法满足，保险更无从谈起。

（2）对保险公司缺乏信任，传统观念根深蒂固。人们身边有许多保险公司拒赔的案例和新闻，使得人们对保险公司可以分散风险的能力信任程度降低，以至于减少了对保险的购买力。人们最不愿意提及的就是家破人亡，而保险公司承担的风险恰恰是人们最不愿发生的事情。保险承保的大多是小概率事件，很多人会心存侥幸将其忽视，花大笔的保费而不一定得到回报，所以很多人不愿意购买保险。

（3）对保险的认知度不高，缺乏理性思考。保险是一种长期性的投资，后期的收益是不可估量的。这对于热衷于即时效应的大多数人而言，投资保险显然不划算。然而一旦风险发生，保险便有一木支危楼的效果。Rivlin 和 Winener 发现老年人在年龄增加的同时身体机能也在下降，老年人需要同时承担急性疾病的医疗费用和慢性疾病的长期护理费用的背景下，长期护理保险能够减少老年人需要支付相关费用的负担。由此看来购买长护险不仅能减少未来风险发生时要支付的费用，而且还能得到专业的护理保障。

4. 长期护理保险制度的改进思路

1）构建多层次的长护保险体系

财务模式决定了长护保险制度的规模和资金来源，是长护保险制度能否长期运营的重要因素。国际经验表明，实施长护保险制度的国家为了促进财务模式的长期运营，都加入了其他筹资方式作为补充。中国可借鉴西方发展经验，构建多层次长护保险体系。对长护保险运营方式，即政府主办型、市场主导型以及由政府委托商业机构运作型进行比较[①]，由政府主导交付专业机构运作的方式，可以最大限度地显现出各自的优势，降低规划成本，减轻公共财政负担，提高制度效率，满足居民长护保障需求。随着国力增强，我国应建立全民的长护保险，但从国情看，应设计以商业性为主、社会性为辅的发展模式。同时，社会强制养老保险亏损情况日益突出，商业保险作为社会保障保险体系的补充要抓住这个商机，研究开发更多新兴的老年护理保险。传统形式上的养老保险仅支付金钱，并不能满足老年人需要陪伴以及专业照顾的需求[②]。因而，保险公司可以把传统形式的养老保险与社区养老服务或家政公司相结合，研发出以具体的照顾护理为给付形式的互利性养老保险。除此之外，保险公司也可以开发出"以房养老"的保险产品，老年人不仅能得到专业的照护，也可以解决护理型保险保费较高的问题。

2)构建正式护理与非正式护理相结合的长期照护服务体系

构建正式护理与非正式护理结合的长护服务体系，是实现多元主体共同承担长护服务供给责任的有效方式。长护险分为专业护理和非专业护理两种，专业护理由专业护理服务提供者或养老机构提供，非专业护理由子女或亲属提供，非专业护理一定程度上可以减少对专业护理的需求，但不能完全取代专业护理。因此应当建立正式护理与非正式护理相结合的长期照护服务体系，老年人不仅能得到专业的照护，也能得到家人的陪伴。①建立非正式护理支持政策，使其成为长护服务福利供给的职能主体。一是向非正式家庭护理人提供不限制用途、不需要纳税的现金支持；二是为满足条件的家庭护理人缴纳养老保险金；三是颁布多项弹性工作的请假制度，方便服务。②支持市场与社会力量参与正式护理服务并同时发展居家护理。政府对正式服务者的资质、数量、服务价格、服务质量等方面实施规制，加强培养专业护理服务人员，健全相关保障制度，鼓励年轻人加入护理行业。老年人可以为护理人员提供住所，这样不仅能降低所需护理费，也能使老年人得到全天候的专业护理。③政府与商业保险公司合作降低保费成本。政府可以委托商业保险公司开发长护险，由于长护险的特殊性，需要政府资金和相关政策上的扶持。因而政府可以和商业保险公司构成合作关系，这样不仅能为国家解决老龄化严重问题，也能为商业保险公司带来不可小觑的利益。④加大对长期护理保险的宣传力度。加强对长期护理保险的宣传，使人们改变对传统保险概念的偏见。保险公司可以添加真实的案例，提高民众对长护险的认可度。使他们认识到长期护理保险不仅能使失能老人得到更专业的护理，也能减轻子女养老的负担，为老年人提供更好、更专业的机构，使其安享晚年。

第三节 社会救助制度

一、概述

(一)概念

"社会救助"(social assistance)一词最早出现在1909年英国的"济贫法和济贫事业皇家委员会"的报告中，该报告建议废除以惩戒穷人为主要目的的1601年的《济贫法》，代之以合乎人道主义精神的社会救助。1935年，美国率先将社会救助纳入社会保障体制，并于《社会保障法

① 盛和泰.我国长期护理保险体系建设的运营模式选择[J].保险研究，2012(9)：46－47.

② 蒋虹.我国长期护理保险的发展模式选择[J].保险天地，2007(1)：61－62.

案》中正式公布。第二次世界大战后,"社会救助"在全世界普遍被接受。

对于社会救助的定义,不同学者有不同的解释:社会救助是国家通过国民收入的再分配,对因自然灾害或其他经济、社会原因而无法维持最低生活水平的社会成员给予救助,以保障其最低生活水平的制度①。社会救助是指国家与社会面向由贫困人口与不幸者组成的社会脆弱群体提供款物接济和扶助的一种生活保障政策,它通常被视为政府的当然责任或义务,采取的也是非供款制与无偿救助的方式,目标是帮助社会脆弱群体摆脱生存危机,维护社会秩序的稳定②。综上所述,社会救助可以定义为:国家通过立法,对于因为自然和社会等不可抗拒因素造成生活困难,难以维持最低生活保障的社会成员,按照法定程序,以货币或者实物的形式对其进行救助,以维持其最基本的生活需求的社会保障制度。

现代社会救助有别于传统社会救济。传统社会救济是工业化社会以前的产物,它是国家救济、教会慈善救济、个人慈善救济的总称。传统社会救济的接受者对救济者怀着感恩戴德之心,处于被动状态;救济者则把救济视为自己的恩赐、施舍、怜悯,居高临下,处于主动状态;传统社会救济的标准往往以施舍者的主观意向来决定救济的多少,其实施范围只是绝对贫困者中的少数人;传统社会救济是消极性、急救性救济,其管理也是时有时无,没有专门的管理机构和法定的管理程序。

现代社会救助是社会保障制度的重要内容,是社会保险制度的必要补充。国家有责任为社会弱势群体提供社会救助,个人有权享受社会救助,强烈的公民权利色彩构成现代社会救助的显著特征。现代社会救助不仅提供必要的现金和物质等直接救助,而且还采取相关措施帮助受助者摆脱贫困。此外,现代社会救助在适用范围、财政来源以及管理体制等方面,也都与传统社会救济存在根本不同。但是,两者之间也有一定联系,社会救助和社会救济有着历史的继承关系,现代社会救助是在传统社会救济的基础上发展起来的;传统社会救济中的一些做法如对受助者实施的收入调查规定等,也在现代社会救助制度中沿用下来。

(二)特点

1. 义务和权利的非对等性

社会救助是现代国家和社会的一项义不容辞的职责,获取最低生活保障或社会救助是公民的一项基本权利。在现代社会中,人们不仅认识到导致贫困的主要原因是社会因素,而且也意识到拥有起码的生存条件是每个公民的权利。所以当社会成员陷入贫困时,国家和社会有责任和义务为他们提供援助,这种援助既不是带有怜悯性的恩赐,也不是需要先尽义务的补偿,而是法律所赋予的权利。所以在整个社会救助实施活动中,绝大多数项目不强调权利与义务的相对应,而是注重国家和社会对救助对象的责任和义务的特性。

2. 社会救助对象的选择性

社会救助的对象是由法律规范决定的,只有符合条件的社会成员才有资格享受社会救助。在我国,城市社会救助、农村社会救助、自然灾害社会救助分别有着各自特定的救助对象。每一种社会救助的对象都有其特定的内涵和特征,任何一种社会救助形式对救助对象的限制都极为严格。我国社会救助的对象大体包括:①"三无"人员,即无生活来源、无劳动能力、无法定

---

① 郭士征. 社会保障学[M]. 上海:上海财经大学出版社,2004:229.

② 郑功成. 社会保障学[M]. 北京:商务印书馆,2000:13.

赡养人或抚养人的居民;②有劳动能力,也有收入,但意外灾害降临,遭受沉重的财产甚至人身损失,一时生活陷入困境的人;③有收入来源,但生活水平低于或仅相当于国家法定最低标准的国民和家庭,包括工资收入过少,不能使每个家庭成员达到法定最低生活标准者;④有失业津贴的失业者,在享受津贴期满后仍未找到工作者;⑤有退休养老金的老人,但要供养配偶和未成年子女或是因为长期患病而支出沉重者,不少残疾人也属于这类救助对象。

3. 保障最低生活水平

社会救助向救助对象提供最低生活保障和简单再生产的资金或物资,而非改善和提高福利,从而处于当代社会保障体系的最低或最基本层次。相对于社会保险和社会福利而言,社会救助的待遇标准比较低。如果社会救助提供的资金或物资超过一般人的生活水平,很容易影响包括救助对象在内的社会成员的生产积极性,从而有悖于社会救助的初衷。所以,社会救助的标准应该依据最低生活标准线或贫困线来决定,在一定区域内应该有明确统一的最低生活标准线。现代社会救助标准的确定还应该考虑到使受助者有尊严地生活。此外,还应该考虑到如何帮助受助者摆脱贫困等因素。

4. 有期限性和无期限性相结合

社会保险制度建立在明确规定的缴费资格条件上,因此享受社会保险津贴具有强烈的期限性。社会救助制度则不同,它更多地承载着国家对贫困民众的政府责任,因此,享受社会救助一般没有明确的有限期限,而是以受助者是否已经摆脱贫困为标准,如果受助者通过接受社会救助已经摆脱贫困,则一般就会停止对其提供的救助;而对于永久性贫困群体,社会救助则对他们提供无期限性的长期救助,以保证他们的基本生活。

5. 社会救助基金主要来源于国家财政拨款

社会救助的资金主要来源于国家财政拨款和社会筹集。国家财政拨款是社会救助资金的主要来源,包括中央财政拨款和地方各级财政拨款,还包括向社会各界筹集的社会救助基金。在我国,社会筹集社会救助基金的形式主要有募捐、乡镇统筹、扶贫经济实体和社会福利企业利润分成、救灾扶贫互助基金会的储金等。此外,还可通过政策性贷款在资金上支持贫困地区的发展。作为社会救助享受者个人没有承担社会救助基金的义务。

6. 法定性

社会救助对象必须履行一系列法定的程序,方能获得社会救助的待遇。我国社会救助程序是指在经过家庭经济状况调查的前提条件下,经过个人申请、社区证明、基层审核、上级批准的几个步骤。通过这一法定的程序,确认社会救助对象并保证其准确性,达到准确地将社会救助款或物资提供给真正最迫切需要者,从而使有限的社会救助资源得到最好、最符合目标的利用。

二、中国社会救助制度

(一)城市社会救助制度

城市社会救助是指国家和社会为了帮助城市中由于各种原因而不能维持其最基本生活的居民而设立的一种社会救助。对贫困群体进行的救济早已有之,中世纪教会在提供救济方面发挥重要作用,社会组织与个人慈善所提供的救助具有重要影响,以济贫法为主要形式的政府性救济是早期社会救济的重要内容。可以说，在以社会保险制度为核心内容的现代社会保障制度出现以前，许多国家已经不同程度地建立起社会救助，这种社会救助主要以对城镇居民提供救济为主。社会保险制度的出现为大部分民众提供了重要的社会保障，但是，对于那些没有条件参加社会保险者以及社会保险津贴无法满足其基本生活需要者，社会保险制度无法对他们提供帮助，于是，在社会保险制度出现以后，针对上述人群实施现代社会救助制度也开始出现。最初，西欧许多国家通过改革后的济贫法制度作为社会救助的政策体系，到第二次世界大战后，各国逐步建立起体现基本公民权利的现代社会救助制度。

我国的城市社会救助最先开始是在计划经济体制下形成的。1965 年，国务院发布《关于精简退职老职工生活困难救济问题的通知》，救助的对象主要是“三无”人员。20 世纪 90 年代后，城市的社会救助发生了很大变化。从 1993 年开始，以上海为代表的一些城市陆续制定了城镇居民最低生活保障制度。在经历试点和推广阶段后，1997 年国务院发布《关于在全国范围内建立城市居民最低生活保障制度的通知》，正式开始在全国范围内建立城镇居民最低生活保障制度。该通知规定：持有非农业户口的城市居民，凡共同生活的家庭成员人均收入低于当地城市居民最低生活保障标准的，均有从当地人民政府获得基本生活物质帮助的权利。享受最低生活保障的城市贫困人口：一是“三无”人员；二是 贫困的失业人员；三是贫困的在职职工、下岗人员和退休人员；四是由残疾、疾病或其他原因造成生活困难的居民。1999 年《城市居民最低生活保障条例》颁布实施，到 2000 年全国全面普及城市最低生活保障制度，在教育救助、住房救助、就业救助等救助制度有序推进，救助水平稳步提高，救助覆盖面不断扩大，实现了应保尽保的目标。

当前我国城市居民最低生活保障制度的发展面临着社会环境变化的挑战，为了提高城市低保制度的科学性和执行力，维护困难群众的基本生活权益，需要进一步完善城市低保对象认定制度，加强救助申请家庭经济核对机制，加快完善城市低保工作管理机制，完善城市低保监管及处罚机制，建立低保备案制度，对已经纳入城市低保范围的救助对象，定期跟踪保障对象家庭变化情况，同时完善城市低保与就业联动机制。

(二)农村社会救助制度

目前，大部分西方国家已经建立和实施统一的社会救助制度，由于经济和社会发展的特殊原因，包括中国在内的一些发展中国家尚未建立和实施城镇与农村统一的社会救助制度，而是实施城镇与农村分离的社会救助制度。我国农村社会救助主要包括五保户救助、贫困户救助特殊、灾民救助、对象救助和农村扶贫工作。

1. 农村五保制度

始于农业生产合作社时期的中国农村五保供养工作，经过几十年的不断发展和完善，逐渐成为一项独具中国特色的保障鳏寡孤独残疾人基本生活权益的制度。1956 年的《高级农业生产合作社示范章程》中规定：“农业生产合作社对缺乏劳动能力或完全丧失劳动能力，生活没有依靠的老、弱、孤、残疾社员在生产和生活上给予适当的安排和照顾，保证他们吃、穿和烧柴的供应，保证年幼的受到教育和年老的死后安葬。”1960 年又规定，农业生产合作社对无依无靠的鳏寡孤独者要做到“保吃、保穿、保烧(燃料)、保教(儿童和少年的教育)、保葬，使他们的生养死葬都有指靠”。1994 年，国务院颁布并实施《农村五保供养工作条例》，农村五保制度作为中国农村救助的主题走上了与时代相适应的规范化道路。

享受五保救助待遇应当由本人申请或经过村民小组提名，经村民委员会审核，报乡级政府批准，并发放由民政部门统一制定的《五保供养证书》。五保供养的实际标准不低于当地村民的一般生活水平，具体标准由乡村政府规定，其救助经费和救助实物从村提留或由乡统筹费中列支或从集体经营的收入、集体企业上交的利润中列支。五保供养的方式以分散供养为主，实行集中与分散供养相结合的方式，五保对象是否入敬老院等社会福利设施中生活，由自己决定，不得强迫。

2. 农村贫困户救助

除了农村的五保救助对象之外，那些不够五保救助条件的农村社会成员，也有很多人由于各种各样的原因陷入贫困，不能保证最基本的生活条件，这些成员也需要国家和社会的救助。农村贫困救助的方式主要是暂时救助，程序类似五保救助制度，但是国家给予财政拨款和集体提供有关补贴补助；还有面向贫困地区并专门用于扶助生产的扶贫贴息贷款等。总的来讲，由于国家和地方的支持有限，对于农村贫困人口实施的社会救助的受益人数很有限，救助水平也比较低。

农村居民最低生活保障制度是社会救助体系的一个重要组成部分，是国家为保障农村困难群众基本生活、缓解农村贫困问题的重要制度。农村最低生活保障制度自 2007 年全面推广，近年来，社会救助事业发展很快，初步构建了以最低生活保障、特困人员（农村五保供养对象和城市“三无”人员）供养、受灾人员救助以及医疗救助、教育救助、住房救助、就业救助和临时救助为主体，以社会力量参与为补充的社会救助制度体系，基本实现了救助范围覆盖城乡、操作程序明确规范、困难群众应保尽保、救助水平逐步提高的制度目标[①]。为解决农村低保工作中存在的核查内容不具体、核查方法不科学、操作流程不规范等问题，提升农村低保对象认定准确率，有效遏制骗保、错保、关系保、人情保等违规现象，2015 年 3 月，民政部、国家统计局联合印发《关于进一步加强农村最低生活保障申请家庭经济状况核查工作的意见》，对农村低保核查工作提出要求。因此，今后健全农村低保申请家庭经济状况核查指标体系，完善核查认定方法，规范认定程序，做到核查办法科学、对象认定准确、管理运行高效，加强农村低保信息化建设，注重专业管理人员培养，规范审核调查执行过程，以确保农村低保制度健康可持续运行。

第四节 社会福利制度

一、概述

（一）概念与特点

1. 概念

社会福利制度是现代社会保障体系的有机组成部分。西方国家的社会福利有着宽泛的含义，属于“大福利论”所包含的范畴，是国家和社会为全体国民提高生活质量而实行的一种经济

① 民政部. 2013 年我国城市低保救助 1096 万户[EB/OL]. (2014－02－28)[2021－06－28]. http://finance.sina.com.cn/china/20140228/105718366072.shtml.

和社会保障制度。这一概念包括三个层次:一是社会福利制度是通过立法和政策向全体国民提供的福利保障,具有普遍性的原则;二是社会福利制度具有经济福利性特征,但其本身难以通过市场调节,而是依靠政府政策扶持和财政支撑;三是从保障水平来看,社会福利制度的目标是提高全体国民的生活质量,在社会保障体系中处于最高层次。

联合国有关机构给社会福利所下的定义为:"社会福利是社会服务与机构间的有组织联系,在于协助个人和团体,在契合其家庭和社区需求的原则下,获取生活、健康及人际关系各方面的满足,使其能充分发挥潜能并增进福祉。"第二次世界大战后,以英国为首的主要资本主义国家,开始进入"福利国家"时代。这里的"福利"是"大福利论",包括全部公共文化、教育、卫生设施和社会救济以及社会保障。我国学者郑功成认为:"社会福利其实是专指国家和社会通过社会化的福利设施和有关福利津贴,以满足社会成员的生活服务需要并促使其生活质量不断得到改善的一种社会政策。"①

社会福利是指国家和社会为保障社会成员的基本生活,提高社会成员的物质文化生活水平而采取的措施和举办的保险事业的统称。

2. 特点

1)普遍性

社会福利属于国民收入再分配的范畴,是国家对财富分配的一种补充形式。社会福利的对象为全体国民,没有阶层、职业、年龄等方面限制,即任何人都有享有社会福利的权力。如英国在第二次世界大战后,对全体国民实行"从摇篮到坟墓"的门类齐全的社会保险和福利项目。相对其他社会保障项目,社会福利的对象是普遍广泛的。

2)服务性

社会福利的目的是改善社会成员的生活,提高国民素质,因此,社会福利一般通过设立各种福利设施为国民提供广泛的社会福利服务,如在涉及生、老、病、残、医等方面,国家和社会都为国民提供各种福利性服务,改善国民的生活水平。针对老年人、残疾人、儿童的福利,不但体现了国家、社会对国民的关心和照顾,也体现了物质保障和精神慰藉的结合,起到了稳定社会的作用。

3)多样性

社会福利制度以国家作为福利举办的主体,同时依靠社会力量,依靠社区、群众的互助,建立起包括国家投资的高层次福利,依靠集体力量举办的集体福利和社会服务体系。社会福利支付形式除了向国民发放津贴,还提供各种社会福利设施和相应的服务。

4)高层次性

社会福利对每个国民给予公平的福利待遇,不分贫富,均为同一标准。为国民提供的津贴、社会福利设施和服务是在国民个人收入之外的,目的是为了改善国民的生活质量,提高其自身素质,它的保障目标是高层次性。

(二)内容

西方国家的社会福利制度在内容方面包括社会保险、社会救助和狭义的社会福利及服务体系,也涉及教育、住宅、卫生、环境以及社会服务等各个方面。但在具体福利项目上,主要集

① 郑功成.社会保障学[M].北京:商务印书馆,2000:20.

中于儿童和青少年福利、妇女福利、残疾人福利、医疗保健以及家庭福利，这是西方国家社会福利制度长期发展演变的结果，而且随着经济和社会的快速发展以及人们对生活质量要求的不断提高，西方社会福利制度必将进一步发展和完善。我国社会福利制度由于经济与历史原因，其所包含的内容比较窄，属于社会保障制度中的一个子系统。目前，我国在对传统社会福利制度进行重大改革的基础上正在建立起一套社会福利制度，其涵盖的内容包括老年人福利、残疾人福利、妇幼福利、青少年福利、住房福利和教育福利。

按照社会福利享受的对象，可以将我国社会福利划分为未成年福利、老年人福利、残疾人福利、劳动者福利。未成年人福利指未达到劳动年龄或学校毕业年龄的人员享有的福利，包括教育福利、健康福利和生活福利；老年人福利指达到法定年龄的老年人或者长寿年龄的老人享有的福利，包括老人免费检查健康状况、敬老院和托老所、老人家庭服务等；残疾人福利包括提供医疗康复设施、就业生产训练和学校教育等福利项目；劳动者福利是指社会劳动者所享有的除去工资以外的津贴和福利服务等，包括住房补贴、冬季取暖补贴、交通费补贴等。

按照社会福利支付的方式，可以把我国社会福利划分为货币性福利、实物性福利、服务性福利和教育性福利。货币性福利包括生活困难补贴、取暖补贴、住房补贴等；实物性福利有支付免费午餐、免费提供的文化娱乐设施等；服务性福利是支付老人家庭服务、卫生医疗福利、对失业工人实行免费咨询等；教育性福利包括支付义务教育、残疾人教育费等。

按照社会福利提供者，可以将我国社会福利划分为国家福利、地方福利和行业福利。国家福利是指在全国范围内由国家向全体国民提供的社会福利；地方福利是以一定区域内社会成员为对象，中央或地方政府为其提供的社会福利项目；行业福利指在行业系统内，由本行业为该行业劳动者提供的福利项目。

二、中国社会福利制度

(一)发展历程

1. 社会福利的社区化与社会化(1978—1999)

1)社会福利社区化改革

在计划经济体制向社会主义市场经济体制转变的背景下，许多国有企业的“关、停、并、转”使部分单位成员开始自谋职业，需要依托社区进行社会生活和管理。面对“单位人”向“社会人”转变后所产生的社会化的福利需求，1986 年，民政部在沙洲(现为张家港)会议上提出了社区服务的构想。1987 年 9 月，民政部全国城市社区服务工作座谈会进一步提出了社区服务的内容、性质和目标。社区服务开始在一些城市进行试点和探索，并逐步在全国推开。1993 年 11 月，民政部等 14 部委联合下发了《关于加快社区服务业的意见》，将社区服务作为建立健全社会保障体系和社会化服务体系中的一个重要行业。之后，全国各地出台了一批地方性扶持保护政策，社区服务由此得到了制度上的保障，进入了快速发展时期。

2)社会福利社会化改革

1978 年 9 月，第七次全国民政会议提出，在有条件的地方可以吸收一些城市双职工家庭生活不能自理的残疾人员，费用自理。1979 年 11 月，全国城市社会救济福利工作会议进一步明确，要突破以“三无”对象为收养范围的规定，积极创造条件，有计划地开展双职家庭残疾人员和退休孤老职工的自费收养业务。之后在全国范围内，许多社会福利事业单位开始突破原有的收养范围,有条件地向社会敞开。还有不少社会福利事业单位积极拓展院外服务功能,举办养老、育幼、助残、康复等多种活动。此外,社会福利改革的另一个方向是供给主体的社会化。1984 年 3 月,民政部在福建漳州举办的经验交流会上明确提出了“社会福利社会办”,鼓励社会各界力量创办社会福利事业,社会福利的供给模式开始从国家包办向国家、集体、个人合办转变。由此,我国的社会福利开始不断引入社会资源,朝向多元化供给的方向发展。

2. 21 世纪以来多层次社会福利框架形成(2000 至今)

1)老年人社会福利的发展

在福利服务方面,2001 年民政部在全国启动了“社区养老服务星光计划”,着力实施城乡社区老年人福利设施建设。社区居家养老模式逐渐兴起并在城市地区得到快速推广。2006 年 2 月,全国老龄办等 10 部门下发《关于加快发展养老服务业意见的通知》,将发展社会养老服务机构、居家老人服务、老年护理等业务作为养老服务的工作重点。2013 年 9 月,国务院出台《关于加快发展养老服务业的若干意见》,围绕健全养老服务体系,对促进养老服务业发展做出了总体部署。经过多年的建设与发展,目前我国已经初步构建起了以居家为基础、社区为依托、机构为补充、医养相结合的社会养老服务体系。

在福利津贴方面,宁夏回族自治区于 2009 年 5 月率先颁布了《关于建立 80 岁以上低收入老年人基本生活津贴制度的通知》,将具有宁夏户口、年龄在 80 岁以上农村老年人和城市无固定收入的老年人纳入高龄老人津贴的保障范围之内,成为第一个由省级政府出台的高龄老人津贴制度的省份。2009 年 6 月,民政部在借鉴宁夏经验的基础上要求有条件的地区实施困难老人和高龄老人津贴。2013 年,民政部进一步明确表示:将着力统一高龄老人津贴制度,全国 80 岁及以上的老年人皆可享受高龄老人津贴,明确提出建立以省为单位面向 80 岁及以上老年人的高龄老人津贴制度。2018 年修订后的《中华人民共和国老年人权益保障法》中,明确国家鼓励地方建立 80 周岁以上低收入老年人高龄津贴制度。在此背景之下,全国各地根据中央政策陆续出台了高龄老人津贴制度,高龄老人津贴制度在全国范围内逐步建设起来。到 2018 年,各省均已建设高龄津贴制度,越来越多的高龄老年人享受到老年津贴这一福利制度。

2)残疾人社会福利的发展

为促进残疾人事业的发展,2000 年以来,中央陆续出台了《中共中央、国务院关于促残疾人事业发展的意见》《关于加快推进残疾人社会保障体系和服务体系建设指导意见》等指导性文件,加强了残疾人福利的制度建设,残疾人福利水平逐步提高。

在残疾人就业方面,我国不仅在《残疾人保障法》和《劳动法》中规定对残疾人的劳动就业实行特殊保护,而且在《社会福利企业招用残疾人职工暂行规定》《残疾人就业条例》中都对残疾人的劳动就业进行了特殊规定,要求各级政府对残疾人劳动就业进行统筹规划,为残疾人的劳动就业创造条件。在残疾人教育方面,特殊教育体系逐步形成。全国各省(市)举办了残疾儿童学前教育,开展了聋儿听力语言训练,设立了特殊教育职业培训或中等职业技术学校。在残疾人康复医疗方面,政府每年都拨付专项经费,用于残疾人的康复工作。康复医院、矫形医院、残疾人康复中心等医疗康复机构在全国范围内纷纷建立,为残疾人的康复提供了保障。

为解决残疾人特殊生活困难和长期照护困难,2015 年 9 月,国务院决定全面建设困难残疾人生活补贴和重度残疾人护理补贴制度。通过专项福利补贴的方式缓解残疾人因残疾产生的额外生活支出和长期照护支出的困难。

3)儿童社会福利的发展

2006年3月,民政部等14个部门联合印发了《关于加强孤儿救助工作的意见》,将儿童福利的保障对象扩展为所有失去父母的未成年人和事实上无人抚养的未成年人。2010年11月,国务院下发《关于加强孤儿保障工作的意见》,开始在全国范围内建立孤儿基本生活保障制度。国家第一次直接通过现金补贴的形式为福利机构内外的孤儿提供制度性保障,这标志着中国在儿童福利政策方面的新突破,推动了我国儿童福利制度从补缺型向适度普惠型转变。随后民政部、财政部发布《关于发放孤儿基本生活费的通知》,为所有孤儿发放基本生活津贴。2013年民政部选择深圳市、昆山市、海宁市、洛宁县四地进行普惠型儿童社会福利制度建设试点,为困境儿童建立了基本生活保障制度。2016年6月,国务院出台《关于加强困境儿童保障工作的意见》,该通知明确适度普惠型儿童福利制度的基本内涵是:本着"适度普惠、分层次、分类型、分标准、分区域"的理念,立足当地经济社会发展状况、儿童生存与发展需要和社会福利制度的发展,全面安排和设计儿童福利制度。该通知最引人注目的是将儿童群体分为孤儿、困境儿童、困境家庭儿童、普通儿童四个层次。

4)农村社会福利的发展

为改变长期以来农村社会福利发展滞后的局面,这一时期我国加快了农村社会福利体系的建设步伐。在老年福利上,特别是2004年《关于进一步做好农村五保供养工作的通知》实施以来,农村五保供养实现了由农民集体内互助共济的集体福利事业向国家财政供养的现代社会福利事业的转变。同时,农村养老服务设施发展迅速,很多地方的敬老院逐步向一些依靠家庭进行生活照料有困难的老人以及一些社会普通老人开放。在教育福利上,为减轻农民教育支出负担,2005年起,国家对农村义务教育阶段贫困家庭学生实行"两免一补"计划。为提高农村学生的健康水平,2011年,农村义务教育学生营养改善计划启动,开始对民族地区、贫困地区的农村义务教育阶段学生提供营养膳食补助。

此外,农村社区服务也逐渐发展起来。2007年3月,民政部制定了《全国农村社区建设实验县(市、区)工作实施方案》,在全国开展了农村社区建设的实验。农村社区服务设施建设步伐明显加快,设施数量不断增加,覆盖面不断扩大;农村社区服务对象和内容得到拓展;社区服务方式和方法得到改进。

5)社会福利管理体制的优化

为了更好地实现社会福利事业的系统化管理,促进社会福利事业的全面发展,2018年12月,民政部新成立了养老服务司和儿童福利司。

养老服务司主要承担老年人福利工作,拟订老年人福利补贴制度和养老服务体系建设规划、政策、标准,协调推进农村留守老年人关爱服务工作,指导养老服务、老年人福利、特困人员救助供养机构管理工作。

儿童福利司主要负责拟订儿童福利、孤弃儿童保障、儿童收养、儿童救助保护政策、标准,健全农村留守儿童关爱服务体系和困境儿童保障制度,指导儿童福利、收养登记、救助保护机构管理工作,儿童福利司的设立是我国儿童福利发展的重要里程碑式。

第五节 社会优抚制度

一、概述

(一)概念与特点

1. 概念

社会优抚又称社会优抚与安置，是指国家通过有关立法，对特定的社会群体实行特别照顾、物质补偿和精神褒扬，通过优待、抚恤和安置等措施，确保他们的生活水平不低于所在地区居民平均生活水平的一项具有褒扬性和优待性的特殊社会保障制度，是社会保障体系的重要组成部分。享受社会优抚的社会成员被称为优抚对象。优抚对象须由国家有关立法和政策来确定，特指那些为维护国家与民族利益、促进社会发展而做出贡献和牺牲的社会成员及其符合条件的亲属。

根据中华人民共和国国务院1988年颁布的《军人抚恤优待条例》的规定，我国的优抚对象是指：中国人民解放军的现役军人(含中国人民武装警察、消防警察和边防警察部队的现役官兵)、革命伤残军人、复员退役军人、革命烈士家属(被批准为革命烈士的并非一定都是军人，如因见义勇为或保卫国家财产而献身者)、因公牺牲军人(因公牺牲军人不一定都能被批准为革命烈士)家属，病故军人家属以及现役军人家属等。并不是所有的优抚对象都可以享受抚恤补助待遇。按照我国现行法规，革命伤残军人享受伤残抚恤；革命烈士家属、因公牺牲军人家属、病故军人家属中符合规定条件的人员享受定期抚恤；在乡红军老战士、西路军红军老战士享受抚恤生活补助费；红军失散人员和符合规定条件的在乡老复员军人享受定期补助；少数带病还乡、医疗生活困难很大的退伍军人也可享受定期补助待遇。社会优抚具有以下特点：

2. 特点

1)保障对象特殊性

社会优抚以军人为保障对象，并惠及其家属，因此，它的保障对象是一个有别于一般社会保障对象的特殊保障群体。在实践中，通常以现役军人及其家属为享受相关保障待遇的资格条件，从而是一种有着严格的职业身份限制的保障制度安排。

2)保障目标具有双重性

一般社会保障制度的目标，是保障社会成员的基本生活并促进社会的稳定与和谐发展，而社会优抚的目标则包括稳定军心、巩固国防和稳定社会的双重目标，其中稳定军心、巩固国防是直接目标并且是稳定社会的基础，这是其他社会保障子系统所不具备的。

3)保障待遇具有激励性

一方面，与普通国民的社会保障相比，军人优抚的待遇要优厚一些，如军队退休军人的养老金待遇就较地方同职级的退休人员的待遇标准高，对军人的抚恤标准也要高于一般劳动者的工伤抚恤标准等，对军属、烈属的照顾亦是对军人保障待遇较优的体现。另一方面，在社会优抚中，又根据军人平时的贡献及遭遇事件的不同而有所区别地对待。如对于立功者的抚恤较未立功者高得多，抚恤金的增发与立功大小成止相关关系；对因战伤亡的抚恤较因公伤亡的标准要高，而因公伤亡的抚恤标准又较因病伤亡的抚恤标准要高；在其他保障待遇方面，在艰苦地方服役的保障待遇标准要高于一般地区的保障待遇标准;等等。这种待遇的优厚性和差别性,既体现了国家与社会对军人保卫国家、付出牺牲的补偿性,又体现了对军人的激励性。

4)保障内容全面性

社会优抚不像社会保险、社会救助、社会福利或医疗保障那样,仅承担社会保障对象某一方面的生活保障任务,而是包含了保险、救助、福利等相关内容,承担着对军人提供全面保障的责任。如伤残、死亡抚恤制度与退休制度及军人保险就与一般社会保险的内容基本一致,军人精神病院、康复机构、光荣院、休养所以及义务兵邮资免费等实质上与社会福利性质一致,社区对军烈属的某些援助属于社会救助的性质,军人还实行免费医疗制度,等等。因此,社会优抚具有明显的保障内容综合性特点,是一个以特殊群体对象为划分标志的综合保障子系统。

5)管理体制采取军地结合、分工负责体制

根据现行体制,社会优抚的组织管理实际是军地结合、分工负责制。在中国,面向军人的保险、福利、医疗保障等均由军方负责,但制度设计却需要与政府主管部门沟通、协商一致;而军人抚恤、优待等项目却主要由各级政府中的民政部门负责。因此,中国社会优抚的管理体制,实际上是按照以往形成的习惯,由军队政治与后勤机关、政府民政等主管部门分工负责的原则来组织实施的。

6)经费主要来源于中央财政

其他社会保障制度虽然也体现政府责任,但这种政府责任通常体现出中央政府与地方政府分担责任甚至主要是地方政府承担责任的特色,而军队是国家的军队,军人的职责是保卫国家安全,军队的统一性及其肩负的特殊使命,决定了社会优抚的经费来源主要是依靠中央政府来保证。尽管有的社会优抚项目亦需要地方政府乃至社会分担一些责任,但中央财政承担主要责任却是各国军人保障制度的共同特征。

此外,与国外军人保障制度相比,中国的军人保障制度还具有自己的一些特点。例如:国外的军人养老保障统一称为退休制,而中国现行的军人养老却被分为离休制、退休制两种;国外的军人退休既有年龄限制,又有军龄限制,而中国仅有年龄限制条件;等等。可见,中国的军人保障制度具有自己的一些特色,能够与中国具体的国情(如人口众多、户籍制度、军地关系、政治制度及给予军队老干部的特殊政治待遇等)相适应。

(二)内容

1. 社会优待

社会优待是国家、社会和群众按照法律、政策规定及社会习惯,对优抚对象在精神上予以褒扬、在经济上提供补贴、在生产和生活上给予便利和照顾的优待性社会保障项目,社会优待的对象主要是革命烈士、军人及其家属。精神褒扬包括发放荣誉证书、授予英雄称号、颁发革命烈士证书、对军烈属的节日慰问以及对革命烈士各种形式的纪念、表彰和宣传等,体现了国家和社会对军人、革命烈士的肯定与积极评价。经济补贴主要是指义务兵优待金,我国1998年新《兵役法》明确规定:服役期间的义务兵家属享受当地人民政府发放的优待金,其标准不得低于当地平均生活水平,长期以来我国义务兵优待金来源于社会统筹,在农村由乡、镇人民政府通过向农民群众统筹,在"三提留五统筹"中按一定比例给予农村义务兵家属现金优待,在国家取消农业税后,优待金由中央财政转移支付资金兑现。除了经济补助外,国家和社会还在就医、升学、就业、子女入托入学、工作调动、住房、交通、购物、邮政、困难补助、救济、贷款、供应及生产等方面给优抚对象提供一系列优惠和照顾。

2. 社会抚恤

社会抚恤特指社会优抚中的抚恤，具有政治褒扬、精神抚慰和经济补偿性质。社会抚恤按照抚恤的性质可分为死亡抚恤和伤残抚恤，按照抚恤金的发放形式又可分为一次性抚恤和定期抚恤。

死亡抚恤是指国家依照相关法律和政策，向革命烈士、因公牺牲军人和因病去世军人的亲属提供一次性的抚恤金，同时向死者符合条件的亲属提供定期抚恤，以保证他们达到正常生活水准的社会保障项目。死亡抚恤一般包括一次性抚恤和定期抚恤。死亡抚恤金中的一次性抚恤金发放标准与死者死亡性质(烈士、因公或因病)及其生前表现(立功等级、次数)和收入标准有关。

伤残抚恤是国家依照相关法律和政策，对因战、因公和因病致残的现役军人提供现金补助，以保证他们达到一定生活水平的社会保障项目。伤残等级根据伤残程度和劳动、生活能力的丧失程度评定，退役后没有参加工作的革命伤残军人可依法领取伤残抚恤金，没有退役或退役后参加工作或者享受离休、退休待遇的革命伤残军人可依法领取伤残保健金，分散安置的特等、一等革命伤残军人还可从有关部门领取护理费。伤残抚恤金或伤残保健金的具体标准，与伤残性质和伤残等级有关，并按国家民政部、财政部有关规定执行。

此外，在乡红军老战士、西路军红军老战士享受抚恤生活补助费；红军失散人员和符合规定条件的在乡老复员军人享受定期补助；少数带病还乡、医疗生活困难很大的退伍军人也可享受定期补助待遇。

3. 安置保障

安置保障种类较多，按安置内容是否包括就业可划分为退役安置和退休安置两大类，按保障形式的不同又可划分为资金保障和服务保障两大类。

退役安置是指国家和社会通过计划指令、行政安排或其他形式，依法向退役义务兵、士官(即原志愿兵)和军队复员转业干部提供资金和服务，使他们离开军队后顺利成为普通社会成员的社会保障项目。退役安置的对象包括退役义务兵、退役士官和军队复员转业干部等。退役安置为安置对象提供资金和服务双重保障。资金保障包括提供退役安置费、生活津贴及退役军人从事生产经营所需贷款等。服务保障则包括就业安置、就学安置、职业培训、技术培训，以及落户安置等保障措施。

退休安置则是国家和社会依法对退休的现役军人提供资金和服务，以保证其安度晚年的社会保障项目。退休安置的对象包括军队离退休干部和军队无军籍退休职工等。其目的是保证退休军人安度晚年，其实现形式是提供资金保障和服务保障，具体包括提供离退休费、医疗保健费、安家费以及其他相应的配套服务。

二、中国社会优抚制度

我国社会优抚制度的发展经历了确立、巩固与发展、破坏与维持、恢复与革新、完善与发展和优化与升级六个发展阶段。

(一)确立阶段(1950—1953年)

新中国成立伊始，国家颁布、制定了一些优待条例和政策，规定了优待实施的对象和内容，设置了优抚机构，从而建立起了最初的优待体系。国家逐渐建立起了以内务部为主体的优抚机构体系。1950 年 12 月 11 日，内务部公布了《革命烈士家属革命军人家属优待暂行条例》和《革命残废军人优待抚恤暂行条例》，这是新中国成立后成立的第一批优待条例。各部门还公布了一些战时行业的优待政策。中央和地方相继出台了一些减免优待对象医疗费用的政策，还制定了代耕政策。伤残抚恤是这一阶段整个优抚制度的核心内容，不仅关系到参加抗美援朝军人的抚恤，也关系到新中国成立之前革命者的优抚待遇。国家制定了一些抚恤政策法规体系，对基本的优抚内容做了规定，两次调整革命烈士的一次性抚恤标准。国家还制定和颁布了统一的褒扬英烈条例和专门的烈士褒扬办法，发动了全国范围的拥军优属运动。

(二)巩固与发展阶段(1954—1966 年)

抗美援朝战争结束之后，根据优抚工作的需要，国家对优抚机构进行了调整，内务部将优抚司改为局，成立优抚局。内务部继续制定了一些针对烈军属、现役军人的医疗优待、补助等方面的优待政策。随着农业合作化运动的发展，代耕制度逐渐被优待劳动日所代替。抗美援朝时期对城市烈军属和残废军人的就业优待，更多的是由社会来负担，但后来国家逐渐担负起主要的组织和实施工作，开展就业培训，创造就业岗位。这一阶段优抚制度建设在原来的基础上，重点解决了这几个方面的问题：提高伤残抚恤标准、开展追残工作、扩大牺牲死亡抚恤的范围等。进入社会主义全面建设后，进一步补充了新的褒扬政策，内务部颁布了一系列革命烈士身份认定的政策和烈士纪念物管理的政策。

(三)破坏与维持阶段(1966—1976 年)

“文革”的发生改变了整个优抚事业的局面，无论是制度建设还是具体工作落实，都受到了很大的阻碍，甚至有些出现了严重倒退：中央和地方的优抚机构被撤销，国家实施的优抚政策不能落实，很多优抚对象受到迫害，被当作“反革命”分子打倒，抚恤待遇停滞不前，转业退伍军人无法安置，等等。但一些中央及地方部门在排除各种干扰的情况下，仍然坚持了原来的一些优抚政策，在“向解放军学习”运动的号召下，一些拥军优属活动还是被很好地坚持了下来。

(四)恢复与革新阶段(1977—1995 年)

“文革”结束不久，国家重新恢复和设置了优抚机构，1978 年，第五届全国人大决定成立民政部，其中的优抚局专门负责具体的优抚工作。民政机构一经恢复工作就开始落实由于“文革”而无法实施的政策，比如对老红军待遇的落实、对于烈军属优待政策的落实、对“文革”中一些被批斗或划错成分的烈军属平反政策的落实。从 20 世纪 80 年代开始，国家和地方陆续颁布了一些新的优待政策，1980 年，民政部和公安部下发了《关于人民边防武装警察部队的干部、战士享受人民解放军同等优抚待遇的通知》，1984 年，通过了《中华人民共和国兵役法》，对现役军人烈军属和伤残复员军人在乘车、通信及优待金等方面做了规定。这一时期与新中国成立之初相比，国家实施优待的对象和内容更为广泛。十一届三中全会之后，农村开始了以联产承包责任制为主要形式的土地改革，此后，实施优待金制度逐渐成为农村的主要社会优待方式。这一时期，国家社会还给予了优待对象其他的一些物质措施，比如给予了军烈属更多的就业、住房等物质待遇，现役士兵可以享受平信免费，农村户口的保留责任田，承包土地优先等优待，伤残抚恤体系得到了恢复、发展、提高和完善。对烈士评定工作做出修订，将在改革开放时期因为维护社会稳定、参加抗洪抗震等突发事件而牺牲的军人，纳入了烈士评定范围。一些新的重要纪念日扫祭活动被推出，例如抗战胜利纪念日、红军长征纪念日等。1980 年国务院通过颁布

《革命烈士褒扬条例》设置专门的褒扬条款，改变了以前将褒扬和抚恤综合在一起的做法。1991 年 6 月，成立了由国务院和中央军委共同领导的全国拥军优属拥政爱民工作领导小组。

(五)完善与发展阶段(1996—2012 年)

随着市场经济的不断发展，国家对原来制定的一些优待法规进行修订，国务院于 2004 年、2007 年两次修订了《军人抚恤优待条例》，第十一届全国人大常委会 2011 年修订《中华人民共和国义务兵役法》。国家还制定了一些综合性优待政策。定期定量补助的标准不断提高，开始对部分复员军人实施定期定量补助。国家继续大幅提高抚恤标准。随着互联网的发展，国家开始注重通过网络褒扬和缅怀烈士。2011 年颁布的《烈士褒扬条例》更加注重物质褒扬，设立烈士褒扬金制度，统一烈士和因公牺牲的一次性抚恤标准。

(六)社会优抚制度的优化与升级(2013 年至今)

这一阶段，党中央把退役军人优抚安置工作摆在治国理政的战略位置。习近平总书记站在党和国家建设发展全局、实现中华民族伟大复兴中国梦的战略高度，深刻阐明社会优抚的重大意义、目标任务、方针原则和方法路径，社会优抚的组织领导得到极大加强。党的十九大做出组建退役军人管理保障机构的重大决定，建立健全集中统一、职责清晰的退役军人管理保障体制。落实退役军人优抚安置政策力度空前加强。全国退役军人优抚安置工作经验交流会的召开、全国退役军人事务厅(局)长会议的召开，解决了广大退役军人关心的一系列实际问题。2018 年，退役军人事务部会同相关部门就退役军人党员组织关系转接管理、退役士兵安置、服役表现与安置相结合、退役军人就业创业、提高抚恤补助标准、悬挂光荣牌、退役军人信息采集等工作出台文件并组织实施。2020 年 11 月 11 日，《中华人民共和国退役军人保障法》由十三届全国人大常委会通过，自 2021 年 1 月 1 日起施行。2021 年 6 月 10 日，十三届全国人大常委会通过《中华人民共和国军人地位和权益保障法》，自 2021 年 8 月 1 日起施行。该法对军人地位、荣誉维护、待遇保障、抚恤优待的基本原则和基本制度，以及国家和社会的保障责任做出系统规范。

第六节　补充保障制度

一、企业年金

(一)概念

企业年金在国外一般称雇主年金，它是指由雇主单位发起，单位单方缴费或单位与职工双方缴费形成的养老计划[①]。企业年金起源于英、美等发达国家，是一些具有远见的企业家为本企业雇员设立的养老金。1875 年，美国快递公司建立了第一个企业年金计划，第二个企业年金计划由巴尔的摩和俄亥俄铁路公司于 1880 年设立。在随后的半个世纪中，大约出现了 400 个退休金计划。这些早期退休金计划一般建立于铁路、银行和公用事业领域。企业年金经历企业自我管理时期、市场运营与政府介入管理时期、与社会保障协调发展时期三个发展阶段。早期企业年金计划是企业对员工的一种不规范的承诺，管理接近一般银行储蓄，属于待遇确定

① 邓大松. 社会保障概论[M]. 北京：高等教育出版社，2019：330.

(DB)计划，并具有名义账户的特征①。

国外企业在决策是否建立企业年金计划时，首先要考虑来自企业内部员工方面的压力，而这种压力的大小又取决于本国基本养老保险计划的养老金给付水平。各国经验表明，一国的基本养老保障水平越低，企业职工要求雇主建立企业年金计划的呼声和压力就越大；同时，基本养老金支付水平同企业年金发展之间存在着明显的逆向关系，基本养老制度越是发达的国家，企业年金的发展却受到一定影响，企业年金的给付水平也相对较低。

1991 年国务院颁布《关于企业职工养老保险制度改革的决定》，第一次提出“企业补充养老保险”的概念，并且明确了三支柱养老保障体系的改革内容与方向。2004 年 5 月 1 日正式施行的《企业年金试行办法》中指出：“企业年金，是指企业及其职工在依法参加基本养老保险的基础上，自愿建立的补充养老保险制度。”

2015 年国务院印发《机关事业单位职业年金办法》，明确指出职业年金是指机关事业单位及其工作人员在参加机关事业单位基本养老保险的基础上，建立的补充养老保险制度。职业年金所需费用由单位和工作人员个人共同承担。单位缴纳职业年金费用的比例为本单位工资总额的 8%，个人缴费比例为本人缴费工资的 4%，由单位代扣。单位和个人缴费基数与机关事业单位工作人员基本养老保险缴费基数一致，本办法自 2014 年 10 月 1 日起实施。建立事业单位职业年金，形成事业单位“基本养老保险＋补充养老保险(职业年金)＋个人储蓄养老保险”的多支柱型养老保险模式，有利于事业单位持续深入地改革包括养老保险在内的各项制度，有利于事业单位退休人员的收入稳定化和来源多元化。同时，事业单位设立职业年金也是其人力资源管理和人力资本投资的重要举措，有效的职业年金有利于保留和吸引事业单位高端技术和管理人才，进而有利于增强事业单位内部的凝聚力和外部的市场竞争力。

(二)分类

企业年金依据不同的标准可以划分为多种类型。

(1)按照法律对企业的强制程度不同，企业年金可以分为自愿性年金和强制性年金两类。在自愿性年金计划中，法律规定了私人养老金计划的基本规则和政策，企业选择自愿参加，不过一旦决定参加就要严格遵守规定，按照政府制定的规则操作；具体的实施办法、待遇确定、基金运作管理模式由企业自主选择；雇员缴费与否也凭自愿，实行自愿性年金最为典型的代表国家是美国、英国等。强制性企业年金计划通过立法来强制企业建立年金计划，所有企业主必须为雇员投保；相关的待遇确定、基金运作模式、筹资办法等完全由国家法律和政策规定，实行强制性年金最为典型的代表国家是法国、澳大利亚等。

(2)按照养老金待遇计发标准来区分，企业年金可以分为缴费确定型计划和待遇确定型计划两大类型。缴费确定型计划以年金的个人账户为核心，由企业和职工按事先约定的比例定期缴费，等职工到退休年龄时，领取的年金养老金水平就由年金基金中的缴费积累规模和投资运作收益来确定。其主要特征是缴费水平由企业自身掌握，可以按照企业经营状况做适时的改变；(在多数国家)给予企业与职工双方缴费时免税，投资收益也给予税收减免优惠；员工个人承担所有投资运作风险，企业主不再承担超过规定缴费的其他义务。待遇确定型计划的主要特征是：为保证员工获得一定水平的年金养老金，需要运作保险精算手段确定相应的收入替

① 杨燕绥. 国外企业年金的历史沿革及经验[J]. 中国人力资源社会保障制度，2004(3)：38-41.

代率;年金基金的积累情况要根据工资增长水平进行适时的调整,以保持相对应的关系;从年金基金积累到领取阶段的全部风险都由企业主承担,因此,该类计划需要再保险。

(三)功能

企业年金不仅是劳动者退休生活保障的重要补充形式,也是企业调动职工积极性、吸引高素质人才、稳定职工队伍、增强企业竞争力和凝聚力的重要手段。它的主要作用和功能分别是分配功能、激励功能和保障功能。

1. 分配功能

企业年金既具有国民收入初次分配性质,也具有国民收入再分配性质。因此,企业年金形式的补充养老金计划又被视为对职工的一种延迟支付的工资收入分配。

2. 激励功能

企业年金计划根据企业的盈利和职工的绩效为职工年金个人账户供款,对于企业吸引高素质人才,稳定职工队伍,保障职工利益,最大限度地调动职工的劳动积极性和创造力,提高职工为企业服务的自豪感和责任感,从而增强企业的凝聚力和市场竞争力,获取最大经济效益,又是一种积极而有效的手段。

3. 保障功能

建立企业年金可以在相当程度上提高职工退休后的养老金待遇水平,解决由于基本养老金替代率逐年下降而造成的职工退休前后的较大收入差距,弥补基本养老金保障水平的不足,满足退休人员享受较高生活质量的客观需求,发挥其补充和保障的作用。

4. 资源配置

企业年金的资产一般会以基金方式进入金融资本市场,通过从分散的个体提供汇聚基金,实现跨越时间、空间和产业提供经济资源转移。提供这种转移,个人可以在生命周期使资源分布最优化,同时,资源也可以被最优地配置到最有效率的用途上去。企业年金基金是许多国家长期资本的一个主要来源,基金的投资相对自由,能够产生更高的收益,优化资金的配置。

(四)国外企业年金的发展

1. 美国

美国是企业年金计划的发源地,国家有专门机构批准建立年金计划。政府一直通过立法手段来鼓励、调节、规范企业年金的发展。1978 年,《美国国内税收法案》增加了第 401 条 k 款,对企业年金规定了新的税收优惠。在这一背景下,根据该条款建立了一种专门的退休养老计划——401(k)计划。其主要内容有:企业员工自愿参与、自定款额。企业则在雇员供款的前提下按一定比例配套供款。法律规定雇主出资不得超过雇员工资的 15%。个人与企业供款当年不纳税,投资收益也不纳税。员工至 59.5 岁时允许提款,按提款当年税率纳税。提前取款除补缴所得税外另缴罚金。该计划一般由专业金融机构管理。

企业年金是美国“三支柱”养老金制度模式中的第三层养老计划。由企业为雇员提供养老保障,最初并不在美国法律规范之内,是企业出于留用优秀员工的目的而自发为员工提供的额外养老保障项目。其分为两种类型:一种是确定收益型,在该方案中雇主承诺对雇员支付一定的受益,并投资一定的资金支持该承诺;另一种是确定缴费型,这是雇主不对雇员受益进行承诺,但雇员在退休时可以得到通过这类基金投资所取得的收益。其做法如下:

(1)自愿性的企业年金计划。美国企业年金计划的建立采取完全自愿的方式,企业可自由选择各种类型的企业年金计划。政府的主要职责在于制定税收政策及其他法律政策,确保参与者的权益。

(2)覆盖范围广。美国现阶段的企业年金制度覆盖范围极广,不仅包括营利企业、非营利组织(教育、医疗机构等),还包括没有参与雇主资助的合格计划的小企业和自顾者等,缩小了不同企业雇员在养老保障上的差距。

(3)税惠待遇。401(k)计划一般呈现 EET 的税收优惠政策,即雇主和雇员的养老金缴纳额在一定额度内是可以从他们的税前收入中扣除的,如雇主的缴费在工资的 15%以内,可以享受税收优惠。在投资环节,全部缴费额通过投资所取得的收益在领取退休金前是免税的,只有在领取阶段,才征收个人所得税。这也是美国企业年金制度迅猛发展的重要原因之一。

(4)基金管理。401(k)计划是一种重要的 DC 计划。企业年金计划的基金管理模式有单一的雇主年金计划和多雇主企业年金计划。这样一来,企业将面临繁杂的管理工作。因此,企业通常会委托独立的受托经管人或者由独立于企业之外的基金托管委员会来负责年金计划的管理。

2. 澳大利亚

澳大利亚企业年金是积累性退休收入制度,分为自愿性和强制性两类。澳大利亚有六类超级年金管理实体:零售基金、行业基金、公司基金、公共部门基金、小型基金和自我管理基金,其中前四类为"大型基金"。小型基金和自我管理基金包括审慎监管局监管的小于五名成员的小型基金和税务办公室监管的小型自我管理基金。该国的企业年金制度,是一个相当成功的实践范例。近些年,企业年金制度持续变革、不断发展,目前已在澳大利亚的养老保障体系中占有举足轻重的地位,其替代率基本上能持平第一支柱。澳大利亚年金制度构成如图 3-3 所示。

澳大利亚企业年金的做法如下:

(1)强制性企业年金制度。从制度层面上看,澳大利亚实施的职业年金制度是一种强制实施的企业年金制度。《职业养老金保证费法案》(SGC)规定雇主必须为雇员缴纳养老金。对于那些没有按规定缴费的雇主,澳大利亚税务局将对其征收相应的职业养老金保证费。

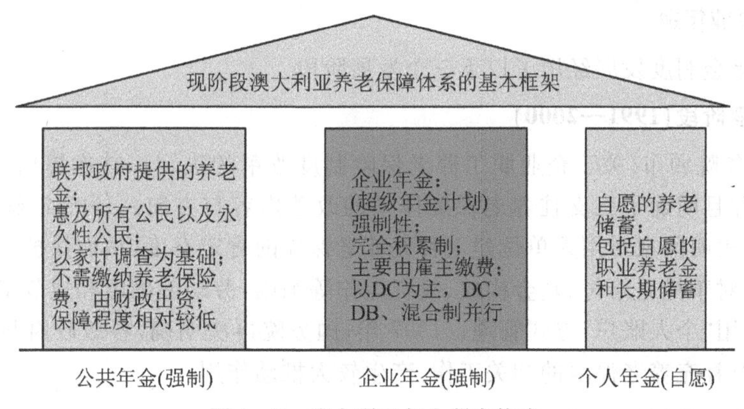

图 3-3　澳大利亚年金制度构成

(2)覆盖范围广。从覆盖范围来看,澳大利亚职业年金适用于大多数的雇员以及所有的雇主。除了年龄小于 18 岁或者年龄大于 70 岁的雇员、月收入不足 450 澳元的雇员、无法享有缴费带来税收优惠的自我经营者以外,其他所有雇主及雇员都必须加入强制性企业年金计划。

在 2000 年时，澳大利亚的企业年金就已覆盖 92%的雇员，在全部劳动力中占比达到 81%。

(3)资金来源。企业年金所筹资金从来源看，以雇主缴纳为主，雇员自愿缴纳的年金比例也在持续增长。

(4)基金投资范围广泛。从基金投资方面来看，澳大利亚的企业年金投资领域相当宽泛，除了规定内部投资不能超过 5%、单个资产价值不允许超过资产总值的 5%，基本不设其他限制条件。现阶段，澳大利亚的企业年金资产主要用于直接投资、投资公司、寿险公司，并且三者所占比例基本一致。

3. 日本

日本年金制度是长期发展并在第二次世界大战之后逐渐确立起来的养老制度。日本年金制度分为“公的年金”(即“公共年金”)和“私的年金”两种。日本的“公共年金”制度是指包括自营业者和无工作者在内所有国民都加入国民年金制度，享受基础年金的“国民皆年金”的框架。“公共年金”是指国民年金、厚生年金和共济年金(平成 27 年十月起，共济年金一元化，归为厚生年金)。日本的企业年金分为四类，包括厚生年金基金、支付企业年金、确定集资年金、确定待遇年金。其中厚生年金以 500 人以上大企业为对象，支付企业年金多为一般的中小企业，确定集资年金模式缴费额是事先确定的，而职工获得的年金收入是不确定的，而确定待遇年金模式缴费并不确定，但雇员退休时的待遇是确定的。日本年金制度如图 3－4 所示，其做法是：

(1)自愿性企业年金制度。从制度属性层面来看，日本的企业年金制度具有自愿性。它也是企业依照各自的承受能力和需求而制定的制度，是企业自主决策的产物。

(2)资金的筹集与支付。政府通过《厚生年金法》规定，建立企业年金计划的企业必须保证年金基金独立于企业运营，企业年金基金的资金主要来源于雇主的缴费，个人只承担一部分缴费。雇员退休以后，国家依据“支付金额＝保险费＋利息”的公式对其进行养老金支付，也就是根据收支相等的原则进行养老金支付。

(3)税制优惠政策。日本的企业年金制度主要采用 EET 税制优惠模式，即雇员除了在领取环节需要缴纳个人所得税，在缴费阶段及投资收益阶段基本不需要缴纳个人所得税。

(四)中国企业年金

我国企业年金制度发展经历了以下三个发展阶段。

1. 制度探索阶段(1991—2000)

1991 年国务院颁布《关于企业职工养老保险制度改革的决定》，首次提出“企业补充养老保险”的概念，并且明确了三支柱养老保障体系的改革内容与方向。1995 年施行的《劳动法》通过法律形式，表明国家对用人单位建立补充养老保险的肯定态度，从而保护劳动者参保的合法权益。同年，对于待遇给付、基金构成、投资运作等细则，劳动部确定和规范了若干条政策意见，并且规定采用“个人账户”方式管理。1997 年，国务院再次明确，各级政府与部门要加大力度做好发展企业补充养老保险的相关工作，产生较大推动作用。

2. 制度试点阶段(2000—2004)

2000 年企业年金作为一种法定模式，在《关于印发完善城镇社会保障体系试点方案的通知》中，明确其基金积累制的模式定位，进一步规定“市场化营运”的相关投资管理办法。辽宁省落实城镇社会保障体系试点实施方案的文件精神，率先开展试点工作，作为第二支柱后续开展的重要经验。

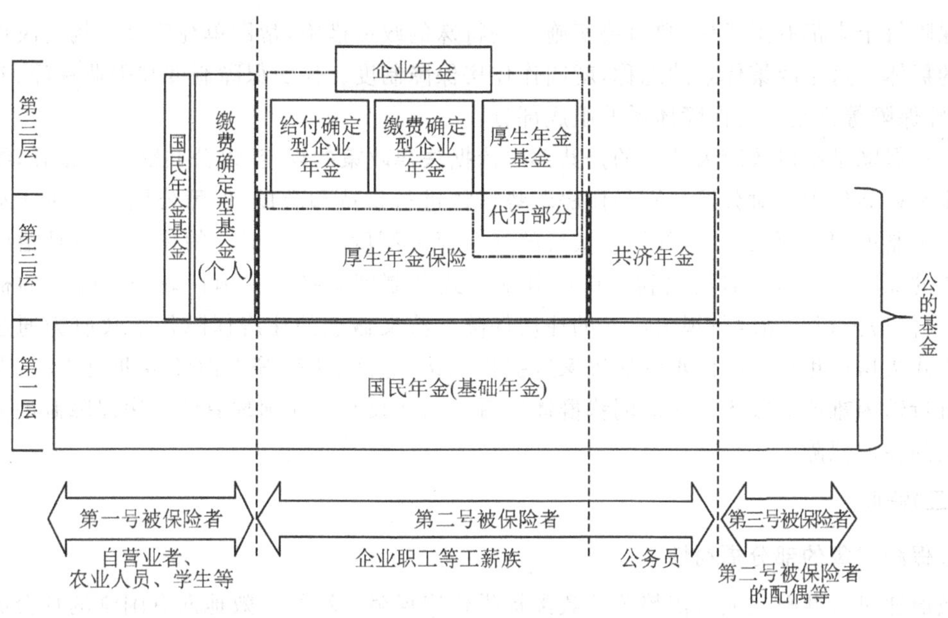

图 3-4　日本年金制度

3. 制度完善阶段(2004 年至今)

2004 年劳动和社会保障部出台对于企业年金及其基金管理的两个试行办法,使得制度的发展更趋规范化、标准化。在施行内容上,前者对自愿建立、参加基本养老保险为建立前提、企业和职工共同缴费、采用个人账户等重要特征给出了详细的规定;后者对基金市场化运营的服务主体行为、监管等方面做出了系统规定。至此,我国企业补充养老保险的基本框架得以成型。同时,政策的实施伴随着配套的税收政策,包括对企业所得税实行 5%的优惠比例、对个人所得税采取推迟一定期限缴纳的措施。2006 年我国第一个企业年金计划在联想集团正式设立。2017 年《企业年金办法》的颁布,标志着我国企业年金制度进入新的发展阶段。

企业年金是我国养老保险体系的重要补充制度,大力发展企业年金制度对提升企业凝聚力和提高退休人员保障水平具有重大的现实意义。企业年金制度的完善有助于维持一定的社会公平、保证共同富裕,有利于实现国家提倡"老有所养,老有所依"的政策目标①。

目前,我国的企业年金发展取得了一定的成效。2020 年末全国有 10.5 万户企业建立企业年金,参加职工 2718 万人,企业年金积累基金 22497 亿元。启动职业年金基金市场化投资运营,投资规模 1.29 万亿元,全年累计收益额 1010.47 亿元②。

二、住房保障制度

(一)概念

住房保障是一个包含范围很广的概念。广义地说,"宅基地""福利分房"都是住房保障制度的一种具体形式。它们是低生产力水平下保障"人人有房住"的制度。在市场经济条件下,

① 牛海.我国企业年金发展动力研究[D].上海:复旦大学,2012.

② 2019 年度人力资源和社会保障事业发展统计公报。

为了保障每个人都有房子住，政府要实施一些特殊的政策措施，帮助单纯依靠市场解决住房有困难的群体。这个政策体系的总称，就叫作住房保障制度。住房保障制度和失业保障、养老保障、医疗保障等都是社会保障体系的组成部分。

住房保障是指以政府为核心的公共部门依据法律政策的规定，以公共财政为依托，综合利用国家和社会的力量对公民特别是住房弱势群体进行扶持和救助，保障公民基本居住水平的社会安全制度，是一种在住房领域内实行的社会保障制度。广义概念的住房保障是指以政府为主体的保障全体居民居住权利的住房分配方式和制度安排。我国计划经济时期的福利分房，以及住房公积金制度可视为广义的住房保障。狭义概念的住房保障是指政府为通过市场配置方式买房或租房存在困难的居民家庭提供经济、金融、法律等方面的援助或支持，保障一部分有特殊困难或低收入的住房弱势群体应有的居住权利。我国现有的住房保障制度大多属于狭义的住房保障。

（二）特征

1. 保障对象的部分福利性

政府通过公共财政或者依赖公共政策提供住房保障，及时、有效地向有困难的社会成员提供一定范围内的帮助，以保障其基本住房权利，具有部分的保障性和福利性特征，这是住房保障最本质的特性。

2. 保障政策的公平性

住房保障政策的公平性主要体现在保障范围的公平性。住房保障对享受对象有严格的资格条件，只有当社会成员符合一定条件的时候才能享受，因此，社会成员享受基本住房保障的权利和机会均等。住房保障政策的公平性还体现在保障机遇的公平性。住房保障政策具有法律规定性，每一个需要帮助的对象所获得的住房保障待遇应该执行统一的保障标准。住房保障的公平性，不仅体现在待遇的享受方面，也贯穿于各项住房保障政策的制定过程中。

3. 保障力度的适度性

住房保障仅为社会成员提供一定程度上的保障，主要体现在保障范围的适度性。住房保障并不是面向全体社会成员的普遍福利政策，只有少数群体才能享受到。住房保障还体现在保障标准的适度性。住房保障遵从低标准的原则，只能满足社会成员基本居住需要，超出基本保障要求之上的需求不能通过社会保障的形式予以解决，只能通过市场得到解决。保障力度的适度性特征体现了"公平优先、兼顾效率"的基本原则。

4. 保障资金的非营利性

住房保障的资金和一般社会保障一样，不以营利为目的，直接由国家或者地方财政开支，保证住房能以低廉的价格提供给被保障对象。财政资金和社会资本的非营利性特征是住房保障的重要基础。

5. 保障体系的层次性特征

由于住房投入大，租售价格高，与其他社会保障相比，需要根据保障对象的经济条件建立与之适应的具有一定层次的保障体系，收入越低的家庭保障力度越大，收入较高的家庭则逐步降低直至完全退出住房保障体系，这样可以避免因一刀切造成的有限公共资源分配不公和运行效率低下的问题。住房保障体系的层次性特征也是公共资源高效利用的必然要求。

6. 保障方式的协调性

住房保障方式的协调性主要体现在两个方面：第一，住房保障与房地产市场的外部协调，要根据房地产市场的发展阶段选择合理的保障方式，在市场发展初期供给不足时，宜以新建保障性住房为主，减少保障房需求引起的商品住房价格上涨，到市场发展的中后期，宜逐步转向以市场房源为主，避免因新建保障性住房造成的政府财政支出压力和运行效率低下；第二，各种住房保障方式的内部协调，要根据社会经济发展，统筹安排各项住房保障方式，合理地、动态地调整各种保障方式的比例，做到实物供给与现金补贴的有机结合、经济救助与金融支持的有机结合。住房保障方式的协调性特征是不同时期住房需求变化的体现。

(三)住房保障的方式

1. 公积金

公积金是指在职职工按比例缴存、所在单位等额补贴、均归个人所有的长期住房储金。公积金相关政策是：对公积金免征个人所得税；职工在购买自住住房时可提取使用其个人账户内的公积金，还可申请公积金个人贷款，公积金贷款实行政策性优惠利率等。

2. 货币补贴

货币补贴是指国家停止住房实物分配后，为解决无房职工住房问题而实行的住房货币化分配政策。即给无房职工和住房未达标职工的未达标部分发放一定的住房补贴，由这些职工根据自己的经济情况自由选购合适的住房。老职工一次性发放，新职工随工资在二十年内发放完毕。

3. 经济适用房

经济适用房是政府针对低收入群体的住房困难，通过行政划拨土地、减免相关税费等政策扶持的方式，组织统一建设或者规定在房地产开发建设项目中按比例配套建设的面积为 60 m^2～80 m^2 的政策性商品住房。

4. 廉租住房

经济适用房毕竟还是让低收入家庭去“买”。对于连经济适用房也买不起的最低收入家庭，由政府实施廉租房保障。保障形式主要有两种：对已经租住住房的，由政府发给其一定数量的租金补贴；对无住房的，由政府建设并提供能够满足其基本居住需要的面积适当、租金较低的廉租房。

5. 两限房

两限房即限制价格、限定面积的普通商品房。两限房是国家在商品房价格奇高、面积过大，工薪阶层对此望洋兴叹的情况下出台的宏观调控政策，是国家专门为解决既买不起商品房，又不符合购买经济适用房条件的中收入者尤其是工薪族，即所谓的“夹心层”的住房问题而强制推行建设的中小套型、中低价位的普通商品房。

6. 公共租赁住房

公共租赁住房供应对象主要是城市中等偏下收入住房困难家庭。有条件的地区，可以将新就业职工和有稳定职业并在城市居住一定年限的外来务工人员纳入供应范围。公共租赁住房的供应范围和供应对象的收入线标准、住房困难条件，由市、县人民政府确定。已享受廉租住房实物配租和经济适用住房政策的家庭，不得承租公共租赁住房。2010年6月8日，住房和城乡建设部、国家发展和改革委员会、财政部、国土资源部、中国人民银行、国家税务总局、中国银行业监督管理委员会联合发文《关于加快发展公共租赁住房的指导意见》，对公共租赁住房做了相关规定。

(四)国外住房保障制度发展

住房问题是世界各国普遍面临的难题。联合国人居署报告显示，2010年世界贫民窟人口达8.276亿人，约占全球城市人口的1/4。在发达国家，对住房保障制度的探索已有上百年历史。1919年，英国颁布了《住房和城镇规划法》，规定居民住房问题为公共事务，政府对此履行义务。1937年，美国第一部住房法案《瓦格纳住房法》出台，之后其住房制度经历了政府建设公共住房、政府补贴住房建设、实行房租补贴等发展阶段。

西方国家的住房保障制度经历一个从政府建造住房和提供实物住房模式，到逐步实行提供实物住房与提供住房补贴、住房贷款担保或补贴相结合模式的过程，从而有效解决了住房困难群体的住房问题。美国在住房保障方面最具特色的就是各项措施通过立法保障其落实与实施，二战后，美国先后通过了《住宅法》(1949年)、《城市重建法》(1954年)、《国民住宅法》(1961年)、《住房与城市发展法》(1968年)等，这些法律对住房保障中包括扩大房屋抵押贷款保险、提供较低租金公房、提供低息贷款建房、提供房租补贴和帮助低收入者家庭获得房屋所有权等方面做了明确规定，为住房供给与保障制度提供了重要的法律依据。

日本1951年颁布实施《公营住宅法》，该法秉持“以低廉房租向住房困难的低收入者提供住宅”的宗旨，自1951年制定实施以来，迄今已历经22次修订，它在缓解低收入家庭住房困难方面发挥着不可忽视的独特作用，而所谓“公营住宅”，是由日本各级政府建造并管理的向低收入者出租的住宅。

世界上一些发达国家，首先在住房保障方面就形成了较为完善的法律体系，也会根据不断变化的经济社会环境不断调整修订法律内容，同时建立起比较严格、规范的住房法律实施体系。

国外住房保障制度有三种类型，具体为：①以廉租为主的类型。实行此制度的有德国、荷兰、韩国等国家。如德国形成了以公共福利住房和房租补贴为主的住房保障体系，公共福利住房由各级政府投资建造，为低收入的家庭和多子女、残疾、失业者和退休人员提供住房保障，同时政府对非廉租房的对象(中低收入家庭)发放租房补贴。韩国构建了以廉租房、公租房为主，结合租金补贴、租房低息押金贷款、财税援助等多层次住房保障体系。②租售并举的类型。实行此制度的有美国、日本、俄罗斯等国家。如美国建成了多层次的由廉租房、补贴、减税、住宅金融支援的住房保障体系。日本为中低收入者采取“公营住宅”“公社住宅”和“公团住宅”的三位一体的住房保障模式。③以出售为主的类型。实行此制度的有新加坡、英国等国家。新加坡通过公积金制度的实施，由政府主建和出售公共组房为中低收入的家庭提供住房保障。低收入家庭可租赁组房，中等收入家庭可购买组房①。

(五)中国住房保障制度发展历程

1.建立阶段(1950—1977年)

这一时期我国处于计划经济体制下，城镇住房的建设和供给带有明显的计划性和福利性，

① 杨翠迎.社会保障学[M].上海：复旦大学出版社，2015:1.

住房建设计划由国家统一下达，然后再由具体单位组织建设，向城镇职工提供低租金的住房，实行单一住房供给与福利分房制度，由此一定程度上改善了广大城镇职工的居住条件，对于维护社会稳定及推进国家经济建设发挥了重要作用。

2. 市场化改革的探索阶段(1978—1998 年)

改革开放以来后，为解决当时住房严重短缺问题，国家开始积极推动以住房商品化、社会化为目标的制度改革，积极探索与建立新的住房供应体系，住房制度由以前的福利分房向市场化改革，住房由先前的国家计划统一提供转变为国家、集体、个人合理负担。在 1994 年《国务院关于深化城镇住房制度改革的决定》中首次明确提出了要建立以中低收入家庭为对象、具有社会保障性质的经济适用住房供应体系和以高收入家庭为对象的商品房供应体系。

3. 深化改革阶段(1998—2007 年)

为了推进住房市场化的进程，1998 年的《国务院关于进一步深化城镇住房制度改革加快住房建设的通知》中明确地提出了停止住房实物分配、实行住房分配货币化，其中指出，“最低收入家庭租赁由政府或单位提供的廉租住房；中低收入家庭购买经济适用住房；其他收入高的家庭购买、租赁市场价商品住房”，探索建立“以经济适用住房为主的多层次城镇住房供应体系”。2003 年的《国务院关于促进房地产市场持续健康发展的通知》中要求“逐步实现多数家庭购买或承租普通商品住房”，体现出了住房保障供给导向上的改变；2007 年的《国务院关于解决城市低收入家庭住房困难的若干意见》中则指出，“全国廉租住房制度保障范围要由城市最低收入住房困难家庭扩大到低收入住房困难家庭”“经济适用住房供应对象为城市低收入住房困难家庭，并与廉租住房保障对象衔接”等，同年由建设部、发展改革委等部门印发《经济适用住房管理办法》，明确经济适用住房制度是解决城市低收入家庭住房困难政策体系的组成部分，经济适用住房供应对象要与廉租住房保障对象相衔接。

4. 房地产政策调控阶段(2008 年至今)

为了解决高房价下低收入家庭的住房困难问题，国家从 2008 年开始大力推行保障性安居工程建设，各地区、各部门也制定了相应的保障房建设等支持政策，明确提出了针对“城市中等偏下收入住房困难家庭”的公共租赁住房类型。在国家“十二五”规划纲要中，首次明确提出了“保障性住房覆盖面达到 20%”的目标，并以公租房和廉租房为主，将住房保障的供给对象覆盖到低收入和中等偏下收入住房家庭。2010 年国家颁布《国务院办公厅关于促进房地产市场平稳健康发展的通知》《国务院关于坚决遏制部分城市房价过快上涨的通知》《住房保障档案管理办法》，以实现房地产市场的稳定。

2016 年住房和城乡建设部、财政部出台《关于做好城镇住房保障家庭租赁补贴工作的指导意见》，确立以建立购房与租房并举、市场配置与政府保障相结合的住房制度为主要方向，进一步完善住房保障制度。城镇住房保障采取实物配租与租赁补贴相结合的方式，逐步转向以租赁补贴为主。据统计，2013—2016 年，我国共建成城镇保障性安居工程住房、棚户区改造住房和公租房 2485 万套。住房保障成为公共服务的重要组成部分，政府也相应强化了在住房保障上的职责，保障对象不仅在收入阶层的限制上有所扩大，在户籍身份的限制上也明确放宽。2019 年住房和城乡建设部、国家发展改革委、财政部 、自然资源部出台《关于进一步规范发展公租房的意见》，明确要坚持实物保障与租赁补贴并举。人口流入多、公租房需求大的城市，要切实增加公租房实物供给，可通过配建、长期租赁等方式多渠道筹集房源。新就业无房职工和外来务工人员较为集中的开发区和产业园区，应增加集体宿舍形式的公租房供应。要合理确定租赁补贴标准，建立动态调整机制，并根据保障对象的收入水平实行分档补贴，支持保障对象租赁到适宜的住房。强调以政府为主提供基本住房保障，因地制宜加大公租房发展力度，不断增强困难群众对住房保障的获得感、幸福感和安全感。

近年来，我国住房保障制度工作取得了较好的成就，"十三五"时期，我国住房发展向住有所居目标大步迈进，加快建立多主体、多渠道保障、租购并举的住房制度，不断完善市场住房体系，住房保障体系，居民住房条件显著改善。截至 2019 年年底，3800 多万困难群众住进公租房，累计 2200 万困难群众领取了住房补贴，低保和低收入住房困难家庭基本实现应保尽保，中等收入偏下家庭住房条件有效改善。大力实施农村危房改造，着力补齐农村贫困人口住房安全短板，为打赢脱贫攻坚战奠定坚实的基础。但仍然存在不少问题亟待解决，住房保障制度体系的完善仍任重道远，党的十九大报告提出的"坚持房子是用来住的、不是用来炒的定位，加快建立多主体供给、多渠道保障、租购并举的住房制度，让全体人民住有所居"，对推动我国城镇住房供应体系改革具有很大的示范作用，也将成为未来长时期内我国住房政策的根本性指导思想以及住房供应体系完善优化的重要方向。

三、慈善事业

(一)概念

慈善事业是指民众在自愿基础上对社会弱势群体的无偿救助行为。它通过合法的组织形式，根据特定的弱势群体需要，集聚并配置资源。它是社会保障体系和社会公益事业的重要组成部分，是通过慈善组织的专业化、制度化运作实现社会第三次分配的方式。在现代社会保障制度出现以前，慈善事业在向贫困群体提供救助方面发挥了长期而又重要的影响，慈善的发展与慈善传统的延续，成为现代社会事业与社会道德发展的重要内容。

慈善事业是一项建立在社会捐赠基础上的社会救济事业，是一种有组织的民间群众性互助活动。西方发达国家十分重视慈善事业的发展，并各自形成了独具特色的实践模式。美国的慈善事业已经形成完整的产业链：政府通过立法和税收政策鼓励社会办慈善；专业的评估机构对各类慈善组织进行评估并公报；企业和个人向满意的慈善组织捐款；媒体、公民对慈善机构的善款使用情况享有知情权和监督义务。政府、企业和慈善机构、社会组织相互协调彼此合作形成良性循环，共同满足社会需要，解决社会问题。

目前最有效的配置慈善资源的方式是通过社会化的慈善团体来实现的。现代慈善事业不能简单地等同于捐款，尽管捐款是常见的参与慈善事业的方式，诸如捐赠有价值的实物和提供义务服务都是参与现代慈善事业的重要方式。另外，现代慈善事业所涉及的领域广泛，不再局限于传统的救灾济贫领域，而是涉及文化、教育、环境保护等诸多公益领域。

中国是世界上最早倡行与发展慈善事业的国家，其慈善思想源远流长。"慈善"一词最早出现于北齐《魏书・崔光传》中"光宽和慈善，不忤于物，进退沉浮，自得而已"，主要指对人关怀而有同情心的美德。我国传统文化典籍《说文解字》解释"慈"为仁爱之意，"慈，爱也"；"善"则多为"吉祥、美好、富于同情心"之意，故慈善是将对他人产生的关爱、怜悯之情，付诸实际帮扶、救助行动的行为。慈善是仁爱之心的具体体现，通过捐赠、帮扶、救济等手段来实现。慈善是个人或群体通过某种途径自愿地向社会及受益人提供无偿的援助。这些援助包括资金、实物及劳务等方面①。

慈善事业是施善者通过捐款、捐资、提供志愿服务等手段，自愿地奉献爱心、扶困济弱的社会事业。慈善事业旨在通过慈善救助来解决脆弱社会成员的生存困境或特殊困难，从而发挥着社会保障的功能作用。现代慈善事业具有六大本质规律，即以社会成员的善爱之心为道德基础、以社会捐献为经济基础、以民营机构为组织基础、以捐献者的意愿为实施基础和以社会成员的普遍参与为发展基础②。

“慈善”与“公益”是一对高度关联的概念，均具有利他性和非营利性，但二者之间仍然存在一定的区别：“慈善”是把给予和施舍作为价值基础，以缓解贫困作为政策目标，服务于贫困和弱势群体，重在给予，表达的是一种怜悯和同情，主要体现个体性、救助性和目的性特征③。“公益”是以博爱与关爱作为基础价值，以社会关爱作为政策目标，服务与弱势与劣势群体，重在参与，是人们一种追求公共利益的活动和对共同善的向往，主要体现社会性、非商业性④。慈善行为过程的两个端点是捐助人和受益人。2016 年出台的《中华人民共和国慈善法》明确规定，慈善活动是指自然人、法人和其他组织以捐赠财产或者提供服务等方式，自愿开展的扶贫救困、扶老救孤助残、应对突发事件损害及促进社会事业发展等公益活动。

（二）特征

1. 慈善事业是国家第三次分配的一种形式

慈善事业是民众在自愿基础上对社会弱势群体的无偿救助行为，通过合法的组织形式，根据特定的弱势群体需要，集聚并配置资源。在某种意义上，慈善事业是社会第三次分配的一种形式，是社会保障的补充体系。在现代社会保障制度出现以前，慈善事业在向贫困群体提供救助方面发挥了长期而又重要的影响，慈善事业的发展与慈善传统的延续，成为现代社会事业与社会道德发展的重要内容。

2. 慈善事业是建立在社会捐赠基础之上的民营社会化保障事业

首先，慈善事业建立在爱心及奉献的基础上。没有捐献便没有慈善事业，而没有关爱之心亦不会有无偿捐献的动机与热情。其次，慈善事业是民营化事业。慈善的本质是民众爱心基础上的善行。再次，慈善事业是社会化保障事业，其最直接的目的是帮助现实社会中的脆弱社会群体，贫民、灾民、孤寡残幼等既是慈善事业的工作对象，同时也是慈善事业赖以存在并得到发展的社会条件，因此，在工作目的方面，它与政府举办的救灾济贫及有关福利事业又是相通的，从而能够得到许多国家政府的支持甚至是直接财政资助⑤。

3. 慈善事业以社会性的民间公益团体或公益组织为组织基础

目前，最有效地配置慈善资源的方式是通过社会化的慈善团体来实现。现代慈善事业不能简单地等同于捐款，尽管捐款是常见的参与慈善事业的方式，诸如捐赠有价值的实物和提供义务服务都是参与现代慈善事业的重要方式。另外，现代慈善事业所涉及的领域广泛，不再局

---

① 姚俭建，COLLINS J. 美国慈善事业的现状分析：一种比较视角[J]. 上海交通大学学报（哲学社会科学版），2003(1)：13－18，47.

② 郑功成. 现代慈善事业及其在中国的发展[J]. 学海，2005(2)：36－43.

③ 刘琼莲. 慈善共治视域下发展我国残疾人慈善服务研究[J]. 中国矿业大学学报（社会科学版），2018，20(4)：46－60，101.

④ 刘继同. 慈善、公益、保障、福利事业与国家职能角色的战略定位[J]. 南京社会科学，2010(1)：90－96.

⑤ 郑功成. 社会保障学[M]. 北京：商务印书馆，2000：20.

限于传统的救灾济贫领域，而是涉及文化、教育、环境保护等诸多公益领域。

(三)国外慈善事业的发展

1.美国

1)慈善资源丰富，慈善水平高

现代慈善事业始于美国，当前世界慈善事业最发达的国家是美国。仅在2013年，美国公共慈善组织的数目就达到1022865个，且公共慈善组织数量增加迅速，公共慈善组织数量比2003年上升了30.6%①。美国的慈善水平在全球一直名列前茅，慈善捐赠指数排名靠前，慈善事业发达。

美国是世界上慈善基金会数量最多、规模最大的国家，迄今已有8万多个，是其他国家无法比拟的。美国慈善基金会已经成为美国慈善事业发展中的显著特点，是其一大特色。美国慈善基金会的工作涉及很多领域，大多具有前瞻性，如科研、教育、扶贫及环保等②。且基金会向社会也捐赠了不少资金，发挥着长远而又重要的作用，有力地推动了美国慈善事业的发展。

2)分而治之的税收政策

美国政府对慈善组织主要是通过税收来调控的。美国法律关于公共慈善组织和私人基金会的税收政策是分而治之的。前者的核心部分由免税部分、利益冲突人及超额利益交易三个部分构成，后者的核心部分由利益冲突人、自我交易、法定支出及高风险投资四个部分构成。两者共同的特点是，税法赋予的慈善地位可以确保慈善组织就其慈善收入而言，可以享受税收上的免除。对于捐款的个体而言，税法也对其税收优惠做出了规定，对于捐款的企业同样如此③，美国立法者对那些利用税收优惠政策而避税的行为，规定了严格的惩处措施。

3)严格的监督机制

美国慈善事业的监督机制是美国慈善制度的重要组成部分。该机制由三部分构成：政府、国会和社会力量。美国慈善事业的监督机制，确保了美国慈善事业的正常发展。美国政府对于慈善事业的监管机制主要分为联邦、州和地方三个层级，其中联邦和州政府发挥着主要监督作用，主要针对慈善组织进行监管并相应提供信息、服务和其他支持。美国国会对于慈善组织的监管除了立法工作之外，其下设的机构中也有专门部门负责对慈善组织进行监督，作用比较突出的是联邦财务委员会和联邦贸易委员会。除了正式国家机关对慈善组织进行法律和制度层面的监督外，在慈善组织的活动过程中监督其是否履行公共服务职能，其中第三方监督机构和新闻媒体发挥着极为重要的作用，构成美国慈善制度中监督制度不可缺少的组成。三方监督机制为美国慈善事业的顺利开展提供了强有力的保障。

4)以民间慈善组织为主导

在美国，慈善组织凸显其民间性、非政府性和非营利性，在发展中遵循了自主规划、自主决策、自主管理、自主经营的模式。美国慈善组织完全公开透明，捐款、会员会费、管理人员薪酬、慈善开支去向都有记录，任何人都可查阅。美国的“慈善导航”网，对全国5500家知名慈善组织进行信息发布和评估，并按照各个指标评选出各类“10个最”慈善机构，如“10个规模最大的

---

① 李继真.美国慈善事业研究[D].济南.山东大学，2017.

② 张雪.我国慈善事业发展研究[D].保定：河北大学，2011.

③ 吴洪彪.国外慈善理论与实践对中国慈善事业的启示[J].中国民政，2012(7):30-31.

慈善组织""10个一贯最优秀的慈善组织""10个管理人员报酬最低的慈善组织"等[①]。

5)慈善文化氛围浓厚,民众参与度高

一个国家慈善事业的发达程度与该国社会中浓厚的慈善文化氛围息息相关。美国慈善事业发展迅速,浓厚的慈善文化氛围使得民众的参与度也大大提高。据美国年度慈善捐赠报告,2018年美国的慈善捐赠总额是4277.1亿美元,其中个人捐赠占捐赠总额的68%,虽比2017的占比70%有所下降,但依旧是捐赠的主力军;企业捐赠占捐赠总额的5%,基金会捐赠占捐赠总额的18%,较2017年有所上升;此外,遗产捐赠占捐赠总额的9%。

2. 英国

1)先进、完善、成熟的慈善法制

英国是世界上最早制定慈善法的国家。英国慈善法是相对独立的法律领域,既有多部成文的慈善法典(如《2006年慈善法》《2011年慈善法》),又有数不胜数的司法判例。英国慈善法制作为规制慈善组织的基本法律机制,在私法自治与公共利益维护之间维持平衡关系,既保障慈善组织的独立性,同时确保慈善组织所追求的慈善目的与公共利益的实现。其运行既体现在英国慈善法的基本原则之中,也贯彻于相关慈善法制度规则之中[②]。因此,英国慈善事业有法可依是其蓬勃发展的一个重要因素。

2)慈善事业独立于政府运作

英国的《慈善法》规定,慈善委员会是个独立的机构,政府部门或者议会成员不得以任何形式干扰或控制其职权的实施[③]。作为英国慈善事业最重要的一个非政府性质的公共部门,慈善委员会负责管理英国本土各种慈善机构,对慈善机构进行登记注册和监管,对全国各地的慈善机构进行管理和协调,提供各种咨询服务,它是英国最权威的慈善管理机构。

3)以政府和民间合作为主

英国的慈善组织既不是政府行政部门的组成部分,也不是独立的纯粹民间组织,属于政府—民间合作互动的关系。从英国产生慈善组织伊始,英国政府就十分重视与慈善组织之间的关系,为了推动英国慈善事业向前发展,英国政府每年都要投入巨额的资金到慈善事业中去,以进一步促进慈善事业发展[④]。

4)慈善商铺——英国慈善事业的主要筹款方式

慈善商铺遍及英国大街小巷,是普通群众最容易接触到的一种运营机构。这是一种不断发展壮大的捐助形式,也是当代西方国家尤其是英国慈善事业主要的运营模式及筹款方式。慈善商铺能够确保各种社会产品的循环利用,也保证了弱势群体的各种基本需求,是一个小规模但是高利用率的慈善机构[⑤]。

3. 新加坡

1)建立公众参与监管的机制

新加坡政府于2007年建立了慈善理事会网及"慈善团体"入门网站,旨在为公益慈善组织

---

① 刘植荣.国外慈善事业的管理[J].中国中小企业,2011(11):76-77.

② 王名,李勇,黄浩明.英国非营利组织[M].北京:社会科学文献出版社,2009:76.

③ 李德健.英国慈善法研究[D].济南:山东大学,2016.

④ 潘孟.英国慈善事业对我国慈善机构内部控制的启示[J].辽宁经济,2017(5):56-57.

⑤ 周彦旭.发达国家慈善事业发展模式及其启示[D].长沙:湖南师范大学,2013.

提供一站式电子化服务，把与公益慈善相关的信息集中在一个数据库里，有助于提高处理申请的速度及提高公益慈善组织的透明度[①]。这两个门户网站同时也是信息中心，便于公众行使知情权，了解捐赠情况以及反馈信息，不断提高慈善机构的公信力。

2）以政府为主导

由于受到英国政治与社会制度的影响，独立后的新加坡政府呈现“强势而高效”的姿态，社会管理方面处处都有政府的影子。作为隶属于社会服务全国委员会的慈善组织，理所应当地处于强势政府的干预之下，其管理模式形成了独特的政府主导型。新加坡慈善组织的运作主体是社会服务全国委员会。该委员会的正式组织成员数量在不断增加，且拥有了一定的规模。

4. 日本

1）慈善立法趋于整合化

从日本慈善性非营利组织立法的历史变迁来看，其经历了立法碎片化向立法整合化的演进过程，目前立法统合工作仍在进行中。从日本慈善性非营利组织立法的相关内容来看，1998年施行的《特定非营利活动促进法》详细规定了慈善组织、慈善活动及其税收优惠等问题，弥补了过去分散立法模式的不足，使日本慈善立法模式开始走向综合立法模式[②]。此外，日本的慈善立法明显地体现了培育和尊重非营利组织的立法理念。

2）慈善负责人的“全透明”

慈善组织在日本一般被称为“公益法人”。为了取得社会信任，日本慈善组织不仅要财务公开，负责人往往也要“全透明”。作为慈善公益机构的负责人，生活必须要全部透明化，接受社会媒体的公开监督，促使慈善事业发展的顺利进行。

（四）中国慈善事业发展

我国慈善事业的历史源远流长，自古已有仁爱的慈善理念和乐善好施的慈善行为，新中国成立以来，我国慈善事业经历了以下四个阶段。

1）传统慈善阶段（1949—1993年）

1949年新中国成立以来，受当时的政治条件、经济体制和社会基础等的影响，我国慈善事业发展较为缓慢，政府在社会救济和社会福利中发挥主要作用。自1978年改革开放以来，为了推动民间慈善事业的发展，我国分别于1988年颁布《基金会管理办法》、1989年颁布《社会团体登记管理条例》、1993年颁布《中华人民共和国红十字会法》，这些政策对我国慈善事业、慈善机构及其行为起到了直接规范的作用。

此阶段政府全面主导着慈善组织的运作，以官办基金会形式成立的慈善组织并不具备明确的法律地位，因而实际的社会活动能力不强，开展常规性的慈善活动较少。正值当时的经济发展水平较低，社会慈善氛围淡薄，公众的慈善意识不强，慈善的概念较为狭窄，慈善功能发挥仅限于赈灾救济，这一阶段的慈善事业发展速度缓慢。

2）现代慈善阶段（1994—2007年）

1994年中华慈善总会成立后，我国开始摸索现代慈善事业的发展模式和路径。1998年以来出台了《社会团体登记条例》《民办非企业单位登记管理暂行条例》《中华人民共和国公益事

---

① 刘智琳. 新加坡慈善组织管理对中国慈善组织管理的启发[J]. 经济视角，2012(6)：58－59.

② 谢琼. 国外慈善立法的规律、特点及启示[J]. 教学与研究，2014，48(12)：23－31.

业捐赠法》，鼓励社会力量参与慈善事业建设，为发挥慈善组织的作用、规范慈善组织的行为、保障慈善组织的权益提供制度支持。

进入21世纪以来，党和国家十分重视慈善事业的发展。2004年，党的十六届四中全会第一次把“慈善事业”作为建立健全我国社会保障体系的重要组成部分并写入了党的文件，紧接着民政部启动慈善法立法研究工作；2006年，中共十六届六中全会以文件形式明确提出要“逐步建立社会保险、社会救助、社会福利、慈善事业相衔接的覆盖城乡居民的社会保障体系”，要“发展以老扶老、助残、救孤、济困为重点的社会福利，发展慈善事业，增强全社会慈善意识”；2007年，十七大报告明确提出“要以社会保险、社会救助、社会福利为基础，以基本养老、基本医疗、最低生活保障制度为重点，以慈善事业、商业保险为补充，加快完善社会保障体系”，再一次强调了慈善事业作为社会保障体系的组成部分。此阶段政府支持慈善事业发展的政策力度逐渐增强，在探索现代慈善事业的发展中开始搭建慈善法律制度框架，逐步完善慈善事业政策体系，为社会力量的参与奠定了法律政策基础；同时，民间社会组织、慈善界等社会力量也积极地投身于慈善事业的发展，不断实现慈善手段的创新突破。在各方的共同努力下，我国慈善事业的发展基本形成了政府主导、社会力量参与的“慈善新格局”，慈善事业的发展焕然一新，同时加速推进慈善立法工作。

3)全民慈善阶段(2008—2015年)

2008年是中国慈善事业的“公益元年”，我国慈善事业发展进入了一个新的历史阶段。汶川地震后，民间慈善组织、志愿者及公民个人自发地到红十字会、团委等组织处进行注册登记，参与救灾活动，全国性的募捐、公益等慈善活动自发性、大面积、高频次地展开，我国慈善捐赠金额首次突破千亿元，并推动形成了基金会救灾网络，进一步提高了全社会的现代慈善意识和抗灾救灾的社会参与度，对慈善事业的发展起到了积极的推动作用。但在抗震救灾的过程中，混乱的慈善体制使部分慈善组织因被限制募捐，发挥的救灾作用有限。同时，捐赠善款被政府集中与对口援建资金混合使用，捐赠善款具体流向不明、透明度不高。2010年玉树地震，政府持续统筹救灾捐赠善款，民间的捐款资金及救灾物资仍需汇缴政府统一管理、统一接收。2011年的“郭美美”事件引发了社会公众对官方公益慈善组织及红十字会的质疑与不信任，我国的社会捐款连续两年下降且多流向民间慈善组织及基金会。2013年的雅安地震，政府统筹救灾捐赠善款这一规定有所松动，政府不再统筹社会募集资金，慈善组织有了更大的发展空间。慈善组织与政府关系经历了“慈善组织依附政府—政府集中统筹管理—政府和慈善组织合作”的变化。

2014年，全国人大内司委牵头起草慈善立法工作，社会各界积极提供相关材料及观点参与开门立法工作；同年夏天，“冰桶挑战赛”通过互联网风靡欧美及中国，以其“创新性、娱乐性、互联网化”等特征刷新了中国以往公益慈善的方式，互联网式的轻公益轻慈善为更多人的参与提供了可能。2014年11月，国务院制定新中国成立以来第一个关于慈善事业的纲领性文件《关于促进慈善事业健康发展的指导意见》，进一步规范了慈善事业的发展，加速了独立的慈善事业制度的建立，推动了我国慈善事业的健康发展，同时，也对我国慈善事业的发展指明了方向，提出了更高的要求，推动我国慈善事业的发展进入新阶段。

此阶段政府采取多种措施推动各地慈善事业的开展，社会各种模式的基金会相继成立运行，民间慈善组织和机构的数量与规模日益壮大，公民自发组织、参与到慈善捐赠、公益等慈善活动中，互联网为公益慈善提供了更多可能，“全民慈善”的社会现象进一步推动了慈善组织数量的增加和慈善服务的多元供给,政府、社会与公民个人合力创造慈善与公益共同发展的格局。

4)善经济阶段(2016 至今)

2016 年我国第一部真正意义上关于慈善的法律《中华人民共和国慈善法》的颁布,开启了属于慈善事业的法治经济新时代,慈善从社会的边缘走向社会的中心,逐步承担起经济和社会建设的使命。在《中华人民共和国慈善法》的引领下,慈善事业相关配套法律法规密集出台实施,慈善组织成立数量明显增加,多项慈善活动陆续展开,慈善服务的供需对接平台逐步建立,公众的慈善服务需求得到更进一步的满足。

我国经济客观上进入了"善经济"阶段,"善经济"就是要让善成为经济发展的内在需求。一方面企业必须履行社会责任,另一方面以人为本的服务业已经成为中国经济新的增长点。同时,机遇与挑战并存的新时代,也为我国慈善事业的继续崛起带来了历史性的发展机遇,赋予了慈善组织新的历史使命和责任。面向国内,慈善事业及慈善组织肩负着完成精准扶贫的国家使命,在助推社会经济发展、维护社会和谐稳定、推动社会保障事业的进一步发展、促进社会治理等方面发挥着越来越重要的作用;面向国外,慈善事业及慈善组织通过"一带一路"与沿线国家达成合作意向,推动中国慈善组织走出去,走向全球慈善舞台,同时也积极学习借鉴国外慈善理念及模式。另外,"互联网+"技术的兴起与成熟、社会组织逐渐与国际接轨、企业社会责任感逐步增强、公民参与社会意识觉醒等技术手段的成熟和社会现象的加强,都为慈善事业的进一步发展、慈善服务的创新提供了全新的条件与可能。

此阶段,慈善政策体系基本构建成,政府与民间慈善组织等社会力量形成密切配合,多渠道的慈善捐赠途径、多元化的慈善方式、法治化的慈善事业、多层次的慈善需求,以及慈善科技、慈善经济等新型概念的提出,都使慈善事业的发展彰显着新时代的特色。

总之,我国当代慈善事业和西方发达国家相比,虽然起步晚、底子薄、基础弱,但近年来取得了长足的进步。党的十七大明确了慈善事业在社会保障体系中的补充作用,在实践中不断加大对慈善事业发展的指导扶持力度,慈善事业组织体系进一步发展,服务能力进一步提升,发展环境进一步改善,社会公众的慈善意识不断增强,中国特色慈善事业发展格局初步形成。

然而,我国慈善捐赠总量与人均捐赠数量仍相对较少,慈善法规政策与慈善事业发展要求仍不相适应,公益慈善组织自身能力与承担的社会责任仍不相适应,慈善事业专业人才与公益慈善组织发展需求仍不相适应。因此,需要进一步完善慈善事业法规政策体系,促进公益慈善组织发展,加强慈善事业人才和志愿者队伍建设,不断拓展慈善资源,完善慈善事业监管体系,加强慈善文化建设。

四、商业保险

(一)概念和特征

商业保险(commercial insurance)是指通过订立保险合同运营,以营利为目的的保险形式,由专门的保险企业经营。商业保险是从萌芽的互助形式逐渐发展成为冒险借贷,又从冒险借贷发展成为海上保险合约,再发展到海上保险、火灾保险、人寿保险等,并逐渐发展成为现代保险,意大利是现代海上保险的发源地。

中国于 2009 年实施了《中华人民共和国保险法》,于 2015 年修正了该法,对商业保险做如下定义:"投保人根据合同约定,向保险人支付保险费,保险人对于合同约定的可能发生的事故因其发生所造成的财产损失承担赔偿保险金责任,或者当被保险人死亡、伤残、疾病或者达到合同约定的年龄、期限等条件时承担给付保险金责任的商业保险行为。"

商业保险是社会保障体系的重要补充制度，具有以下特点：①商业保险的对象可以是人和物（包括有形的和无形的），具体标的有人的生命和身体、财产以及与财产有关的利益、责任、信用等。②商业保险的经营主体是商业保险公司。③商业保险的经营要以营利为目的，而且要获取最大限度的利润，以保障被保险人享受最大程度的经济保障。④商业保险是通过保险合同来反映他们之间的保险关系，商业保险中保险双方当事人通过保险合同约定他们之间的权利和义务。按照合同规定，当被保险人发生意外时，保险人就要按照合同规定履行自身的义务，向被保险人赔付或者给付赔偿；而被保险人承担向保险人交纳保险费的义务。双方具有条件性、附和性、个人性、双务性、补偿性。

自20世纪70年代以来，世界各国普遍对社会保障体系进行改革，重新调整了政府、市场、个人三者之间的权利和义务，目的是通过市场效率来弥补政府不足和失灵。由于国情的不同，各国社会保障体系改革的方式方法存在一定差异，但发展的趋势基本一致：一是政府注重保证社会保障公平性，政府的社会保险财政给付责任减小，重点为所有公民提供基本的保障；二是政府通过政策引导，政府、市场和个人三者的保障责任逐渐趋于均衡，国家、企业、个人和家庭共同承担保障责任；三是注重发挥市场机制在社会保障领域中的作用，在当前流行的三支柱社会保障体系中，第二、三支柱大都以市场的方式运作，商业保险在其中发挥了重要的作用。

按照商业保险在社会保险中的地位来看，国外的商业保险可以划分为以下三种模式：①商业保险主导型，比较典型的国家是智利。智利在1980年推行了社会保障改革，其养老保险制度的核心是由劳动者个人负责养老问题，其基本内容可概括为：政府实施立法和监控，民营机构具体操作，个人账户强制储蓄，政府承担最终风险。保险费既可由用人单位在发放工资时统一扣除并代为交纳，亦可自己交纳。用人单位和雇主无须为职工支付保险费。目前有95%的智利人拥有属于自己"个人养老金账户"。通过这种方式，政府将对社会保障基金管理责任转移给了金融公司，政府责任被限定在比较小的范围内，而个人就必须更多地承担管理私人账户的责任。②商业保险边缘型，比较典型的是英国和北欧国家。其最大特征是以国家财政为保障基础，覆盖所有的社会成员，商业保险在社会保障体系中处于边缘地位。如芬兰等北欧国家，经过多年的实践和发展，现已经建立起一整套比较完善的社会保障体系，该体系覆盖范围广泛，包括教育资助、免费医疗、失业救济、老人照料、养老金支付、残疾人救助、单亲父母津贴、家庭和儿童保护等方方面面，十分细致周到，居民从"摇篮"到"坟墓"都会得到国家的关照，都由政府给予基本的保障。在这种方式下，社会保障成为政府对国民收入进行再分配的有力工具。该模式是带有浓厚的全民福利色彩、具有绝对公平特征的社会保障体系。③法定保险与商业保险混合型，比较典型的有美国、日本等国家，这个模式目前已成为世界各国改革的重要取向。例如日本，社会保险中的最大险种养老保险主要分为三大类：第一种是公共养老保险，称为原生年金；第二种是私营企业劳动者参加的养老保险，保险费按收入的定比例缴纳，政府补贴20%；第三种是国民保险年金，所有未包括在上述两种保险计划内的人都参加这一保险，主要是个体劳动者、农民等。又如美国的医疗保障体系主要由政府举办的社会医疗保障计划、雇主举办的团体医疗保险计划及个人投保的商业医疗保险计划等三个部分构成。

（二）商业保险的功能

1. 互助共济的功能

商业保险的发展有利于完善多支柱、多层次的社会保障体系，可以更好地满足人们多种多样的保障需求。现如今我国人口老龄化问题严重,"银发中国"的隐患越来越严重。随着人民生活水平的不断提高,人们对各项保障的要求也逐渐多样化,而商业保险的不断完善对此提供了客观条件。由于一些不可抗因素的存在,人类社会在发展和生活的过程中,不可避免地要遭受一些无法预知或无法抗拒的灾难,面对这样一些情况,人们需要尽可能地通过事先预防的方式做到防患于未然,所以现代社会保险制度的第一个功能就在于充分发挥了互助共济的优势,不仅依赖政府,同时参加保险的个人之间、单位之间也有互助的行为。

2. 对国民经济的促进作用的功能

商业保险的发展有利于优化金融资源配置,完善社会主义市场经济体制。众所周知,保险是社会经济发展的产物,而社会经济的持续、健康发展也必然会促进保险业的发展与完善。但在社会经济发展的过程中不可避免地要遇到通货膨胀、失业、疾病等现象,而且这些现象的发生也呈现出随机的特点,所以商业保险公司在运营的过程中必然要考虑到如何使公司收到的投保人缴纳的保费保值、增值,达到连续、不间断地为被保险人进行经济补偿的目的。比较广泛使用的方法即是通过对保险资金的投资运营,以此达到保险基金保值增值的目的。

3. 维护社会安定团结的功能

商业保险有应对各种灾害事故风险的优势,可以保障人们生命财产安全。商业保险虽然是以营利为目的而举办的,但基于资金给付和保险赔偿所派生出来的其他功能同样产生了促进社会安定团结的功能。商业保险的一些人身类险种通过对参加该险种并在生产生活中遭遇灾难和事故导致收入中断的人提供补偿,使其在一定时间内可以继续维持相对稳定的生活,或者是对于一些参加了财产保险的企业来说通过参保转嫁了自身可能遇到的风险,从而在遭遇意外事故时可以从保险公司获得补偿,以继续维持企业的持续经营。

(三)国外商业保险的发展

1. 美国

美国作为世界上保险业最发达的国家之一,是全世界保费规模最多、资产总额最大、市场主体最多、竞争最激烈的商业保险市场。其做法主要有以下几方面。

1)依托健全的市场机制

对保险资本实施开放型扩张战略,美国保险业与英国、德国等保险发达国家建立了良好的合作关系,既促进了国内保险市场的扩展,也有利于对外扩张。同时实施优胜劣汰,促进保险行业兼并重组和资源优化。美国拥有健全完善的市场经济体系,保险市场开放度高,行业进入门槛较低,竞争激烈,保证了市场主体的经营效率。放松监管政策,以 1999 年《金融服务法》出台为标志,对保险公司的监管从保险条款、保险费率、资金运用的严格限制逐渐转向为偿付能力监管①。

2)通过税收优惠促进商业保险行业的发展

合理确定可扣除项目,保证保险业税收与银行业税收的公平。分设寿险公司和非寿险公司征税体系,分险种纳税,给予关系国计民生、高风险的特殊险种政策性扶持。对小型保险公司予以税收优惠,对投资性活动的收益予以税收减免,如财产保险公司,允许扣除免税利息、投

① 张大龙.中国商业保险深化研究[D].长春:吉林大学,2010.

资性支出、不动产支出、业务开支、已付利息、折旧、资本损失等。此外,美国还对投保人给予一些税收优惠①。

3)完善的保险监管体系

保险监管体系包括商业保险监管法律、机构、信息披露、行业自律等制度。监管模式体现了保护被保险人利益、尊重市场竞争机制的特点:一是强调偿付能力。1871 年成立的全美保险监督官协会(NAIC)建立了在初始时段预警的保险监管信息体系,提高了对保险机构相关财务数据的管理和监督质量。二是混业经营下分业监管。长期以来银行被严格禁止从事保险、证券等非银行金融业务,20 世纪 70 年代后的金融监管制度改革以限制风险的监管方式取代限制竞争的监管方式,20 世纪 80 年代后,商业银行业务范围逐渐渗透进商业保险市场,1999 年,美国颁布了《金融服务现代化法》,废除了银行不得进入保险业的禁令,开启了金融业混业经营的监管方式②。

在养老、医疗保险领域,商业保险具体体现为养老金第三支柱——商业健康保险。美国政府于 1935 年颁布了《社会保障法》、1973 年通过了《健康维持组织法案》,强化了商业健康险在社会健康保障体系中的地位和作用。商业健康保险的经营主体呈多元化的倾向,其中不仅有专业的商业保险公司,也有非营利性组织。20 世纪 30 年代,首个真正具有现代意义的商业健康保险计划——美国"蓝十字"和"蓝盾"计划出台:全国性的蓝十字协会,承保范围主要为住院医疗服务;全美蓝盾计划协会,开展医疗保险服务,承保范围主要为医生出诊费用保险和手术费用保险。美国是政府补缺型医疗保障的典型国家,以商业健康保险为主导,以税收优惠等措施引导大中型企业为其雇员及其家属购买商业健康保险作为企业的福利待遇。同时强调落实税收法定原则,商业健康保险税收激励之纳税主体、课税客体、税基、税率也都恪守最为正式、规范、透明的法律制定程序。

2. 日本

日本商业保险制度经历了从严格管制向自由规制转变的发展历程。二战后,日本建立了政府严密控制下的金融监管体制。20 世纪 70 年代末,为发挥市场作用,日本政府逐步放宽经济上的监管尺度,并开始了商业保险自由化改革。2010 年日本正式实施《保险业法》,结束了日本仅在《商法》中设置保险章节而无保险法的历史。其做法主要有以下几方面。

1)建立健全完善的监管体系

(1)打造一体化监管模式,即由政府设立全国统一的金融监管权力机关,通过行政权对整个金融行业进行监管。

(2)强化保险公司内部的自我规制,自我规制不仅依赖于企业的职业道德,更依赖于自主规制团体的能力、权限及自主规制团体成员的商业道德。

(3)建立与完善商业保险信息披露制度,避免由于信息不对称导致的保险公司所有者与债权人利益受损情况的发生。

(4)加强对偿付能力的监管,《保险业法》颁布后,日本公布了偿付能力新标准的同时,金融厅积极参与金融行政的国际化和国际性规定的制定,采用国际会计标准及偿付能力监管标准,使本国商业保险行业发展与世界保险业发展同步。

---

① 刘少华.商业保险行业税收政策分析与改革研究[D].南昌:南昌大学,2007.

② 杨海山.我国商业保险监管制度研究[D].长春:吉林财经大学,2017.

此外，日本政府还加强经济规制，针对险种与费率的波动性容易使得保险公司陷入困境的问题，日本政府通过适时调整利率方式，来争取投保人的投保，以保障资产负债关系①。

2)推行介护保险制度

在养老、医疗保险领域，日本商业保险具体体现为养老金第三支柱，介护保险制度。日本介护保险制度的建立是以颁布的法律规定为基础的。日本《介护保险法》于1997年制定，2000年正式实施，以法律的形式强制规定年满40周岁的人必须缴纳介护保险费，国家和地方则给予一定的财政支持。日本的介护保险是集医疗、保健、养老以及福利为一体的社会保障制度的创新②。介护保险制度推动介护服务的市场化与产业化。一方面，《介护保险法》当中规定，介护服务领域完全向私人部门开放，民间团体在自由的竞争市场当中依照契约向利用者提供介护服务③。另一方面，尊重老龄者自我选择是介护保险制度的原则，被保险者自己以签订合同的方式来选择、决定利用何种介护服务。在2007年"COMSN"不法申请给付事件出现后，日本政府对服务提供者的指导监督体系建设特别重视：一是订立评鉴标准，建构委外单位自我评鉴体系；二是通过广泛多样人员评鉴的委外单位业务，以降低监督成本；三是通过相互牵制作用建构监督制度④。

(五)中国商业保险发展

我国商业保险的发展总体可以概括为以下三个发展阶段。

1. 起步阶段(1980—1993年)

这一阶段保险业处于从国有垄断到多元竞争的恢复发展期，保险市场体系还很不健全。1984年，中央财经领导小组做出决定，由中国人民保险公司经营集体所有制职工养老保险。在国民经济迅速恢复的十多年里，中国商业保险在灾害救助、防灾防损方面发挥了巨大的作用，尤其是在农村经济发展中承担了重要的社会责任。1982—1988年，从一定程度上来说，中国保险业已经成为社会保障体系的一个有机组成部分，并发挥了一定的作用。

2. 探索阶段(1993—2003年)

十四届三中全会《关于建立社会主义市场经济体制若干问题的决定》确定了建立多层次社会保障体系的战略方针，并明确提出发展商业保险作为社会保障的补充。这标志着商业保险被正式纳入中国社会保障体系的整体建设进程之中。这一阶段，中国社会保障体系的多支柱框架初步确立，商业保险在社会保障体系中的作用日益显现。在这个阶段中，人们对保险业在社会保障体系中所处地位的认识也逐步澄清，越来越多的人开始通过商业保险获得养老和医疗等方面的保障，中国商业保险开始进入快速发展时期。

3. 发展阶段(2003年至今)

十六届三中全会《关于完善社会主义市场经济体制的决定》明确提出，"鼓励有条件的企业建立补充保险，积极发展商业养老、医疗保险"，确立了商业保险业在构建中国社会保障体系中的重要地位。2007年党的十七大报告进一步指出，"加快建立覆盖城乡居民的社会保障体

① 刘畅，杨光. 日本商业保险制度改革评析及启示[J]. 经济纵横，2012(9)：110-112，120.

② 李青. 日本养老制度发展历程：从"国家福利"到"社会福利"[J]. 行政管理改革，2019(7)：93-99.

③ 周绿林，张笑天，和田康纪. 日本介护保险制度改革及借鉴[J]. 中国卫生经济，2013，32(12)：112-116.

④ 王磊，林森，赵晔. 日本介护保险制度改革及其启示[J]. 地方财政研究，2013(5)：75-80.

系，保障人民基本生活。社会保障是社会安定的重要保证。要以社会保险、社会救助、社会福利为基础，以基本养老、基本医疗、最低生活保障制度为重点，以慈善事业、商业保险为补充，加快完善社会保障体系”，商业保险开始全面地参与中国社会保障体系的建设，发挥出越来越重要的作用①。

改革开放以来，中国的保险业不断发展壮大，取得了一系列成果。初步形成了以国有保险公司为主体，中外保险公司并存，外资公司争相入市，多家保险公司竞争发展的新格局。根据银保监会数据显示，截至 2020 年 12 月全国保险公司原保险保费收入 4.53 万亿，其中财产险为 1.19 万亿元，人身险为 3.33 万亿元，人身意外伤害险为 1174 亿元，健康险为 8173 亿元，保险金额为 87099109 亿元。

本章小结

社会保障体系构成因国情不同其内容也有差异，受经济发展的变化和人口老龄化程度的加剧，世界各国逐步建立了多支柱的社会保障体系。中国的社会保障体系构成包括社会保险、社会优抚、社会救助、社会福利和补充保障，社会保险由养老保险、医疗保险、工伤保险、失业保险、生育保险、长期护理保险构成。补充保障包括企业年金、住房保障、商业保险和慈善事业，它是我国未来社会保障体系完善与发展的重要任务。

案例分析

世界最大社会保障网络越织越密

国外新冠肺炎疫情仍在肆虐，很多国家苦等疫苗而不得。与此同时，我国新冠疫苗接种剂次已突破 18 亿。

2021 年年初，14 亿中国人共同收到了这样一份“新年礼物”：我国将实施全民免费接种新冠疫苗，疫苗和接种费用由医保基金负担，财政对医保基金给予适当补助。有医保基金作为后盾，能够让 14 亿人免费接种上急需的新冠疫苗，这是我国社会保障体系不断完善的一个缩影。

新冠肺炎疫情防控期间，我国的社会保障制度构筑了人民健康的坚实保障网络，2020 年，各地及时将符合条件的受疫情影响困难群众纳入低保、特困人员救助共享、临时救助等保障范围，中央财政共下达困难群众救助补助资金 1483.97 亿元，各地医保部门向新冠肺炎患者定点收治机构预拨专项资金 194 亿元，全年累计结算新冠肺炎患者医疗费用 28.4 亿元，其中医保基金支付 16.3 亿元。

现如今，哪怕是在最偏远的乡村巷陌，哪怕是不识字的花甲老人，都知道在去医院之前摸一摸衣兜，确认一下有没有带上社保卡。这样一张社保卡，在约 960 万平方公里的大地上，在全世界人口最多的国土上，几乎做到了人手一张。这张卡涉及老百姓生活的方方面面，就业、养老、看病报销等 100 多项民生难题悄然化解。

看似寻常最奇崛，成如容易却艰辛。这是世界上覆盖人数最多的社会保障体系，这是“治国安邦的大问题”。党的十八大以来，我国基本养老保险参保人数增加到 10.12 亿，基本医疗保险覆盖 13.6 亿人，失业保险参保人数增加到 2.2 亿，工伤保险参保人数增加到 2.72 亿。

① 王琬. 中国商业保险的发展与社会保障制度建设[J]. 人口与经济，2010(6)：54－58，65.

6098 万建档立卡贫困人口参加基本养老保险，参保率稳定在 99.99%以上，基本实现应保尽保。一个旨在保障全体国民获得感、幸福感、安全感的中国特色社会保障制度体系初步建成。

从建党初期的民生主张到政策实践，从中华苏维埃共和国的社会保障初步探索到陕甘宁边区的社会保障工作，从抗日战争时期、解放战争时期团结一切力量的人民保障到新中国成立初期劳动保险制度的确立，从改革开放时期现代社会保障制度的积极探索到新时代世界上最大规模的社会保障体系建立，中国共产党领导下的中国社会保障对象不断扩大，保障项目不断增加，人民群众的获得感、幸福感、安全感不断增强，真正体现了中国共产党全心全意为人民谋福祉的建党初心和奋斗目标，以一百年的光辉成就，实现了中国人民的百年梦想。中国社会保障学会副会长、西北大学公共管理学院教授席恒撰文这样评价建党百年以来的社保成就：仅仅用几十年时间，我们走完了许多西方国家一百多年走过的历程，成功构建起具有鲜明中国特色的社会保障体系。

截至 2020 年末，我国社保卡持卡人数已达到 13.35 亿，覆盖 95%的人口和所有城市。这张全球最大的社会保障网还在不断织密，未来将“兜”住和保障每一个人。

（资料来源：中国社会保障学会）

思考：

1. 通过阅读案例，简述中国社会保障体系建立以来所取得的成就。
2. 请举例谈谈你对社会保障的认识。

复习思考题

1. 什么是社会保险？社会保险有哪些内容？
2. 中国基本养老保险的发展历程经历了哪些阶段？
3. 中国医疗保险制度改革有哪些问题？如何解决？
4. 什么是社会救济？社会救济有哪些特点？
5. 中国社会福利的制度变迁及阶段特点是什么？
6. 中国社会优抚的特点是什么？
7. 补充保障制度包括哪些内容？

推荐阅读书目

1. 邓大松，刘昌平. 社会保障管理[M]. 北京：中国人民大学出版社，2011.
2. 张民省. 社会保障管理学[M]. 北京：光明日报出版社，2010.
3. 杨燕绥. 社会保障管理[M]. 北京：人民出版社，2015.
4. 李春根. 社会保障理论与政策[M]. 上海：复旦大学出版社，2018.
5. 杨伟国，韩克庆. 中国人力资源和社会保障发展研究[M]. 北京：中国人民大学出版社，2020.
6. 杨翠迎. 社会保障学[M]. 上海：复旦大学出版社，2015.
7. 邓大松，刘昌平. 社会保障管理[M]. 北京：中国人民大学出版社，2011.
8. 邓人松，刘昌平. 中国企业年金制度研究[M]. 北京：人民出版社，2005.
9. 李超民. 美国社会保障制度[M]. 上海：上海人民出版社，2009.

第四章　社会保障制度模式

学习目标

掌握社会保障制度的类型概念

掌握社会保障不同制度类型的特征及优缺点

关键概念

投保资助型　国家福利型　国家保险型　强制储蓄型

第一节　投保资助型

一、概述

(一)概念

社会保障制度是国家通过立法制定的社会保险、救助、补贴等一系列制度的总称,是现代国家最重要的社会经济制度之一。这一制度以国家和政府为主体,依据法律规定,以社会保障基金为依托,通过集体投保、个人投保、国家资助、强制储蓄的办法筹集资金,通过国民收入再分配,对暂时或者永久失去劳动能力以及由于各种原因生活困难的公民给予物质帮助,保障其基本生活所需。现代社会保障制度起源于19世纪末的欧洲工业社会。1601年,英国女王颁行了世界上第一部《济贫法》,这是现代社会保障制度的萌芽。19世纪末,德国颁布的《疾病社会保险法》等一系列法案,标志着世界上第一个最完整的保险体系的建立。1935年美国国会通过了综合性的《社会保障法》,“社会保障”一词由此产生,它标志着现代社会保障制度的形成。

社会保障制度模式是指不同类型的国家在社会保障制度内容、水平与运行机制方面的共同特征。各国的社会保障理念受到其社会、经济、政治、历史文化等多方面的影响,因此,一国的社会保障模式也是由其社会、经济、政治、历史文化发展程度决定的。在不同的社会保障理念影响下,各国社会保障制度在内容、水平、运行机制上具有不同特点,但是,一般意义上的社会保障模式,在关注各国社会保障制度国别特色的同时,更强调不同类型国家社会保障制度内容、水平与运行机制方面的共同特征,社会保障模式并不等同于社会保障制度的国别特色,而更多注重于差异中的共性。社会保障制度模式是历史发展的产物,在其初步发展阶段,尽管各国的社会保障制度存在一些不同特点,但是在其内容构成、水平与运行机制方面尚未体现出明显的类型性。第二次世界大战后,社会保障制度进入全面发展阶段。西方国家把恢复、重建和发展社会保障制度作为缓解战后社会危机、促进国民经济恢复和发展的重要手段,亚洲、非洲、拉丁美洲的国家也都广泛地建立了社会保障制度。由此，基于不同社会、经济、政治、历史文化背景下的社会保障理念差别的类型性逐渐明显，在此基础上，社会保障制度逐步形成了不同的发展模式。目前，按照政府、企业和个人在社会保障制度中承担的不同责任，社会保障权利与义务的对等关系，以及社会保障给付水平的高低、财务制度的形式等标准，可以将世界各国实施的社会保障制度大体上划分为四种模式：投保资助型、国家福利型、国家保险型、强制储蓄型。

投保资助型社会保障制度，是指当前由德国、美国和日本等一些国家采用的以各种保险项目为主要形式的社会保障制度。其中心思想是为劳动者建立各种社会保障制度，并辅以社会救助和社会福利措施，以此来构建满足社会成员需求的较完备的社会保障体系。投保资助模式是最早出现的社会保障模式，因此也被称为"传统型"社会保障模式①。

(二)特点

1. 社会保障对象的"有选择性"

投保资助型社会保障模式的保障对象是"有选择"的，而非"全民"的，并不是所有的社会成员都被纳入社会保障对象。该模式对不同的社会成员选用不同的保险标准，并以劳动者为核心建立社会保险制度；不同人群、不同地区实行差别保障，社会保障缴费标准、给付水平都存在一定的差异性，不具有"统一性"与"普遍性"。

2. 社会保障基金来源的多样性

投保资助型社会保障模式强调劳动者个人在社会保险方面的责任，社会保险费由国家、雇主和劳动者三方负担，以劳动者和雇主的社会保险缴费为主，国家财政给予适当支持，即个人和雇主投保，国家资助。在这种社会保障模式中，企业、个人和政府都是责任主体，但在不同的社会保障项目中各有不同的角色：在社会保险中，企业和个人是主要缴税（费）者，政府只是最后责任人的角色；在社会救济、社会福利制度中，政府则是最主要的责任人。

3. 社会保障权利与义务的相对统一性

投保资助型社会保障模式比较重视社会保险中权利与义务的关系，强化自我保障意识，在一定程度上体现了效率原则。劳动者享受社会保险的权利与社会保险缴费的义务相联系，享有的社会保险待遇水平与社会保险缴费多少和个人收入情况相联系，权利与义务比较对等。

4. 社会保险基金的互济性

投保资助型社会保障模式的社会保险基金筹集模式采取现收现付制度，雇主和雇员的社会保险缴费只记录个人缴费情况，不建立以给付为目的的个人账户。社会保险基金在被保险人间统筹使用，特别是在代际间的转移支付，这既符合社会保险的大数法则原理，又体现社会保险的互助互济宗旨，基金筹集以现收现付为主。

(三)优缺点

1. 优点

(1)社会保险型社会保障模式与福利国家型模式和强制储蓄型模式相比，更好地体现了公

① 孙光德，董克用. 社会保障概论[M]. 北京：中国人民大学出版社，2000：15.

平目标与效率目标的统一。该种社会保障模式强调自我保障，强调社会保险资金的“自助性”，几乎所有的社会保险待遇的获得都是以个人缴费为前提的，强调权利与义务的相对统一。这种制度内在的激励机制促进了社会保障制度效率目标的实现。

(2)社会保险型社会保障模式一般采取现收现付制筹集保险基金，一代人的社会保障待遇(主要指养老金)由同时期正在工作的下一代人缴费支付，以支定收，实现当年收支平衡。这种社会保障模式实际上就是代际转移支付。老年人一般为社会的弱势群体，占贫困人口的较大比例。通过这种代际转移支付可以使老年贫困现象得到一定的缓解，有助于社会公平目标的实现。这种现收现付制筹资模式在社会保障制度建立初期，因支出规模小而负担较轻。

(3)劳动者享受社会保险的权利与社会保险缴费的义务相联系，体现了效率的原则；保险基金在成员之间统筹使用，也体现了保险互惠互济的宗旨。

2. 缺点

1)采取现收现付方式筹集基金的方式

社会保险型社会保障模式易受人口结构变化的影响，社会保险缴费率需不断调整。在人口老龄化加剧与就业比例下降时，缴费率过高会使企业和个人难以承受，因此，在人口年龄结构不平衡、人口迅速老化的国家或地区，实行该模式会使社会保障缴费率不断上升。由于该制度模式遵循当期收支平衡，缺乏必要的基金积累，因此，它难以适应人口老龄化来临时养老保险费用日益膨胀的需要，使未来的社会养老负担加重。

2)社会保险型社会保障模式容易产生代际间矛盾

社会保险型社会保障模式的长期项目是以代际转移方式运行的，即长期项目当期所需资金主要由在职职工和雇主分摊保险费。随着人口老龄化的加剧，在职职工的工资收入上缴社会保障税(费)的比例越来越大，缴费压力越来越大，缴费负担越来越重。如果不提高缴费率，虽可减轻在职职工的负担，却可能降低退休职工的福利待遇水平。因此，过重的社会保障缴费负担必将产生和激化代际冲突。

二、典型国家

(一)德国

采用这种模式的国家以德国最为典型，故其又称为“德国模式”。德国是世界上最早推行社会保障制度的国家之一。

1. 基本原则

德国社会保障制度确立迄今已有 140 多年的历史，其社会保障体系包罗万象，仅社会保险项目就有 100 多种。德国社会保障制度包括社会保险、社会救济、家庭补贴三个方面，其中以社会保险为核心内容。在市场经济体制下，建立德国社会保障制度的基本原则有三项：第一，社会保障要有利于发挥市场经济的作用；第二，社会保障要保持在收入再分配的合理范围内，以维护经济效率与社会公正二者的内在统一；第三，社会保障应由国家、企业和个人三者合理分担，将社会保障视为一个维护社会稳定的过程，并将国家担负的社会保障任务与每个人根据其能力自主决定命运的天然义务严格分开①。

---

① 和春雷. 当代德国社会保障制度[M]. 北京：法律出版社，2001：104.

2. 内容

1)养老保险

德国养老保险分为法定养老保险、企业养老保险和个人自愿养老保险三种模式,后两者又被称为"补充养老保险"。法定养老保险为德国的基本养老保险,具有强制性,是基础性的养老保障。目前,约80%～90%的老年人、伤残者和遗属的主要生活来源都依靠基本养老保险。除国家公务员外,所有工资收入超过最低限额的从业人员,都是法定养老保险对象。部分收入不高的独立经营者和自由职业者,也是法定养老保险人。与法定养老保险不同,企业养老保险采取"直接支付原则",即职工在工作期间积攒了多少企业养老保险,退休后就能得到相应数额的养老金。目前,德国的企业养老保险对劳动力的覆盖率已高达65%,成为养老保险制度中最重要的补充部分。自愿养老保险者主要是医生、律师、零售商等,他们不受法定义务保险的约束。一般说来,体力劳动者参加工人老年保险,脑力劳动者参加职员养老保险。受保人每月缴纳的保险费,最高不得超过工资计算限额的18%;如果受保人每月收入低于计算限额,保险费全部由雇主负担。2015年,德国法定养老保险、企业养老保险和自愿养老保险所支付养老金的比例大约分别为70%、20%和10%。

德国法定养老保险资金主要有两个来源:一是企业雇主和雇员缴纳的法定养老保险费,这是养老金的主要来源;二是政府的财政补贴。进入21世纪以来,德国已两次宣布调整正常退休领取养老金年龄。自2001年起至2012年,将女性60岁、男性63岁统一提高至65岁;自2012年起至2029年,从65岁逐步上调至67岁。目前,对于1947年1月1日至1958年12月31日期间出生的人,之前的65岁基本年龄门槛每下一年推迟一个月,对于1959年至1963年出生的人,每年推迟两个月。对于1964年1月1日之后出生的人,将适用67岁的基本年龄门槛。同时,提前领取养老金的年龄门槛也随着新的基本年龄门槛而调整。参保人低于法定退休年龄的,只要能证明35年符合条件的养老金缴费,就可于63岁起提前申领养老金,作为对较长养老金期限的补偿,在达到法定退休年龄之前的每个月,养老金减少0.3%,但如果已经缴纳45年的养老金,则无须减少。如果在达到申请条件后延迟申领,未领取的每个月养老金增加0.5%。

在德国享受养老金的条件主要是:①年满67岁的男性和67岁的女性投保人,分别交足15年和10年以上的保险费者,可以领取退休金。②年满60岁的男性投保人,如果在满60岁前的一年半时间里已失业52周以上,也可以领取退休金。③提前退休者、为教育照顾子女而退休者、在丧失就业能力前缴纳了15年以上保险费者,也可以享受退休金或丧失劳动能力养老金。公务员退休的最低工龄条件为10年,公务员养老金全部由政府财政负担,政府把这项支出列入国家年度财政预算。年满65岁、缴纳保险费在15年以上的农民,也可以申请领取养老金,但享受养老保险的农民必须把本人财产如农具、土地、场院等的一部分转给后代或他人。农民缴纳养老保险费和领取养老保险金的水平都相对低一些。

德国政府鼓励企业为其雇员建立补充养老保险,鼓励私人保险公司开展人寿保险业务,使部分投保人从工资收入中拿出一部分来,到私人保险公司中办理储蓄保险。这样,德国的养老保险实际上形成了一个由法定养老保险、补充养老保险、储蓄养老保险所组成的立体社会养老保险网络。

2)失业保险

根据德国的《失业救济条例》,失业保险属于强制性保险制度。失业保险的覆盖范围包括每个工资超过最低限制的雇员不论其工资高低，均有义务参加法定失业保险。但国家公务员和军人不是法定的失业保险对象。失业保险分为失业补助和失业救济两种。此外，还包括就业介绍、职业咨询、职业培训、职工教育、提供帮助就业的福利和康复福利，制定增加新的就业机会等措施。领取失业补助金的条件和办法是：法律规定没有工作或每周工作不到15小时即为失业，失业者在失业前的2年内缴纳了12个月以上的失业保险金，失业后亲自到联邦劳动局登记才能成为官方承认的失业者，并具有资格申请失业补助金，发放失业补助金的时间不超过1年（老年人为两年）。根据失业前净工资（扣除各种税收和社会保险费）和就业年限等情况，再套用相应的失业补助金等级，没有孩子的失业者一般可以领取到相当于失业前的12个月内平均每天收到的净工资60%的失业补助金，若有孩子一起生活，则可以领到67%的失业补助金。凡不具备领取失业补助金条件的失业者，可以申请领取基本求职者津贴（也称失业救济金Ⅱ或收入补助金），福利通常一次批准十二个月，再次申请需要再次证明仍符合福利要求。失业救济金Ⅱ或收入补助金由当地主管就业中心以每月固定费率现金补助的形式支付。自2021年1月1日起，确保单身人士或单亲父母的生活水平的福利（即所谓的标准要求）为每月446欧元。如果有几个人生活在同一个需求社区中，则标准需求如下：配偶、生活伴侣和其他同居伴侣每月401欧元；18岁以上适合工作生活在需求社区中的其他人，或25岁以下有资格领取福利但未经就业中心批准搬迁的成年人，每月357欧元；14岁以上直到19岁的青少年每月373欧元；7至14岁儿童每月309欧元，以及6岁以下儿童每月283欧元。

失业保险金有三个来源：一是依法征收的相当于雇员工资3.3%的失业保险金，由雇主和雇员各负担50%；二是雇主的“摊款”，即雇主参加互助会，并缴纳相应费用，当企业倒闭时由该互助会支付雇员的工资；三是政府财政补贴。

3）医疗保险

根据德国法律，在德国合法居住的每个人都必须有健康保险，这种健康保险是强制性的。德国的健康保险制度分为公共或“法定”健康保险和私人健康保险，根据2021年的最新规定，如果年收入低于64350欧元则只能且必须参加公共（法定）健康保险，但如果参保人是一名自由职业者，就可以选择退出法定保险并购买私人保险。年收入超过64350欧元的公民可以选择继续购买公共保险或转投私人保险，自营职业者、德国公务员和从事兼职工作且月收入低于450欧元的也在此列。在德国，大约90%的人参加了法定健康保险，一般而言，这种公共保险的费用为投保人工资的14.6%～15.6%，由投保人和雇主各自承担50%。法定医疗保险缴费基数设封顶线和保底线，由政府每年予以调整，收入高于封顶线以上部分不再征缴，收入低于保底线的人群可免除缴费义务，由政府予以代缴。

养老金领取者的医疗保险费由养老保险机构缴纳，失业补助金、失业救济金和家属补助金领取者的医疗保险费，由劳动局缴纳。在投保人及其家属生病或采取预防措施时，医疗保险提供费用或服务，以保障和恢复投保人及其家属的健康。承担的费用包括外科、内科和牙科的治疗、药品，以及无力支付的住院费用等。如果患病职工丧失工作能力，按规定发给病假费。患病期在6个星期内均由雇主照发工资，从第7个星期起病假费为正常收入的70%，每月最多3386欧元，最多支付78周。职工在住院或疗养期间，家庭可以得到补助。

2007年4月1日，德国政府出台了《SHI竞争法》，要求建立中央健康基金（central health fund，CHF）。CHF的建立改变了基金池规模和基金分配格局。以前，各疾病基金直接向雇员和雇主收取缴费并单独管理。现在，由联邦保险局管理的CHF统一负责收取法定医疗保险的缴费收入和政府补贴，然后基于 morbi-RSA 机制将资金划拨给下级各疾病基金，再由各疾病基金进行待遇给付并维持收支平衡。CHF 的建立意味着基金在全国层面分配，不同于调剂金模式下的局部基金在全国层面分配的做法。CHF 向各疾病基金划拨的资金包括四个部分：①用于支付标准报销目录的资金。其划拨金额是依据风险调整公式计算得出。从比例来看，大约占所有 CHF 总划拨的 92%。②用于支付管理成本的资金。其中一半的支付是按照人头付费计算的，另一半是基于风险调整公式计算的，大约占 CHF 总划拨的 5%。③用于自愿保险的资金。设定统一的人均支付标准，以资助自愿医疗保险报销目录。④用于疾病管理项目的资金。按照人均 152 欧元的额度划拨给各疾病基金，鼓励各疾病基金提供疾病管理项目。

4)工伤保险

德国的工伤意外保险涵盖因工伤事故和职业病造成的费用。工伤事故是指在执行保险活动(通常是雇佣合同中规定的工作)期间发生的事故，以及在往返于该保险活动的途中发生的事故(通勤事故)。职业病是指《职业病条例》所列的，由被保险人通过保险活动而感染的疾病。目前《职业病条例》列出了 80 种公认的职业病(清单与证明制度相结合)。投保人一旦发生工伤事故，保险机构应提供下列待遇：①补偿工伤事故给个人造成的经济损失；②工伤医疗费；③工伤补助金，即在工伤事故发生前工资总额的 80%，但不超过净工资；抚恤金，投保者的劳动能力损失 20%以上者可以获得该项补助，金额取决于工作适应性降低的程度以及在保险索赔前十二个日历月的收入，全额抚恤金等于 2/3 的收入；丧葬费；遗属抚恤金；孤儿补助(18 岁以下的儿童可以领取孤儿抚恤金，半孤儿有权获得每年 20% 的抚恤金，完全孤儿有权获得保单持有人年收入的 30%。如果孩子还在上学，养老金将一直发放到他们 27 岁生日截止)。此外，工伤保险还包括预防工伤事故和职业病措施，为投保者提供就业帮助等。

工人和雇员有强制性的国家事故保险，以承担工作事故的后果。自由职业者可以通过提供保险的专业协会自愿为工伤事故后果投保，需自已为自己供款。公务员(联邦、州和地方各级以及其他公共机构的雇员)由城市、社区、地区、州的意外保险提供者和国家联合会(意外保险基金、市意外保险和预防联合会)投保。法律规定：企业雇主有义务保证劳工的安全，企业应缴纳的工伤事故保险金全部由雇主独自承担。2019 年雇主的平均缴款为工资的 1.14%，呈现逐年递减的趋势。支付方式是雇主必须把工伤事故保险费缴纳到同业公会，由同业公会负责对发生工伤事故的投保者赔偿。

5)社会救济

德国的社会救济除失业救济外，还有对病人、残废者和老年人的救济。这类救济的申请者，或为维持最低生活，或是解决特殊需要，如残废人和老年人的旁人照料等。社会扶助分两类，即生活扶助和特别扶助。享受的条件是根据社会扶助的原则，只有自身没有能力和财力获得生活费的人才有资格享受社会扶助。扶助的内容包括食品费、生活费、燃料费及杂费等日常生活费。扶助的方法有短期津贴和长期津贴、普遍津贴和特别津贴等。

德国的社会保障依据雇员收入状况实行义务保险和自愿保险相结合。其中，义务保险占主要地位，收入未达到一定标准的雇员必须参加义务保险。德国社会保障制度是建立在义务保险和由第三者(包括政府在内)提供资助或补贴作为保险金来源的基础上的，实行的是现收现付资金筹集模式。

德国这种完善的高福利制度的优点是明显的。比如，它体现了社会保障制度的根本价值，即突出了社会公平，具有较强的社会共济功能。但近来其统收统支的统筹模式逐渐陷入困境，具体表现为：一是包括教育、养老、医疗等巨额福利预算项目大多数面向中产阶层，违背了“由富人向穷人”进行财富再分配的初衷。二是社会福利开支的猛增，造成了庞大的政府财政赤字，使政府不得不举债来维持“福利国家”的现状。随着人口老龄化的发展，这一问题将更加严重。三是高福利导致的高税收，增大了企业的生产成本，严重削弱了经济增长的基础。

（二）美国

20 世纪初，随着美国工业化的发展、人们生活水平的提高，人们对老年生活开始普遍关注。20 世纪 30 年代的经济大萧条，使美国老年人生活处于最困难的境地，社会退休金成了老年人的希望所在。1934 年，罗斯福成立了经济保险委员会，1935 年公布了《社会保障法》，1939 年增加了伤残保险和老年配偶养老保险。经过几年准备，在积累了一大笔基金后，美国于 1942 年付诸实施，开始支付退休金。50 年代美国经济有了很大发展，1965 年增加了老人医疗保险，1972 年又增加了残疾者医疗保险。自 20 世纪 30 年代建立保障制度以来，美国已逐步形成了庞大的社会保障体系。

1. 特点

1）社会保障制度充分强调“自助”

美国社会保障制度十分强调“财务自理”原则，其社会保障资金主要来源于个人在职期间的缴费，实行专款专用，社会保障基金纳入政府财政预算，个人社会保障待遇的高低与个人缴费贡献大小的关联度较高，具有商业保险下的权利与义务对等的特性。

2）社会保障基金来源多样化

美国社会保障基金由各级政府（联邦政府、州和地方政府）、企业和个人共同提供，养老金制度的资金主要来源于雇主和雇员缴纳的社会保障税，联邦政府主要提供退伍军人津贴和低收入家庭的“补充保障收入”以及“食品券”，州和地方政府主要支付公共救助、医疗补助以及对扶养有儿童家庭的补助，企业主要支付失业救济金和补充养老金。

3）社会保障管理多层次

美国联邦、州、地方各级都有社会保障管理机构，其社会保障制度实行以州政府管理为主、联邦政府支持的管理方式，管理权限尽可能下放到地方和基层。主要是举办项目、制定标准、颁布政策、筹措资金，具体的管理与服务则主要由州与地方政府基层机构承担。与此相应，社会保障基金的管理与运营严格分开，政府部门只负责监督，而保险基金保值增值在内的运营活动则由专门的经营机构进行。

4）社会保障水平差异较大

美国社会保障管理权利的下放，使州和地方政府拥有更多的自主权，但是，自主权使各州和地方政府负责提供经费的保障项目的待遇水平与该地区经济发展水平和税收水平相关，因此，美国各州公民所享有的社会保障待遇相差甚远。另外，美国社会保障制度的重点是老人和儿童，而对劳动力人口的某些需求没有考虑或考虑很少。美国的社会保障制度与其他发达国家最大的区别在于它没有社会医疗保险。这种制度安排不可避免地拉大了人们的社会保障水平差距，是造成贫富差距较大的原因之一。

5）社会保障的内容广泛，社会保障的主要形式是缴纳各种保险金[①]

在美国，社会保障内容涉及生老病残、衣食住行、工作学习、职业工种等各个方面，集保险、

① 范恒山．瑞典与美国的社会保障体制[J]．管理世界，1998(3)：9.

福利、安居和救济于一体，项目达数百种之多。但在覆盖面和保障水平上却不如欧洲国家的“福利型”模式高，如退休保险、失业保险等，只相当于工资的50%。保障资金的来源体现多方共同负担的原则，雇主与雇员都有缴纳保险税的责任。从支配层次上看，由国家财政直接支出和属于国家管理的社会保障费比重较大。

6)保障项目的参与实行强制性与自由选择相结合的原则

对于那些涉及人们生存与基本生活需要的保险如老龄、疾病与失业等项目，美国实行法律性的强制参与办法，对于其他项目特别是同少数高标准需要有关的保障项目则实行自由选择。例如：老年法定退休保险具有强制性、贡献性和福利性，退休和医疗保险基金有正常来源渠道，能自我调整。其退休金的收支是按照现收现付、收支平衡的原则确定的，根据人口老龄化的预测、退休费支出的需要，不断调整保险税税率，通过自我调整达到自我循环正常运转的目的。

7)采取相应措施应对老龄化

注重研究社会保障的管理与效率、保障目标与水平等问题，逐步提高保险税税率；退休金也要纳入个人所得税范围之内，把负担加在高收入者身上；适当降低各项福利待遇水平，使之不要紧跟工资水平的增长；利用退休基金搞投资经营，增加储备，减少年轻人的社会负担。

8)严格控制失业救济金发放标准和发放时间，以利于失业者积极再就业

联邦立法规定，由企业雇主缴纳失业保险税款，雇员不缴。利率由各州自行确定，全国不统一。救济金发放时间，大多数规定需经一周等待期后方可使用，最多支付26周。联邦法规定，在失业高峰期可延长合乎法定救济周数的50%，即最多追加13周。严格限制发放周数的目的在于促使失业者积极再就业。

2.内容

1)养老、残疾和遗属保险

美国养老、残疾和遗属社会保险制度一般涵盖雇员和独立劳动者，政府雇员、矿工有专门的养老保险制度，农民和其他人可选择自愿加入私营养老保险制度。公共养老保障基金的筹资采取现收现付制模式，基金来源于社会保障税(FICA，亦称为工薪税)，税率由1937年开征时的1%上升到目前的12.4%，雇主和雇员各缴纳一半，即6.2%，应税工薪有上限限制，2021年OASDI的最高工资基数是142,800美元。对于医疗保险部分，需要额外缴纳1.45%，且该部分应税工薪无上限。被保险人只要缴费满40个季度，达到正常退休年龄就可获全部基本养老金，投保人最早可以在62岁时开始领取养老金，若提前退休则减发养老金；延迟退休(但不得晚于70岁)则相应增加养老金。

公共养老金给付水平为21岁至退休时投保人平均收入的40%～50%，被保险人供养的亲属可享受被保险人年金的50%，被抚养的18岁以下未婚子女可获得50%的基本保险金。1940年，大约222000人每月平均领取22.60美元的福利。截至2021年10月，这个数字接近7000万。2021年的平均每月福利为1543美元(2022年的估计平均每月福利为1657美元)。

发展保险公司经营的自愿投保退休金保险，吸收闲散资金增强经济实力。美国的一些人寿保险公司除经营人寿保险、财产保险、死亡保险外，还大力经营集体和个人自愿投保性质的私人退休金保险，作为法定退休保险的补充。集体退休保险由企业雇主为雇员投保，根据企业经营好坏和雇员个人情况投保可多可少，雇员退休后逐月领取。政府通过对退休保险金免税手段予以支持，并用投资获取的利润，弥补因通货膨胀导致投保金额贬值，以保证退休者收入，增强对老年人的生活保障。

2)医疗保险

迄今为止,美国没有建立普遍性医疗社会保险制度,政府仅负担老人和穷人等特殊群体的医疗保障,官方提供的公共医疗保险很少,绝大多数为私人团体提供的各种私营商业医疗保险。美国医疗社会保险制度主要分为两类:一类是专门为老年人提供的医疗照顾,分为"住院保险"和"辅助医疗保险"两种。住院保险属强制保险,所有养老金领取者都必须参加;辅助医疗保险属自愿保险,65 岁以上的公民都可以参加。"住院保险"和"辅助医疗保险"均实行定额缴费制,联邦政府不对住院保险提供任何财政援助,仅对辅助医疗保险提供财政补助。另一类是专门向穷人提供的医疗补助,该制度由联邦政府和州政府联合开办,经费主要来自各州财政,因此,贫困患者得到的医疗补助差异较大。

多项调查表明,2013 年至 2016 年期间,由于《患者保护和平价医疗法案》(也称为"ACA"或"奥巴马医改")扩大医疗补助资格和建立健康保险交换,未投保人数有所下降。根据美国人口普查局的数据,2012 年美国有 4560 万人(占 65 岁以下人口的 14.8%)没有医疗保险。随着 2013 年主要 ACA 条款的实施,这一数字下降了 1830 万或 40%,到 2016 年降至 2730 万,占 65 岁以下人口的 8.6%。但在特朗普任期,这一数据又被逆转,美国疾病控制与预防中心报告称,未参保人数从 2016 年(奥巴马政府的最后一年)的 2820 万增加到 2019 年的 3280 万,增加了 460 万或 16%。2019 年,美国总人口约为 3.3 亿,其中 5900 万 65 岁及以上的人被联邦医疗保险计划覆盖。65 岁以下的 2.73 亿非机构化人员要么从基于雇主的(1.59 亿)或基于非雇主的(8400 万)来源获得保险,要么没有保险(3000 万)。2019 年,89%的非住院人口拥有医疗保险。

3)失业保险

美国失业保险制度实行强制性原则,绝大多数劳动者(包括国家公务员)都能享受到失业保险制度的保障。失业保险费由国家和企业分担,联邦法律规定,各州都应建立失业保险,否则,该州必须按雇员工资的 6.2%向联邦政府缴纳失业保险费。失业保险由联邦和州工资税提供资金。在大多数州,雇主在以下情况下缴纳州和联邦失业税:①他们在一个日历年的任何季度向雇员支付总计 1500 美元或更多的工资;②在一个日历年的 20 周内,他们在一周的任何一天至少有一名员工,无论这些周是否连续。一些州法律与联邦法律不同。失业保险税全部由雇主缴纳,自 2011 年 6 月起,联邦失业税法(FUTA) 将应税工资基数设定为在一个日历年内支付给每位员工的前 7000 美元工资,税率为应税工资的 6%。如果雇主向州缴纳税款以支持符合联邦标准的失业保险制度,他们可以扣除高达 90%的应付金额。按时缴纳州失业税的雇主可获得高达 5.4%的税收抵免,无论他们向所在州缴纳的税率如何。因此,净 FUTA 税率通常为 7000 美元的应税金额的 0.6%(6.0%~5.4%),每位员工每年的最高 FUTA 税为 42.00 美元。州法律决定了各个州的失业保险税率和应税工资基数。虽然 FUTA 规定每位员工的应税工资基数为 7000 美元,但截至 2020 年,只有亚利桑那州、加利福尼亚州和波多黎各使用此最低工资标准。各州间应税工资基数差异很大,华盛顿州使用的最高金额为 52700 美元。因此,各州失业税率的范围差异很大。例如,截至 2020 年,亚利桑那州失业保险的州雇主税税率为 0.05%~6.42%,加利福尼亚州为 1.5%~6.2%,马萨诸塞州为 0.94%~14.37%,俄克拉荷马州为 0.1%~5.5%。

联邦-州联合资助机制的一个例外是在 COVID－19 大流行期间创建的大流行性失业保险 (PUA) 计划,该计划完全由联邦政府资助。

4)工伤保险

美国没有全国统一的工伤保险法，联邦政府只负责联邦雇员、岸边和港口工人、矽肺病人和能源员工的工伤补偿，受雇于私营公司或州和地方政府机构的工作中受伤的个人的工伤补偿与美国劳工部无关，由各州对工伤补偿自行立法，实施强制保险制度。目前美国大多数州都采用商业保险模式，有四个州为垄断基金州①，即要求雇主必须从政府运营的基金中购买工伤保险，有19个州提供从竞争性国家基金购买工人赔偿保险的选项。

5)社会救助

美国社会救助方案较为复杂，公共救助体系包括补充保障收入，补充营养援助计划，妇女、婴儿和儿童特别补充营养计划，贫困家庭临时援助，对抚养儿童家庭的补助，医疗补助和公共救助。社会救助项目资金来源于联邦政府与州政府，但是州政府有较大的自主权，能够自行决定补助金额的多少，各州社会救助的标准相差较大。

第二节　福利国家型

一、概述

(一)概念与特点

福利国家型社会保障制度是指欧洲一些国家实行的由国家高度统一管理和支配的社会保障制度模式。采用这种模式的国家以英国、瑞典为代表。其主要特点有以下几方面。

1. 社会保障项目的“齐全性”

福利国家型社会保障模式的保障项目齐全，实行全方位社会保障。它涉及“从摇篮到坟墓”的一切福利保障项目，社会保障的目标不仅是使公民免遭贫困、疾病、愚昧、肮脏和失业之苦，而且在于维护社会成员一定标准的生活质量，加强个人安全感。

2. 社会保障对象的“全民性”与“普遍性”

福利国家型社会保障制度为全体社会成员提供保障，“全民性”与“普遍性”是这种社会保障制度模式的基本原则。这种模式下的各种社会保险制度，不仅仅局限于被保险本人，而且涉及被保险人的家属；不仅为被保险人提供一系列免费福利，也为其家属提供一定的免费福利。例如，福利国家的公民只要达到法定的退休年龄就可以领取基本养老金，在瑞典，全家只要有一人参加医疗保险，其家庭成员都可以享受免费医疗服务。

3. 社会保障权利与义务的“不对等性”

个人不缴纳或低标准缴纳社会保障费，社会保障开支基本上由企业和政府负担。这种社会保障模式按照统一标准缴费、统一标准给付，社会保障支出主要由国家税收解决。这种社会保障模式强调国家的主体地位，强调企业的社会责任，而忽略个人享有社会保障权利与应尽社会保障义务的对等性。在福利国家的公民看来，提供保障是国家的基本义务，而享有社会保障是公民的基本权利。

---

① 这四个州分别为北达科他州、俄亥俄州、华盛顿州和怀俄明州。

4. 社会保障标准的“高水平性”

福利国家型社会保障制度以政府负责、全民高福利为主要特征。该模式为社会成员提供了宽范围、高水平的社会保障，全面性社会保险制度和广泛而优厚的社会福利制度使其社会保障支出占国内生产总值的比例比较大，社会保障水平在世界上最高。养老金、医疗保障和失业保障等项目支出的增长速度一直快于 GDP 的增长速度，20 世纪 70 年代中期以后失业保障支出增长更快。

(二)优缺点

1. 优点

1)促进了经济的稳定与发展

瑞典 20 世纪 50—60 年代的公共福利支出扩张，带动了瑞典经济的增长，创造了瑞典经济的“黄金时代”，并促成为世人所瞩目的“瑞典模式”的出现。在战后到 1975 年之间，英国经济增长，穷人的绝对生活水准、健康标准、教育质量、住房质量以及残疾人群体的照顾等方面，都有了持续的提高，这些成就远远超过 30 年代的英国在这些方面所取得的成就，也超过 1975 年以后所取得的成就，这说明该时期英国“福利国家”政策的实施对社会经济有很大的促进作用。

2)缓解了贫困，稳定了社会

福利国家型社会保障制度以各种转移支付的形式直接向低收入阶层提供生活补贴，使这些国家的社会贫困问题有了较大的缓解。老人与儿童多为贫困人口，而瑞典养老金覆盖率为 100%，老年贫困人口不到 0.5%。贫困人口的减少有助于缓解社会矛盾、维持社会稳定。

3)缩小了贫富差距，促进了社会公平

高福利政策通过各种社会保险和社会救济政策使低收入阶层得到了一定的补偿，从短期看，解决了贫困人口的社会问题，从长期看，改变了社会结构，使贫困家庭的子女也有条件受到较好的教育，从根本上改变贫困问题。同时，福利国家型社会保障模式的运行需要政府的大量财力支持，而政府财力主要来自税收，高累进税率制度具有很大的再分配性，使社会贫富差距缩小，社会更趋于公平。

2. 缺点

1)公共财政支付压力大

福利支出增长普遍超过了经济和劳动生产率的增长速度，不仅造成财政不堪重负，而且还引发通货膨胀。“福利国家”的社会保障模式，是建立在生产力高度发达，高税收、高消费、高福利基础之上的，政府必须提供大量资金。20 世纪 80 年代中期，西方发达国家政府用于社会保障的财政支出占全部社会保障费用的比重平均为 14.5%，而英国为 56%，远远高于平均水平。瑞典的社会保障也是建立在高税收之上的，其基本养老金的 30% 由政府财政拨款。意大利的社会保障支出已占国内生产总值的 28%，居欧洲国家之首。目前，实行这种模式的国家由于包揽过多，支付标准过高，已陷入严重的支付危机，长期以来，实行福利国家型社会保障模式的国家的公共支出一直呈直线上升趋势，公共支出增长率远远高于同期国民收入增长率。为支撑高福利支出，这些国家税收的边际税率很高，但仍然满足不了迅速增长的公共支出需求。这些国家的财政状况日益恶化，导致财政赤字长期化。1951—1986 年，英国财政有 32 年出现赤字。1950—1980 年的 30 年间，瑞典财政赤字增长了 137 倍，财政赤字占到 GDP 的 12%。为了弥补巨额财政赤字，这些国家不得不大量举债，甚至不得不扩大货币发行，这直接导致物价急剧上涨。过高的通货膨胀又降低了人们的实际收入，使其高福利政策大打折扣。

2）挫伤了劳动者的积极性

“福利国家”的社会保障模式，由于社会保障完全由国家包下来，个人不交费，不利于培养职工自我保障的意识，高福利滋生了“福利病”。高福利政策促进了社会公平，但却损害了效率，挫伤了人们工作的积极性。福利待遇的“普遍性”与“统一性”，使人们努力工作与消极工作和不工作之间没有多大的区别，人们请假和缺勤所承受的收入损失很小，“大锅饭”现象相当严重。瑞典 1989 年出勤率只有 78%，英国略强一些，但 1980 年人均有效工作时间仍比日本少 200 小时。为了维持庞大的福利支出，福利国家不得不实行高税收政策，不仅造成私人、企业储蓄和投资能力下降，还导致参加工作所得在扣除税收后，同不参加工作而从社会保障中获得的各种津贴之间的差距大大缩小，助长了公民的懒惰情绪，严重影响了人们的工作积极性。

3）企业竞争能力削弱

福利国家型社会保障模式国家的企业的工资和为福利开支所支付的税收上升过快，产品成本迅速提高，不利于企业实行自主经营、参与市场竞争，也不利于劳动力流动。1974—1982 年，瑞典的工资水平比欧洲其他国家高出 30%以上。企业竞争力的削弱使总储蓄、总投资规模和技术进步严重受损，出现大量的逃税，造成资本和人才外流，经济资源和人力资源浪费严重，成为福利国家经济增长减慢的内在因素。除此之外，长期推行高福利、高消费政策，导致消费在国民收入中所占比重过大，造成投资萎缩，最终影响经济增长的速度。

二、典型国家

英国是福利国家型社会保障制度模式的典型国家。自 1948 年第一个宣布建立福利国家以来，英国已经建立起一套“从摇篮到坟墓”的社会保障体系。

1. 特点

1）社会保障项目的完整性

英国的社会保障制度涉及老年、疾病、生育、工伤、失业、残疾、贫困等各项社会问题，完整的社会保障项目使英国发展起“从摇篮到坟墓”的社会福利，人们在整个生命期间都可以从社会保障制度中受益，尤其是老年人、残疾人和儿童。

2）社会保障的普遍性取向

英国的社会保障待遇更多的是与公民权利联系在一起的，体现着国家与公民之间的直接关系。国民保险待遇与收入无关，无论被保险人缴费多少，都同样地享受定额待遇，在被保险人之间存在着明显的再分配。由于国民保险还提供受赡养人待遇，几乎覆盖了全体公民，其再分配性进一步延续到全社会。

3）社会保障承担家庭赡养责任

英国国民保险在待遇设计上的指导原则不是工资丧失的补偿，不是按照工资的一定比例支付待遇，而是考虑到劳动者的家庭赡养情况。国民保险待遇为被保险人承担了赡养家庭的责任，支付的保险待遇一部分是维持被保险人本人的生活，另一部分是维持受赡养人的生活。在英国，无论家长的收入如何，未成年的子女可以享受各种福利待遇。

4）政府的主体作用

英国的国民保险比较强调政府的责任，政府为社会保险提供了一定的补贴，国民保健服务、社会服务以及非缴费性收入支持保障项目的经费，基本都是由国家通过一般税收承担的。

国民保险直接由政府管理，成为政府一个庞大的部门。国民保健服务不仅在行政上由政府管理，医院也由政府举办，业务人员属公共雇员。

2. 内容

1)老年、残疾和遗属保险

英国国家养老保险制度涵盖全体公民的养老、残疾和遗属年金，包括基本养老金和补充养老金两种。国家养老保险制度的资金筹集采取现收现付模式，除来源于雇员和雇主缴费外，英国政府还对其提供了大量资金。凡是年满 65 岁(女 60 岁)的英国公民，按照收入总额不低于最低收入限额 52 倍的相关等级进行缴费，且缴费记录达到合格年限的受保人都可领取全额国家基本养老金。若没有缴纳足够合格年限的费用时，基本养老金按合格年限的相应比率进行支付。从 2010 年 4 月起，女性的年龄逐渐与男性相匹配，根据出生日期，男性和女性的退休年龄都将增加到 68 岁，并且不迟于 2046 年。2011 年的养老金法案修订了将国家养老金年龄提高到 66 岁的时间表。根据 2007 年的养老金调整(pension adjustment，PA)，提高到 66 岁的时间应在 2024 年至 2026 年之间生效。该法案提前了这一增长，以便男性和女性的国家养老金年龄将从 2018 年 12 月的 65 岁开始增加到 2020 年 10 月的 66 岁。由于将这一增长提前到 66 岁，1995 年 PA 中包含的到 2020 年 4 月将男女国家养老金年龄均等化为 65 岁的时间表也将加快，到 2018 年 11 月，女性的国家养老金年龄达到 65 岁。国家养老金包括三个主要部分——基本养老金、附加养老金和养老金信贷。

基本养老金：1951 年 4 月 6 日之前出生的男性和 1953 年 4 月 6 日之前出生的女性可领取基本国家养老金，最高金额每周支付 137.60 英镑(2021 年 4 月 12 日至 2022 年 4 月 10 日)。新国家养老金则支付给 1951 年 4 月 6 日或之后出生的男性，以及 1953 年 4 月 6 日或之后出生的女性。最高支付金额为每周 179.60 英镑(2021 年 4 月 12 日至 2022 年 4 月 10 日)。

附加养老金共包括三种计划：①渐进式养老金(graduated pension 或 graduated retirement benefit)，这是在 1961 年 4 月 6 日至 1975 年 4 月 5 日之间获得的。资格是基于支付一些固定的国民保险金获得的。渐进式养老金通常向有资格的人支付少量资金(每周 1 英镑左右)。②与收入相关的国家养老金计划(state earnings-related pension scheme，SERPS)，SERPS 从 1978 年 4 月 6 日开始到 2002 年 4 月 5 日结束。顾名思义，应付的养老金水平是通过国民保险缴款额与收入相关的。资格是基于每年超过收入下限(LEL)的带状收入。LEL(2006—2007 年度为每周 84 英镑/每年 4368 英镑)通常设定在与国家基本养老金计划(basic state pension，BSP)(84.25 英镑)相同的水平，并在 BSP 增加时增加。带状收入是指介于 LEL 和收入上限(UEL)之间的收入，在此收入上限下，雇员不再需要缴纳国民保险费(2006—2007 年度为每周 645 英镑/每月 2795 英镑，尽管 UEL 现在指的是减少国家保险(national insurance，NI)支付的门槛，而不是停止支付)。UEL 也是每年调整的。③国家第二养老金(state second pension，S2P)，S2P 于 2002 年 4 月 6 日引入。与 SERPS 一样，应支付的养老金水平与领取者通过国家保险缴款获得的收入有关。资格是基于收入达到或超过 LEL，但在收入达到较高的基数(2006—2007 年度为 12500 英镑/年)之前，不进行带状收入计算，称为低收入门槛(LET)。低于 LET(但高于 LEL)的收入将计入 LET。与基本国家养老金不同，参加附加养老金计划是自愿的，不想参加的可以解除合同。此选项于 1978 年与 SERPS 一起引入，仅适用于通过个人或职业计划进行替代养老金安排的人。在 2012 年引入的进一步变化将使 S2P 从“收益相关”变为“统一费率”养老金，个人失去退出的权利。

养老金信贷是英国养老金年龄人群福利体系的主要组成部分。它旨在补充英国国家养老金,或当申请人不符合申请国家养老金的条件时替代国家养老金。它于 2003 年由当时的财政大臣戈登·布朗在英国推出。它的存在经历了许多变化,但其核心目标是使收入有限的退休人员摆脱贫困。

除了国家养老金外,职业养老金、个人养老金,以及各类特殊养老金也在英国的养老保险体系中发挥着重要作用。

2)医疗保险

英国的国民保健服务(national health service)是政府通过一般税收筹措经费,按区域人口结合其他因素给国立医疗机构直接拨款,向全国所有的居民提供免费或价格极为低廉的医疗预防保健服务,门诊、住院以及妇女的分娩基本上都是免费的。这些系统 98.8% 的资金来自一般税收和国民保险缴款,以及一些服务的患者费用中的少量资金。英国医疗保险还提供疾病津贴,雇员连续生病 4 天,就可从雇主处得到病期津贴;其他被保险人必须参保 26 周以上,才能从国民保险得到病期津贴。津贴标准取决于被保险人的工资收入,领取医疗保险津贴的最长期限为 28 周(168 天),在领取医疗保险津贴期间,受益人还可从事有收入的工作。

3)失业保险

英国失业保险是国民保险的一部分,实行国家强制保险,费用由雇主和雇员共同负担,但是,对被保险人的收入有一定规定,如 1997 年规定,每周收入 62 英镑以上的雇员才能参加保险。失业者只要在最近 2 个纳税年度中的 1 年足额缴纳国民保险费(且缴费收入基数不低于应税周收入低限的 25 倍),或者最近 2 个纳税年度中每年的社会保障缴费的收入基数不低于应税周收入低限的 50 倍,就可领取最长期限为 52 周的失业保险津贴。对没有资格获得或者超过领取缴费型失业保险待遇期限的失业者,还可享受收入调查型失业保险待遇,但最长享受期限为 26 周。目前,英国的失业保险有两种支付方式:求职者津贴(jobseeker's allowance, JSA)和通用信贷(universal credit)。求职者津贴每年更改一次;对于 2020—2021 年纳税年度(从 2020 年 4 月 6 日开始),25 岁以上单身人士的最高应付金额为每周 74.35 英镑或 18—24 岁单身人士每周 58.90 英镑。夫妻双方都失业的规则更为复杂,但根据年龄和其他因素,每周最多可支付 116.80 英镑。对于那些仍在获得基于收入的 JSA 或正在获得通用信贷并且储蓄超过 6,000 英镑的人,每 250 英镑的积蓄每周减少 1 英镑,最高可达 16000 英镑。储蓄超过 16000 英镑的人无法获得基于收入的 JSA 或通用信贷。英国系统以前提供租金支付,作为称为住房福利的单独计划的一部分,但是对于大多数新的索赔人来说,这项福利现在作为全面的通用信贷计划的一部分支付。通用信贷是于 2010 年提出,2012 年立法确认的新型社会保障制度,与具有 100% 提款率的现有福利(如收入支持)不同,通用信贷旨在逐渐减少——如税收抵免和住房福利——允许索赔人从事兼职工作而不会完全失去他们的权利。该政策实施至今仍然面临许多问题和争议。

4)工伤保险

工伤保险也是英国国民保险的一部分,除独立劳动者被排除在外,所有雇员均享受工伤保险。工伤保险基金来源于雇主和被保险人缴纳的保险费,工伤保险津贴分为暂时伤残待遇和永久伤残待遇。英国没有类似于几个欧盟国家和美国所采用的工人赔偿法或计划。英国的健康与安全执行局(HSE)是负责处理或处理英国所有与工作相关的安全问题的政府机构。HSE 还建立了框架,规定了指导英国雇主和雇员遵守法律规定的工作场所安全规则和法规的方式和方式。在没有工人赔偿计划的情况下，雇主被迫按照 1969 年的雇主责任(强制保险)法获得雇主责任保险。尽管市场惯例会设定 5000000 至 10000000 英镑的范围，但它的最低赔偿限额为每次 5000000 英镑——尤其是对于风险更大的职业更高，例如从事石油钻井作业的职业。尽管如此，并非所有英国雇主都需要雇主责任保险。地方当局、联合董事会或委员会、国有化行业和附属实体、警察当局、由公共资金资助的组织、海上设施的船员雇主以及卫生服务机构或 NHS 信托基金可豁免。

5)社会救助

英国社会救助主要包括儿童津贴、求职者津贴、住房补贴、财产税补贴和社会基金。儿童补贴是一项免税、非缴费型、不需财产调查的补贴，任何在英国居住半年以上的居民(包括外国人)，如果家中有 16 岁以下的孩子，就可得到国家补贴。求职者津贴是在 1996 年 10 月 6 日开始实施的，是支付给那些失业者或者每周工作时间少于 16 小时并且正在寻找工作的人的津贴。住房补贴和财产税补贴都是免税的、无须缴费的补贴，但要进行财产状况调查。社会基金是提供给那些申请求职者津贴的人，以满足被认为超过日常生活的正常开支的“一次性”需要①。自 2012 年以后，这些社会救助方式正在逐渐被通用信贷(universal credit)所取代和合并。

第三节　国家保险型

一、概述

(一)概念与特征

1.概念

苏联是世界上第一个建立社会主义的国家，并逐步形成了国家保险型社会保障制度模式。随后，东欧和包括我国在内的亚洲社会主义国家，仿效苏联的做法，纷纷建立了国家保险型的社会保障制度。实际上，这类社会保障模式是就业保障型或单位保障型模式，其宗旨是“最充分地满足有劳动能力者的需要，保护劳动者的健康并维持其工作能力”。

2.特征

国家保险型社会保障制度的特征表现为以下几方面：

(1)强调国家和企业的责任，被保险人不承担任何责任与义务。这种模式的社会保险费完全由单位缴纳，个人不需要缴纳任何费用。但是，过高的支付水平使得企业无法担负起所有的给付水平，出现收不抵支时，由国家完全兜底。因此，保险费虽由单位缴纳，但最终的责任人仍然是国家，该制度模式特别强调的是国家的责任。

(2)社会保险待遇偏高，一般替代率为原工资的 70%左右。个人虽不需缴纳任何社会保险费，但却可以享受较高的给付水平。制度内成员与制度外成员之间的福利待遇相差甚远，制度内的社会成员及其家属享有一切保障，而制度外的社会成员几乎一无所有。

(3)保险待遇与就业高度相关，与缴费完全无关。社会成员无须缴费，只要是在国有经济

---

① 穆怀中.社会保障国际比较[M].北京：中国劳动社会保障出版社，2002：195.

部门就业，就可免费享受社会保障待遇，其直接赡养的直系亲属也可享受一定的免费待遇。受保人及其家属所能够享受待遇的高低与其工龄长短有关，与其所在的行业发展水平有关，而与个人缴费无关，与单位缴费多少无关。

(4)社会保障部门发展不平衡，社会保障资源“浪费”与“稀缺”并存。国家保险型社会保障模式在国有经济部门发展比较成熟，提供的社会保障项目繁多、保障水平很高；而在非国有部门一片空白。社会成员的社会保障待遇差异极大，一部分人享受过度的社会保障，保障资源浪费严重；另一部分人严重缺乏保障，保障资源匮乏。

(二)优缺点

1. 优点

国家保险型社会保障制度是计划经济体制下的产物。该模式对各个国家的社会主义建设与发展起到了积极的作用，它保证了劳动力再生产的顺利进行。实行国家保险型社会保障制度的国家，普遍推行充分就业的政策，而且国有经济在国民经济中占有绝对统治地位，因此，这些国家的公民在国有经济部门中的就业比例极高。社会成员一旦就业，就会自动加入被保障者的行列，本人及其家属可以享受到各种社会保障待遇。例如，生病可以享受免费医疗，伤残可以领取抚恤金，年老可以领取退休金。这些待遇的享受，个人无须事先缴纳任何费用，保险费由单位负责，国家对社会成员的保障待遇承担完全责任。这种社会保障模式很好地解决了劳动者的后顾之忧，为维持劳动力再生产的顺利进行提供了充分保证。

2. 缺点

1)与就业相关联

这种模式本质上是一种就业保障，拥有工作就等于拥有一切，失去工作就等于失去一切。而计划经济下的充分就业政策，使国家保险型社会保障模式缺乏失业保险项目。这种模式在计划经济体制与充分就业的政策下有其生存空间，但是在实行国家保险型社会保障模式的国家中，伴随着经济体制改革的步伐，市场经济逐步取代计划经济，失业政策逐步取代充分就业政策，隐性失业逐步转化为显性失业，失业问题凸现，原有的社会保障制度缺乏失业保险，难以满足社会的需要。

2)忽视效率

国家保险型社会保障模式完全遵照“按需分配”的原则分配社会保障资源，注重了公平，而损失了效率。这种模式是按照社会成员的需求设立项目的，是按照社会成员的需要分配社会保障基金的，忽略了社会保障机构的供给能力，忽略了被保障者个人的贡献大小。这种模式增进了劳动者的福利，解除了劳动者的后顾之忧，很好地维护了社会公平，国有经济部门的每个就业者都享有平等的、无须缴费的社会保障权益。但是，过分强调公平权益一方面容易造成制度内成员对保障资源的严重浪费，另一方面又不利于激发劳动者的工作积极性，社会经济效率极低。

3)覆盖面狭窄

国家保险型社会保障模式的覆盖面比较小，仅限于就业劳动者，保障对象主要是国有经济部门的雇员。经济体制的改革使这些国家的非国有经济在国民经济中所占的比重逐步增加，非国有经济的地位逐步提升，越来越多的社会成员在非国有经济部门就业，国家保险型社会保障模式的覆盖面较窄的问题日趋严峻。如果继续采取这种模式，既不符合社会保障的普遍性原则，又加重了

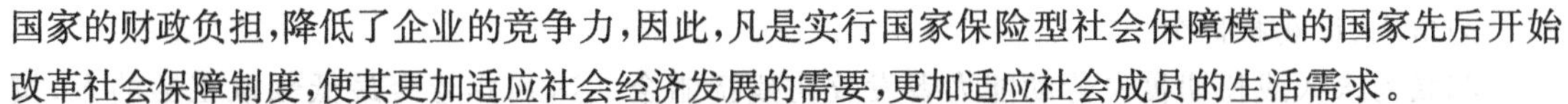

国家的财政负担,降低了企业的竞争力,因此,凡是实行国家保险型社会保障模式的国家先后开始改革社会保障制度,使其更加适应社会经济发展的需要,更加适应社会成员的生活需求。

二、典型国家

(一)苏联

十月革命胜利后,经过几十年的努力,苏联的国家保险型社会保障制度逐步趋于完善和成熟,并被其他社会主义国家所仿效。

1. 特点

1)城市覆盖面广,农村人口被边缘化

在计划经济体制下,苏联国有和集体所有制在经济成分中占据绝对主导地位,因此,与之相对应的社会保障制度覆盖所有在国有制企业和集体农庄工作的职工和他们的家属。但是,农村人口被排除在社会保障覆盖范围之外,城市与农村人口享受的社会保障待遇相差悬殊。

2)个人不承担任何社会保障责任和费用,所有费用由国家和企业负担

社会保障基金来源于国家预算(占比93%)和集体农庄集资(占比7%)两部分。其中,国家预算部分又包括全苏联国家预算(占比10%)、国家社会保险基金预算(占比37%)和各加盟共和国预算(占比50%左右)。国家社会保险基金来源于企业、机关的社会保险费和国家预算拨款,主要用于支付养老金、各项抚恤金和补助金;全苏联国家预算和各加盟共和国预算主要用于支付现役军人养老、残疾人抚恤金、全苏联功勋优抚金、残疾军人抚恤金、残疾人教育支出、养老院、残疾人优惠服务等项目的开支。各项社会保障费用分别列入国家财政预算和企业成本,这种由国家和企业包揽一切的社会保障体制,导致国家和企业负担过重。

3)社会保障给付水平较高,且与缴费无关

凡是工作5年以上、达到退休年龄的职工,就可领取低额养老金。对永久性或长期性失去劳动能力的职工除支付伤残抚恤金(最高可达到养老金的100%)外,还向其供养的家属支付家属补助。遗属抚恤金的支付甚至可超过赡养人工资的100%。养老金的工资替代率较高,平均为65%,与退休前的工资水平成反比,退休前工资越高,养老金的替代率越低;退休前工资越低,养老金的替代率越高。

4)在充分就业政策取向下缺乏失业保险

长期以来,以苏联为代表的社会主义国家普遍认为失业问题是市场经济的特有现象,计划经济实行劳动者充分就业的政策,因此,苏联的社会保障制度根本没有涉及失业保险问题。

2. 内容

1)养老金

苏联劳动者只要工作一定年限(男性25年以上、女性20年以上),达到一定的年龄(男性60岁、女性55岁)就可以领取养老金。从事特殊工作的工人与职员,退休年龄和工龄可分别下调10岁和5岁;在边远地区工作的人员和一些特殊人员可提前5年退休;此外,拥有5个孩子的母亲以及盲人,也可降低享受养老金的条件。养老金的替代率与退休前的工资呈反向关系,一般介于50%~100%之间,平均水平为65%。退休人员每延长工作1年,加发10卢布的养老金,最高限额为40卢布;在同一部门连续工作15年以上者,加发10%养老金,连续工作25年以上者,加发20%的养老金。

2)伤残、遗属抚恤金

苏联为永久或长期丧失劳动能力者发放伤残抚恤金。达到养老金最低领取工龄的人,按100%的养老金发放伤残抚恤金;没有达到养老金最低领取工龄的人,按90%的养老金发放伤残抚恤金。对伤残者所供养的家属发给家属补助,其中供养2人者每月补助10卢布,供养2人以上者每月另加10卢布。对需长期护理的伤残者,每月发放15卢布的护理补助。苏联还为死者的直系受赡养人提供遗属抚恤金。其中,遗属为1人者,每月可领取相当于赡养人工资65%的遗属抚恤金,2人者为100%,3人以上者为110%。若被保险人连续工龄满10年者,这项津贴可加发10%,满15年者可加发15%。

3)各类补助

补助主要包括疾病补助、医疗补助、生育补助和贫困家庭补助。国家职工和集体农庄庄员在生病时可领取相当于工资的50%~100%的疾病补助。医疗补助是由政府卫生机构直接向被保险人及其供养的家属提供的各项医疗服务。生育补助是向产妇提供的现金补助,补助标准为产妇工资的100%,发放期限为产前8周和产后8—10周。贫困家庭补助是对人均月收入不足50卢布的家庭提供的现金补助,每个孩子每月可获得12卢布的补助。此外,苏联政府还提供母亲补助、照料婴儿补助、军人子女补助和先天性残疾补助等社会保障项目。

(二)改革前中国的国家保障制度

1949—1986年,中国一直实行国家保险型的社会保障制度,其主要由国家保障、城镇单位保障和农村集体保障三大块组成,其中城镇单位保障是社会保障制度的主体,国家保障和集体保障起辅助作用。

1.特点

1)国家负责,单位包办,个人不承担任何责任与义务

各单位直接承担着本单位职工的各项社会保障费用,导致企业负担沉重,国家只好通过财政补贴的形式,直接向国有企业输血,可见,国家才是该制度的最后责任人。同时,无论是城镇还是农村,居民所有的生活保障事宜都必须通过单位组织获得,各项社会保障的事务由单位包办。国家和单位承担了社会保障的全部费用和责任,而个人无须缴纳任何费用,无须承担任何直接的责任与义务。

2)城乡社会保障制度差异较大

在城镇,从退休金到疾病医疗,从住房福利到教育福利,从就业安置到贫困救助,从价格补贴到职工食堂等,社会保障项目无所不包,给城镇劳动者及其家属提供了一种高福利保障。而农村社会保障项目较少,主要保障项目——合作医疗制度与五保户供养制度随着生产经营体制的转变,也逐渐衰退下来。

3)社会保障与就业紧密相关

在计划经济体制下,中国长期奉行的是“高就业、低工资、高福利”的政策。因此,真正体现城镇居民生活水平的不是工资收入,而是福利待遇。在城镇,可以说拥有了工作就拥有了一切生活保障。

4)社会福利“早熟”与“缺位”并存

机关事业单位的“单位福利”和国有企业的“企业福利”远远超出了当时中国经济的发展水平,呈现出福利“早熟”性;城镇集体企业和农村社会保障项目极少,“缺位”现象严重,社会保障

水平极低，远远滞后于经济的发展水平。

2. 内容

1)城镇单位保障

这种单位保障一方面体现为职工劳动保险。20 世纪 50 年代初，政务院颁布的《中华人民共和国劳动保险条例》规定，职工在疾病、伤残、生育及年老时可以获得必要的物质帮助，其所供养的家属也可享受一定的保障。保障对象为国有企业和集体企业的职工，城镇居民一旦拥有了工作，本人及其家属的生、老、病、残、死各项事宜均有保障。企业职工的退休养老经费来源于企业生产收益，并在企业营业外列支。职工达到一定的年龄和工龄(男性 60 岁、25 年工龄，女性 50 岁、20 年工龄)就可退休养老，按企业工龄的长短领取退休养老金，退休金的工资替代率为 50％～70％。职工生病期间可以享受劳保医疗，半年内按工龄的长短领取个人工资的 60％～100％的病假工资，半年以上者领取个人工资的 40％～60％的救济金。职工供养的直系家属生病治疗时，手术费和药费由企业和个人各负担一半。另一方面体现为职工集体福利，包括福利设施、职工住房、福利补贴、文化体育设施等，其中住房福利是城镇职工最大的福利待遇。每个企业都为自己的职工提供低租金的住房福利，许多企业都有自己的幼儿园、小学和中学。

2)国家保障

国家保障是指在国家政策统一管理下，资金主要来源于政府财政拨款，由政府部门直接管理的社会保障项目。具体包括以下项目：①机关事业单位工作人员的养老、医疗和住房保障。覆盖所有的国家机关事业单位从业者及其家属。机关事业单位人员年老可以领取退休金，生病可以享受公费医疗；退休养老经费和公费医疗经费来源于国家财政拨款。②城镇居民价格补贴，覆盖所有城镇居民。③军人养老、医疗保障，覆盖所有现役军人，并为军烈属提供抚恤金。④由民政部门向无依无靠的城镇孤老残幼提供救助。⑤农村救灾和贫困救济，原则上覆盖所有农村居民，实际上仅有不到 5％的农村居民获得救助。

3)集体保障

这是为农村居民提供的社会保障，经费来源于社队的统一提留。集体保障主要包括两项：①合作医疗。合作医疗采取社员出“保健费”和生产合作社提供“公益金”补助相结合的办法。合作医疗曾经覆盖了 95％以上的农村人口，对解决农村缺医少药的状况、提高农民的健康与生活水平做出了突出的贡献。但是，随着 20 世纪 80 年代初人民公社的取消，传统合作医疗制度逐渐衰落。②五保户供养。“五保户”制度是专门为农村无依无靠的鳏寡孤独者提供吃、穿、烧、住、葬五方面的社会救助制度。对“五保”对象，采取集中供养(敬老院)与分散供养(专户赡养)两种形式，经费主要由乡镇统筹解决。

第四节　强制储蓄型

一、概述

(一)概念与特点

1. 概念

强制储蓄型社会保障模式是一种由国家强制推行的自我储蓄的社会保障制度。一些新兴工业化国家和发展中国家采用了这种自我积累型的社会保障制度，尤其以新加坡的中央公积金制度和智利的储蓄积累制度最具有代表性，其区别在于新加坡是“国营强制性储蓄积累型”社会保障模式，而智利是“民营强制性储蓄积累型”社会保障模式。

2. 特点

强制储蓄型社会保障模式的特点主要有以下方面：

1）实行强制储蓄

所有公民只要拥有薪金收入，就必须依法按工资收入的一定比例缴纳社会保障费，并自动成为该制度所覆盖的会员。各国具体实施时有所不同，例如，新加坡强调劳资双方共同缴费，企业负担较重；而智利则实行个人负担，雇主不需要缴费，企业负担较轻。

2）采取基金积累制度，而不是现收现付制度

无论是雇主缴纳的保险费，还是雇员缴纳的保险费，均完全计入相应的个人账户，实行完全积累。每个人为自己未来的保障需求自我储蓄，个人账户间的资金不可转移支付，某些国家允许家庭成员之间相互填补账户缺口。

3）给付方式采取既定供款制度，而不是既定给付制度

给付水平的高低取决于个人账户的积累，即取决于供款和投资收益，而不是社会保障制度对社会成员的承诺。会员所享受的待遇，只能在其个人账户总金额以内支付，因此，会员有可能面临保障水平不足的风险。

4）强调效率，忽视公平

强制储蓄型模式把个人享受的待遇和自己的努力与存款的多少紧密地联系在一起，具有很强的激励作用。然而，不具有代际和代内的再分配性。政府通常很少提供财政补贴，这在一定程度上推卸了政府在社会保障中应尽的责任。

（二）优缺点

1. 优点

（1）这种模式具有累积性和增长性，资金供给比较稳定，在经济波动中表现出较强的抵抗能力。它能够有效解决社会保险基金保值增值问题，减轻国家的财政负担。新加坡等国公积金的国营化管理，把资金引导到政府控股公司的股票、政府债券及政府批准的其他投资工具上来，保证了公积金的安全性和保值性；而智利等拉美国家的社保基金实行民营化管理，获得了较高的投资回报率，降低了会员的缴费率。

（2）社会保障制度的发展能够带动国内市场的发展。新加坡中央公积金是基础设施投资的主要来源，该制度很好地解决了国民的住房问题，实现了新中国成立初提出的“居者有其屋”的理想；而智利社会保障基金由私营机构运营，促进了国内储蓄率的提高和资本市场的发育，较高的投资回报率使该制度在世界上掀起了一场社会保障私营化的浪潮。

（3）强化了公民的自我保障意识，减轻了国家的财政负担。无论是国营化管理还是民营化管理，社会保险基金完全来自个人的储蓄，给付水平的高低完全取决于个人以往的劳动报酬和劳动贡献，对个人具有很强的激励作用，很好地调动了劳动者的工作积极性和储蓄积极性。政府通过强制社会成员为自己未来的保障需求进行储蓄，减轻了国家财政负担，同时还使个人克服了短视行为，每个人都为自己的未来需求提前进行准备，积累了大量的资金以满足自身的需求。

2. 缺点

强制储蓄型社会保障制度拉大了社会成员之间的福利差距。强制储蓄型社会保障模式在强化储蓄积累功能的同时，弱化了再分配功能，使社会保障制度偏离了“社会共济”方向。在这种社会保障模式下，个人账户以雇员工资收入为基数计算缴费比例，工资基数越高，缴费越多，投资后获取的利润也相应越高。因此，低收入者最终所能获取的福利水平相对降低了，高收入者的福利水平相对提高了。该模式不仅不具有再分配性，而且还拉大了社会成员之间的福利差距。虽然有利于树立职工自我保障的意识，充分体现权利与义务的统一，但这种模式缺乏社会统筹，不能发挥社会保障的调剂互助功能，是一种初级的原始的社会保障制度。

二、典型国家

（一）新加坡

新加坡的中央公积金制度（central provident funds，CPF）建立于 1955 年，是通过政府立法强制个人储蓄，采取完全积累模式的一种社会保障制度。该制度最初只是一种简单的养老储蓄制度，后来，随着社会经济的发展和人们收入水平的提高，逐步发展成综合性的包括养老、住房、医疗在内的制度。会员除在达到退休年龄时才能领取养老金之外，退休前还可以在特准范围内用公积金购买住房、支付医疗和教育费用等。

新加坡法律规定，所有公共部门和私人部门的雇员强制性参加中央公积金制度，由雇主和雇员共同缴纳公积金，每月最高缴纳限额为 1200 新元，政府几乎不承担补贴责任。55 岁以下投保人的公积金缴费率为月工资的 37%，其中雇员负担 20%，雇主负担 17%，公共部门雇员由政府负担；55—60 岁者（含 55 岁）的缴费率为 28%，其中雇员负担 14%，雇主负担 14%，公共部门雇员由政府负担；60—65 岁者（含 60 岁）的缴费率为 18.5%，其中雇员负担 8.5%，雇主负担 10%，公共部门雇员由政府负担；65—70 岁者（含 65 岁）的缴费率为 14%，其中雇员负担 6%，雇主负担 8%，公共部门雇员由政府负担；70 岁以上者的缴费率为 12.5%，其中雇员负担 5%，雇主负担 7.5%，公共部门雇员由政府负担。新加坡的公积金个人账户分为普通账户（ordinary account）、医疗储蓄账户（medisave account，又称为健保账户）和特别账户（special account）三类。公积金缴费的 75%存入普通账户，15%存入医疗储蓄账户（34—44 岁者为 17.5%，45 岁以上者为 20%，最高存款额为 2 万新元），10%存入特别账户。会员年满 55 岁后，个人账户结构发生变化，由三个账户转为退休账户（retirement account）和医疗储蓄账户两个账户。雇主本人和自雇者自 1992 年起也被强制性要求参加公积金制度，其公积金缴费全部由个人负担。同时，在新加坡领取薪金的外国雇员也必须参加公积金计划①。

据中央公积金局统计，1955 年中央公积金会员只有 18 万人，到了 2006 年公积金个人账户拥有者已高达 310 万人，占人口总数的 86%，截至 2021 年第三季度公积金个人账户拥有者为 410 万人；1996 年，公积金存款总额达到 725.67 亿新元，是新加坡 1965 年独立时公积金总额的 1623 倍；到了 2008 年，中央公积金存款额高达 1513 余亿新元。中央公积金结存的储蓄基金占社会总储蓄额的 1/3，其中有 80%用于购买政府的有价证券，少量投资在短期证券上。截至 2021 年第三季度，中央公积金存款额为 4956.3 亿新元。从 1995 年至 1997 年，新加坡的

① 郑秉文，方定友，史寒冰. 当代东亚国家、地区社会保障制度[M]. 北京：法律出版社，2002：227 - 228.

储蓄率、投资率、GDP的增长率三年的平均值分别为53.1%、36.7%、8.0%,居东亚国家和地区榜首,这就意味着高储蓄转化为高资本形成,从而带来了经济的高速增长。

新加坡中央公积金制度具有多种社会保障功能。首先,养老保障功能。中央公积金设置"特别账户"的目的就是通过强制储蓄,给会员老年退休或完全丧失工作能力之后提供生活保障,退休账户用于支付养老金。当会员年满55岁时,在保留退休账户法定最低存款12.3万新元的前提下,就可从公积金中一次性提取现金。年满62岁时,就可按月从退休账户中领取养老金。若退休账户存款达不到法定最低标准,有三种方案可供会员选择:一是推迟退休,继续增加公积金账户积累;二是用现金直接填补退休账户最低标准差额;三是由其配偶、子女从各自的公积金普通账户中转拨填补。其次,医疗保障功能。新加坡政府设置"医疗储蓄账户"的目的就是强制会员为自己和家人的医疗费用进行储蓄。会员55岁从公积金中提取现金时,医疗储蓄账户也必须达到法定的最低限额3.45万新元。会员可以用该账户的存款支付本人及其家属门诊、住院费用,支付前3个孩子的分娩医疗费及本人和家属的健保双全保费。再次,住房保障功能。新加坡的住房分为廉租房、廉价房和入息公寓三种,前两者由建屋发展局负责实施,可以无偿获得土地;后者由私人发展商投资建设,必须购买土地。中央公积金会员可以用普通账户的存款购买政府建造的廉价房和私人建造的入息公寓,或者用普通账户的存款偿还购房贷款。此外,新加坡的公积金制度还具有其他社会保障功能。中央公积金制度还为会员提供家庭保障、产业和教育投资计划,给予新加坡人们更全面的保障。

(二)智利

20世纪80年代初,智利对社会保障制度进行了改革,其核心部分是改革原有的养老保险制度,建立个人账户制,将私营部门引入养老保险基金的运作管理当中。智利现行的个人账户制是个人账户强制储蓄,私营机构具体操作,政府实施立法和监管,并承担最终风险。智利养老保险的缴费完全由个人承担,雇主不缴纳任何费用。每个投保人每月将工资的13%交给自己选择的一家养老基金管理公司(pension fund administrators, AFP),养老基金管理公司则为投保人设立一个个人账户,并负责将个人账户中的资金投资于资本市场。投保人缴费中的10%作为个人的养老金存入个人账户,另外3%由养老基金管理公司根据规定作为投保人的人寿保险和意外事故保险金,转交给指定的保险公司。保障收入有一个上限,2018年的上限为78.3 UF1,相当于2018年12月的2158401里拉(2018年12月最高保障收入与最低工资的比率为7.5)。这个上限是与实际收入增长挂钩的。

智利工人每年在私人养老基金中的缴款约为国内生产总值的3.5%。养老基金的养老金支付仍然相对较低,主要是因为只有少数存款人达到了退休年龄。到2008年为止,私人养老基金的资本总额已达到国内生产总值的52.77%。

投保人达到法定退休年龄(男65岁,女60岁),缴费年限达到20年都可以根据个人账户的储蓄积累总额领取养老金。个人在领取养老金时,可以选择四种支付方式:一是计划支取,投保人继续将养老金储蓄留在养老基金管理公司,按月领取养老金,而且储蓄具有继承权;二是终身年金,从人寿保险公司购买终身年金,超额部分可以一次性提现,但是年金不具有继承性;三是计划支取加终身年金,投保人将一部分储蓄留在养老基金管理公司,其余资金转入一家人寿保险公司。投保人先在养老基金管理公司每月领取一份养老金,到期后,再从保险公司领取年金;四是通过延迟领取终身年金来获得一份临时收入。

凡是缴费年限满20年的投保人,总收入低于最低老年养恤金的,国家财政保证其最低法定养老金。如果个人账户中积累的养老金金额等于或高于本人最近10年平均收入的50%，或者等于或高于领取最低养老金应存款额的110%，投保人可以提前退休。投保人还可以将个人账户中高于本人退休前10年平均工资的70%的账户余额资金用于担保申请住房贷款或提现。如果年龄小于70岁，最低月养老金为CLP132258.72；年龄70至75岁的为CLP144614.74；年龄大于75岁的为CLP154299.05。这一福利正在逐步淘汰，并预计将在2023年完全被老年团结补充福利(APS)所取代。在此之前，在2008年7月1日之前获得有保障的最低退休金和2008年7月1日时已经50岁或以上的投保人可以自由选择两项福利。政府为那些甚至没有资格获得最低养老金的公民支付固定金额的社会援助，即pensiones asistenciales (PASIS)。

在固定缴款计划中，允许在任何年龄提前退休，只要账户中积累的资本足以资助超过一定门槛的养老金。第一个条件是，收益必须至少等于PMAS的80%。第二个条件是，养恤金必须至少等于领取养恤金前十年平均收入的70%。在特定职业的艰苦条件下，每工作五年，正常的退休年龄就会减少一到两年。正常退休年龄的最大减少幅度是十年。

养老储蓄计划的收缴、支付、投资等具体工作由养老基金管理公司统一进行管理。养老基金管理公司是专门从事养老金运作的私营机构，其他任何机构均不能从事养老金的投资管理业务。按照规定，只要拥有12万美元的资本金，且能够吸收4000人以上者就可成立一家养老基金管理公司。投保人可以自由选择任何一家养老基金管理公司托管自己的养老金个人账户，并且每年可以转换一次基金管理公司。私人养老基金的设立和运作受法律监管。例如，任何养老基金都必须存入最低准备金。允许的投资类型由法律规定。私人养老基金的合规性由政府监管机构Superintendencia de AFP(现称为Superintendencia de Pensiones)监督。养老基金管理公司运用会员的养老金个人账户资金进行投资，政府对养老金投资实行严格的监管。通过政府养老金投资风险委员会的认定以后，个人账户上的养老金可选择政府债券、金融机构及公司债券、可转换公司债券、公司股票等作为投资工具。政府债券以外的各项投资不得超过养老金总投资额的30%，若某种证券的90%资金来源于养老金，则该债券必须保留在中央银行或证券存款公司。养老基金管理公司必须保证养老金的最低收益，每月养老金的投资收益不得低于过去12个月全部养老金平均收益率的2个百分点。如果低于最低收益要求，则必须动用收益波动准备金和现金准备金予以弥补，仍然无法弥补的养老基金管理公司将被宣布破产，政府财政承担最后责任予以弥补。

2008年，智利养老金制度再次进行改革，最低养老金和辅助养老金制度被税收资助的统一养老金制度(SPS)所取代。所有65岁以上、在智利居住至少20年且没有规定最低水平的私人养老金的公民都有资格获得SPS养老金，允许养老基金投资的法定框架也已得到扩展，并且，在2015年之前的过渡期内，个体经营者也被纳入了养老金体系。

智利在改革养老保险制度的同时，也进行医疗保险制度的改革，国家与私营机构共同分担医疗保险的责任与风险，实行医疗保险基金的部分私营化。与养老保险制度一样，雇主不缴纳医疗保险费，费用完全由个人承担，每月缴纳工资收入的7%。医疗保险投保人可以自由选择公共计划和私营计划；选择公共计划者的缴费进入政府管理的医疗基金，选择私营计划者的缴费交给自己选择的医疗保险公司。

智利现行的社会保障制度具有三大特征：①强制储蓄性。智利的养老保险和医疗保险制度实行完全积累制，每个社会成员为自己的养老、医疗进行个人自我储蓄。企业不缴费，个人缴纳全部的费用。这种储蓄不是自愿性而是强制性的，每个人每月必须为养老保险缴纳个人工资收入的10%，为医疗保险缴纳个人工资收入的7%，分别计入养老保险个人账户和医疗保险个人账户(或政府管理的医疗基金)，以满足个人的养老和医疗需求。②社会保险私营化。养老保险个人账户和医疗保险个人账户完全归个人所用，社会保障给付水平的高低完全决定于个人工作期间的缴费积累。所有的社会成员将养老储蓄交由私营养老基金管理公司经营与管理，社会成员可选择将医疗储蓄交给医疗保险公司进行经营与管理，这些私营机构自负盈亏，实行市场化运作。③政府承担最后责任。智利养老金、医疗保险基金私营化的结果，必然造成社会成员的社会保障基金积累金额差距过大。由于各种原因，必然会有一部分人的养老金达不到国家规定的最低养老金要求，这时，国家财政会承担最后责任，保证缴费10年以上的投保人退休时都能享有最低养老水平。国家对所有医疗保险的投保人提供一定的补贴。而且，智利政府还完全承担了由旧的社会保障制度转向新的社会保障制度的转制成本。当在职者由旧制度转入新制度时，政府发给“认可债券”，作为旧制度下养老金积累的凭证。“认可债券”以年利率4%计入个人账户，退休时由国家以现金的形式将“认可债券”兑回，并且一次性付清。

第五节　社会保障模式与国别特色

一、社会保障基本模式的相对性

社会保障基本模式的相对性是指不同社会保障模式的不同国家之间的社会保障制度的差别。依据社会保障模式划分的标准，社会保障模式可分为社会保险型、福利国家型、强制储蓄型和国家保险型等四种，社会保障制度模式各自具有不同的特点与内涵。

(一)从社会保障责任来看

这四种社会保障模式中，无论采取哪种模式，政府总是承担最后兜底的责任，当社会保障资金收不抵支时，政府作为最后责任人要负责到底。但是，在不同的社会保障模式中，政府所承担的责任大小不同。按照政府承担的责任由小到大，四种社会保障模式的排序依次为社会保险型模式、福利国家型模式、强制储蓄型模式、国家保险型模式。社会保险型社会保障模式中，缴费大部分由雇主和雇员承担，一般各缴纳50%。福利国家型社会保障模式中，个人缴费较少，相应所承担的责任也小。强制储蓄型社会保障模式十分强调个人的责任，缴费完全由个人承担，每个人为自己的保障承担全部责任。国家保险型社会保障模式中，缴费由企业承担，企业的负担重，但实质上是由国家完全负担，该模式中个人根本不承担任何缴费责任。

(二)从权利与义务的关系来看

这四种社会保障模式中，社会保险型社会保障模式强调权利与义务的对等性，但弱于强制储蓄型社会保障模式，在该模式中，个人保障给付水平的高低与个人缴费有关，但不是一一对等。福利国家型社会保障模式和国家保险型社会保障模式所提供的社会保障都具有普遍性，完全不强调权利与义务的统一性，社会成员只要被社会保障制度覆盖就能够享有一份保障，而且社会保障制度内个体间的保障差异不大，个人享有的社会保障与个人贡献关联不大。强制储蓄型社会保障模式完全强调个人权利与义务的对等，个人享有保障的多少完全取决于个人缴费的多少。

(三)从社会保障给付水平的高低来看

福利国家型社会保障模式给社会成员所提供的保障给付水平较高,而且成员之间的保障差异不大,该模式提供保障的目的不仅仅是缓解和预防贫困,更多的是提高全体人民的生活质量。国家保险型社会保障模式给该制度内社会成员所提供的保障水平较高,且超出当地当时的经济发展水平,然而该制度外公民的社会保障水平很低或者几乎没有保障。因此,整个社会成员之间的社会保障水平差异极大。社会保险型社会保障模式的保障给付水平高低与个人和企业的缴费有很大的关系,各国所提供的保障水平高低不等。上述三种模式的给付方式一般采取既定给付制度(defined benefit, DB),而强制储蓄型社会保障模式的给付方式采取既定供款制度(defined contribution, DC),保障给付水平完全取决于个人的缴费,完全取决于个人账户的积累,因此,实行这种模式的国家,社会贫富差距很大。

(四)从社会保障财务制度所采取的形式来看

强制储蓄型社会保障模式的社会保障基金筹集方式采用完全基金积累制(funded plan),由供款和投资收益的积累决定给付水平。这种社会保障基金筹资方式,能够形成庞大的基金积累,缴费率相对比较稳定。社会保险型、福利国家型和国家保险型三种社会保障模式在筹集社会保障资金时一般采取现收现付制度(pay as you go),由当年的支出需求决定缴费率,基金没有或者很少盈余,难以应对人口的变动与突发事件。

二、社会保障国别特色的绝对性

社会保障国别特色的绝对性是指同一社会保障模式的不同国家之间的社会保障制度的差别。这种国别特色既与各国社会经济和历史文化传统密切相关,也与各国社会保障制度自身的发展演变直接相关。

(一)社会保险型模式——德国与美国

德国与美国都是实行社会保险型社会保障制度的国家,但是,这两个国家的社会保障制度存在一定的差异:第一,德国最初建立社会保障制度的目的是为了缓和阶级矛盾,调节劳资关系,其政策中极力主张劳资合作,带有明显的政治色彩;而美国社会保障制度的建立是为了缓和经济危机,是作为政府干预经济、调节经济的有力手段之一。第二,德国社会保障的给付水平较高,尽管是在个人自助的基础上,但是,该国社会保障制度却为民众提供了较高的福利,贫富差距较小,社会较为公平;而美国社会保障的给付水平较低,特别强调商业保险的作用,是西方国家唯一的一个没有医疗社会保险的国家,因此,社会保障的再分配力度较小,美国社会的贫富差距较大。这些差异具体体现在以下几方面。

1.制度理念的差异

美国社会保障制度是在20世纪30年代世界经济危机的背景下建立起来的,以凯恩斯有效需求理论为理论基石,是进行有效需求管理的一种经济政策。

建立社会保障制度的目的是为了缓和经济危机,维持再生产的顺利进行,是政府干预经济、调节经济的有力手段之一。其社会保障制度进行的是有限再分配,提供的是有限保障,制度充分体现了个人自助原则。德国最初建立社会保障制度的目的是为了缓和阶级矛盾,调节劳资关系。受新历史学派的影响,其政策中极力主张劳资合作,带有明显的政治色彩。德国社会保障制度长期受弗莱堡学派社会市场经济思想的影响，主张个人自由和社会义务相结合，在鼓励社会自助的基础上，强调社会公正与社会安全。

2. 资金来源的差异

社会保障资金来源中，德国社会缴款比重较高，2/3 以上的社会保障基金来自社会供款，而美国社会供款比重不到 50%。美国政府对社会保障的财政支持力度大于德国，大约高出 10 个百分点，而且美国社会保障的资本收益比重远远高于德国，德国资本收益极少，这与两国的财务制度安排有关。

3. 保障给付的差异

从给付水平来看，美国社会保障的结付水平较低，特别强调商业保险的作用，世界最富裕的国家却没有全民社会医疗保险。德国社会保障的给付水平较高，尽管是以个人自助为基础，但是却为国民提供了较高的保障水平。从给付形式来看，德国社会保障制度的现金给付比例较高，且呈增长趋势。1995 年德国 68%以上的社会保障项目采取现金形式进行支付，高出美国 12 个百分点，而且现金给付比重呈增长趋势。从给付项目来看，德国失业保险支出比重较高，德国失业率一直处于两位数以上，与其过高的人工成本有关，在德国，雇主雇佣一个劳动者需缴纳的社会保障费占总成本的比重由 1960 年的 12.20%上升到 1996 年的 20.03%，而美国仅为 7.42%。从给付效果来看，德国的社会保障制度比美国更经济，尤其是医疗保险制度。德国 20 世纪 90 年代初以 GNP 的 11%左右为 99.5%的人口提供了医疗保障，而美国 1993 年花去了 GNP 的 14.6%，却有 18.5%左右的人口没有健康保险，德国医疗保险成功的经验在于长期坚持社会自助、社会一致和所得转移三大政策。

4. 财务状况的差异

20 世纪 90 年代以后，美国社会保障财务状况越来越好，而德国财务状况越来越差。1983 年美国社会保障制度就开始实行“部分基金化”，除失业保险税计入普通基金外，社会保障工薪税收入计入社会保障信托基金，实行“专款专用”。德国仅失业保险采取一定积累，收缴的 60%失业保险费用于失业保险金的发放，40%用于投资办厂或推行积极的劳动市场政策，职工培训期间由政府劳动部门发放原工资 68%的生活费，并且，德国社会保障制度的应变能力较差，福利标准相对太高，现行社会福利标准（每年人均医疗费 4720 马克，福利费 12434 马克）是按照 20 世纪 50 年代的社会经济状况制定的，当时社会就业充分，经济增长快速，人口结构稳定，而现在失业严重，经济增长缓慢，人口老龄化程度严重，社会福利的需求量远远大于过去。

5. 再分配性的差异

上述多种因素的作用，使美国社会保障制度的再分配性较差，德国社会保障制度的再分配力度较大，德国社会保障制度在理念和制度安排上强调社会一致性和公平性，美国更多地强调自我保障和基金积累。两德统一后，德国社会保障财务状况开始恶化，除上面分析的原因外，主要在于德国社会保障制度的区域间平衡分配，联邦政府对东部地区的财政援助相当大一部分用于社会保障，使东部居民获得可观的“社会红利”，收入水平明显提高。

(二)福利国家型模式——英国与瑞典

英国与瑞典都是实行福利国家型社会保障制度的国家，但是，这两个国家的社会保障制度也存在一定的差异：第一，英国经历了两次世界大战，许多战争遗留问题急需解决，英国政府对国民的数量和质量更加关注，英国人民更加团结，当时具备了建立福利国家的社会条件；瑞典几乎没有遭受到战争的破坏，经济实力更为强大，具备建立福利国家的经济条件。第二，英国社会保障制度的再分配力度相对较弱，社会贫富差距相对较大；而瑞典社会保障制度的再分配力度相对较强，社会贫富差距相对较小，社会更显公平。此外，英国虽最早建立福利国家，而瑞典福利国家的建立则更为彻底与完善。这些差异具体体现在以下几个方面。

1. 制度理念的差异

英国和瑞典都是实行“普享性”的福利国家，但是，两国“普享”标准不一样，英国福利国家制度的“普遍性”只立足于保证公民的“最低”生活水平，英国福利国家建立的理论基石是庇古的旧福利经济学，主张政府进行收入均等化再分配，以实现社会福利最大化的目标。国家基本养老金低于贫困线水平，因为只拥有基本国家养老金收入的人有资格获得与收入调查相关的社会救济。瑞典社会服务法案规定：如果个人的需要不能以其他方式得到满足，就有权利得到“合理水平的”社会救助。英国最高疾病补贴不到社会最低纳税工资的 80%，最长期限仅为 28 周；瑞典疾病津贴为个人工资的 90%，而且没有领取时间限制，除非个人自愿转入残疾津贴。瑞典社会保障制度的建立深受瑞典学派民主社会主义思想的影响，主张收入均等化，主张国家对经济进行干预，以实现充分就业的目标。因此，瑞典各项社会保障制度的设计，在收入均等化的基础上，注重充分就业的实现，注重对就业的促进作用，以避免“贫困陷阱”和“失业陷阱”的出现。例如，申请社会救济的人必须在公众职业服务处登记，且积极寻找新的工作，否则申请人获得的支付比率会减少，甚至申请遭到拒绝。

2. 保障项目的差异

两国社会保险的差异主要体现在失业保险和养老保险两项：第一，英国是第一个建立失业保险的国家，失业保险属强制性；瑞典失业保险发展十分缓慢，至今仍然实行工会自愿性的失业保险，其原因在于两国失业率历史不同。英国失业率较高，20 世纪 80 年代失业率基本在两位数以上；瑞典失业率极低，在 4%以内。第二，现在两国养老保险都与收入相关联，但方式不同。英国早在 1978 年就引入与收入相关联的补充养老保险制度(SERPS)，雇员可以自由选择加入或退出；瑞典在 1998 年引入“名义账户”制，虽仍然实行现收现付制，但社会养老保险模仿年金的形式发放，人们获得的养老金与终身缴费有关，是一个与智利模式类似的由政府组织的现收现付制。

社会救助项目的差异主要表现在：①由于英国基本福利标准太低，贫困人口不断增加，英国社会救济制度与社会保险制度并行，而非“补充”或“补救”，英国社会救济大约占到社会保障支出的 25%，而瑞典仅占 2%。②英国的儿童津贴具有累退性，2001 年，第一个孩子每周 15.5 英镑，其他孩子 10.35 英镑；而在瑞典，儿童津贴具有累进性，每个孩子除获得基本津贴外，3 个或 3 个以上孩子的家庭还可获得附加儿童津贴。英国住房补贴多数提供给 25 岁以下的单身青年，瑞典则提供给有孩子的家庭和老年人。

3. 收支水平的差异

英国中央政府高度集权，对地方政府进行大量补助，中央政府社会保障负担相对重于瑞典。但是，英国雇主的负担低于瑞典；英国社会缴款的 60%来自雇主，40%来自雇员；而 1999 年以前，瑞典社会缴款几乎全部由雇主负担，1999 年以后，雇员才开始和雇主一起缴纳养老保险费，各负担一半。英国保障收益性较差，英国社会保障收入占财政总收入的 17%，占 GDP

的 6%;瑞典社会保障收入占财政收入的 36%,占 GDP 的 14%;英国社会保障支出占 GDP 的 1/5,瑞典占 1/3。

4. 财务状况的差异

英国社会保障预算完全纳入中央公共预算,各项社会保障收支不是一一对应,社会保障基金收入不到支出的一半,差额完全由政府财政支付,因此,英国的社会保障财政状况日益恶化。瑞典社会保障项目中仅仅基本养老保险和工伤保险纳入中央政府的公共预算中,补充养老保险、医疗保险和失业保险都在预算外安排,采用的是一揽子社会保障预算模式,社会保障收支项目相对一一对应,财政状况相对英国要好一些。

5. 再分配性的差异

各国社会保障税普遍具有累退性,英国社会保障税的累退性更强,尤其是 1999 年以后,实行单一税率,雇员缴税无起征点,有最高限额;雇主有起征点,无最高限额;而瑞典雇员缴纳社会保障税有起征点和最高限额,累退性稍弱一些。英国的福利开支中只有 1/5 是主要提供给穷人的,其余或平均分配或更有利于高收入者。中等收入者是英国转移支付的最大获利方,而低收入者是瑞典转移支付制度的最大获利方。

(三)强制储蓄型模式——新加坡与智利

新加坡与智利都是实行强制储蓄型社会保障制度的国家,但是,这两个国家的社会保障制度同样存在一定的差异:第一,新加坡的中央公积金制度是多功能的,不仅具有养老功能,还具有医疗、教育、住房等功能;智利的强制储蓄制度仅仅是一个养老保险制度,其功能比较单一。第二,新加坡中央公积金制度要求企业和个人一起供款;智利强制储蓄型社会保障模式只要求个人供款,企业不需要供款。第三,新加坡是国营强制储蓄型社会保障模式,会员缴纳的基金统一由中央公积金局管理与经营;智利是民营强制储蓄型社会保障模式,实行分散管理,个人账户、基金交给各个基金管理公司分散管理与经营。

1. 建立背景的差异

人民生活贫困与政府主导的民主政治和市场经济共同促成了新加坡中央公积金制度的建立。新加坡政府对国家的政治、经济和生活实施严格的管制,有绝对的权威。中央公积金制度建于 1955 年,英国殖民统治下的新加坡人民生活困苦,尤其是住房条件很差,民众与政府急需改变这种状况。新加坡政府信守经济自由主义,对社会福利的设计在总体上遵循低供给的原则,倡导人们自力更生地去改善自己的生活境况,以免产生对支付和社会的过分“依赖”,政府只在卫生、教育和建房方面进行适当补贴,以促进人们健康和教育水平的提高,从而提高劳动生产率。

社会保障制度的极不统一,以及芝加哥学派自由主义思潮和军政权独裁统治,是智利强制储蓄型社会保障制度建立的主要原因。早在 1955 年,一批天主教大学的研究生导师到芝加哥大学进修经济学课程。1973 年政变后,皮诺切特军人政府上台,启用了一批“芝加哥弟子”治理国家经济,实行自由市场经济,使智利军政府率先在拉美进行一系列的社会经济改革,军政府的独裁统治对智利社会保障模式的建立与推进起到了一定的作用。1973 年军政府上台后,在政治上实行专治、独裁和高压统治,打破了原有相互分割、相互争斗的政治格局,社会相对稳定,在此背景下,军政府对社会保障制度循序渐进地推行激进式改革,最终把社会保险事业转交给了私营公司。

2. 基金来源的差异

新加坡社会保障收入85%左右来自社会缴款，资本收益占社会保障收入的比重为15%左右。其中，中央公积金由雇主和雇员共同缴纳，雇主承担的份额高于雇员。国家对公积金免税，并为公积金的支付提供担保，公积金存款利率由政府控制，目前普通账户和医疗账户的利率为2.5%，特殊账户为4.0%。

智利社会保险基金完全来自雇员个人缴费积累，雇主承担的供款责任极少，养老保险和医疗保险完全由雇员个人负担，工伤保险由雇主承担，2002年10月以后，雇主才与雇员和国家一起分担失业保险费。智利模式积累了大量的资金，基金市场运营收益率较高，大约1/5的社会保障收入来自资本收益。

3. 管理主体的差异

新加坡的中央公积金由1955年成立的中央公积金局负责管理和运营。中央公积金局是隶属于劳工部的事业单位，负责公积金的收缴与支付，管理公积金会员的各类账户，制订公积金的投资计划，为会员提供各种服务，中央公积金局通过购买政府债券和适当投资以保证公积金的保值与增值。劳工部制定有关公积金政策并对其进行监督，中央公积金局依法独立操作，其他部门不得干预。

在管理体制上，智利模式与新加坡中央公积金制度的不同在于：①管理主体由政府转向私人部门，专门成立新的养老基金管理公司管理养老金事务；②由集中管理转向分散管理，投保人可在各家AFPS间转换养老账户，在公共医疗机构和私人医疗机构之间进行选择：③管理方式由财政预算管理转向基金独立运营，智利模式中政府的责任极轻，职能仅限定在制定法规、有效监督和提供必要的财政担保等方面。

4. 制度功能的差异

新加坡中央公积金制度建立之初，只是为了解决退休人员的基本生活问题而建立的单一退休储蓄计划，经过10多次的修改，其功能扩展到住房、交通、保健、投资和教育等多方面。尽管新加坡实行的是强制储蓄型模式，缺乏社会保障的再分配性，但是民众基本认可这种制度。1996年《联合早报》的一项民意调查显示：认为社会福利及格的占64.3%，有所保留的占18.6%，不及格的占17.1%。该制度成功之处在于：①1968年开始实行的政府组屋政策十分成功，2000年88%的新加坡家庭住在政府建造的组屋，11.1%的家庭住在共管公寓、私人公寓和私人住宅。新加坡住房拥有率达到90%，远远高于其他发达国家。②新加坡的医疗制度受到世界的关注，1994年人均医疗开支仅1050元，医疗保健水平却属世界最高之列。较少的医疗投入，通过预防性医疗卫生计划，为人民提供良好的医疗服务，增进了人民身体健康。③新加坡政府利用长期可靠的、源源不断的公积金，基本完成了住宅、道路、机场、港口等基础设施的建设，又用这笔资金向海外投资，使经济得到了迅速的发展，有效地抑制了通货膨胀。

智利模式的最成功之处在于促进了经济增长与繁荣，社会保障制度表现出强大的经济功能。具体表现为：①强制储蓄型模式形成了一个庞大、稳定的社会保障储蓄量，拉动了国民储蓄的增长，养老保险制度对国民储蓄增长的贡献率接近1/3。②促进了国内资本市场的稳定与繁荣。2001年智利养老基金的35%投资政府债券，17.5%投资金融工具，21%投资非金融工具，10.6%投资股票，2.4%投资基金，13.4%投资国外证券，大量养老基金的注入，加深了证券市场的资本化程度，推动了金融创新，降低了交易戚本，稳定了市场价格。③促进了经济持续增长。20 世纪 80 年代拉美发生债务危机时，智利经济增长率高达 27.5%，高出地区平均增长率 1.35 倍。

(四)国家保险型模式

原先实行国家保险型模式的社会主义国家，其社会保障制度是模仿苏联的社会保障制度建立的，这些国家的经济体制与政治体制基本相同，因此，它们所实施的社会保障模式也相差不大。

本章小结

社会保障制度模式是指不同类型的国家在社会保障制度内容、水平与运行机制方面的共同特征。各国的社会保障理念受到其社会、经济、政治、历史文化等多方面的影响，一国的社会保障模式实际上是由其社会、经济、政治、历史文化发展程度决定的。在不同的社会保障理念影响下，各国社会保障制度在内容、水平、运行机制上具有不同特点。

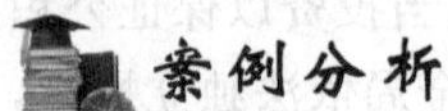

案例分析

案例 1

利率杠杆的失效

1996 年 5 月 1 日，中国人民银行宣布存款利率平均降低 0.98%，贷款利率平均降低 0.75%；1996 年 8 月 23 日，中国人民银行宣布存款利率平均降低 15%，贷款利率平均降低 1.2%；1997 年 10 月 23 日，中国人民银行再次宣布存款利率平均降低 1.1%，贷款利率平均降低 1.5%。然而，在居民收入持续增长的背景下，作为市场经济国家宏观调控重要手段的利率杠杆在我国却完全失效，因为三次大幅度调低利率并未起到减少储蓄、刺激消费的作用。从 1994 年到 1997 年底，城市居民家庭人均可支配收入由 3496.2 元增长到 5160.3 元，农村居民家庭人均纯收入由 1221 元增长到 2090.1 元；而在利率持续大幅度下调的条件下，同期居民储蓄存款却由 21518.8 亿元急剧增长到 46279.8 亿元，大大超过居民的收入增长水平；同一时期的结果是城乡居民消费不旺的局面依然持续，其间物价不涨反跌。从而形成了收入增、利率降、存款增、消费降的两增两降的畸形格局，一大批国有企业库存急剧增加，亏损面急剧扩大。

造成利率杠杆失效的原因，不在于利率本身，而在于城乡居民因社会保障的严重缺失导致了安全感与对未来的信心急剧下降。当时的背景是，自 1993 年国家确定社会主义市场经济为我国经济体制改革的目标模式后，效率优先逐渐演变成了效率至上，社会保障制度在改革中亦日益打上了经济政策与效率优先的烙印。不仅未进入社会保障网的城乡居民仍然缺乏社会保障，即使是应当享有社会保障待遇的离退休人员也出现了不能按时足额领到退休养老金的现象，各项社会保障制度的改革由计划经济时代的平均主义、“大锅饭”走向了追求效率而忽略社会公平的极端，改革似乎只是为了控制政府的责任而放大个人与家庭的责任，市场机制的作用被无限夸大。在当时的情形下，人们不仅要对自己的养老与疾病医疗负责，还要对失业、下岗承担责任，而教育的产业化亦迫使城乡居民必须对子女的教育甚至是义务教育承担责任，住房制度改革也走向了自有化、私有化的极端。整个社会保障制度的可靠性动摇了，作为这一制度担保人的政府的信誉也受到了极大的损害。人们不再相信社会保障制度，转而为自己及家人可能遇到的各种后顾之忧预做筹备，因此，在生产发展的另一方面，居民消费始终处于低迷状

态，不安全感导致了人们不敢消费。

思考：

1. 从这则案例的背后，我们看到社会保障应该遵循的原则是什么？

2. 社会保障制度在市场经济社会中起什么作用？

案例 2

德国为什么要向“懒人”开战

战后的联邦德国为了实现社会的公正与平等，曾大力发展福利事业。失业者不仅得到了生活的基本保障，而且还能享受任何国家都不能比拟的优厚待遇。比如：你只要连续工作 2 年，一旦失业就可以连续若干年从国家领取每月 1800 马克的固定收入；同时还能享受医疗和养老保险，就连住房和子女补贴也比在职人员要多。例如：一个有 2 个孩子的低收入家庭，每月的毛收入连同住房和子女补贴，总共为 3245 马克，而同样一个四口之家如果靠失业救济生活，每月可以得到 2940 马克，只比前者少 300 马克。那么，有谁还愿意为区区这点钱而每月苦干 150 个小时呢？看来，问题就出在这里，一个原本为了实现公正的体制却造成了一种新的不合理。正如一位专家所说：“其实并不是德国人懒惰，而是我们的体制懒惰，是制度把人养懒了。”

至于德国到底有多少条“懒汉”，人们难以准确统计。专家们认为，实际的“懒人”肯定很多，否则，平常大白天，哪来那么多闲人泡在啤酒馆、游戏厅，或者在大街上游荡呢？游手好闲、专靠社会救济过活的人，实际上是一种剥削他人劳动的“寄生虫”，因此他们的所为已日益引起德国社会的极大义愤。人们纷纷呼吁：必须对这些懒汉进行惩治，“不劳动者不得食”！

目前，德国政府正在认真考虑对社会福利和劳动市场制度进行改革。尽管阻力重重，但仍然决心向这些积弊已久却长年无人敢碰的禁区进军。其方略是：一方面，创造一批低收入的劳动岗位，以帮助长期失业者（这些人大都学历低、能力较差）重返劳动市场；另一方面，对不肯劳动、钻社会福利空子的“懒人”则坚决减少或取消对他们的社会救济。

据说 18 世纪初，欧洲人曾用一种奇特的方法惩治懒惰：谁要拒绝劳动，就把他关进地牢，然后往囚室里灌水，只需几个时辰，就能把懒汉淹死。这时，懒汉求生只有一个办法，牢房里放着一台小水泵，他必须拼命地蹬踏水泵踏板，通过“劳动”才能死里逃生。400 年过去了，当年的“水泵治懒法”如今已变成了法律，德国《联邦社会救助法》第 25 款规定：凡不肯劳动的人，就没有权利得到生活补助。

思考：

1. 德国的这种现象说明了什么？

2. 是不是单一实行社会保险制度能够解决此类问题？

复习思考题

1. 社会保障制度模式形成的影响因素有哪些？

2. 简述社会保险型社会保障制度模式的特点与效果。

3. 福利国家型社会保障制度模式有哪些特点？其效果如何？

4. 强制储蓄型社会保障制度模式有哪些特点？其效果怎样？

5. 国家保险型社会保障制度模式有哪些特点？其效果怎么样？

推荐阅读书目

1. 吕学静. 各国社会保障制度[M]. 北京:经济管理出版社,2001.
2. 吕学静. 现代各国社会保障制度[M]. 北京:中国劳动社会保障出版社,2006.
3. 和春雷. 当代德国社会保障制度[M]. 北京:法律出版社,2001.
4. 姜守明,耿亮. 西方社会保障制度[M]. 北京:科学出版社,2002.
5. 穆怀中. 社会保障国际比较[M]. 北京:中国劳动社会保障出版社,2014.
6. 孙光德,董克用. 社会保障概论[M]. 北京:中国人民大学出版社,2019.
7. 丁建定. 西方国家社会保障制度史[M]. 北京:高等教育出版社,2010.
8. 丁建定. 社会保障概论新编[M]. 北京:中国人民大学出版社,2016.
9. 李珍. 社会保障理论[M]. 北京:中国劳动社会保障出版社,2018.
10. 吕学静. 现代社会保障概论[M]. 北京:首都经济贸易大学出版社,2021.

第五章 社会保障政策与公共政策

学习目标

掌握社会保障政策的概念和特征
掌握社会保障政策的基本功能
掌握公共政策的内涵与特征
掌握公共政策的基本功能
掌握社会保障政策与公共政策的联系和区别

关键概念

社会保障　社会保障政策　公共政策　公共管理

第一节 社会保障政策

一、概念与特征

(一)社会保障政策的概念和内容

1. 概念

1935 年,美国国会通过了美国历史上第一部完整的社会保障法律《社会保障法案》,在世界上第一次提出"社会保障"的概念。其中对于社会保障的定义是:"根据政府法规而建立的项目,给个人谋生能力中断或丧失以保险,还为结婚、生育或死亡而需要某些特殊开支时提供保障。为抚养子女而发给的家属津贴也包括在这个定义之中。"①美国 1973 年出版的《韦氏新大学辞典》中最早采用"社会保障"一词,并指出:"社会保障是社会或国家为个人及其家庭保证经济安全和提供社会福利的公共计划的原则和实践。"②

为实现社会保障目标,各国推行不同的社会保障政策,社会保障政策是社会政策的重要组成,社会保障政策是以法律为依据,以国家、集体和农民投入为依托,通过国民收入的分配和再分配,对农村社会成员的基本生产过程和生活给予的物质保障的政策③。社会保障政策的设计初衷是遵循公平原则,运用商业保险的"大数法则",通过向社会筹集资金、国家利用财政"托底"的方式来保障遇到生活困难的人。

---

① 美国社会保障署. 全球社会保障:1995(阅读指南)[M]. 北京:华夏出版社,1996:1.

② 同①2.

③ 郑功成. 社会保障[M]. 北京:高等教育出版社,2020:94-106.

社会保障政策是由政府为实现特定的目标而对个人与群体生命周期内的生活风险进行干预，并提供社会安全支持，它包含诸项共同应用于保障社会的政策，涵盖社会福利、社会保险、社会优抚安置与社会救助等一系列方略、法令、办法、条例。由于经济社会发展水平以及制度、文化的差异，不同国家的社会保障政策体系在构成上是不同的，各个国家依据实践经验和国际劳工组织关于社会保障体系框架的设计，结合具体国情颁布实施社会保障政策。

美国采用保障型社会保障，对不同的社会成员选用不同的保险标准，并以劳动者为核心建立社会保险制度。从 1935 年颁布《社会保障法》开始，经过近 90 年的发展和完善，美国社会保障已经发展成一个多样化、多层次和全面的体系，各类具体保障项目多达 300 多个。美国的社会保障政策主要分成社会福利政策和社会保险政策两大板块，社会福利政策主要是针对低收入阶层和贫困社会成员进行救助的相关项目，主要是以州政府为主要载体来实行，而社会保险政策的主要内容则涉及退休养老、医疗健康、就业与失业、残障和营养等内容，如老年、遗嘱与伤残者保险、医疗保险及失业保险等。

荷兰作为在欧洲的社会转型过程中一个走在前面的国家，“荷兰模式”也因保障范围广及保障体系完善而被众多国家效仿和追崇，其社会保障政策主要涵盖了养老保险、综合医疗保险、伤残保险、失业保险及国家救济等方面的内容；英国作为第一个工业化的国家，其社会保障制度萌芽于都译王朝末，确立于第二次世界大战之后，是最早建立社会保障制度的国家。在贝弗里奇思想的影响下，英国的社会保障政策秉承解决贫困、疾病、无知、肮脏和懒散等影响英国社会进步、经济发展与人民生活的五大障碍的原则，涵盖了养老保险、失业保险、健康医疗保险、工伤保险及互助优抚等内容；德国的社会保障思想源远流长，其全面强制性的社会保障制度具有很强的稳定性，其社会保障政策由以税收收入为来源的社会福利政策和社会救助政策构成，包含了养老保险、失业保险、事故保险、医疗保险、护理保险、社会救济、住宅补助、子女补助和教育补助等，不同层次的社会保障项目几乎覆盖了所有的社会成员；法国社会保障制度历经了约 200 年的漫长发展历史，发展过程十分复杂，主要用以应对健康、家庭、年老、住房、工作、贫穷和社会排斥等社会风险，其社会保障政策主要包含了医疗保险、家庭补助、失业救济、养老保险及工伤保险等方面；意大利则在 20 世纪 70 年代末就已经建立起广泛的社会保障制度，社会保障政策主要由社会保险、保健医疗和社会救助三部分组成，涵盖养老保险、工伤保险、失业保险、保健医疗保险、公共救济、残疾人福利、儿童福利、高龄者福利等内容。

2. 内容

世界各国因国情和建制理念不同，社会保障政策的内容也不同，我国的社会保障政策主要包含社会保险政策、社会福利政策、社会救济政策以及社会优抚政策四个方面，具体内容如下。

1)社会保险政策

社会保险政策是国家和政府制定的旨在保障劳动者因年老、疾病、伤残、生育、死亡、失业等风险事故或永久失去劳动能力，从而在收入发生中断、减少甚至丧失的情况下，仍能享有基本生活权利的社会保障政策。社会保险政策是社会保障政策体系的支柱与核心。社会保险政策应尽可能地使社会保险社会化，使其覆盖到所有社会成员，至少应使绝大多数劳动者都能得到社会保险的保障。社会保险作为一种保障形式，应遵循普遍性原则，即用多数人的力量分担少数人的风险。只有具备了这一特征，才能解决劳动者的基本生活需求问题，发挥出保险的公益性功能，并促进社会的稳定。在我国社会保险政策包括生育社会保险、医疗社会保险、失业社会保险、工伤社会保险、养老社会保险、长期护理险等五个部分[①]。

2)社会救助政策

社会救助政策是国家和政府制定的旨在维持公民最低生活水准的社会保障政策。国家和社会按照法定标准和法定程序，在公民因种种原因无法维持最低生活水平时，向其提供满足最低生活需求的社会援助(包括物质和金钱在内的经济援助以及劳务服务等)。社会救助是一种最低层次的社会保障，是对已经陷入贫困的社会成员提供最低标准的生活保障的有效手段。社会救助的实施一方面是为了消灭社会的绝对贫困现象，在现代市场经济运行过程中体现公平原则；另一方面也使没有基本生活保障的社会成员的生存发展权利得到实现。当今的社会救助不同于过去的慈善事业和济贫活动，它是在扶贫、互助与自救相结合的基础上实施的。改革开放以来，我国社会救助政策不断完善，形成了以最低生活保障、特困人员救助供养、灾害救助、医疗救助、住房救助、教育救助、就业救助以及临时救助为主体，以社会力量参与为补充的政策体系，发挥着社会救助兜底保障的作用。

3)社会福利政策

社会福利政策是国家和政府制定的旨在提高国民生活质量的社会保障政策。福利制度属于较高层次的社会保障，其目的是促进整个社会成员的生活福利普遍增进。广义的社会福利泛指国家和社会为改善国民的物质文化生活条件，而依法向国民提供的各种津贴补助、公共设施和社会服务。狭义的社会福利是为解决已经出现的社会问题及减少社会病态和预防社会问题恶化所采取的社会保险和社会救助事业，针对的是社会部分公民。在实践中，各国对福利的理解和政策不尽相同，一些欧美国家实行了较为广泛的"从摇篮到坟墓"的福利国家政策。我国的社会福利政策主要包括公共福利、劳动福利、老年人福利、残疾人福利、儿童福利、妇女福利、军人福利等[②]。

4)社会优抚政策

社会优抚政策是规定由国家或社会依据对法定的优抚对象提供确保一定生活水平的资金和服务的特殊社会保障政策。社会优抚是特殊性质的社会保障，保障社会上备受尊敬的军人及其眷属，以及因维护国家或社会利益、从事公务活动而致使生命或健康受到损害的人员及其眷属的基本生活[③]。

(二)社会保障政策的特征

1. 社会性

社会性指社会保障政策是国家在全社会范围内普遍实施的一种社会制度，享受社会保障政策是社会成员的基本权利。首先，社会保障政策是在全社会范围内统一实施的社会经济制度，其对象是全体社会成员，是面向全体公民的普遍实施的制度，包括丧失劳动能力，不具备和未形成劳动能力的社会成员。这一特征在《贝弗里奇报告——社会保险和相关服务》中得到充分体现，"该计划(社会保障政策计划)覆盖所有的公民并且没有收入上限的规定"。社会保障政策是一种公共计划，其实施主体是行政部门，对于社会成员来说，不论其是何种身份，只要符合享受社会保障政策的条件，就应当得到基本的生存物质保障。其次，社会保障政策资金的来

---

① 邓大松.社会保险[M].3版.北京：中国劳动社会保障出版社，2015：1.

② 陈良瑾.社会救助与社会福利[M]北京：中国劳动社会保障出版社，2009：57.

③ 郑功成.社会保障[M].北京：高等教育出版社，2009：56.

源与使用具有社会性，即从社会范围内筹集并安排使用社会保障政策基金。再次，社会保障政策目标的社会性。国家是社会保障政策的行为与实施主体，其目标是促进社会关系的和谐、稳定，体现了社会保障政策目标的社会性。

2. 公平性

在社会保障政策中，公平原则要求通过社会保障政策对市场初次分配的适当调节，缩小社会成员之间在收入分配上的过大差距，使收入分配结果为社会成员普遍接受。在市场经济下，以价格为导向的市场分配结果往往存在社会意义上的不公平。从劳动收入看，由于劳动能力、受教育程度、就业机会等差异，使得人们在劳动收入上存在差别。那些劳动能力差、文化水平低、缺乏就业机会以及从事低薪职业的社会成员只能得到较少收入，甚至无法满足基本生活需要。从财产收入看，人们占有财产的不同，导致来源于资本的收入出现差异，多产者与无产者收入差距悬殊，而且这种因财产引起的收入差距还会形成代际继承，从而出现社会伦理道德角度的收入分配不公。由于追求效率的市场不能带来公平，社会保障政策制度的目标首先强调的是社会公平，在制度设计与实施中要求将社会公平放在首位。

3. 互济性

社会保障政策的设计是运用商业保险的“大数法则”，通过向社会筹集资金，国家利用财政“托底”的方式来保障遇到生活困难的人。当部分社会成员遇到基本生活困难的时候，社会保障可以给予基本的经济支持。社会保障的互济性为社会保障政策的维持提供了良好基础，互济性也体现了社会保障政策的社会道德伦理内涵。这一点也是社会保障政策区别于其他政策的重要之处。同时，社会保障政策保障性也强调保障公民的基本生活需要，从逻辑上看，社会保障政策具有的保障性是彰显社会保障水平与当地社会经济发展现状相协调的重要内涵。

4. 发展性

社会保障政策关注的领域是公民基本生活层面，通过给予基本经济补助以帮助人们维持基本生活。社会保障政策的公平性、社会性以及互济性告诉我们社会保障政策的社会稳定内涵，而从社会保障政策的基本社会属性上看，社会保障政策的发展性功能同样重要。近些年来，社会保障政策领域也兴起了发展型社会保障政策的研究，其核心理论是将社会政策看成是一种社会投资行为，认为社会政策对提高劳动力的素质有直接的作用，社会政策是对人力资本的投资，意在提升社会成员的自我发展和应对生活风险的能力，如我国社会救助政策演变具有较强的发展性。社会保障政策通过对社会成员发展权的保障，使公民具备一定的生活能力，这样有利于他们发挥自身的优势，实现社会保障政策的“造血”功能，最终推动社会经济发展。

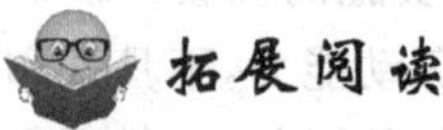
拓展阅读

中国社会救助政策演变

新中国刚刚成立，就遭受了遍及长江、淮河、汉水、海河流域16省（区）的特大洪水灾害，成灾人口达4500多万人。面对当时的灾情和城乡贫困状况，1949年12月政务院发出了《关于生产救灾的指示》，内务部发出了《关于加强生产自救劝告灾民不往外逃并分配救济粮的指示》，1956年6月30日第一届全国人民代表大会第三次会议通过了《高级农业生产合作社示范章程》，明确了保障人群和标准。到20世纪50年代后期，与计划经济相配套的传统社会救济制度框架基本确立。

1993 年上海市民政局、财政局等部门联合下发《关于本市城镇居民最低生活保障线的通知》，并于当年 6 月开始在上海市范围内实行。之后，厦门、青岛、大连、福州、广州和无锡等地，也陆续实施城市居民最低生活保障制度。1999 年 9 月 28 日，国务院正式颁布《城市居民最低生活保障条例》。这个条例的颁布和实施，标志着我国城市居民最低生活保障制度正式走上法制化轨道，社会救济体系建设获得了重大突破。

从 2007 年开始，民政部在全国范围内探索建立临时生活救助制度，解决因突发性事件、意外伤害或因家庭刚性支出较大导致的临时性基本生活困难问题。到 2013 年底，在短短五年之间全国 26 个省份都迅速制定或完善了临时救助政策。

为了加强社会救助，保障公民的基本生活，促进社会公平，维护社会和谐稳定，根据宪法，制定《社会救助暂行办法》，自 2014 年 5 月 1 日起施行。该办法分十三章内容 70 条，对低保、救助人员、救助项目、社会参与、监督管理和法律责任做了明确规定。

2014 年 10 月，国务院印发《关于全面建立临时救助制度的通知》，临时救助制度在全国获得全面推进。社会救济体系的临时救助短板被补上，我国多层次社会救济体系得以建立；2015 年国务院办公厅转发民政部等部门《关于进一步完善医疗救助制度全面开展重特大疾病医疗救助工作意见的通知》《关于全面建立困难残疾人生活补贴和重度残疾人护理补贴制度的意见》；2016 年国务院发布《关于进一步健全特困人员救助供养制度的意见》；2017 年民政部、公安部、司法部、财政部、人力资源和社会保障部、文化部、卫生计生委、国务院扶贫办、全国老龄办发布《关于加强农村留守老年人关爱服务工作的意见》，民政部、财政部、国务院扶贫办出台《关于支持社会工作专业力量参与脱贫攻坚的指导意见》；2018 年国务院出台《国务院关于建立残疾儿童康复救助制度的意见》；2019 年民政部出台《关于进一步健全农村留守儿童和困境儿童关爱服务体系的意见》，民政部、财政部发布《中国残联关于建立困难残疾人生活补贴和重度残疾人护理补贴标准动态调整机制的指导意见》；2020 年中共中央办公厅、国务院办公厅印发《关于改革完善社会救助制度的意见》，提出到 2025 年，救助覆盖面有效拓宽，救助能力和水平明显提升，救助信息更畅通高效，救助服务更精准暖心，到 2035 年，制度优势更好地转化为治理效能，改革发展成果更多更公平惠及困难群众，民生兜底保障安全网密实牢靠，总体适应基本实现社会主义现代化的宏伟目标。民政部、国务院扶贫办出台《社会救助兜底脱贫行动方案》，明确坚持以人民为中心的发展思想，坚决履行社会救助兜底保障政治责任，聚焦脱贫攻坚、聚焦特殊群体、聚焦群众关切，编密织牢基本民生兜底保障网，切实做到兜底保障“不漏一户、不落一人”，坚决打赢社会救助兜底保障攻坚战。

改革开放以来，我国社会救助体系通过强化政府责任，加快了社会救助体系建设的步伐，社会救助体系的合力开始形成。在救助体系设计上，从最低生活保障制度开始，到逐步健全专项救助制度，最后推出临时救助制度，系统地构建了多层次的社会救助体系，同时从部门救助资源分割转变为部门资源统筹运用；在城乡救助发展统筹上，由城乡分裂、城乡二元制度，向统筹城乡社会救助发展转变；在救助参与主体上，由以政府组织开展社会救助项目为主，向政府主导下的政府和社会协同配合转变，形成了社会力量积极参与的社会救助新格局。社会救助项目从无到有、从不齐全到逐渐齐全，凡是涉及民生利益的由社会救助发挥兜底作用。在实践中积极推进城乡统筹、项目整合、门类齐全、程序规范及资金来源稳定的社会救助体系建设，体现了以保障民生为宗旨的社会救助项目以及社会救助事业的一般发展规律，展示了中国社会救助事业的伟大成就，创造了堪称人类社会救助历史上伟大奇迹的中国模式。

5. 管理性

社会保障政策实际是对社会问题的一种组织性回应和政策建构过程，它是政府社会管理的重要组成部分，体现了政府管理社会风险的水平。从社会风险视角来说，政府的社会保障政策实际是对社会风险的组织性回应。这种政策回应性体现在多层次的宏观和微观的风险管理上：在宏观视角下，成为社会问题的新就业群体问题被纳入社会保障政策议程中，并对这些社会风险进行社会干预，而社会保障政策正是对社会层面的群体生活风险的一种干预；在微观视角下，个体社会成员的生命周期内的社会风险被聚焦，社会保障政策的设计与执行正是对微观社会个体的社会风险的管理。社会群体与个体层面的社会风险正是社会保障政策的议题选择、政策设计、政策执行与评估等方面所关注的重点领域。

二、社会保障政策的功能

社会保障政策是改善民生、维护社会公平、增进人民福祉的重要工具，是促进经济社会发展、实现广大人民群众共享改革发展成果的重要制度安排，是治国安邦的大问题。从以往的研究来看，社会保障政策具有一定的政治功能，它是执政者实现其政治目的的重要手段，且社会保障具有一定的经济功能，它可以在一定程度上促进经济发展。同时，社会保障还具有一定的社会功能，起到社会稳定器的作用。此外，值得注意的是，我国的社会保障政策还具有独特的一些功能。

(一)政治功能

社会保障政策能够调节利益关系，这就是社会保障政策的政治功能。具体包括：一是调节政治方面的利益，协同各政党团体的政治诉求；二是调整经济方面的利益，从社会再分配上调节经济利益格局。

社会保障政策的完善是建设和谐社会的必经过程，对整个社会的政治稳定有极大的影响。作为民生基石的社会保障制度，其开端具有浓厚的政治色彩。现代社会保障是工业化的产物。生产力快速发展，社会剩余产品增多，手工业被机械工业代替，家庭作业被工厂工业代替，小生产者人数逐渐减少，工业劳动者不断增加等是促成社会保障制度产生的必要条件。但是，世界上最早以较完备的立法形式建立社会保障制度的国家是德国，而不是当时工业革命的先行者——英国，究其原因，德国社会保障制度所具有的政治功能功不可没。

西方社会保障政策制定的初衷是为了缓和社会矛盾，以维护统治阶级的根本利益，保持政局的稳定，防止人们因绝对贫困铤而走险地以暴力手段谋求利益。所以社会保障政策是资产阶级政府抑制劳工运动的一种形式，也是工人长期斗争的结果。当初，德国俾斯麦政府建立社会保障制度，就是企图控制工人运动的发展。19 世纪，德国工人阶级不断壮大，国内工人阶级与资产阶级的矛盾斗争此起彼伏，工人运动日渐高涨。为了实现统一、建立新政权的德意志帝国出于维护社会稳定、巩固政权，德国迫切需要一种全新的、非武力的政治斗争工具，因此，社会保障制度应运而生。德意志帝国的宰相俾斯麦曾说过：“仅仅采取严格的压制措施是十分不够的，我们的义务，就是不要忽略改变工人命运的任何手段，以便在社会各阶级之间建立和平。”可见，社会保障制度的产生是统治阶级防止工人阶级反抗的政治工具，是资产阶级为了维护自身的政治和经济利益而建立的，与统治者们的政治需要密不可分。现代西方社会保障制度最初正是根据这样一个俾斯麦式的思路建立起来的：社会保障制度将各阶层的利益连接在一起，镶嵌在一个整体中。人民的生生息息关切着社会保障制度的进进退退，反之亦然。

从世界范围内社会保障政策的发展过程来看，各国执政者都高度重视发挥社会保障制度的政治功能。西方社会保障制度不仅与经济利益紧密相关，而且与政治斗争结伴而来，逐渐成为资本主义政府的一项基本功能，成为资本主义政党政治的一个主要内容，对稳定西方资产阶级统治和国家政权发挥了重要的政治功能。

(二)经济功能

社会保障的经济功能包括：一是促进经济发展。解除后顾之忧，调动广大劳动者的工作积极性，提高工作效率；通过社会保障基金的运营直接促进资本市场的繁荣，推动金融产业及相关产业的发展。二是促进社会的协调发展，搭建社会安全网。三是促进人的全面发展，使其过上有尊严的公民生活。

社会保障与经济的关系属于双向互动，首先社会保障不是人为的产物，它是随着生产力发展、商品经济增长而产生和发展起来的。并且，社会保障的形式、范围、内容和水平取决于一定的经济增长水平。不过，从社会保障事业发展的全过程来看，在社会保障同经济水平的关系中，社会保障并不完全处于一种受制约的被动地位。恰恰相反，社会保障可以反作用于经济增长，社会保障作为一种社会经济行为、国民经济的重要组成部分和社会市场经济的基本要素，它对经济增长具有双重作用，既能促进经济增长，又能阻碍经济增长。因此，它的发展变化必然直接或间接地影响生产发展。社会保障对经济的作用可以从以下几个方面具体分析。

1. 社会保障能为经济发展营造稳定的环境

社会政策与经济建设是相辅相成的，没有社会稳定就没有经济的平稳增长，而社会保障政策托底，能保证低收入群体拥有基本生活保障，大多数群众生活稳定，才能维护社会的稳定。常言道："饥寒起盗心。"人们遭遇饥寒交迫、无法生存时，就会不顾一切、铤而走险，导致出现扰乱社会秩序、影响政治安定与经济稳定发展的局面。社会保障对那些由于各种原因导致生活困难的人们进行保险保障，帮其摆脱生存危机，使他们能够保持最基本的生活条件。作为其最低追求目标，在社会成员遭遇不幸或灾难时，社会保障能及时给予基本生活保障，化解社会矛盾，发挥"社会稳定器"的功能。同时，社会保障政策包括社会保险、收入分配改革等方面的完善，为经济出现风险提供社会稳定的保障，让政府可以把有限的资源用于处理大问题，更容易渡过难关。

2. 社会保障有利于提高劳动者的素质，稳定就业

社会保障对于劳动者就业方面的影响，一方面表现在稳定功能。在市场经济条件下，劳动力自由流动是实现人力资源优化配置的前提，完善、统一的社会保障制度，能减少劳动力流动风险，为劳动力自由流动提供了制度保障；其次，社会保障对促进就业具有不可替代的作用，社会保障的子项目失业保险制度为暂时失去收入的社会成员提供经济援助，使劳动者尽快渡过难关；再次，社会保障作为人力资本投资的重要组成部分，有效地分散了劳动者所面临的各种风险，提高了劳动者的健康资本和人力资本，提升了劳动者的就业质量；最后，社会保障制度扩大了有效需求，极大地促进了相关产业的发展，带动了相关领域的就业水平，如养老服务产业必定带动医养结合的社区居家养老服务、老年咨询、老年旅游等相关为老服务的就业水平。

另一方面，社会保障对于劳动者就业方面的影响表现在提高劳动者素质。实施社会保障制度的国家，几乎都将包括职业培训、在职教育在内的再就业工程纳入社会保障范围。劳动者因产业结构调整或因知识陈旧、技术过时而被排挤出劳动队伍，除了享受失业保险待遇以外，还能以各种方式进入社会保障就业机构，接受劳动技能培训与教育。劳动者被要求以积极的姿态参加职业技能培训，提高素质，重新就业，对全社会劳动力再生产产生积极的作用，为经济发展提供持续的人力资本支持。

3. 社会保障有利于减少生命和财产损失，提高风险应对能力

社会保障制度的实质就是风险分散和责任共担，社会保障作为一种以集体协议方式对个体风险进行分散的保障机制，基于大数法则将少数个体面临的风险分散到集体的每个人，由集体共同承担个体面临的风险，从而减少风险对个体的冲击和损害，其在“我为人人，人人为我”的互助互济功能之上，使全体国民享受到基本生存保障。社会保障体系中，社会救助可以帮助国民摆脱生存危机，社会保险可以满足国民生活保障需求，不断改善和增进国民福利、社会福利，即全体国民共享经济发展成果，实现整个社会的和谐发展。社会保障通过有效的风险管理机制，化解经济风险，减轻社会成员不幸损失的负担。

4. 社会保障能为国家积聚发展资金

社会保障基金是从国民收入的初次分配和再分配过程中形成的一种消费性社会后备基金，在性质上属于社会公共基金，其重要性在于对收入分配进行有效调节，进而对经济发展起着促进作用。随着我国市场化、城市化、工业化速度的加快，以及人口老龄化、家庭少子小型化的加剧，社会成员面临的风险日益增加，传统的家庭保障功能在弱化，劳动者老、弱、病、残、孕、失业等风险加大，人们对社会保障产生较强需求。社会保障发挥保障国民基本生存权利的作用，以保障基金存在为前提，通过建立社会保障基金，对遭遇风险的社会成员及其家庭提供补偿，保障其基本生活，解除其生存之忧，从而使得社会劳动力得以恢复，社会再生产得以顺利持续进行。

社会保障基金是一项数额较大的公共基金，是政府财政资金之外的社会资金，为保持其增值，在政府监管下，社保基金积极参与投资和社会生产活动，发挥其重要的投资、融资功能，减轻政府资金负担，活跃金融市场交易，促进经济建设。其中，养老保险是社会保险的重要险种，其征收税（费）到养老金给付，中间距离时间较长，这笔基金在尚未发生给付前，成为经济发展资金的重要组成部分。

（三）稳定功能

除了政治和经济功能以外，社会保障具有的最为直接的就是稳定功能，即社会保障可以维护社会稳定。具体来讲，社会保障制度的建立有效地消除或缓解了现代社会中的各种风险，使大多数人能够安居乐业，少数弱势群体的基本生活也能得到保障，从而有效地维护了社会的稳定和发展，被称为社会的稳定器或减震器。

人类生存的基本前提之一就是要有相应的保障手段。社会保障的最早的萌芽——对贫困者给予救济，起源于人类社会初期社会成员之间的互助行为。当有人受到饥寒或疾病威胁时，其他人会给予衣食方面的帮助，这种互济行为是人类社会得以繁衍和生存的条件；后来随着社会进步和经济发展，人们对抵御灾害破坏、降低风险损失、提高生活质量的需求随之上升，而且要求政府发挥主导性作用。社会成员的老、弱、病、残、孕以及丧失劳动能力，在任何时代和任何社会制度下都是无法避免的客观现象。社会保障就是当社会成员遇到这种情况时给予适当的补偿以保障其基本生活水平，是实现老有所养、病有所医、伤有所保、失业有救济、残疾有安置、贫困有支援的社会“安全网”，从而防止不安定因素的出现。社会保障政策的目标就是通过保障人民的基本生活，解除社会成员的后顾之忧，有效地化解可能发生的各种社会矛盾，为社会发展创造稳定的环境。

中国改革开放40多年来，经济建设取得了举世瞩目的伟大成就，确立了我国世界经济大国的地位。但我国发展过程中面临的风险和不确定因素还很多，比如由外向依赖型向内需驱动型发展方式的转变，从单纯追求经济增长向实现国民福利与国民经济同步发展的转变，以及资源短缺、环境污染、城乡地区发展差异等。这些客观因素的存在会危及社会稳定，加大经济发展的风险因素，对经济持续发展带来负面影响。另外，社会生活中客观存在的年老、疾病、工伤、失业等事件，会导致一部分社会成员陷入生存危机，构成社会的不稳定因素，也会破坏经济正常发展秩序。社会保障正是将帮助国民摆脱生存危机作为其最低追求目标，在社会成员遭遇不幸或灾难时，能及时给予基本生活保障，化解社会矛盾，发挥“社会稳定器”的功能。

在计划经济时代，国家建立了养老保障、医疗保障、工伤保障、生育保障、社会福利、优抚安置等社会保障制度。虽然当时社会整个群体的工资水平比较低，但是，由于国家对民众各种生活保障的承诺，民众对生活的风险预期较低，整个社会具有较高的稳定性。改革开放后，社会保障已经从国家包办改革为通过社会力量举办，由于改革尚在逐步的推进中，导致社会保障仍然存在一些不完善的地方，加快了人们对未来社会风险的预期，对社会稳定产生了负面的影响，这也表明，深化社会保障制度改革、提升社会保障公平性可以显著促进社会的稳定性。

(四)再分配功能

社会保障政策作为一种再分配手段，是社会不同群体收入再分配的“调节器”，它通过保障人们的基本生活需要，实现社会公平。社会保障属于社会再生产领域的分配范畴，自身具有社会收入的再分配功能，通过社会保障的形式，将社会财富的一部分转移到广大低收入者手中，低收入者随着收入增加，就会相应扩大需求，增加消费，从而提高全社会的总体需求水平，进而推动生产资料和消费资料的生产，防止供给相对过剩引起的萧条现象，减轻经济周期性危机带来的生产力破坏，保证社会生产稳定增长。基于卢森堡收入研究所1995年10个福利国家的收入数据，Ferrarini 和 Nelson 研究发现，在瑞典，社会保障发挥的再分配效果非常明显，经过税费和社会保障项目的转移支付后，收入差距的基尼系数由0.39下降为0.3以下，下降幅度超过40%。不论哪个国家，特别是经济发达国家，其经济水平下降与消费需求不足有着密切的联系。具体来讲，再分配功能在社会保障过程中有两个体现。

1.对劳动者个人不同时期的收入再分配

劳动者在职期间收入的一部分，以保险费(税)的形式纳入社会保险基金参与再分配，遭遇劳动风险时由社会保险其基本生活需要。社会保险的不同方式则影响收入再分配的力度。保险基金在现收现付模式下，是以代际转移的方式实现收入再分配，下一代创造的财富有一部分是以养老金随经济增长的形式转移给上一代。在完全积累制下，个人收入再分配是对个人生命周期内收入的分配，对社会公平的影响力度小。

2.对同代社会成员之间的收入再分配

表现在不同收入水平的社会成员之间和不同地区的社会成员之间的收入再分配。社会保障对不同的社会群体采用不同的收入再分配方法。比如对劳动者，社会保障制度要求强制缴纳保险费(缴费标准一般是个人工资收入的一定比例，高工资者必须承担更多的义务)，根据权利义务基本对等原则补偿收入受损者；对无收入来源、无劳动能力者，则不要求其缴费，实行单方面给予。通过社会保障制度的实施，不同收入阶层的收入变化是明显的。以1982年英国为例，经过纳税和各种补贴等社会保障制度的实施，使得收入最高的20%的家庭与最低收入的20%的家庭的最初收入比由120∶1下降为4∶1，从而优化了社会收入分配的结构。“社会保障的收入再分配可以增进全社会福利”的理论基础是福利经济学。影响经济福利的主要因素是国民收入的大小和国民收入在社会成员中的分配情况，减低国民收入不均的程度同样会提高一国的总福利，因为实际收入的边际效用是递减的。如果把富人收入的一部分转移给穷人，经济福利就会增加，而收入转移的途径就是由政府向富人征累进所得税和遗产税，然后举办社会保障事业，补贴穷人，即用来发放失业津贴、社会救济、养老金、医疗保险、房屋供给等①。

(五)制度优越性的体现

党的十七大报告明确指出，社会保障是社会安定的重要保证。要以社会保险社会救助、社会福利为基础，以基本养老、基本医疗、最低生活保障制度为重点，以慈善事业、商业保险为补充，加快完善社会保障体系。党的十八大报告同样指出“社会保障是保障人民生活、调节社会分配的一项基本制度”，我们要“坚持全覆盖、保基本、多层次、可持续方针，以增强公平性、适应流动性、保证可持续性为重点，全面建成覆盖城乡居民的社会保障体系”，实现“以人为本，全面协调可持续的科学发展”。党的十九大报告中强调要加强社会保障体系建设。按照兜底线、织密网、建机制的要求，全面建成覆盖全民、城乡统筹、权责清晰、保障适度、可持续的多层次社会保障体系。可见，社会保障制度已经成为社会主义市场经济运行的必要稳定机制，在中国特色社会主义事业建设中发挥着稳定社会的重要功能。2020年10月29日，十九届五中全会再次强调，要改善人民生活品质，提高社会建设水平；提出了“十四五”时期经济社会发展主要发展目标之一：民生福祉达到新水平，基本公共服务均等化水平明显提高，多层次社会保障体系更加健全，脱贫攻坚成果巩固拓展，乡村振兴战略全面推进。

中国社会保障制度体系建设与国民经济和社会发展的实践，推动着中国共产党对重大社会问题、重大社会政策的认识不断发展，从而使得中国共产党对社会保障制度功能的认识走向全面、科学和成熟。社会保障制度不再被作为推动经济体制改革的工具，也不再仅仅是为了保障人民群众的基本生活，而是为了保障人民生活和调节社会分配。社会保障制度不是保障人民生活和调节社会分配的一项特殊或者临时制度，而是一项基本制度。

改革开放以来，中国共产党关于社会公平正义的一系列思想理论的提出，确立了中国社会保障制度建设和发展的另一基本理念，成为中国社会保障制度建设和发展的重要理论基础，也彰显出中国特色社会主义制度的先进性与独特优势。

(六)共同富裕的保证

共同富裕是马克思主义的一个基本目标，也是自古以来我国人民的一个基本理想。孔子说：“不患寡而患不均，不患贫而患不安。”孟子说：“老吾老以及人之老，幼吾幼以及人之幼。”按照马克思、恩格斯的构想，共产主义社会将彻底消除阶级之间、城乡之间、脑力劳动和体力劳动之间的对立和差别，实行各尽所能、按需分配，真正实现社会共享，实现每个人自由而全面的发展。共同富裕是社会主义的本质要求，是人民群众的共同期盼，推动经济社会发展，归根结底

① 郭士征．论社会保障的经济性功能[J]．江苏社会科学，1994(4)：21-24.

是要实现全体人民共同富裕。共同富裕的实现程度取决于两大因素：一是物质基础是否丰厚决定着可供全民共享的潜在份额；二是再分配机制是否合理，决定着全民共享的公正程度。完善的社会保障制度能为社会成员提供基本生活保障，并在一定程度上促进起点和过程的公平，从而实现结果公平，实现全民共享和社会和谐。

我国社会保障制度改革已进入系统集成、协同高效的阶段。2021 年 2 月 26 日，中共中央政治局就完善覆盖全民的社会保障体系进行了第二十八次集体学习。党的十九届五中全会明确了“十四五”时期我国社会保障事业发展的蓝图。要坚持系统观念，把握好新发展阶段、新发展理念、新发展格局提出的新要求，在统筹推进“五位一体”总体布局、协调推进“四个全面”战略布局中思考和谋划社会保障事业发展。要树立战略眼光，顺应人民对高品质生活的期待，适应人的全面发展和全体人民共同富裕的进程，不断推动幼有所育、学有所教、劳有所得、病有所医、老有所养、住有所居、弱有所扶取得新进展。

从国际视野出发，社会保障制度越是健全的国家，国民共享的份额就越大，社会平等与公正的程度就越高，离共同富裕目标的距离就越近。没有社会保障制度既不可能解决人民的后顾之忧，更不可能实现共同富裕。中国的发展实践也证明了社会保障制度是全体人民解决后顾之忧、共享国家发展成果的基本途径，它构成了脱贫攻坚和全面建成小康社会的重要制度支撑，也必定是未来走向共同富裕的重要制度保障。我国已经进入了全面建设小康社会并逐步向共同富裕社会迈进的时代，同时也是一个追求财富增长和促进整个社会和谐、健康发展并重的时代，这样一个时代的发展绝对离不开健全的社会保障制度的维系。

第二节　公共政策

一、内涵与特征

(一)内涵

1. 政策的内涵

在人们通常的观念中，政策是指政府用以规范、引导和协调有关团体和个人行动的准则或指南。然而，这种共识下包含了各种不同的解释和引申含义。一般的文献总是表面化地把它定义为规划、社会目标、方案、政府决策计划、项目，甚至法规、法案等具体文件化的范本。实际上，政策具有不同的深层形态：首先，它是一种政治行为，政策是政府意志的体现。政策还是一种过程概念，这种过程性表现在政策是政府为达到某一既定目标而采取的一系列可操作性的活动。因而它是动态的，并与过去和未来有关。政策还可视为是一种权威性的社会价值分配方案，对某一具体政策而言，这种价值分配将在与政策相关的目标群体范围内进行。政策又是有关集体成员之间的一种默契，它要求所有成员，在给定的环境下能把握其他成员的行为准则。从政策推演到公共政策，很显然，公共政策除了具备上述政策的基本内涵以外，还有其特殊的本质及特定的内容，需要在广泛吸取前人研究成果的基础上进行深入的解释。

2. 公共政策的内涵

公共政策是现代社会政治生活中使用非常广泛的概念之一。但无论是在日常生活，还是在学术领域，人们对它的含义并没有一致的看法，如卡尔·弗里德里奇认为政策是在某一特定的环境下，个人、团体或政府有计划的活动过程，提出政策的用意就是利用时机、克服障碍，以实现某个既定的目标或达到某一既定的目的；弗兰克·费希尔指出“我们将公共政策界定为对一项行动的政治上的决议，目的在于解决或缓和那些政治日程上的问题，如经济、社会、环境等问题。不论公共政策是通过政治辩论还是正式投票来形成，都牵涉到对要实现的目标以及实现这些目标的手段两个方面的问题”。一般来说，公共政策是由政府机构和政府官员制定的，公共政策体现了他们在政治系统和特定环境下的活动方式和活动过程，表达了他们的行为和目的，反映了他们实际所做的事情和效果①。

现有研究从不同视角分析了公共政策的概念：①基于现代政治学的理念，认为公共政策是政府对社会公共利益分配的动态过程；②基于制度经济学理念，以现代市场经济制度为背景，把公共政策理解为政府运用自己的职能来规范、引导经济法人实体、市场主体和个人行为，以及有效调动和利用社会经济资源，有利于实现公平与效率目标的一种制度安排；③基于公共管理的理念，认为公共政策是以政府为主的公共机构，为确保社会朝着政治系统所确定、承诺的正确方向发展，通过广泛参与的和连续的抉择以及具体实施产生效果的途径，利用公共资源，达到解决社会公共问题，平衡、协调社会公众利益目的的公共管理活动过程。

依据上述，可将公共政策界定为：国家（政府）、执政党及其他政治团体在特定时期为实现一定的社会政治、经济和文化目标所采取的政治行动或所规定的行为准则，它是一系列谋略、法令、措施、办法、方法、条例等的总称②。

公共政策的内涵有以下几点：①公共政策由特定的主体，即由国家或政府、执政党及其他政治团体所制定及执行，政策体现了主体的意志，它与个人、企业等所做出的决定不同，具有法定的权威性。②公共政策具有特定的价值取向，要实现特定目标或目的。政策不是无意识或偶然性的行为，总是要实现特定的目标，具有明确的方向性。同时，政策又在特定的历史时期内起作用，具有时效性。③公共政策表现为由一系列行为所构成的行动过程，是政府为解决特定社会问题以及调整相关利益关系而采取的政治行动过程。

公共政策是一种行为准则或行为规范。政策总有具体的作用对象或客体，它规定对象应做什么和不应做什么；规定哪些行为受鼓励，哪些行为被禁止。政策规定常带有强制性，它必须为政策对象所遵守。

（二）特征

1. 权威性

所谓权威性，是指公共政策具有强制性地得以贯彻的性质并在其适用范围内具有普遍的约束力，得到广大社会成员的遵守和认同。公共政策之所以具有权威性，是由以下三方面的因素决定的：①公共政策的制定主体——公共组织具有特定性。只有特定的组织或机构才具备公共政策制定主体的资格。这种特定性或来自法律的明确授权，如政府及其部门、第三部门；或在长期的历史发展过程中形成的，如一些国家的执政党，其主体凭借的是社会公权力。②公共政策的运作程序和规则具有严格性。在现代社会，无论是公共政策的制定，还是执行，都必须是法定主体按照法定程序进行，任何组织和个人都不得违反。程序和规则的严格性是公共

---

① 朱崇实，陈振明. 中国公共政策[M]. 北京：中国人民大学出版社，2009.

② 陈振明. 公共政策分析[M]. 北京：中国人民大学出版社，2015.

政策合法性的源泉。因为没有程序的严格性不仅无法保证公共政策形式的合法性，而且公共政策内容的合法性也将失去根基。在一个法治社会，具有合法性的公共政策，在其管辖范围内的所有组织和人员必须遵守和服从，即“公共政策面前一律平等”。③公共政策实施具有强制性。公共政策的实施主要不是依靠执行机构和目标群体的内在强制，而是依赖于外在强制。政府和第三部门制定的政策是由国家强制力保证实施的，对拒不执行政策或歪曲政策的行为，都将做出相应的处罚，使其权利或者利益受到损失。

2. 公共性

由于公共利益的社会共享性和它所具有的相对普遍的影响力，因此确保公共利益的增进和分配是当代公共管理的根本目的[①]。公共政策作为公共组织实施公共管理的重要措施和手段，自然内在地具有公共性的特征。

1)公共政策问题取向的公共性

在一个政治系统中，有各种各样的矛盾和问题，但是并不是所有的矛盾和问题都会成为公共政策解决的对象。实质上，有相当的矛盾和问题都未能纳入公共组织的视野。只有那些有助于保障和增进公共利益的矛盾和问题，才能进入公共政策的议程。一些矛盾和问题之所以未被列入公共政策议程，或许是因为公共组织暂时还无力(如条件不具备等)解决，或许是因为它们本来就属于私人领域的范畴，应由私人政策予以解决。

2)公共政策目标取向的公共性

一旦公共政策问题确立之后，就进入解决公共政策问题阶段。在这一阶段中，无论是公共政策的制定，还是执行，从理论上讲，都必须按照实现公共利益帕累托最优的原则，确定公共政策的目标，选择行动方案。也就是说，公共组织在借助公共政策手段行使公共权力、承担公共责任、解决政策问题的过程中，必须谋取公共利益，而不能在私人领域侵犯私权，或为少数人甚至公共组织自己谋取私利[②]。

公共政策的公共性是由现代社会的政治特征和现实状况所决定的。现代社会的基本政治特征便是民主政治，政府只有获得多数民众的支持，才能行使公共权力，这就要求政府管理社会的主要手段——公共政策必须代表民意、体现“公意”。否则，就可能导致政府的合法性危机。如果公共组织不能秉承服务和增进公共利益的宗旨，仅从纯粹私人的角度考虑，那么公共权力的“合法(性)行使将是难以理解的”[③]。与此同时，由于人们利益需求的个性化、多元化，极“左”或极“右”的公共政策都会在满足一部分人的利益需求的同时，挫伤另一部分人的积极性或损害另一部分人的利益。

在此情况下，公共政策的明智选择只能是更多地倾向于“中位选民”的利益，即符合大多数人的利益。也正是由于人们利益需求的个性化、多元化，决定了公共组织在众多的利益需求中，确定现在或未来的公共利益时存在相当大的难度。这既是一些公共组织虽然在制定公共政策时主观上竭尽全力谋求公共利益，客观结果却事与愿违的原因，也是对公共组织政策水平的严峻考验。

---

① 张庆东. 公共利益：现代公共管理的本质问题[J]. 云南行政学院学报，2011(4)：22－26.

② 卢坤建，姚冰. 论公共政策分析中的“公共”原则：可持续发展角度的透视[J]. 中国矿业大学学报(社科版)，2000(1)：35.

③ 夸克. 合法性与政治[M]. 北京：中央编译出版社，2002.47.

3. 选择性

无论是公共政策目标的确定、方案的设计和决断，还是公共政策的执行、调整、评估和终结，均是相关公共组织进行选择的结果。一言蔽之，公共政策的选择性特征贯穿于公共政策运行过程的始终。公共政策的选择性特征是由人们认知的差异性、目标群体利益需求的多样性和公共政策资源的有限性所决定的。公共政策是客观见之于主观的产物，由于公共组织中人员的经历、学识、价值偏好、思维方式、所处地位等诸多因素的不同，加之人类认识能力的有限性和公共政策环境的复杂性，必然导致人们在认知同一问题或矛盾产生的原因、影响以及解决方案方面存在一定的差异。公共政策只能从这些方案中选择或综合出一种方案作为行动的依据。

目标群体是指受公共政策影响的，必须对公共政策采取适当反应的群体或个体。目标群体的利益需求有眼前的、有长远的，有合理的、有不合理的，有个体的、有群体的，有物质的、有精神的，有固定的、有变动的，有独享的、有共享的，等等。很显然，公共组织面对如此复杂多样的利益需求不可能一一予以满足，必须从中做出取舍。政策资源涉及人、财、物、权威和信息等诸要素。公共组织进行公共政策制定、执行、评估，需要有一定的政策资源作支撑。在一定的时间内，由于受到公共政策环境系统总体状况、公共组织能力的影响，公共组织所能提取和加以利用的政策资源，尤其是经费与物质设施方面的资源是有限的。但与此同时，社会需要公共组织通过公共政策来解决的问题却非常广泛，因此，公共政策具有选择性这一重要特征。

4. 多样性

公共政策无论是作为公共管理的手段，还是作为一门学科都具有多样性的特征。作为公共管理手段的公共政策，其多样性表现在以下几方面。

1）公共政策问题具有多样性

公共政策问题具有多样性体现在有政治的、经济的、文化的、社会的，有国内的、国际的，有全局的、局部的等。由于公共政策问题具有多样性，所以为解决公共政策问题而制定和实施的公共政策也有多种类型。例如：按其内容和地位可分为总政策、基本政策和具体政策；按其制定主体层次可分为中央政策和地方政策；按其适用范围可分为对外政策和对内政策；按其适用时间可分为短期政策、中期政策和长期政策；按其自身性质与要求可分为稳定性政策和探索性政策；等等。

2）公共政策的功能也具有多样性

公共政策实施后，其效果有可能是积极的、消极的、无效的或喜忧参半的。作为学科的公共政策，其多样性主要表现在公共政策分析模型和分析方法两个方面。就公共政策模型而言，在公共政策制定中经常使用的模型主要有政治系统理论模型、精英理论模型、团体理论模型、理性决策理论模型、渐进决策理论模型等；在公共政策执行中经常使用的模型有过程理论模型、互动理论模式、循环理论模式、浴盆模型等。公共政策的分析方法有定性分析方法和定量分析方法两种。定性分析方法有价值分析法、规范分析法、可行性分析法、德尔菲法、主观概率预测法、超觉理性分析法。定量分析法有预测分析法、效果分析法、投入产出分析法、模糊分析法等。

5. 过程性

公共政策是一种复杂现象，是由许多个人和组织制定的众多决策组成的。它经常受到现有或以前公共政策的塑造，并经常与其他表面上看起来无关联的决策密切相关。显然，公共政策不是一次性消费品，它具有过程性和连续性，它是由一系列连续性的决策组合而成，并具有明确的目标导向和价值取向，为了解决某些社会问题而形成的过程性行为。

从技术操作的角度，公共政策可以看作是一个流动的过程，认定公共政策是一组相互联系的决策，或者可以将公共政策看作是一种利益平衡过程中的产物，即是形成过程中各种相互冲突、排斥或融合的利益团体对于政府行为施加压力的过程和结果①。

6. 合法性

公共政策的合法性是一个政府政权对公共政策系统及其产出的认可和接受程度。作为政府所采取对公私行动的指引，公共政策是将来取向的，它是由政府或有决策权者所采取或选择的，它是具有约束性且被大多数人接受的行动指引。公共政策必须以相关群体的认可与服从为前提，而无论是受益的相关群体自愿接受，还是损益的群体屈从政府的权威，都需要公共政策具有合法性。公共政策有一个按照规定程序合法化的过程，公共政策的合法化是公共政策本身得以实施的条件。就公共政策的合法性来源而言，主要存在于三个方面。

1)公共政策的合法性首先来源于政策主体

根据在公共决策过程中的不同职能，公共政策主体可以分为三种类型：一是决策主体，是指政府、执政党及其领袖等；二是参议主体，是指在野党和咨询机构，如由各种专家和学者组成的“智囊团”“思想库”；三是参与主体，是指公众和社会团体。但是当我们在讨论公共政策的合法性问题时，所说的政策主体一般指决策主体，因为决策主体所享有的权利是宪法和法律规定的，是由国家权力机关或上级国家行政机关授予的。也就是说，只有具有合法性的政策主体才能颁布具有合法性的政策。

2)公共政策的合法性来源于政策程序

政策程序是指政策取得合法性的方式、顺序和步骤，它是规范公共政策行为的主要手段。政策程序的合法性要求公共政策行为必须按照法定的方式和步骤来进行。如果没有程序的规范与制约，政策的制定就有可能成为少数决策主体的个人的盲目行为，使个人的意志凌驾于公众的意志之上，进而影响政策内容的合法性。而与政策程序相关的法律制度，如审查制度、听证制度等也是政策程序合法性的重要保障。

3)公共政策的合法性还指内容的合法性

公共政策合法性的重要意义在于它是政府对公私行为进行有效指导的基础，它必须以公众的利益为其价值取向，从而赢得公众的认可和支持，这是政策内容具有合法性的应然要求。因为公共政策的效力来源于公共权力，公共政策的对象是公共问题，公共政策的制定和实施过程中要承担公共责任，所以公共政策的终极目标理应是实现公共利益，只有符合公共利益的政策，才能具有实质的合法性。

二、基本功能

(一)导引功能

社会活动主体的行为是可以改变的，从而也是具有规范性和引导性的。制定与实施公共

---

① 贺东航，孔繁斌. 公共政策执行的中国经验[J]. 中国社会科学，2011.(5)：61-80.

政策正是针对因利益矛盾而引发出来的公共社会问题去确立一定的合理的行为准则,凭借这些准则去规范和指导人们的行为,改变社会的人力、物力、财力等资源在空间的分布与时间流动方面的配置,从而对社会发展的方向速度、规模进行约束,保证社会运行有合理的秩序,并朝向某种既定的目标发展。公共政策的导引功能主要表现为以下几方面。

(1)政策所确立的行为准则对社会行为主体的行为产生规范和指导作用。凡是公共政策都有明确的目标,公共政策的制定必须依据公众的利益要求、既定的社会环境条件与政府的责任能力,确定科学的、有效的目标体系。政策的实施则是将社会生活中原来存在的复杂多向、矛盾冲突的个别目标,强制地纳入一个统一的既定目标体系之中,从而使整个社会的发展和人们的行动按照既定目标有序前进。政策规范通过各种方式对社会成员进行教育,使公共政策内化为社会成员的心理需要,使公共政策所确定的行为规范与价值体系成为人们的行为指南,从而保证整个社会生活正常地进行①。

(2)对社会主体价值观念和行动的导引与控制。公共政策是事实和价值的有机统一。凡是公共政策都包含的价值体系、规范体系和行动体系,价值体系的作用在于告诉人们,政府所提倡的政策是有用的、应当的、必需的,规范体系的作用在于告诉人们行为的界,指出哪些行为是允许的,哪些是不允许的,行动体系则告诉人们为达到政策的目标应当怎么做、采取何种途径去做。通过价值、规范和行动方面的指导,影响社会的主体价值观念。如我国的计划生育政策在多年的执行过程中,对于传统的重男轻女思想进行了批判,在广大的城乡地区大力宣传女性对于社会发展和进步的重要作用,注重培养人们男女平等的观念,使得整个社会在发展过程中人们对女性越来越尊重,女性获得了更加平等的地位。

(3)通过规范和指导社会行为主体的行为来改变社会各方面的资源配置,以此保证社会形成合理的秩序。在现实社会中,社会公众和组织存在不同的利益要求和行为方式,因此形成不同类型的社会秩序。一定的社会秩序直接或间接地影响着社会资源在时间和空间上的配置,从而影响着社会发展的方向、速度,甚至加剧了某些社会问题的严重程度。因此,要解决社会问题,实现既定政策目标,公共政策必须引导社会的资源配置和秩序合理化。

一般而言,公共政策的导引功能分为两种类型:直接导向和间接导向。这主要是从政策所要调节的行为方向和行为准则的主体不同来加以区分的。当政策直接对调节对象产生影响和作用时,这是政策的直接导向;而当非政策调节对象的行为也发生了改变时,政策起到了间接引导的作用。从政策产生结果的角度来看,公共政策的导引功能还表现为正向引导与负向引导两个方面。所谓正向引导,指政策所发挥的作用与事物本来发展的方向是一致的,体现了对事物发展规律所表现出的正确认识,表明了政策的正确引导作用。但是,公共政策在制定和实施的过程中,也会产生一些不可避免的负效应,表现为政策与事物本来发展的方向相反。这主要是因为任何一项公共政策不可能是尽善尽美的,总会在某些方面出现一定的、无法完全克服的漏洞,因此政策总要在实践中不断完善。比如一些发达国家都有对失业人群进行救济的政策,但由此产生了社会上"懒汉"增多的不良后果,尤其在北欧的高福利国家,这一现象尤为严重。这就表明了公共政策所具有的导引功能是客观的,有时产生的负向引导是不以人们意志为转移的。因此,既要充分发挥政策的正导引功能,又要清醒地认识到政策的负导引功能,争取尽量克服。

---

① 钮菊生.论现代公共政策的功能与特点[J].江海学刊,2001(5):72-73.

(二)调控功能

现实社会中存在着各种不同的利益群体,它们之间不可避免地会有利益上的摩擦、冲突甚至对抗,最终阻碍公众利益持续、有效的增长。为保证整个国家社会生活的和谐和发展,作为国家管理工具的公共政策必须具有调控功能,对社会公共事务中存在的各种利益关系,尤其是物质利益关系进行调控。公共政策通过不同主体的利益公开诉求平等竞争、民主论辩,在统筹均衡多方利益的基础上规定出大家认可的行动的目标和价值,调节和控制社会朝着既定的战略方向前进。公共政策的调节与控制作用是紧密相连的,经常是在调节各种社会利益关系的过程中控制社会利益矛盾的发展变化,而在控制各种利益矛盾变化的过程中又调节和平衡各种利益关系。

公共政策活动发挥调控作用有直接与间接两大类型。公共政策是划分领域的,某项公共政策对与其对应的领域所起的调控作用是直接性的,而对于其他相关的领域来说,其调控作用则是间接的。比如作为基本国策的人口政策,它对于人口增长与优化有直接的调控作用,但对于产业结构的提高与优化,则只有间接的作用。

公共政策的调控功能还有积极调控与消极调控两类。在政策实施后产生的效果是积极、正面的,实现了既定目标,政策调控的效果表现为推动社会的发展,这就是政策调控的积极作用。反之,政策实施之后产生的效果有可能是消极的、负面的,并没有解决社会问题,反而加剧了某些社会矛盾,政策产生了负面效应。导致政策出现消极调控作用的原因可以是多方面的,比如政策目标不正确,方案实施的条件不成熟,方案的制订不够科学、可行,等等。

(三)应急功能

在转型社会中,由于新旧体制交替、摩擦,社会利益出现新的分配和资源配置,这些都会导致原有既得利益团体的不满和社会新的弱势群体的出现。当社会出现新的、严重不均衡时,就会出现某些动荡和突发事件。另外,由于自然界自身的运动,也会出现地震、海啸、飓风等自然灾害;由于人类不理智、不健康的生产与生活方式也会导致食品卫生事故、技术和生产安全事故、高致性的传染病等,这些都需要人类采取积极行动,加以应对和处理。

公共政策在应对突发事件和化解社会危机中发挥作用主要是通过三种机制来实现的:一是预警机制。当突发事件和危机还处于潜伏时,就展开日常风险管理、制订预案积极预警。二是化解机制。当矛盾冲突已经出现,但还没有加剧和激化时,就展开利益协调,化解矛盾,避免危机事件出现。三是应对机制。当某些矛盾激化、引发社会动荡,出现社会突发危机事件时,公共政策的作用则是隔离危机,挽救生命财产损失,防止社会混乱,恢复社会正常秩序。四是反思学习机制。当突发危机事件平息之后,通过制定相关政策,总结经验,寻找薄弱环节,加强培训和演练,形成有效的危机应对法制、体制和机制。

(四)分配功能

公共政策具有分配功能,主要是由于作为政策制定主体的政府本身具有参与社会再分配的重要职能。社会中不同的个体和群体必然具有不同的利益需求,每一个利益个体与群体都希望在有限的资源中能够多获得一些利益,因此产生了分配过程中的各种利益冲突。如果这些冲突激化,就会造成社会的不稳定。政府制定与实施公共政策的目的正是在社会群体中尽可能合理、有效地分配各种社会资源,调整现实的利益关系,从而尽量减少社会成员之间的利益摩擦和冲突。

政府的公共政策所体现的分配原则主要有三种：一种是为追求效率而鼓励扩大差别的原则；二是为消灭差别求得平等而牺牲效率的原则；三是效率与公平相统一的原则。在计划经济体制下，执政党和政府推行的公共政策在分配功能上贯彻的是牺牲效率的平均主义原则。在市场经济体制下，执政党和政府所制定与实施的公共政策坚持实行的是效率与公平相统一的分配原则。

在分配社会资源时，任何政府都要面对的一个根本问题就是受益群体的问题。能够让所有社会群体和成员都受益的政策在现实中是不存在的。政策的结果，必然是一部分人获得利益，而另一部分人没有获得利益；或者，一部分人获得了较多的利益，另一部分人不仅没有获利，反而失去原有的利益，因此，公共政策必须在公共效率目标之间进行合理的选择和平衡，来维护社会稳定和促进社会发展。

在政府利用公共政策来调整现实的利益关系时，有几类群体比较容易从中受益，第一类是与政府主观偏好一致或基本一致的群体。政府是政策制定和推行的主体，也是公共资源和利益分配的主体。那些与政府主观偏好和主观利益相一致的团体会首先获得政府的青睐，因而从政府手中获得资源分配的优先利益。第二类群体是能够代表社会生产力发展方向的利益团体。它们对于社会发展起到积极的推进作用，因此能够获得政府在政策方面的大力支持，在社会资源分配方面大大受益。第三类则是社会中的大多数社会成员和群体。政府自身存在与发展的前提条件是必须能够维护社会中绝大多数人的利益。如果政府的一项政策不符合绝大多数人的利益，那么这项政策就会陷入无法实施的困境，甚至引起政府存在的合法性方面的危机。因此，如果一项政策的受益人越多，政策发生偏离的可能性就越小，那么政策获得拥护得以顺利执行的可能性也就越大。

（五）发展功能

公共政策通过约束、规范人们的社会行为，协调各利益群体的利益关系，公平合理地分配各种社会资源，解决各种社会问题，最终都是为了推动社会的总体发展。因此，归根结底，公共政策具有发展的功能。公共政策问题的界定，实质上就是对影响了某个社会正常发展的那些矛盾的确认，说明了公共政策的制定根本乃是以解决问题为导向的，为社会发展扫清障碍的过程本身就是一个公共政策动态的发展过程。

这里“发展”表现为政策环境和政策对象的动态变化，可能导致既定政策失去了执行的可能性，或者政策因素变化的速度超过了政策制定者的估计，因此政策的实际效力受到影响。在某些情况下，也可能出现因为对政策环境和政策对象的信息掌握不全和分析不足而导致政策滞后的情况。因此在公共政策的制定和实施过程中需要政策制定者和执行人员随时了解政策过程中各因素的变化和发展情况，以便做出适宜的调整，保证公共政策最终能够促进整个社会的发展。

公共政策的监控和评估目的在于通过对政策过程及结果的观察与分析，评价公共政策解决问题和实现目标的程度，并且对政策未来的走向提出建议，进行政策调整，或者以新的政策取代现行政策，以更好地解决公共政策问题，实现政策目标，促进公共利益，从而推动整个社会的发展与进步。

第三节　社会保障政策与公共政策之间的关系

一、社会保障政策与公共政策之间的联系

(一)政策制定和执行层次角度:元政策和基本政策

(1)公共政策是指政府以及社会公共权威机构指定和实施的政策,是国家或政府对社会经济生活的干预,其核心是以政府或权威机构为主体且实施的范围十分广泛,基本囊括政府对社会经济生活干预的所有范围。而社会保障政策是公共政策的一个组成部分,因为社会保障政策研究的就业、住房、医疗、养老及社会救助等都是国家的干预活动内容或福利供给[①]。

在社会福利方面,社会保障政策通过政府的一些政策来直接影响社会福利和社会利益,例如经济政策、移民政策以及税收政策。这部分可以被定义为财政福利,在社会保障政策中属于主体部分,是社会保障政策这座冰山水下的部分。财政福利是指"具有明确社会目标的特别减税和退税措施,如在许多发达国家,凡公民进行慈善捐款、抚养子女等,都可以获得所得税的减免,从而增加公民净可支配收入"。而"个人的税收减免在某种程度上实际就是一个终极转移……",这与公共政策中直接影响福利有异曲同工之妙,可见,社会福利部分公共政策依然包含有社会保障政策。

(2)政府通过一些政策来间接影响社会福利和社会利益,这部分的公共政策是间接影响福利的,故不一定是政府主导的,有可能是通过某种媒介或者制度施加了这种影响。例如慈善基金会慈善捐款的税收减免可以让非政府组织和社会机构帮助需要帮助的人,以及政府颁布的政策条例等。这部分社会保障政策与公共政策有一定的差异,主要取决于对此的看法,看法不同就会有不同的答案。与企业的就业以及各种医疗补贴、保险等附带的与福利有关的,常常由政府强制实施,如果社会保障政策定义中包含一些由非政府的社会实体做出的决策或者是实施的政策,那么这些社会保障政策是不属于公共政策的。

社会保障政策绝大多数的部分和内容都包括在公共政策中。因此,从这个意义上而言,将社会保障政策视为公共政策的一部分是可以理解的。社会保障政策与公共政策的关系如图5-1所示。

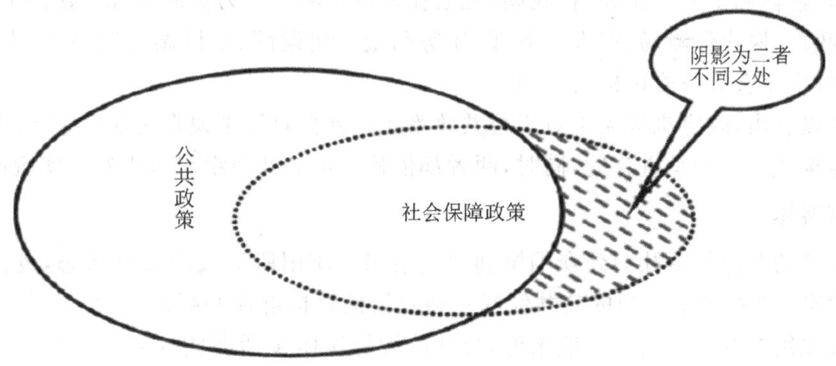

图5-1　社会保障政策与公共政策的关系

① ALCOCK P. The blackwell dictionary of social policy[M]//TITMUSS R M. Essays on "the Welfare State". 2nd ed. London: Allen & Unwin, 1964: 42, 44.

（二）政策制定目标的角度：社会公平公正和共同富裕

社会保障政策除了要达到保障和改善民生的基本目标之外，还要在国家治理体系和能力现代化建设中发挥作用，因此既具有保障和改善民生的基本目标，也具有社会、政治和经济方面的目标。具体而言，社会保障政策的目标就是通过保障人民的基本生活，解除社会成员的后顾之忧，有效地化解可能发生的各种社会矛盾，为经济发展创造稳定的社会环境。同时，社会保障政策作为一种再分配手段，是社会不同群体收入再分配的"调节器"，它通过保障人们的基本生活需要，减少收入差距，促进共同富裕，实现社会公平。

公共政策的基本价值目标在于维护社会公平、解决效率问题，且主要依靠市场机制。在注重效率的同时也要考虑社会的公平与正义，特别是要维护好弱势群体的利益，使社会各阶层的人民都能共享改革的成果。公共利益是符合这一标准的。同时，在公共利益最大化的前提下，公共政策强调既要重视效率，把"蛋糕"做大，同时也注意公平地分配，让各群体利益得到切实的维护和发展，共同为社会主义建设添砖加瓦。总之，社会保障政策与公共政策在目标价值取向上都强调保障社会公平公正，维持社会稳定，同时都关注收入公平，追求共同富裕。

（三）政策系统角度：政策主体和政策客体

1. 政策的主体

公共政策的主体可以简单地理解为直接或者间接参与公共政策制定和运行过程中的组织和个人，世界各国的政策环境和制度文化不同，所以公共政策主体的构成也有所差异。公共政策的主体一般可以分为两大类：政府组织和非官方的民间组织（个人）。公共政策的主体也即是政策的制定者，他们分别为具有合法权威的管理人员和司法人员，也包括民间组织和利益群体、政党和个人。在中国，公共政策的主体包括中国共产党、人大立法机关和政府机构以及隶属于中国共产党的人民团体。

社会保障政策是一个为解决问题而采取的行动过程，其行动的主体是指发起或参与这一行动过程的行动者，在当代社会中，社会保障政策一般是由政府组织的公共性的社会行动，政府是社会保障政策最主要的主体。同时，在现实的社会保障政策实践中，政府需要广泛动员社会中的各类组织和个人参与社会保障政策行动。因此，社会保障政策的主体还包括社会中各类组织、群体和个人。比如，在我国，社会保障政策涉及人力资源和社会保障部门、卫生行政部门、民政部、医疗保障局、军人事务部、住房和城乡建设部、乡村振兴局、残疾人联合会、妇女联合会、红十字会等政府机构与组织。

从中可以看出，政府机构无论对于公共政策还是社会政策来说都是非常重要的行动主体，在这一主体构成上二者是重合的，同时，两者都依赖一定的社会组织来更好地实现政策目标。

2. 政策客体

公共政策的客体是由社会公众围绕利益关系相互作用所形成的某种状态，也包括政策所要改变的状态，即社会上出现的公共性问题和政策的目标群体和标的对象，就是所谓的政策作用的个人或组织两个层面。一般来说，公共政策的客体包括那些列入公共政策主体即政府等相关机构议事范围之内、涉及多数公众利益的社会公共问题，还有政策的目标社会成员或是社会事件。

社会政策客体可以理解为社会政策行动的接受者。众多的需要和服务的困难之间的矛盾成了突出的社会现象，诸多服务对象面临的相同和类似的问题上升的宏观层面，就成为需要社会政策主体要积极介入加以干预和解决的社会问题。一般认为,社会保障政策的客体应包括社会问题和社会政策直接作用提供服务的对象,即那些不同需求的群体和个人,尤其是社会弱势群体和个人。

公共政策和社会保障政策都关注有影响的社会性、公共性的问题，二者都把那些超越个人生活环境,与社会成员生活大的历史背景和制度文化有关的,威胁社会部分或者全部成员的价值观、利益或生存条件的问题，当成必须通过政策程序和过程加以妥善解决的问题。

二、社会保障政策与公共政策之间的区别

对于社会保障政策是否是属于公共政策的一部分,存在一些争论。这种状况很大程度上是对社会保障政策与公共政策的实施主体、研究内容及范围等有很多不确定造成的。社会保障政策和公共政策既有不同点,又有相同点,主要基于二者既有一些相同领域,又有各自为政的领域①②③。同时,公共政策是指政府以及社会公共权威机构制定和实施的政策,是国家或政府对社会经济生活的干预,核心是以政府或权威机构为主体且实施的范围十分广泛,基本囊括政府对社会经济生活干预的所有范围。而对于社会保障政策来说,“社会保障政策,至少是 19 世纪 70 年代,主要的任务就是由国家通过改善收入分配方面的不平等状况,使劳动阶级和贫苦民众的处境有所改善,但同时又意识到社会保障政策的范围似乎不仅仅局限于此”④。虽然社会保障政策实施的主体也是政府或者权威机构,但是并不是唯一的主体,亦即社会保障政策除了政府之外,其他社会组织,如以非营利机构为主体的第三部门也可以制定社会保障政策,也会对社会资源的分配、社会需求的满足和公民福利的增加产生影响。

因此,无论是仁者见仁还是智者见智,社会保障政策和公共政策都可以干预社会的政策,但是社会保障政策又不仅仅旨在干预社会,社会保障政策的终极目标是如何增进公民的社会福利,以及如何更好地执行社会保障政策。而公共政策的本质是社会利益的集中反映,是对社会利益的权威性分配,所以公共政策的功能和作用就是利用权威分配利益。利益分配是一个动态过程,从利益选择到利益整合再到利益分配落实,公共政策的整个过程伴随着这样一种利益取向的行为过程,从而增进社会的整体利益。这从对于公共政策的定义中可以得到证明:“公共政策是政府依据特定时期的目标,通过对社会中各种利益进行选择与整合,在追求有效增进与公平分配社会利益的过程中所指定的行为准则。”⑤

本章小结

社会保障政策是以法律为依据,以国家、集体和民投入为依托,通过国民收入的分配和再分配,对农村社会成员的基本生产过程和生活给予的物质保障的政策,包含社会保险政策、社会福利政策、社会救济政策以及社会优抚政策四个方面的内容。同时,社会保障政策具有公平性、发展性、社会性、互济性与管理性等五个特征,意在为国民生活和生存提供有力保障,其带

① 陈涛.社会政策学:“政策科学”之外的一种选择[J].中国行政管理,1999(12):57-60.

② 杨团.社会政策研究范式的演化及其启示[J].中国社会科学,2002(4):127-139,206.

③ 杨伟民.社会政策导论[M].北京:中国人民大学出版社,2014:87.

④ Marshall T H. Social Policy[M]. London: Hutchin-son&Co. Ltd., 2001:7.

⑤ 陈庆云.公共政策分析[M].北京:北京大学出版社,2011: 10.

有政治功能、经济功能和社会功能，而中国社会保障政策能够体现制度优越性，同时促进共同富裕。

公共政策是一种由特定的主体制定和执行，带着特定的价值取向的行为准则或行为规范，具有权威性、公共性、多样性、选择性、合法性和过程性的特征，并拥有导引功能、调控功能、应急功能、分配功能及发展功能。公共政策与社会保障政策在制定和执行层次、目标及主客体方面有相似性，但两者也有区别。

案例分析

案例 1

世界最大社会保障网在疫情防控中表现如何？

中国社会保障制度在疫情防控中主要发挥五方面作用：

一是患者及其家庭，保！国家医疗保障局与财政部联合发文，将相关药品和医疗服务项目及时纳入医保基金支付范围，实施综合保障政策，在基本医保、大病保险、医疗救助等按规定支付后，个人负担部分由财政给予补助，最大限度降低患者及其家庭的医疗费用。在异地就医的过程中，先救治再结算。对收治患者较多的医疗机构，医疗保险可预付资金，确保医院不因支付政策影响救治。对于外籍患者，参加中国的基本医疗保险或商业保险，则由相应的保险来支付；没有参加保险，则由自己支付。但无论其是否参加了保险，医疗机构都先救治、后收费，确保其可以得到及时的医疗救治。

二是因工感染者，保！在疫情防控中因履行工作职责而感染新冠肺炎或由此导致死亡的医护及相关工作人员，认定为工伤，保障合法权益。相关部门开通了绿色通道，简化了认定工伤的程序。除此之外，对于符合要求的医护人员和防疫工作者，还可以评定为烈士。

三是困难群众，保！在疫情防控中，低保户、低收入群体以及因封城和隔离无法返回工作岗位的劳动者面临诸多生活困难，相关部门要求通过价格补贴、开展临时救助等措施，确保人民群众基本生活不受影响。据初步统计，2020 年以来各地已向低保对象、特困人员等困难群众发放价格临时补贴资金 37.1 亿元，惠及 8169 万人次。其中，湖北省从 2 月 20 日就明确对城市困难人员按照 500 元，农村按照 300 元，增发救助金。

四是社会福利机构，支援！社会福利机构面临较大的聚集性疫情风险。相关部门连续出台有针对性的防疫指导意见，实施严格封闭管理，加强服务和心理慰藉。以养老机构为例，武汉市的养老机构总共有 2 万多名老人，但护理人员只有 3000 多名，再加上有一部分护理人员受到感染或者是隔离，护理员非常紧缺。为此，民政部组织了三个省 118 名工作人员，湖北省内组织了 50 名护理员对武汉进行支援。

五是社会组织，安排！许多社会组织充分发挥自身在动员社会资源、提供志愿服务以及心理健康干预等方面的优势；各类基金会第一时间动员社会捐助，采购防疫物资，及时弥补一些地区物资不足的问题；各类社会服务机构深入社区和一线，充分发扬志愿精神，确保国家各项防控措施在基层有效实施。初步统计显示，截至 2020 年 4 月 23 日，全国各级慈善组织、红十字会接受社会捐赠资金约 419.94 亿元，捐赠物资约 10.94 亿件；已有 20 多万社会工作者投身到疫情防控中，各地开展疫情防控志愿项目超过 29.8 万个，开通社会工作心理服务热线近 4000 条，累计服务 200 余万人次。

在支持复工复产方面主要发挥三方面作用：

一是企业社会保险缴费，免、减、缓！国务院相关部门对各项社会保险费和住房公积金采取了“免、减、缓”等措施，并且分地区、分企业类型精准施策。据初步统计，2、3月份减免养老、失业、工伤三项社会保险费达2329亿元，2至6月预计减免总额在5000亿元以上。其中，中小微企业减免占比在80%以上，成为最主要的受益对象。

二是失业保险，该发放的发放，该返还的返还！这次疫情造成大量企业无法按时复工复产，劳动者无法及时回到工作岗位。对此，相关部门出台规定，针对湖北等疫情严重地区受疫情影响失业的参保人员，可通过失业保险基金，按照不高于当地失业保险金标准发放失业补助金；对于疫情防控期间不裁员和少裁员的中小企业，按照一定比例返还失业保险金。目前，已有128万户企业享受失业保险稳岗返还186亿元，惠及职工4230万人。三是业务办理，线上办。在抗击疫情中，各类社会保障经办机构积极推广网上经办、掌上经办业务，此前需要到现场“面对面”经办的业务可以实现线上办理。例如，人力资源社会保障部门公布了失业保险金的网上申领平台，并要求通知到每一位失业保险金待遇领取者，从而实现网上申领，既减少了聚集感染风险，又提升了服务效率。

思考：

在新冠疫情防控中，我国社会保障政策发挥了哪些功能？

案例2

三孩政策是中国积极应对人口老龄化而出台的重大政策举措。2021年5月31日，中共中央政治局召开会议，会议指出，进一步优化生育政策，实施一对夫妻可以生育三个子女政策及配套支持措施，有利于改善中国人口结构、落实积极应对人口老龄化国家战略、保持我国人力资源禀赋优势。2021年7月20日，中共中央、国务院发布关于优化生育政策、促进人口长期均衡发展的决定。决定提出，组织实施好三孩生育政策、取消社会抚养费等制约措施。2021年8月17日，人口与计划生育法修正草案提请十三届全国人大常委会第三十次会议审议。修正草案立足促进人口长期均衡发展，重点围绕实施三孩生育政策、取消社会抚养费等制约措施、配套实施积极生育支持措施进行修改，同时强化对全面两孩政策实施前计划生育家庭合法权益的保障，确保相关政策措施尽快落地实施。

自开放三胎被提上议程，多地给钱、给假、给保障，纷纷抢跑三胎配套政策，从2021年7月8日江苏淮安率先公布相关配套政策之后，福建、浙江、广东、四川、江西、安徽、北京等地或表态正推进相关政策研究，或已经明确三孩生育政策。江苏淮安、安徽铜陵铜官、福建厦门等地相继出台了普惠托育服务建设实施方案。例如：江苏省淮安市提出，2021年围绕新增10个以上0—3岁普惠托育机构、500个以上普惠托位目标任务，争取预算资金56万元，通过市级奖补，促进工作开展。8月4日，“北京12345”援引市卫生健康委员会消息称：5月31日(含)后按规定生育三孩的，除享受国家规定的产假外，享受生育奖励假30天，其配偶享受陪产假15天。女职工经所在机关、企业事业单位、社会团体和其他组织同意，可以再增加假期一至三个月。7月28日，四川省攀枝花市公布并详细解读了攀枝花市《关于促进人力资源聚集的十六条政策措施》。新政中，对按政策生育二、三孩的攀枝花户籍家庭，每月每孩发放500元育儿补贴金，直至孩子3岁。此外，天津、江西、甘肃、浙江等地还对支持三孩政策生育保险工作及强化生育激励政策供给方面颁布了相关政策。

相比之下，国外的儿童社会保障发展更为成熟。美国政府为了鼓励生育，实施了儿童税收减免政策、妇幼营养计划(WIC，是一项全国性的营养补助计划)、生育医疗补助、学校免费营养午餐、带薪家庭病假等社会保障政策。美国国税局(IRS)2021年6月7日宣布,已开始向超过3600万家庭发送信件,这些家庭或有资格获得将于7月开始,每月发放的儿童税收抵免福利。该福利项目是拜登政府2021年3月提出的美国救援计划(American rescue plan)的一部分,旨在大幅减少儿童贫困,并将为6岁以下儿童发放最多3600元福利,为6至17岁儿童发放最多3000元福利。作为"儿童天堂"的瑞典,拥有全世界最宽厚的产假体系,父母双方共享480天产假,不能一人用完。2014年1月1日之后出生的儿童,其父母在孩子满12岁之前可使用该假期并获得补贴。世界发达国家中极富特色的福利国家——日本,为调整人口结构,推出三大补助:产假补助、单亲家庭补助、不育症治疗补助;四大福利:生孩子奖励金、分娩费用抵税、全职补助、育儿补贴。

思考:

1. 结合国外先进经验,运用社会保障政策与公共政策关系的相关知识,回答为保障"三胎政策"顺利推行,社会保障政策该做什么调整?同时应该考虑制定哪些配套公共政策?

2. 浅谈我国实施"三胎政策"的战略意义。

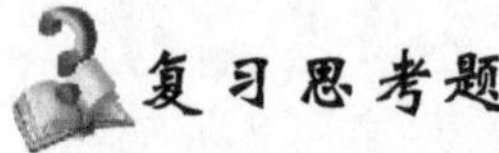

复习思考题

1. 什么是社会保障政策?
2. 社会保障政策有什么特征?
3. 社会保障政策有哪些基本功能?
4. 什么是公共政策?
5. 公共政策有什么特征?
6. 公共政策的基本功能是什么?
7. 社会保障政策与公共政策的联系与区别是什么?

推荐阅读书目

1. 郑功成. 社会保障概论[M]. 上海:复旦大学出版社,2018.
2. 钟仁耀. 社会救助与社会福利[M]. 上海:上海财经大学出版社,2019.
3. 王德高. 社会保障学[M]. 武汉:武汉大学出版社,2018.
4. 丁建定. 社会保障制度论[M]. 北京:社会科学文献出版社,2016.
5. 郑功成. 社会保障学:理念、制度、实践与思辨[M]. 北京:商务印书馆,2020.

第六章　社会保障水平

学习目标

掌握社会保障水平的概念和特点
掌握影响社会保障水平的因素
掌握社会保障适度水平的概念
熟悉社会保障水平的测度指标

关键概念

社会保障水平　社会保障适度水平　社会保障水平测度指标

第一节　社会保障水平的概念和测度

一、概念

社会保障水平也称社会保障支出水平，是指一个国家或地区的社会成员享受的社会保障经济待遇的高低程度，它代表了国家为其社会成员所提供的保障程度。社会保障水平越高，国民生活的保障程度也就越高。社会保障水平是社会保障体系中的关键要素，直接反映着社会保障资金的供求关系，并间接反映着社会保障体系的运行状况。社会保障水平不仅能够反映出社会保障支出的"量"和"质"问题，也能体现出社会保障能力的强度问题，是评估社会保障机制健康运行的重要指标。从"量"上来看，是指国家或地区的社会保障总支出数额，是国家或地区对社会保障投入力度的反映，具体表示指标为国家或地区社会保障支出总额与国家或地区生产总值的比值，依据比值的大小可以体现国家或地区对社会保障的重视程度。从"质"上来看，是指社会保障支出与经济发展水平以及各方面承受能力的适应度，体现了社会保障发展与国家或地区经济发展的协调性①。

随着社会经济的发展，世界各国社会保障支出水平呈现不断上升的趋势，在不同社会保障制度模式运行中，社会保障支出水平有差异。如以瑞典等为代表的北欧福利国家型的社会保障支出水平较高，给国家财政带来较大压力；以德国、美国为代表的公保自助型的社会保障支出水平相对比较稳定；以新加坡为代表的强制储蓄型的社会保障支出较低。我国社会保障支出水平处于相对稳定的发展状态，随着经济的加快发展，我国不断提高社会保障待遇水平，社

① 李梦琴.我国社会保障适度水平研究：基于经济发展差异视角[D].重庆：重庆理工大学，2019.

会保障水平摆脱了低水平的状态[①],受地区经济发展水平的影响,我国社会保障和经济发展耦合协调度具有显著的区域差异,其中东部地区协调度高于中西部地区,但东部和西部地区社会保障水平高于中部地区[②]。

结合社会保障制度发展情况,社会保障水平具有以下特点:①动态性。社会保障水平会随着经济发展和人口结构变化、制度成熟程度而变动。②刚性。社会保障是公共产品,具有一定的福利性,社会保障规模只能扩大不能缩小,保障水平只能提高不能降低,根据各国社会保障经验,社会保障水平降低会引起社会动荡。③适度性。社会保障水平的高低取决定于经济发展水平,过高或过低的水平对社会保障制度自身运行和经济发展产生不良的影响。确定适度的社会保障水平是关键。

二、社会保障水平的测量及其指标

反映社会保障水平高低需要具体指标来衡量,社会保障水平指标是指为了衡量、表现社会保障水平而选取的变量,目前有以下几个指标。

1. 宏观指标

宏观指标反映一国或地区社会保障发展的深度,通常用社会保障总支出占国内生产总值(GDP)的比重。该指标能够准确地反映一国或地区经济实力的总体状况,同时在做国际或地区比较时具有较强的可比性。用公式表述为

$$社会保障水平 = 社会保障支出总额 / 国内生产总值(GDP) \times 100\% \tag{6.1}$$

社会保障支出总额是指一定时期内一个国家或地区实际支出的各种社会保障费用总和。对社会保障支出的范围界定是明确的,纵观世界各国社会保障支出范围主要包括面向低收入者、劳动者、全体社会成员的社会保障支出。各国对社会保障支出的范围界定有差异,如希腊、德国、英国只统计政府公共支出,智利、法国、丹麦、日本统计政府公共支出、私人支出两个方面,美国则将政府公共支出、私人支出、其他社会筹资全面进行统计。欧盟统计局将社会保障支出范围分为医疗卫生、养老保障、残疾人保障、抚恤事务、家庭与儿童、社会融入、失业治理、住房保障等八个方面。我国的社会保障支出包括社会救助、社会福利、社会保险和社会优抚四个方面。

随着世界各国经济的发展和面对人口老龄化的加剧,社会保障支出占 GDP 的比重不断提高成为一个普遍的趋势。如美国社会保障支出占 GDP 的比重从 1980 年的 17.8% 提高至 2015 年的 29.5%;英国从 1980 年的 20.2%提高至 2015 年的 28.9%;日本从 1980 年 10.4% 增加到 2010 年的 27.9%。虽然这些国家各年度的社会保障水平涨幅各异,在某些年度甚至出现下降的趋势,但整体社会保障水平呈现上升的趋势(见表 6-1)。

---

① 贾恒宇. 社会保障水平国际比较研究[J]. 现代经济信息,2015(12):143.

② 李梦琴. 我国社会保障适度水平研究:基于经济发展差异视角[D]. 重庆:重庆理工大学,2019.

表 6-1　1980—2015 年部分国家社会保障支出占国内生产总值的比重(%)

国家	年份							
	1980	1985	1990	1995	2000	2005	2010	2015
英国	20.2	24.3	22.3	27.1	27.0	26.8	30.2	28.9
瑞典	29.7	30.9	31.8	35.0	31.5	32.0	32.0	33.2
美国	17.8	19.2	21.0	23.7	23.7	26.2	29.9	29.5
日本	10.4	11.2	11.4	14.2	18.8	24.0	27.9	
法国	21.4	26.5	27.1	30.5	30.1	33.2	35.2	36.2
德国	26.0	26.5	25.6	29.7	29.3	30.3	29.9	29.0
中国	13.0	13.7	13.6	12.7	12.8	13.7	15.8	20.3

资料来源：

(1)哈罗德・L.威伦斯基:《福利国家与均等化》,加利福尼亚大学出版社 1975 年版,第 30 页。

(2)欧洲统计资料:《社会保障》,1983 年英文版。

(3)《美国统计摘要》,1985 年英文版,第 355 页。

(4) OECD in Figures, 1986—2015。

(5)《国际经济和社会统计提要》,中国统计出版社 1987 年版,第 267、269 页。

(6)《中国统计年鉴》,1980—2016,中国统计出版社。

(7)OECD. SOCX,2007—2015。

2. 中观指标

由于财政社会保障支出不仅有益于一国的经济增长,而且对消除贫困和提高福利水平有着巨大作用,对提高人民的整体生活水平和稳定社会具有重要的意义。因此,各国十分重视财政支出中社会保障支出所占比重。社会保障水平用公式表述为

$$社会保障水平 = 社会保障财政支出 / 财政总支出 \times 100\% \quad (6.2)$$

此指标也称财政转移支付社会保障水平,是反映不同政府对社会保障投入状况的水平,也是用于说明社会保障在政府公共财政支出中的地位和水平的指标。公共性财政社会保障支出是指在公共财政体制下政府作为责任主体,用以满足全社会的社会保障需要的政府支出总和,包括财政性社会保障支出、社会保险支出和土地出让金收入中用于社会保障支出三个方面。国际上福利国家的财政支出中社会保障支出的比重为 40%以上,新型工业化国家和部分发展中国家的这一比重普遍在 20%以上,由于我国社会保障制度起步晚、覆盖面窄,财政社会保障支出比重相对较低,如 1998 年我国财政社会保障支出额为 773.92 亿元,占财政支出比重为 7.17%,到 2009 年财政社会保障支出额为 6955.86 亿元,占财政支出比重提高到 12.55%。

3. 微观指标

微观指标是具体反映用人单位社会保障支出水平的指标。它是在劳动生产要素分配层次上的再分配项目及其程度的指标,此指标也称部门行业领域社会保障水平或称劳动工资社会保障水平,表示用人单位社会保障支出水平的重要参数,用公式表示为

$$社会保障水平 = 社会保障支出额 / 工资总额 \times 100\% \quad (6.3)$$

除了上述测量社会保障水平的指标外,社会保障支出增长速度、人均社会保障支出额/人均 GDP、人均社会保障给付水平最低工资标准、最低生活保障水平也是作为社会保障水平的测量指标。

三、研究社会保障水平的意义

(一)探索总结社会保障制度发展与运行的自身规律

通过客观描述社会保障水平的高低,比较国际、地区间的社会保障水平,发现社会保障制度发展与运行的自身规律。

(二)优化社会保障制度的结构合理化

通过增加设置不同的控制变量,可分类计算出一种社会保障制度内部行业、各地区甚至各群体之间的社会保障水平子指标,通过综合的分析比较,促使社会保障制度的结构合理化与内部优化。

(三)评估和调控社会保障运行状况

运用定性、定量分析相结合的方法,通过对社会保障制度自身运行预期经济、社会效应的分析,确定社会保障适度水平,评价社会保障运行状况,并根据具体情况进行社会保障支出的调整与控制。

(四)预测社会保障水平的未来发展趋势,避免出现社会保障的财务危机

社会保障适度水平与社会保障自身发展趋势、社会经济发展趋势相结合,可建立"社会保障警戒模型",构成社会保障预警系统的核心,用于预测社会保障水平的未来发展趋势,避免出现社会保障制度的财务危机,促使社会保障制度运行与社会、经济发展的良性互动。

四、影响社会保障水平的因素

(一)经济发展水平

经济发展是社会保障制度的基础,经济的发展为社会保障制度的建立和发展提供了重要的物质基础。一国或地区所能提供的经济资源总量,作为社会保障支出的最终来源,其规模必然从根本上制约着社会保障水平的高低。经济与社会保障的相互关系是十分复杂的,经济因素决定社会保障制度与保障水平;而社会保障制度一旦产生,就具有自身发展的规律,其发展也会反过来影响经济,二者是相互影响的关系。因此,社会保障水平的高低,首先取决于经济的发展水平,而较高的社会保障水平会制约经济发展,社会保障水平的提高应与社会经济二者之间协调发展。

(二)政治、社会结构

政治因素对于社会保障制度的发展及社会保障水平会产生影响。西方国家多党竞争的政治制度,使得各党派为了争取选民的支持而承诺较高的社会保障水平,不可避免地导致了社会保障水平攀升的"登台阶"效应。社会结构对社会保障也产生影响,例如,我国的城乡二元的社会结构造成社会保障制度的分割和城乡社会保障水平的较大差异。

(三)制度年龄和人口结构

制度年龄是指社会保障制度建立的时间长度。社会保障制度建立的时间越长,社会保障水平越高;反之,社会保障水平越低。

社会保障水平与一国的人口结构有着密切的关系,老年人口抚养比对社会保障支出水平

具有一定的影响作用，伴随着全球人口老龄化浪潮的来临，为了满足老年人的养老和医疗等需求，社会保障的水平将越来越高。

(四)历史、人文等特殊因素

社会保障水平的高低受到本国独特的历史、人文因素的影响。例如，在社会保障制度运行中，崇尚公平至上理念的国家(如欧洲福利国家)，其政府的作用是无限的，社会保障水平较高；以效率优先为理念的国家，政府对社会保障发展履行有限责任，其社会保障水平相对不高。

第二节 社会保障适度水平

一、概念

社会保障水平的“度”是指保持社会保障水平质的量的限度与幅度，也即社会保障支出水平在多大限度内既能保障公民的基本生活，又能激励公民积极劳动，推动社会经济健康、持续发展，超过了这个限度就会对公民的劳动积极性和社会经济持续健康发展产生不利影响的社会保障水平。社会保障水平必须同一个国家或地区经济社会发展水平(在一定程度上指GDP)保持一致，过高和过低的社会保障水平都会对经济的持续增长和社会秩序运行产生不利影响。社会保障适度水平是指保持社会保障水平质和量的限度、幅度，即社会保障支出水平在多大限度内既能保持公民的基本生活又能激励公民去积极劳动，推动经济社会健康可持续发展。

社会保障适度水平是社会保障制度健康运行的参考指标之一，如果社会保障实际水平处于社会保障适度水平区间范围，表明社会保障水平没有增加经济发展压力，两者处于相互适应状态，社会保障需求基本得到满足；如果未达到社会保障适度水平下限值，则意味着社会保障水平过低，社会保障需求还未得到全部满足，经济发展成果没有有效作用于社会保障发展，反之，若超出了社会保障适度水平上限值，表明社会保障水平过高，超出了经济发展承受能力，不利于两者的协调发展①。

适度的社会保障支出水平，是促进经济社会持续健康发展的基本条件和必要前提。从社会保障发展的历史经验看，一个国家或地区在特定时期的社会保障支出水平既不是越高越好，也不是越低越好，而是要切合国家或地区的经济、政治、社会的发展水平，要满足民众的合理需要，并使得经济、政治、社会等方面的综合效益最大化。早期西方国家曾经由于社会保障支出占国内生产总值的比重不断上升，导致预算赤字大增，政府被迫巧立名目增加税收，致使国民不满、社会不稳定，同时由于社会福利增多，增加了生产成本，相应地减弱了产品的市场竞争能力，制约了经济的发展。如果社会保障支出水平过低或不公平，会导致消费需求不足或社会阶层对立，对经济社会健康发展同样带来严重的消极影响.同时，任何一个国家或地区的社会保障支出水平，其是否“适度”都是一个动态的过程，过去适度不等于现在适度，现在适度不等于将来也适度。

社会保障适度水平具有以下作用：①满足和保证社会成员的最低生活需求，从而改善人们的生存环境，并且随着适度水平的提高，不断提升生活水平和生活质量。②维护社会稳定。因

① 李梦琴.我国社会保障适度水平研究：基于经济发展差异视角[D].重庆：重庆理工大学，2019.

为有适度水平的持续保证，社会比较和谐，社会矛盾趋向缓和。③为经济发展创造有利的外部环境。适度社会保障水平可调节社会需求，推动或抑制消费，避免高经济增长与高通货膨胀并存，推动经济发展；适度的社会保障水平能使企业的负担适度，提高企业的市场竞争力。适度的社会保障水平为补充保障提供了发展空间，对产业结构调整和促进就业具有显著作用，尤其是能促进第三产业的发展；可提高人们的生活质量，提高人的素质，促进社会进步。

二、社会保障适度水平的测度

对社会保障适度水平的测定标准是指社会保障费用支出要与国家经济发展水平以及各方面的承受能力相适应。从质与量统一上看，社会保障水平并非越高越好，社会保障增长速度主要取决于国民收入水平及国民经济增长速度，超越国民经济增长的社会保障水平将会对国家财政支出带来较大压力。社会保障水平是一个相对概念，它是指经济发展相对于社会保障支出的多少，能反映一个社会总体的社会保障水平，按照穆怀中教授的社会保障水平理论模式，公式如下：

$$S=\frac{S_a}{G}=\frac{S_a}{W}\times\frac{W}{G}=Q\times H=0.75\times(Q_a+Z+J+M) \qquad (6.4)$$

其中：S 表示社会保障水平；S_a 表示社会保障支出总额；G 表示国内生产总值，W 表示工资总收入；Q 表示社会保障总支出占工资总收入的比重；H 表示工资总收入占国内生产总值的比重，即劳动生产要素分配系数。

$$Q=O+E+J+Z+M \qquad (6.5)$$

其中：O、E、J、Z、M 分别表示养老保险、医疗保险、工伤生育保险、失业保险、社会救济福利和优抚支出占工资总额比重。依据穆怀中对各国统计数据的分析和验证结果以及《社会保障体制改革》中的计算结果，将养老保险支出和医疗保险支出占工资总额的比重近似等于当前老年人口占总人口比重，此式可化解为

$$Q=O_a+J=+M \qquad (6.6)$$

O_a 表示老年人口比重，以 65 岁及以上老年人占总人口比重表示。

式(6.6)的意义在于通过对社会保障负担系数和劳动生产要素系数的理论和数据分析，从微观层面对社会保障水平进行深入分析。根据国际经验数据和我国已有的社会保障政策，工伤、生育保障支出比重系数 J 取值范围为 0.016%～1.5%，失业保障支出比重系数 z 取值范围为 1%～1.5%，社会救济、福利和优抚支出比重系数 M 取值范围为 1%～1.5%。

因此可以得出社会保障适度水平模型的上、下限公式为

$$S_{上}=0.75(O_a+J_{上}+Z_{上}+M_{上}) \qquad (6.7)$$

$$S_{下}=0.75(O_a+J_{下}+Z_{下}+M_{下}) \qquad (6.8)$$

式中：$S_{上}$、$J_{上}$、$Z_{上}$、$M_{上}$ 分别代表各指标的上限值，即 $J_{上}$ 为 15%，$Z_{上}$ 为 1.5%，$M_{上}$ 为 1.5%；$S_{下}$、$J_{下}$、$Z_{下}$、$M_{下}$ 分别代表各指标的下限值，即 $J_{下}$ 为 0.016%，$Z_{下}$ 为 1%，$M_{下}$ 为 1%。

整理可得

$$S_{上}=0.75(O_a+4.5\%) \qquad (6.9)$$

$$S_{下}=0.75(O_a+2.016\%) \qquad (6.10)$$

三、影响社会保障超度的因素

(一)制度外因素

1. 老年人口规模

从社会保障的人口需求角度来说,老年人是社会保障的主要需求群体。他们的养老需求、医疗需求、日常生活的照料需求以及情感慰藉方面的众多需求是客观存在的。伴随人口老龄化程度加深,他们对养老保障、医疗服务方面的需求日趋增长,将会导致对社会保障的需求量急剧增加,国家财政用于养老、医疗方面的支出不断增加,加剧政府加大老年人的财政支出,致使社会保障水平不断提高。

2. 经济发展水平

经济发展水平是社会保障发展的前提,二者之间是互为促进和制约的关系。经济增长会促进社会保障水平的提高,当经济发展处于停滞状态时,社会保障水平依然会增长。社会保障水平与经济发展水平的不适应将会对社会保障制度带来消极影响。

3. 财政支出状况

社会保障是公共产品,是国家为了稳定社会和促进经济发展的重要社会制度。社会保障制度的建立和完善需要有强大的财政支持,财政用于社会保障项目的支出越多,社会保障水平越高。

(二)制度内因素

1. 社会保障项目

随着社会保障制度的发展,人们对社会保障项目的需求也在不断扩大。随着经济水平的发展,社会保障项目从最初的单一项目社会救济发展为社会保险、社会福利、社会优抚等,保障人群从贫困者到劳动者、残疾人、儿童、军人,再到全体社会成员,社会保障项目的不断增加、社会保障范围的不断扩大,致使社会保障的水平不断提高。

2. 社会保障“刚性”发展

社会保障作为公共产品,具有一定的福利性,加之社会保障刚性发展的特点,其刚性表现为社会保障水平只能提高不能降低,无论哪种社会保障制度模式,其社会保障支出呈现不断上升的趋势。

3. 社会保障缴费

社会保障缴费多少决定了社会保障水平的高低,企业和劳动者是社会保障缴费的主要承担者,缴费比例越高,社会保障的水平越高,缴费者的负担也就越重。适度的社会保障缴费,有助于减轻缴费者的负担。

四、社会保障适度水平与不适度的内在机制分析

(一)适度社会保障水平的功能分析

在社会保障体系中,社会保障水平占有很重要的地位,因为社会保障制度基本职能的实现与否,关键要看社会保障水平是否“适度”。适度的社会保障水平,能够实现其功能目标,从而对国民经济的发展产生积极的作用。

(1)适度社会保障水平保障了大多数人的最低经济要求和社会需求,使社会保持相对稳定,为国民经济发展创造了有利的环境。

(2)适度社会保障水平有助于政府将社会保障制度作为调控经济活动的有力杠杆,适当调节社会需求,推迟或抑制消费,避免高经济增长与高通货膨胀并存,促进储蓄、投资和生产性资金的形成,有利于国民经济的发展与社会进步。第二次世界大战后西欧盛行的凯恩斯主义把推行社会福利制度当作调节经济的一个杠杆,并取得了一定成效。

(3)适度社会保障水平可以使社会实体在保障公民基本生活的基础上激励劳动者的劳动积极性,增大人力资本投资,提高劳动者的素质,从而有利于劳动生产力的提高。工业化国家社会保障制度的实行,扩大了教育投入,增强了医疗保健,对提高人的身体素质、文化素质进而提高人们的生活质量和文明程度起到了积极的推动作用。

(4)适度社会保障水平可以促进第三产业的发展。社会保障制度的普遍推行使得西欧国家的第三产业也相应地获得了长足的发展,如医疗、职业培训、老年保健等等服务部门。反过来第三产业的发展,吸收了大批第一、第二产业中的失业者,这不但有利于解决社会失业问题,而且还有利于产业结构的调整和社会经济协调发展。

(二)社会保障水平不适度分析

社会保障水平的不适度主要包含两种情况:过低和超度。社会保障制度的建立不等于保障功能的实现,这一制度提供的保障必须维持在一定的水平上才能起到应有的作用,过低的社会保障水平和超度的社会保障水平都无法保障其功能的实现,相反还会产生一系列的问题。

1.过低的社会保障水平无法发挥“安全网”的作用,无法保障劳动者的基本生活需求,影响劳动力的再生产,无法激活劳动者的积极性,从而也无法促进生产力的发展,实现社会经济稳定持续的发展。过低的社会保障水平不但是指社会保障为社会成员提供的保障收入的过低,无法满足公民自己及其家庭基本生活需要,而且在我国现阶段的国情下,更重要的是我国的社会保障制度所覆盖的范围过小,主要集中在城镇,集中在国有及集体企业职工范围内,广大的农村居民尚未完全包含在社会保障的保障范围中,农村社会保障制度的建设正处在艰难的起步中,广大的农村居民仍然依靠传统的家庭保障模式。另外,在中西部欠发达地区,由于经济发展水平低,社会保障资金有限,使得社会保障制度只能在低水平上运作。这种过低的社会保障水平不但无法保障公民的基本生活需要,而且还会引发一系列经济和社会问题。

(2)社会保障水平超度的消极作用。过低的社会保障水平无法发挥社会“安全网”的作用,但是社会保障水平超度虽然能够保障社会稳定,但是却无法成为社会经济发展的“助推器”。超度的社会保障水平会给社会经济发展带来一系列问题,形成社会保障“危机”。具体表现为以下几方面:

①超度的社会保障水平最直接的影响就是政府财政赤字的增加。不断增长的社会保障支出,使得政府的财政预算无法承担,同时社会保障支出的刚性使得政府只能靠增发国债等方式来解决这个问题,这就使得政府的财政赤字不断增加。

②超度的社会保障水平会增加企业和个人税负。一方面,社会保障支出除了国家财政的投入之外,还有企业和个人的缴纳,高保险费的缴纳势必抬高企业产品的成本,这反过来会导致企业国际竞争力的下降,这必然会影响企业的利润和再投资,导致经济发展后劲不足。另一方面,社会保障水平过高,政府为筹措资金,尤其是实行国家福利型社会保障制度的国家,除了实行投保制外,还实行了高额累进税制,这种税制主要是针对中产阶级和高收入阶层,这使得

一些人的收入缩水。

③超度社会保障水平引发“福利病”，滋生劳动者的社会惰性。这在西方福利国家已经成为一个严重的社会问题。20世纪60年代到70年代，联邦德国的劳动者收入中来自工薪的份额从69.2%下降到61.1%，来自福利的份额由30.8%上升到38.9%。法国在这两个时期的劳动者收入中，来自工薪的份额由62.1%下降到55.3%，来自福利的份额由37.95%上升到44.7%[①]。这样，劳动者的收入中相当大的一部分不是来自工资收入，而是来自社会福利收入，这使得劳动者无须工作，光靠社会福利就能生活下去，其结果是劳动者的积极性和主动性被严重削弱，劳动生产率难以大幅度提高，经济效益受到损害。

④超度的社会保障水平导致财政紧张，引发不利的政治后果。社会保障水平过高，使得政府财政紧张，执政者为了获得公众的支持，不惜扩大财政赤字来维持不断高涨的社会福利支出，由此引发财政危机，而政府却束手无策。这势必使得社会保障水平越来越高，成为社会经济发展不堪承受之累，同时财政危机不断恶化，最终引发政治危机。另一方面，伴随着社会保障水平的不断提高，保障项目的不断增加，社会保障机构不断膨胀，管理人员越来越多，由此导致机构办事效率变低，官僚化现象日益严重。而低效率、官僚化会引起公民与政府保障机构关系的紧张，滋生政治危机。

通过上述两方面的分析，说明社会保障水平在社会保障制度运行中的重要作用，过低的社会保障水平会危及社会稳定，而超度的社会保障水平也同样会产生一系列的问题，社会保障水平不是越高越好。因此，如何确定社会保障水平维持在一个适度的范围内，使其成为我国社会经济快速发展的“安全阀”和“助推器”就成为一个关键问题。

第三节 中国社会保障水平

一、社会保障支出水平

目前我国社会保障制度基本包括两大部分：一是完全由国家财政支撑的项目，包括对社会弱势群体的救助、对军人及其军烈属的优抚安置、对无依无靠的孤老残幼、残疾人员以及社会大众举办的社会福利和有关的社区服务，完全属于国民收入再分配范畴，充分体现了社会公平；二是由用人单位、职工个人缴费、国家给予适当补助的三方共同筹资的项目，包括养老保险、医疗保险、失业保险、工伤保险和生育保险等，目前我国有关社会保险法律规定，属于用人单位、职工个人和国家三方共同缴费的项目是养老保险、医疗保险和失业保险，生育保险和工伤保险主要由用人单位缴费、国家财给予适当补助。其中，养老保险和医疗保险实行个人账户与社会统筹相结合，其他三项保险属于完全统筹的项目。

2016—2020年我国三项社会保险基金收支情况如图6-1所示。

根据《中国统计年鉴》，2007—2015年中国预算内社会保障与就业支出增长了2.49倍，社会保险基金支出增长了3.94倍，两者合计增长了3.35倍。在不同统计口径下社会保障支出额的绝对数一直都是不断增长的，公共财政对社会保障投入的增加，为构建与社会主义市场经济体制相适应的社会保障体系、促进社会和谐发展发挥了重要作用(见表6-2)。

---

① 穆怀中.社会保障国际比较[M].北京：中国劳动社会保障出版社，2002：130.

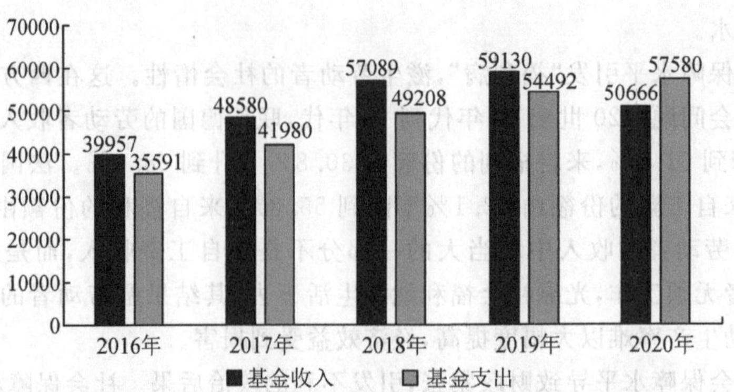

图 6-1 2016—2020 年三项社会保险基金收支情况

（数据来源：2016—2020 年度人力资源和社会保障事业发展统计公报）

表 6-2 社会保障支出水平情况（单位：亿元）

年份	社会保障与就业支出（小口径）	社会保险基金支出	社会保障总支出
2007	5447.16	7887.8	13334.96
2008	6804.29	9925.1	16729.39
2009	7606.68	12302.6	19909.28
2010	9130.62	15018.9	24149.52
2011	11109.40	18652.9	29762.3
2012	12585.52	23331.3	35916.82
2013	14490.54	27916.3	42406.84
2014	15968.90	33002.7	48971.6
2015	19018.69	38988.1	58006.79

资料来源：根据《中国统计年鉴》有关数据整理计算。

表 6-3 2007—2015 年社会保障支出情况（%）

年份	社会保障支出占当年 GDP 的比重		社会保障支出占当年财政支出比重	
	小口径	大口径	小口径	大口径
2007	2.03	4.98	10.94	23.12
2008	2.15	5.28	10.87	23.07
2009	2.20	5.76	9.97	23.47
2010	2.23	5.91	10.16	23.02
2011	2.29	6.15	10.17	23.27
2012	2.36	6.72	9.99	24.06
2013	2.46	7.21	10.33	25.22
2014	2.48	7.69	10.53	26.52
2015	2.76	8.42	10.81	27.00

资料来源：根据《中国统计年鉴》有关数据整理计算。

通过分析2007—2015年不同口径社会保障支出占GDP和财政支出的比重(见表6-3),2007年以来,不同口径下的社会保障支出水平均呈现出稳步上升的趋势,社会保障支出的增长速度超过了GDP和财政支出的增长速度。

依据《中国统计年鉴》等有关数据资料,同时,为了与国际社会保障水平比较,中国现有社会保障水平分为三项:第一,不含住宅投资和价格补贴的保障水平,称"小口径统计分析"保障水平;第二,含住宅投资的保障水平,称"中口径统计分析"保障水平;第三,含住宅投资和价格补贴的保障水平,称"大口径统计分析"保障水平。统计分析结果表明,中国现有社会保障水平,从总体上看,不含住宅投资和价格补贴,在5%左右,加上住宅投资和价格补贴,在16%左右,如表6-4所示。

表6-4　1990—2015年中国社会保障各项支出水平(%)

年份	社会保障各项支出水平							合计		
	H_1退休养老费	H_2在职保福	H_3优抚	H_4救助	H_5孤老残	H_6价补	H_7住宅	H_8	H_9	H_{10}
1990	2.54	2.51	1.13	0.02	0.08	2.05	6.28	6.28	12.56	14.61
1995	2.60	1.43	0.07	0.01	0.05	10.62		4.16		14.78
2000	3.10	0.80	0.11	0.01	0.05	1.05	7.65	4.07	11.72	12.77
2005	3.04	1.74	0.08			0.55	8.43	4.86	13.29	13.84
2010	3.27	0.77	0.20	0.38			11.45	4.62	16.07	16.07
2015	3.75	1.24	0.11	0.30	0.14		13.92	5.54	19.46	19.46

资料来源:

(1)1990—2011年的《中国统计年鉴》。

(2)1990—2011年的《中国社会统计资料》。

(3)《2010年全国公共财政支出决算表》。

(4)《2015年全国公共财政支出决算表》,财政部网站。

(5)2016年《中国统计年鉴》,国家统计局网站。

说明:(1) H_1代表退休离休养老保险福利费;H_2代表在职职工保险福利费,包括工伤保险、生育保险、医疗费等;H_3代表优抚支出费;H_4代表城乡贫困救济费;H_5代表孤老残和养老福利院费用支出;H_6代表价格补贴费;H_7代表住宅投资。

(2)H_8代表不含价格补贴和住宅投资的社会保障费用总额;H_9代表含住宅投资在内的社会保障费用总额;H_{10}代表含价格补贴和住宅投资在内的社会保障支出总额。

(3)表中数据为各项支出在GDP中所占比重。

中国社会保障水平的内部要素比较,采取分项和综合两种研究方式展开。分项研究包括对社会保障各项具体水平的发展情况分析,综合研究包括按大、中小三种统计口径对社会保障总体水平的分析。

分项研究证明,职工养老保险类保障支出占总支出比重最大,在职职工保险福利支出比重次之,两者相加占整个保障支出"小口径"的90%以上。这两项支出左右着中国社会保障水平的发展趋势。在各项保障支出中,唯有养老保险支出水平始终呈上升趋势,其他各项支出水平有波动但总趋势是下降的。进一步的相关和回归统计分析表明,与社会保障水平相关度最高的离退休保险福利支出水平相关系数为0.9。回归方程计算结果表明：离退休保险福利支出水平每提高一个百分点，社会保障总水平就上升1.115个百分点。这说明，与西方发达国家一样，老年人口或离退休人数及其保险支出水平是制约社会保障水平的基本变量。

把各项保障支出加在一起，以"小口径"计算，中国社会保障总水平呈现小波动上升趋势；以"中口径"计算，中国社会保障总水平呈现大波动略向上水平发展趋势；以"大口径"计算，中国社会保障总水平呈现微小波动持平发展趋势。"小口径"的上升，主要由离退休人数不断增加所致，"中口径"和"大口径"的持平波动发展，主要由近年来逐渐削减价格补贴和住宅投资所致。这里的"大口径"下的保障支出总水平最具有研究价值，这不仅由于该种统计指标与世界社会保障水平统计指标易接轨，而且由于它所展示的数量化发展趋势说明了社会保障支出总水平保持一个相对稳定的比重系数，与国内生产总值增长相协调，具有可行性和现实性。

二、社会保障适度水平

根据上述 $S=0.75\times(Qa+Z+J+M)$ 公式，把相关数值代入，可以得出中国社会保障水平及其适度性状况。

表6－5的数据显示，伴随我国老年人口比重的提高，社会保障适度水平的实际值也在不断提高，同时适度区间范围值也在增加，而适度状况从2009年开始逐步降低。

表6－5 2009—2013年中国社会保障适度水平

年份	老年人口比重(%)	实际值	适度区间范围	适度状况
2009	14.51	5.05	11.96～15.32	－6.72
2010	15.01	7.61	12.06～15.58	－3.09
2011	14.57	7.52	11.99～15.40	－3.33
2012	14.82	8.08	12.01～15.46	－3.93
2013	14.97	8.26	12.27～15.56	－4.01

三、中国社会保障水平发展存在的问题

(一)社会保障水平低

由于中国社会保障制度起步较晚且不健全，整体的社会保障水平处于偏低状态。与世界上不同社会保障模式的代表性国家相比较，新加坡的社会保障水平最高，美、英两国次之，中国的社会保障水平最低。2008—2012年，中国社会保障水平一直稳定在3%～4%，而新加坡的社会保障规模占到GDP的25%左右，美、英两国的GDP也在10%～15%，世界各国平均水平保持在9%左右。中国的社会保障水平远远低于发达国家的社会保障水平。与我国发展水平相当、人均GDP相近的国家相比，我国社会保障支出水平也属于偏低行列。

(二)社会保障水平不平衡差距大

我国社会保障水平差距大体现在我国各地区间、城乡间、不同群体间的社会保障水平发展不平衡。我国的社会保障水平地区差异比经济发展的地区差异程度还要大，东部地区整体的社会保障水平总体高于中、西部地区，西部地区的社会保社会保障水平低于中部地区。我国城乡间的社会保障水平差距十分显著，在社会保障支出分配比重上，城市远远高于农村。我国不

同群体间的社会保障水平差距相当大。以养老保险为例，机关事业单位和企业职工、城乡居民基本养老保险制度在财政补贴、替代率和待遇水平方面均存在较大差异。

（三）社会保障支出增长率波动较大

虽然中国近几年的社会保障支出规模在不断增加，但其增长率却呈现出较大的波动性。例如，按当年价格计算的GDP增长率最高年份（2007年）是最低年份（2015年）的2.06倍；财政支出增长率最高年份（2008年）是最低年份（2014年）的3.10倍，无论是小口径还是大口径，社会保障支出增长率的波动幅度均超过GDP和财政支出增长率的波动幅度。社会保障支出在很大程度上受到政府临时出台的政策措施影响，主要视当期财政收支状况而定，中央财政预算拨款的时间和额度均不固定，由此造成有些年份的社会保障支出与常年相比有较大幅度的提高或者下降，建立稳定的财政长效机制是未来的重要任务。

（四）社会保障支出项目结构不合理

社会保障体系包括社会救助、社会福利、社会保险和社会优抚四部分，社会救助是社会保障制度的最后一道防线。自20世纪90年代末以来，为了配合国有企业改革，从企业保险制度向社会保险制度转变中，预算内的社会保险支出占GDP的比重不断上升，而用于社会救助的支出只占预算内社会保障支出的一小部分，大部分用于社会保障补助支出和行政事业单位离退休费用支出，如此低的社会救助支出水平远远无法满足当前低收入人群的救助需要，进一步扩大了社会成员之间的收入差距。

四、发展思路

（一）优化社会保障支出结构

为确保社会保障体系各项目之间的均衡协调发展，加大中央财政对社会保障的投入力度，同时要优化社会保障支出内部结构，适当减少财政对社会保险基金的补助力度和降低行政事业单位离退休经费的支出比例，大幅提高社会救助和社会福利的支出比重。

（二）完善农村社会保障制度体系

社会保障支出的城乡不公平在一定程度上违背了社会保障再分配的制度初衷，因此在目前城镇社会保障制度建设已经较为完善的情况下，在保证城镇居民合理享有社会保障水平的基础上，国家需要加大完善农村社会保障制度体系建设的力度，继续加大对新型农村合作医疗制度和城乡居民养老保险制度的财政补贴力度；完善农村居民最低生活保障制度，着力提高农村各项社会救助和社会福利项目的覆盖面和保障水平；扩大城乡社会保障制度衔接与整合的试点工作，健全和落实农民工及其子女在养老、住房、教育、医疗 卫生等方面的权益保障政策，不断缩小社会保障支出的城乡差距。

（三）推进社会保障城乡统筹一体化

我国的城市化发展进程加快，地区与城乡之间的人口流动程度加大，这些游离于城市之间的农村人口的社会保障难以得到保证。因此，通过推进社会保障立法，扩大社会保障覆盖范围，将灵活就业人员、平台经济从业人员等自由职业者纳入社会保障体系中，同时加大对农村社会保障的财政支持力度，建立全面的农村保险与救助制度来推进我国社会保障城乡统筹一体化，逐步提高我国社会保障水平，满足城乡居民日益增长的基本生活需要。

（四）加强社会保障基金统筹管理

社会保障基金的投资是实现社会保障基金保值增值的重要途径，也是面对通货膨胀风险的重要举措。根据我国当今区域的发展现状，地区与城乡之间发展差异大，实现社会保障基金省级统筹，可以考虑地区的不同发展现状，制定适宜本地区的基金筹集战略。加强对社会保障基金的投资管理，合理确定风险投资与无风险投资的比重，实现社会保障基金投资风险与收益的优化，逐步提高社会保障水平，确保社会保障体系的良性与持续发展。

（五）不断提升社会福利水平

经济发展水平与社会保障体系的完善是相辅相成的，根据中国社会经济发展现状，结合当前居民收入、不同地区人口结构以及物价变化等因素，针对性调整和优化社会保障体系，确保其能切实为社会大众提供与人们日常生活水平相匹配的福利，拓展社会保障体系的覆盖面，不断提升全民的生活质量。

（六）大力发展补充保障

补充保障是现代社会保障体系的重要组成部分，具有非强制的特点，在社会经济发展中发挥着基本保障制度查漏补缺的功能。建立健全我国多层次社会保障体系，即在强调法定项目适度水平后，必须重视多层次结构下的社会保障补充项目的发展，这是使我国中远期社会保障水平，既适度又能不断提高水平的唯一可选之路。补充保障采用商业保险和个人储蓄的形式，通过建立企业年金或职业年金制度，不断提高劳动者的保障水平。

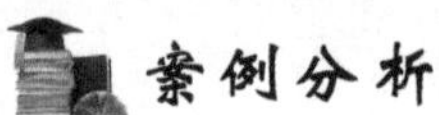

案例分析

深圳社会保障水平全国最高？

北京国际城市发展研究院公布了2006年《中国城市生活质量报告》，在被统计的287个城市中，深圳城市生活质量综合排名第一，但“社会保障水平”却排在最后一名。

深圳市劳动和社会保障局负责人回应：用社保投入系数来作为社会保障水平显然是不妥的，深圳企业退休人员人均养老金、失业人员失业救济金、城市最低生活保障线三个指标都说明了深圳社会保障基本水平在全国是最高的。

其负责人了解到此排名主要依据为“社保投入系数”，即政府对社会保障的补贴支出和对社会福利救济和抚恤的财政支出占政府财政总支出的百分比。根据深圳2005年地方财政一般预算支出是3862873万元，其中社会保障补助支出36152万元，抚恤和社会救济支出28787万元，社保投入系数为1.68%，这个系数在全国是最低的。他说：“但我们认为仅用‘社保投入系数’等同于‘社会保障水平’显然是不妥的。”一个城市的保障水平，应从退休人员的养老金水平、失业员工失业救济金的水平、城市最低生活保障线的水平这“三条保障线”来考量。他说：“深圳企业退休人员人均养老金目前的水平是2300元左右，而全国企业退休人员平均养老金是735元，全国超过1000元的城市只是少数；深圳失业人员月救济金648元，全国平均水平只有300多元。深圳也是全国最高的；深圳月最低生活保障线的救济水平是人均344元，而全国最低生活保障线是130元左右。这三个数据都说明了深圳社会保障基本水平在全国是最高的。”袁建勇分析说，深圳市社会保险参保率高，基金收支能够平衡，因此不需要财政对社会保险进行补贴；在城市化进程中，全市把所有原来农村转为城市的居民全部纳入城镇社保体系，这样一来就有5万多过去没有享受到养老金的人能够享受到每月1000元左右的养老金。

思考：

1. 深圳市劳动和社会保障局负责人对社会保障水平的界定是否正确？为什么？

2. 社会研究机构今后如何完善评价指标？

本章小结

社会保障水平是社会保障制度的关键环节，它具有刚性、适度性、动态性三大特点，又是质和量的统一。社会保障水平的高低受经济发展水平、人口规模等因素制约，可从不同指标来测度社会保障水平。社会保障适度水平是指保障社会成员基本生活，调动劳动者积极性，同时促进社会经济可持续发展。中国社会保障水平受制度、人口、经济等的条件制约，存在社会保障水平低和发展不平衡等问题，未来通过大力发展经济，发展补充保障制度，不断提高社会保障支出水平，建立健全与经济发展水平相适应的适度的社会保障水平，以实现社会保障制度的健康可持续发展。

复习思考题

1. 如何理解社会保障水平？

2. 影响社会保障水平的因素有哪些？

3. 社会保障适度水平的概念是什么？

4. 社会保障水平的测度指标有哪些？

5. 社会保障水平超度的后果是什么？

推荐阅读书目

1. 邓大松. 社会保障学[M]. 北京：高等教育出版社，2019.

2. 郑功成. 中国社会保障 70 年发展（1949—2019）：回顾与发展[J]. 中国人民大学学报，2019，33(5)：2－10.

3. 杨翠迎. 社会保障学[M]. 上海：复旦大学出版社，2015.

第七章　社会保障管理体制

学习目标

掌握社会保障管理的概念和原则
掌握社会保障管理体制概念和特征
掌握社会保障管理体制的类型
了解中国社会保障管理体制存在的问题、发展趋势及改革思路

关键概念

社会保障管理　社会保障管理体制　集中管理　分散管理　集散结合管理

第一节　社会保障管理体制概念、特征和建立原则

一、社会保障管理的概念和原则

(一)社会保障管理的概念

社会保障管理是指一定的机构和组织对社会保障事务进行计划、组织、指挥、协调、调节、控制、监督的活动和过程。

社会保障的计划是指从事社会保障活动以前,事先拟定的具体内容和行动步骤,这反映社会保障事业发展的方向和可能发展的规模。

社会保障管理的组织是指为实现社会保障活动的规划目标和方案,合理设置经办和管理机构,建立管理体制,制定规章制度,明确社会保障职能机构的分工和职责,将社会保障活动中的各要素、各部门、各环节、各方面从纵向和横向的联系上、在劳动的分工和协作上、在对外来关系上以及空间和时间的联系上合理地组织起来,使之形成一个有机整体,充分发挥社会保障人力、财力和物力应有的作用。

社会保障管理的指挥是指各级管理者或领导机构为保证社会保障活动连续地、均衡地、协调地进行和经营目标的实现,通过颁布文件和下达指令,使社会保障系统内部各类人员的行为服从管理者的统一意志,将规划和管理者的意图变成全体人员的统一行动,使全体人员在同一目标下相互协作、密切配合、尽职尽责、全力以赴地完成各自承担的任务。

社会保障管理的协调是带有综合性、整体性的一种职能。它以计划目标为核心,安排和部署所有活动,使各部门、各环节的活动相互衔接、相互协调和配合,保证社会保障活动有序和高效地进行。

社会保障管理的调节可分为纵向调节与横向调节、内部调节与外部调节。

社会保障管理的控制是指对社会保障规划的执行情况进行检查、考核、分析和处理。其目

的在于通过对社会保障活动的测定，与计划目标和实现计划目标的原则相比较，发现偏差，找出问题，查明原因，采取措施，及时加以纠正，使社会保障活动符合客观经济规律，符合国家有关的方针政策和法律法规。

社会保障管理的监督是指为保障社会保障制度有效完成和正常运作而建立的监督管理制度，包括社会保障监督机构和监控机制。建立和健全社会保障监控机制，在维护社会成员的社会保障权益，及时纠正社会保障管理与运行中出现的问题，保障社会保障可持续发展等方面具有重要意义。第一，社会成员的社会保障权益需要社会保障监督机制加以维护。第二，社会保障实施过程中出现的问题需要社会保障监督机制纠察。第三，社会保障实行中存在着许多不确定性，需要社会保障监督机制的观察和预警。

社会保障管理不同于生产管理，它是一种社会事务和社会政策的管理，致力于提供公共服务和公共产品。社会保障管理典型地表现为一种政府行为，是国家上层建筑的重要组成部分，是社会保障法制的延伸和强化，其基本任务就是保证现行社会保障法律、法规、政策得以贯彻落实。社会保障管理是随着社会保障制度的建立而诞生的，是现代社会管理专业化分工的一个必然产物。在市场经济条件下，社会保障管理是政府的一项基本社会管理职责。社会保障管理是通过制度、法律和行政三大途径来实现的。

（二）社会保障管理的原则

1. 依法管理原则

社会保障管理具有强制性和法制化特征。参加社会保障体系、依法缴纳有关费用，是参保人的基本义务；享受社会保障有关待遇是参保人的基本权利。社会保障管理体制用法律形式保护受保人的利益。实行依法管理包括两个方面内容：一是依法设置管理机构和管理岗位；二是依法运行，有关法律、法规对相关机构及岗位的职责范围有具体规定，管理机构只能在职责范围内行使权力，不能越权行事。依法管理原则既约束了管理机构的行为，同时也确保了社会保障管理的权威性。

2. 集中管理与分类管理相结合原则

一方面，社会保障是政府的社会化事业，政府是社会保障制度的最终责任承担者，所以应当由政府机构对社会保障事务实行统一集中管理；另一方面，集中统一管理使社会保障的规划、方法和协调方面的权利相对集中，有利于统筹规划，整体协调，促进社会整体发展。

但是，由于社会保障项目比较多，不同社会保障项目的属性、作用及操作方法差异很大，因此，有必要根据各类社会保障项目的具体特点，实行分类管理、分级管理、分项目管理。从各国社会保障管理的实践来看，各国都是在遵循集中管理和分类管理相结合原则的基础上，采用不同程度的集权管理模式。例如，养老、救助、福利等保障项目的基本部分，具有全社会的性质，可以由中央政府统一、集中管理。而工伤、失业、医疗等保障项目，地域性强，管理操作不复杂，可由地方政府分级、分层管理。

3. 效率原则

现代社会保障具有公共事务的基本特征，它关系到全体社会成员的切身利益，保护的是整个社会的福利和安全；同时，支撑社会保障制度运行的财政基础（包括政府财政拨款形成的基金、向企业和劳动者征缴社会保险费而形成的基金、各类慈善基金等）也是社会公共基金，它实质上属于全体社会成员共同所有。因此，社会保障制度的运行应当是公开透明的。社会保障管理体制的公开性包括面向社会成员公开社会保障机构及其职责，公开社会保障的各种政策、法规、经办程序、社会成员的社会保障权益和义务等相关信息，增强社会保障管理的透明度，确保社会成员在社会保障方面的知情权。坚持这一原则，有利于他们明晰自己的社会保障权益，有利于他们积极参与保障活动，也有利于化解社会保障运行过程中出现的纠纷和冲突。

社会公正是社会保障制度的基本目标，因此社会保障管理机构在社会保障运行中既要保证社会保障制度的有效运行，更要维护社会保障制度的公正性；它应当严格依法保护社会成员的社会保障权益，并在解决社会保障纠纷时，依法办事，不偏不倚，真正做到法律面前人人平等。

当然，社会保障管理体制除了要实现社会公正这一价值目标之外，更为直接的则是实现效率目标。社会保障的效率原则首先要求政事分开，即将社会保障的行政管理、业务经办、基金运营和监督几个环节分开，实现立法、执法和监督相分离，通过各环节之间相互协调、相互约束，提高管理效率。如美国的卫生与社会保障部对社会保障进行一般监督，其所属的社会保障总署具体管理老年、伤残和死亡保险。劳动部对失业保险进行一般监督，而就业培训总署失业保险服务局则管理全国的失业救济金。在新加坡的社会保险管理体制中，劳工部制定有关政策并进行一般监督，而劳工部下属的中央公积金局独立负责基金的管理。在实践中，明确管理机构的职责、保证政令畅通、降低管理成本，都是衡量管理效率的基本标志。一些国家（如智利）选择私营机构替代效率低下的官方管理机构来经营社会保障基金，取得了良好的效果。虽然这一效果的长期性还有待检验，但效率原则已成为各国社会保障管理的重要原则。

4. 专管机构和群管机构工作相结合的原则

社会保障工作不仅要有专门机构和专职人员管理，还要做大量的群众工作，因为社会保障工作具有广泛性，只有动员更多热心为群众服务、有一定工作能力的人员参加，并广泛动员社会力量，提倡敬老、爱幼、自己服务于自己，才能把管理工作落到实处。

5. 与社会经济整体协调一致原则

社会保障管理体制虽然是一个独立运行的系统，但它仍是社会经济大系统中的一个组成部分，与其他社会经济活动有着不可分割的联系，从而在运行中要与其他子系统保持协调一致。例如，社会保障基金管理系统与国家财政系统之间的联系，即使社会保障基金被列在财政系统之外，它仍受财政的扶持。反过来，良好的基金管理与运作，使基金既能实现长期的保值增值，又能减轻财政负担，这二者之间有着相互制约、相互促进的关系。社会保障管理往往会对经济系统中其他经济活动产生影响。

以上几项原则相互联系、共同制约。只有充分贯彻上述原则，克服部门林立、机构臃肿、人浮于事、职责不清的等官僚主义弊端，才能保证社会保障管理机构高效、科学地运转。

二、社会保障管理体制的概念

社会保障管理体制有广义、狭义之分。广义的社会保障管理体制是指国家为管理社会保障事务而建立的管理机构、管理内容、管理方式等方面的构架、安排的总称。它涉及社会保障立法、社会保障具体的规章制度、机构设置及其职能权限、社会保障基金的监督、社会保障业务经办等社会保障体系的方方面面。狭义的社会保障管理体制是指社会保障管理机构的设置及其职能权限的划分①。

① 宋士云，吕磊. 中国社会保障管理体制变迁研究（1949—2010）[J]. 贵州财经学院学报，2012(2)：65 - 72.

(一)社会保障管理机构

社会保障管理机构是国家和社会为保证社会保障法令、制度、政策的贯彻实施，维持社会保障制度正常运行而设立的权力和事务机构。

按照行政层次或者行政权限，社会保障管理机构分为高层管理机构、中层管理机构和基层管理机构三个层次(见图7-1)。高层管理机构，即中央级管理机构，属于领导和决策层次，负责制定社会保障法律、法规和政策；制定国家层面的社会保障事业发展规划；指导、统筹和协调社会保障事务；组织和实施社会保障法律法规；对社会保障事务实施全面监督。中层管理机构，即省级地方管理机构，属于辅助和传递层次，负责贯彻社会保障法律法规；实施中央政府社会保障管理机构的决策；制定地方性实施细则和补充规定；反馈社会保障法律法规在实施过程中发现的问题和有益的经验；推动辖区内的社会保障业务执行，处理有关申诉等。基层管理机构，即地(市)、市(县)级及以下地方社会保障管理机构，属于社会保障事务执行和经办层次，它按照国家的法律法规和上级领导机关的指示，负责社会保障日常工作的管理和经办。具体包括提供社会保障事务的信息、咨询和服务，经办社会保障具体业务等。

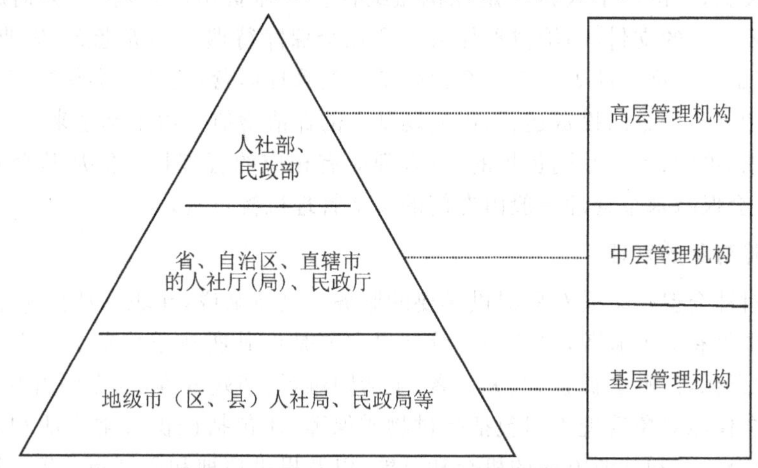

图7-1 中国社会保障管理机构层级设置

按照管理职责、管理性质和业务范围，可以把社会保障管理机构分为行政主管机构、业务经办机构、基金营运机构和监督机构四个类别。行政主管机构，即各级政府机构中管理社会保障事务的相关政府部门，主要职责是社会保障的立法、监督检查、贯彻实施等。业务经办机构，即从事社会保障具体业务办理的机构，主要职责是对社会保障参加者的资格审定、登记，社会保障基金的收缴，社会保障基金的日常财务和个人账户管理，社会保障待遇的计算、发放，以及对参保人提供各项社会化服务。基金营运机构是具有企业法人地位的金融机构，其主要职责是进行社会保障基金的投资、营运，实现基金的保值增值。监督机构，其主要职责是对社会保障的政策法律执行情况、基金筹集、基金管理营运、待遇给付、服务质量等环节、社会保障机构等进行监督。

(二)社会保障管理的内容

社会保障管理的内容包括社会保障行政管理、社会保障基金管理和对社会保障对象的管理。

1. 社会保障行政管理

社会保障主体上是一种政府行为，因此政府系统内的行政管理必然是社会保障管理活动的重要内容。社会保障行政管理包括：①拟定社会保障发展规划和计划，统筹协调社会保障政策，统筹处理地区和人群之间的利益矛盾。②制定社会保障法律、法规和政策。确定社会保障的实施范围和对象、享受保障的基本条件、社会保障资金来源、基金管理和投资办法、待遇支付标准和对象、社会保障中有关方面(国家、单位和个人)的责任、权利、义务及违法责任等。在立法过程中，一般的做法是中央政府制定社会保障的基本法，地方政府则制定子法、实施细则和各种条例。③设置社会保障管理机构，确定人员配置，组织和实施各项社会保障法律法规，并负责监督、检查实施的情况和效果。④受理社会保障方面的申诉、调解和仲裁。⑤建立和完善社会保障信息化、社会化服务体系。⑥培养、考核、任免社会保障管理干部。

2. 社会保障基金管理

社会保障基金管理包括基金筹集、基金支付、管理运营等内容。①社会保障基金的筹集。一般是由国家拨款，单位和个人按一定比例缴纳社会保障费用，还包括社会捐赠和发行彩票等。②社会保障基金的支付，即给付参保人各项社会保障待遇。如养老金、失业金、医疗费用报销、各种救济金和困难补助等。③社会保障基金的管理运营，包括社会保障基金的日常财务和个人账户管理以及资金的投资运营，以实现基金的保值增值。由于基金来源的缘故，社会保障基金是由国家、单位、个人共同负担的，三者理应有相应的管理权。但从基金管理的专业化和效率出发，社会保障基金管理一般由专门的基金管理机构负责。

3. 社会保障对象的管理

这主要是对社会保障享受对象提供必要的服务。具体来说，在职的社会保障对象，主要是由其所在单位提供有关的服务，对他们的管理也主要是由其所在单位负责。而对于特殊的社会保障对象，如退休者、鳏寡孤独者、失业者、生活困难者、伤残者等，则需要由专门机构提供特殊的服务。社会保障对象管理不但包括提供物质保障，还包括提供日常生活和健康方面的服务，提供参与社会活动和就业方面的机会和可能，以及提供精神和心理慰藉等。随着社会保障管理社会化趋势的发展，这项复杂烦琐的管理工作越来越多地依赖于社会力量，尤其是依靠工会、各种社团、慈善协会、家庭等社会力量来完成各项管理工作。

(三)社会保障管理的方式

社会保障管理体制的形成主要取决于国家的政治经济条件、基本制度和历史文化传统等一系列因素。各国的政治、经济、文化、历史背景和民族传统等因素的不同，各国所采用的社会保障管理方式也有所不同。社会保障管理体制不存在一成不变的管理方式。主要有：①独立管理社会保障事业型，如英国、俄罗斯和美国等。②兼管卫生与社会保障事业型，如日本、加拿大和法国等。③兼管劳动与社会保障事业型，如中国和意大利等。④社会福利与公共行政合并型。⑤特殊复合体制。

三、社会保障管理体制的特征

由于各国的政治、经济制度不同，文化背景各异，各国建立社会保障管理体制的时间有先有后，因而各国社会保障管理体制往往是各有侧重，各具特色。但整体而言，社会保障管理体制具有以下几个特征。

1. 政治性

一国的政治体制决定社会保障管理体制。例如，德国自治体制下的政府劳工社团混合管理，瑞典民主体制下的社会管理，等等。

2. 社会性

社会保障管理体制涉及社会的方方面面。如医疗保障管理体制与医疗服务机构和药品管理体制等有密切关系；养老服务、儿童福利等服务可以由社会组织提供，因此，现代社会保障管理体制必须建立在政府部门和社会力量协调发展的基础之上。

3. 经济性

社会保障管理体制涉及资金筹集、基金投资运营、待遇发放等方面，特别是基金投资运营涉及多个政府部门和金融市场等主体，与国家经济发展等密切相关。

4. 规范性

社会保障的性质要求社会保障管理体制规范有序，内容包括决策程序化、权责明晰化、业务流程化、措施具体化、行为标准化、控制过程化、考核定量化、奖惩有据化等。

5. 层次性

社会保障管理体制要和统筹层次及一国的行政层次结构相适应。社会保障管理体制的层次性对管理实践提出的要求：一是要求管理工作必须建立合理、适度的管理层次和幅度；二是在管理体制中，每一个层次都应有各自的功能，而且责、权、利分明，逐级指导、指挥，逐级负责。

6. 服务性

社会保障管理体制的核心问题是通过体制设置，保护参保人的合法权益，为参保人服务。这就要求经办机构的工作人员等与参保人居于平等地位，为参保人做好相应的服务工作。

7. 系统性

社会保障管理体制安排是一项综合性、系统性的社会管理工程，要用系统工程的思想和方法，为社会保障管理选择最优模式和提供最佳实施方案，打造高效率、低成本的管理体制。

四、建立社会保障管理体制的基本原则

（一）社会化管理原则

现代社会保障是一种高度社会化的再分配形式。它不是任何个人意志的产物，而是生产社会化的客观要求，作为社会化分配形式的社会保障必然要求社会保障基金要在全社会范围内进行统筹使用，实行集中统一的社会化管理。

这种社会化管理就是由中央政府的社会保障职能部门统一制定社会保障的基本制度，并由各级政府的社会保障主管和专管机构，统一管理社会保障对象和社会保障基金。实行社会化管理是因为：①现代社会保障是面向全体社会成员的，广泛涉及社会各集团、各阶层的经济利益。只有国家直接出面进行管理，通过政府的收入分配政策，调节各方面的利益关系，才能实现社会公平目标。②国家社会保障政策的制定，受到诸如国民经济和社会发展计划目标、财政经济状况、经济管理体制以及劳工、工资制度等诸多因素的制约，必须通盘筹划，才能保证社会保障政策综合体现各方要求。③现代社会保障的核心是社会保险，它所遵循的“大数原

则”,要求在尽可能大的范围内统一筹集和调剂保险基金,如果统筹和调剂的范围越大就越能分散风险损失,从而社会承受风险的能力也就越强。④生产专业化程度的提高,市场竞争的加剧,导致企业经济活动趋向单一化,要求社会保障工作从企业管理中分离出来,由社会承担,使企业集中精力于生产经营,提高市场竞争力。建立起由政府统一组织、统一管理的社会化管理体制,就成为世界各国社会保障发展的必然趋势。

(二)统一管理原则

统一管理原则就是将社会保障体系中的社会保险、社会福利、社会救助、社会优抚四个子系统,实行相对集中而又统一的管理,防止“多头管理、各自为政”的局面出现。同时根据社会保障体系的总体要求,使政策制定、资金运营和监督管理三位一体。

由政府的职能机构对社会保障实行统一管理,是由社会保障作为社会化分配形式的性质决定的,是社会保障管理发展的必然趋势,只有实行集中统一管理,才能从全局上正确处理社会保障与国民经济与社会发展的各种关系,确保社会保障制度有效地运行,发挥其“安全网”和“减震器”作用。只有实行集中统一管理,才能有利于统筹包括城乡居民、企业职工和公务人员在内的全体社会成员的社会保障事务,促进劳动力的合理流动,为建立统一的劳动力市场创造条件。

(三)法制化管理原则

法制化管理原则是指社会保障的管理工作,必须受到法律法规的约束和调适,以法律为依据,以法规规范管理行为,并且以法规作为处理各种关系的准绳。在立法上,强调中央立法与地方立法相结合,社会保障总体立法和分项立法并举。在执法上,强调在相互依托、彼此促进的法制网络下,认真按照法律程序和法律要求办事,对违法违规的行为决不姑息,依法处置。

(四)属地化管理原则

属地化原则是指在国家法律、法规的统一规范下,同一地区的社会保障事务由该地区管理机构统一管理。社会保障各项事务直接面向社会成员,它通常是由一定区域内设置的管理部门和业务机构组织实施,以实现区域范围内的共济和互济互助。当然,遵循属地化原则,并非要排除系统直属管理。对于那些可以由地方政府负责的社会保障事务实行属地化管理,而对于那些只能由中央政府负责的社会保障事务,则应实行系统直属管理。

(五)科学化管理原则

科学化管理原则是指社会保障管理部门的职责和权限,必须科学划分、层次分明,特别是对以下四个方面应采取分开管理:①执资分开,即管理部门不直接介入资金运作。②执政分开,即管理部门只执行政策而不制定政策。③执法分开,即管理部门不能以政代法,要分清执法和立法的界限。④执监分开,即管理部门要接受独立的监督检查机构的监督和社会的监督,而不仅仅是自我监督。

第二节　社会保障管理体制类型

社会保障管理体制的形成主要取决于国家的政治经济条件、国家的基本制度和历史文化传统等一系列因素。它对国家基本制度的依赖性很强,例如实行集权制国家与实行分权制国家,其社会保障管理体制就不可能是一样的。因此,社会保障管理体制不存在一成不变的典型模式。

一、管理权力结构分类

根据管理权力结构，社会保障管理体制可以分为集中管理、分散管理以及集分结合管理三种类型。

(一)集中管理

集中管理是指社会保障的管理权限较多地集中于中央政府的一种制度安排。它是在建立统一的社会保障管理机构的基础上，把各个社会保障项目全部统一在一个管理体系中，集中对社会保障各项目基金的筹集、待遇给付以及运营监管等实施统一的管理。在实施集中管理体制的国家里，一般从中央到地方都设立专门的社会保障行政管理机构和业务机构，配备专职的工作人员。

集中管理的特点在于：一是中央集中统一社会保障决策权；二是集中统一社会保障预算权，即编制和执行全国范围内的社会保障预算；三是政府间的社会保障联系是直接的双重联系，即地方各级社会保障管理机构不仅要在横向上对同级政府负责，还要在纵向上服从中央政府的指令；四是地方社会保障收支规模与基本结构要由中央政府决定。

集中管理的优点在于：一是有利于进行统一的社会保障管理规划与实施，有利于统一监督与日常管理，避免由于多头管理带来的诸多矛盾与冲突。二是有利于社会保障基金的集中管理。三是有利于社会保障各项目和环节之间的协调。四是有利于降低管理成本，提高管理效率。集中管理也有一些缺陷：这种管理往往以国家行政管理为主，受行政干预较多；中央与地方之间信息传递层次多，影响做出正确的决策，也可能滋生官僚主义和腐败。

实行集中管理型社会保障体制的代表性国家有新加坡和英国。新加坡的中央公积金制度最初仅仅提供职工退休后的基本生活需求保障，以后逐步发展为提供养老、住房、医疗、教育等综合性的保障制度。新加坡中央公积金局是管理公积金的法定机构，依据公积金法令而成立，独立于政府财政，上级管理部门为劳工部。英国在内阁设有社会保障部，负责全国性的社会保障项目的管理工作，使得社会保障事业有一个机构进行统一管理。

(二)分散管理

分散管理是指社会保障的管理权限较多地集中于地方政府的一种制度安排。在这种管理体制下，不同的社会保障项目由不同的政府主管部门负责管理，各自建立起一套执行机构、资金运营机构和监督机构，并且各机构间相互独立，资金不能相互融通。

分散管理的特点在于：一是各级政府及社会保障部门事权独立。二是各级政府社会保障部门预算独立。三是政府间的社会保障联系是间接的关系，政府只对社会保障进行监督，并根据各类保险项目的财务状况进行必要的平衡，但社会保障事务则委托给社会保障经办机构进行管理。

分散管理的优点在于：一是管理机构拥有较大的自主权，可以根据发展需要灵活地制定详细的规划与计划。二是可以在规定的权限范围内自主决策和行使职能以及调整社会保障项目。分散管理的缺陷在于：一是管理机构重复，人员冗余，工作重复，管理成本居高不下。二是各部门的利益难以协调，难以对社会保障进行统筹规划。三是容易导致权力的滥用。

实行分散管理型社会保障管理体制的代表性国家是德国。德国社会保险机构的设置，以行业组织管理与地区管理相结合，社会保险机构由劳资双方共同参与，自治管理。除个别特殊行业外,养老保险机构是按地区设置的。法定医疗保险机构既有地区性的,也有行业性的。养老、医疗、工伤保险机构作为独立的法人,实行自治管理,不隶属于政府机构,政府不对社会保险进行直接管理,只是设立专门的机构在必要时进行财政平衡。

(三)集散结合管理

集散结合管理就是将相关性较强的社会保障项目集中起来,实行统一管理,而将特殊性较强的项目单列出来,由专门的部门进行分散管理。这种管理方式最普遍的形式就是把养老保险、医疗保险和遗属补助等集中起来管理,而把失业保险、工伤保险交与劳动部门进行管理。

集散结合管理兼具上面两种方式的优点,在一定程度上避免了两者的缺点,其优势在于:一是既可体现社会保障社会化、规模化的发展要求,又可兼顾个别项目的特殊要求。二是有利于降低管理成本,提高管理效率。

实行集散管理型社会保障管理体制的代表性国家是美国和日本。美国的失业保险由劳动部门管理,老年和遗嘱保险、残疾保险、住院保险则由联邦政府卫生与人类服务部门下的社会保险署实行统一管理,并在全国各地设置了 1400 多个社会保障办事机构。日本的养老保险和医疗保险由厚生省负责,失业保险由劳动省负责,各个政府部门对社会保险实行分别管理、相互独立的原则。

二、政府介入程度分类

根据政府在社会保障事务中的介入程度以及责任大小,可以将社会保障管理方式划分为三种类型:政府直接管理、半官方自治管理和商业保险管理。

(一)政府直接管理

这种方式的特征是,政府设立专门的管理机构统一集中管理全国社会保障事务。具体又可分为两类:① 政府内设立一个专门的部或者委员会,下设分支机构,纵向统一管理全国的社会保障工作。如在英国,社会保障部是全国社会保障的最高行政主管部门,各地(相当于省一级行政区)设立社会保障局,县市设立社会保障处,统筹负责全国的社会保障事务。此外,中国、加拿大、波兰、马来西亚、缅甸等国家,也都属于这种类型。② 由政府的几个部门进行多头管理。如在日本,中央政府设立厚生省管理全国养老、遗属、残疾、医疗等保障项目。劳动省管理失业、工伤等保障项目。此外,美国、澳大利亚等国家,也都属于这种管理类型。

政府直接管理类型更能体现政府的意图,有助于体现社会的公正性,有利于保障受保人的利益和维护社会稳定。但缺点是管理效率和服务质量可能不尽如人意。

(二)半官方自治管理

这种类型的特征是,由政府成立一个统一的协调机构,负责协调(而非统一管理)全国社会保障事务,并指定一个或若干个中央政府部门实施统一监督,而具体的管理工作则由半官方、半独立的行业或地区社会保障管理机构(可以被认为是一种公共事业部门)来实施。一般由雇主、雇员和政府三方代表(或雇主、雇员两方代表)组成社会保障(险)基金会(协会、董事会、理事会),在政府部门的监督下,在法律范围内实行自治,自主管理。这些基金会一般和政府有契约关系,并按时给政府提交工作报告,接受政府的监督检查。如在法国,卫生和社会保障部负责社会保障的监督颁布法律,全国养老基金会、全国疾病保险基金会、全国就业组织理事会、全国家庭补贴基金会及其各自的各级地区性分支机构,分别负责管理全国的养老保险、疾病保险、就业补贴和家庭补贴等保障项目。此外，德国、意大利、瑞士、瑞典、土耳其等国家，也都属于这种管理类型。半官方自治管理类型能克服政府直接管理方式中的一些弊端。其缺点是本身要求的条件比较苛刻（如要求国家的法制要健全，监督机构要公正、权威，办事机构要得力、守法），而且在体现政府意图和保证公平方面很难让人满意。

(三)商业保险管理

这种类型的特征是，在政府社会保障主管部门的监督下，实施的一种强制储蓄保险，采用“以收定支”的基金制积累方式。就是按照固定缴费率征缴保险基金，然后将基金投入资本市场，通过基金的投资营运，实现基金的保值增值。基金的管理、投资和营运，一般由独立的具有半官方性质的基金会（或称董事会、理事会）负责。如在新加坡，在中央政府劳工部的监督下，实行社会保障中央公积金制度，保障项目包括养老、残疾和死亡保险、医疗保险以及住房和教育计划等。管理和组织实施工作由半官方性质的中央公积金局负责。又如在智利，1980 年后，国家将旧的社会保险制度改革为完全个人缴费的、以个人账户为中心的、强制个人储蓄的新的具有很浓商业保险色彩的社会保障制度，具体由国家劳动和社会保障部监督下的四个分支机构（社会保障总署、“公共养老金”管理公司、“私人养老金”管理公司、基金投资风险管理委员会）管理和组织实施。此外，印度尼西亚、斯里兰卡等国家，也都属于这种类型。

在商业保险管理类型中，政府的责任最少，管理比较简便，效率也可能比较高。其缺点是要求国家高度法制化，资本市场健全。而且，由于参保人的待遇保障完全依赖于基金在市场中的运营情况，因而参保人需要承担巨大的市场风险。

第三节 中国社会保障管理体制

一、发展历程

自新中国成立至 2018 年，我国的社会保障体制大体经历了三个阶段：传统社会保障管理体制初步建立(1949—1978 年)、传统社会保障管理体制的调整和改革(1978—1998 年)、大部制下的社会保障管理体制探索 (1998—2018 年)等几个阶段。

(一)传统社会管理体制初步建立阶段 (1949—1978 年)

1949 年 10 月，中华人民共和国成立，中央政府政务院下设了劳动部、内务部，分工管理社会保障事业，各有侧重。劳动部负责管理企业社会保险工作。内务部负责管理机关事业单位的社会保险以及社会救济、社会福利和优抚安置等工作（这种状况一直维持到 1969 年）。

1951 年 2 月 26 日，政务院发布的《中华人民共和国劳动保险条例》规定，中华全国总工会为全国企业劳动保险事业的最高领导机关，统筹管理全国劳动保险事业。各地工会组织为执行劳动保险业务的基层单位。劳动部为全国企业劳动保险业务的最高监督机关，负责贯彻条例的实施，检查全国劳动保险制度的执行情况。各地劳动部门登记审批企业实施条例的申请，监督检查企业缴纳保险费和保险业务的情况，处理有关劳动保险争议。1954 年 6 月，由于政府精简机构，劳动部的社会保险管理职能，移交总工会统一管理。从此，企业的社会保险事务基本上由各级工会统一管理起来了。1966 年后，我国社会保障事业受到很大影响，管理体制也开始混乱起来，原劳动部管理的企业劳动保险工作受到很大冲击，各级工会组织陷入瘫痪，工会干部被调离。针对这种情况，1968 年国家计委发文要求劳动部门统一管理劳动保险工作。1969 年，内务部被撤销，民政工作分别移交财政部、卫生部、公安部和国务院政工组管理，多头管理、政出多门使内务部原来管理的社会保障事务受到很大影响。

(二)传统管理体制的调整和改革阶段(1978—1998 年)

1978 年后，随着我国进行改革开放，社会保障的管理工作开始逐步恢复正常。1978 年 2 月，依据新宪法设立民政部，负责军队离退休干部的安置和管理，指导农村五保户的供养，举办敬老院和扶持农村贫困户的工作，管理城镇社会困难户，精简职工的救济以及社会福利工作等。1979 年 7 月，国家劳动总局设置保险福利局、处，以保证社会保障工作的顺利进行和有效展开。在此期间，各级工会组织陆续重建起来。1982 年成立劳动人事部，下设保险福利局，综合管理社会保险和职工福利事宜。1988 年，国务院撤销劳动人事部，重建人事部和劳动部，分别管理机关事业单位和企业的社会保险事务。劳动部综合管理与规划全国企业、事业单位职工的社会保险和福利制度的改革方案及实施办法，并组织实施；组织指导职工退休费用社会统筹工作和职工待业保险，协调企业、事业单位和国家机关的社会保险和职工福利政策。1991 年发布的国务院关于企业职工养老保险制度改革的决定将民政部纳入社会保障管理体系中，由民政部负责农村及乡镇企业的社会保险工作。这样，我国形成了劳动部门管理企业社会保险，人事部门管理机关事业单位社会保险，民政部门管理社会救济、社会福利、优抚安置和农村社会保障的格局。与此同时，中国人民保险公司管理集体企业的养老保险。卫生部、财政部管理机关事业单位的公费医疗。中华全国总工会负责管理职工互助保障。铁道、信息产业、水利、电力、中建总公司、煤炭、石油、交通、有色金属、民航、金融 11 个行业分别负责管理本行业内实行养老保险行业统筹的有关事务。体改委、计委等部门也参与负责社会保障的改革与发展工作。总之，形成了一种多头管理、"多龙治水"的比较混乱的管理体制。这种状况直到 1998 年政府进行机构改革，成立劳动和社会保障部以后，才有了根本的改观。

(三)大部制下社会保障管理体制的探索(1998—2018 年)

根据 1998 年九届人大一次会议批准的国务院机构改革方案和同年由国务院发布的国务院关于机构设置的通知，决定在原国家劳动部的基础上，组建国家劳动和社会保障部，将由原人事部承担的机关事业单位社会保险、原民政部承担的农村社会保险、原卫生部承担的公费医疗、原国务院职工医疗保险制度改革领导小组办公室承担的医疗保险制度改革等分散在各部门的社会保障管理职能，相对集中、统一于劳动和社会保障部。

根据国务院这一决定，劳动和社会保障部内设了养老保险司、事业保险司、医疗保险司、农村社会保险司、社会保险基金监督司和社会保险事业管理局 6 个与社会保障工作相关的职能司局，分别负责管理有关保障项目的工作。而社会救济、社会福利、优抚安置等保障项目，仍由民政部负责管理。至此，标志着我国基本统一的社会保障机构的建立。

为了整合人才市场与劳动力市场，建立统一规范的人力资源市场，促进人力资源合理流动和有效配置，统筹就业和社会保障政策，建立健全从就业到养老的服务和保障体系，2008 年 2 月，中共十七届二中全会通过关于深化行政管理体制改革的意见，拉开了大部制改革的序幕，第十一届全国人民代表大会第一次会议批准，正式组建人力资源和社会保障部，将人事部、劳动和社会保障部的职责整合划入该部。民政部的社会保障职能则通过内设机构的调整有所加强，原最低生活保障司改为社会救助司，负责城乡居民最低生活保障、"五保户"的社会救济政策、健全城乡社会救助体系等工作。原救灾救济司更改为救灾司。原社会福利和社会事务司被拆分成社会福利和慈善事业促进司与社会事务司。除此之外，卫生部、住房和城乡建设部、财政部、审计署及国家发展和改革委员会均设有相应的社会保障部门，分别承担不同的管理职能。

二、现行社会保障管理体制

我国现行的社会保障管理体制是在原有管理体制的基础上改革和发展起来的，既有传统管理体制的痕迹，又有适应新形势变化的改革成果的体现。

(一)社会保障立法与司法体制

《中华人民共和国宪法》明确规定，中华人民共和国公民在年老、疾病或者丧失劳动能力的情况下，有从国家和社会获得物质帮助的权利。

《中华人民共和国劳动法》《中华人民共和国就业促进法》《中华人民共和国老年人权益保障法》《中华人民共和国残疾人权益保障法》《中华人民共和国妇女儿童权益保障法》《中华人民共和国义务教育法》等，均对公民的社会保障权益及社会保障管理做出了相关规定。

(二)社会保障行政管理体制

1. 总体框架

从社会保障机构方面来看，目前我国社会保障管理体制是在国务院的统一领导下，采取条块结合、以块为主的分级管理体制。

纵向机构设置大体分为三个层次：一是高层行政机构，主要是国务院下设的人力资源和社会保障部、民政部等，属于领导和决策层次。二是中层行政机构，主要为省一级人力资源和社会保障主管部门、民政主管部门等，属于辅助决策、实施领导和传递层次。三是基层行政机构，是市、县一级人力资源和社会保障主管部门、民政主管部门等，属于执行层次，上一层对下一层主要是政策法规的领导和业务指导，不存在直接的行政隶属关系。

横向机构设置在从上到下每一层按照不同的职能性质包括行政管理机构、业务经办机构、基金运营机构和监督机构四大类机构。以省一级社会保险机构的设置为例：社会保险行政管理机构是省级政府设立的人社部门，主管社会保险，其主要职能是制定社会保险的政策、规划，进行监督指导。社会保险经办机构也称执行机构，具体经办社会保险业务，属非营利性质的事业单位。社会保险监督机构包括：行政监督，涉及机构有人社部门、税务部门、财政部门、银行；审计监督，涉及的机构有审计机关，经办机构的内部审计组织。社会监督，涉及的机构是由各方代表组成的监督委员会。

2. 社会保障行政管理部门及其职能

2018 年国务院机构改革之后，我国完善了分工协作的社会保障行政管理体制。与社会保障管理体制有关的国务院组成部门有人力资源和社会保障部、民政部、退役军人事务部、财政部、国家卫生健康委员会等。与社会保障管理体制有关的国务院直属机构有国家医疗保障局、国家税务总局等。

人力资源和社会保障部主要负责：①拟订人力资源和社会保障事业发展政策、规划，起草相关法律法规草案，制定部门规章并组织实施。②统筹推进建立覆盖城乡的多层次社会保障体系。拟订养老、失业、工伤等社会保险及其补充保险政策和标准。拟订养老保险全国统筹办法和全国统一的养老、失业、工伤保险关系转续办法。组织拟订养老、失业、工伤等社会保险及其补充保险基金管理和监督制度，编制相关社会保险基金预决算草案，参与拟订相关社会保障基金投资政策。会同有关部门实施全民参保计划并建立全国统一的社会保险公共服务平台。③负责就业、失业和相关社会保险基金预测预警和信息引导，拟订应对预案，实施预防、调节和控制，保持就业形势稳定和相关社会保险基金总体收支平衡。④统筹拟订劳动人事争议调解仲裁制度和劳动关系政策，完善劳动关系协商协调机制，拟订职工工作时间、休息休假和假期制度，拟订消除非法使用童工政策和女工、未成年工特殊劳动保护政策。组织实施劳动保障监察，协调劳动者维权工作，依法查处重大案件。⑤会同有关部门拟订事业单位人员工资收入分配政策，建立企事业单位人员工资决定、正常增长和支付保障机制。拟订企事业单位人员福利和离退休政策。⑥会同有关部门拟订农民工工作的综合性政策和规划，推动相关政策落实，协调解决重点难点问题，维护农民工合法权益。

民政部主要负责：①拟订社会救助政策、标准，统筹社会救助体系建设，负责城乡居民最低生活保障、特困人员救助供养、临时救助、生活无着流浪乞讨人员救助工作。②统筹推进、督促指导、监督管理养老服务工作，拟订养老服务体系建设规划、政策、标准并组织实施，承担老年人福利和特殊困难老年人救助工作。③拟订残疾人权益保护政策，统筹推进残疾人福利制度建设和康复辅助器具产业发展。④拟订儿童福利、孤弃儿童保障、儿童收养、儿童救助保护政策、标准，健全农村留守儿童关爱服务体系和困境儿童保障制度。⑤组织拟订促进慈善事业发展政策，指导社会捐助工作，负责福利彩票管理工作。⑥拟订社会工作、志愿服务政策和标准，会同有关部门推进社会工作人才队伍建设和志愿者队伍建设。

退役军人事务部主要负责：①拟订退役军人思想政治、管理保障和安置优抚等工作政策法规并组织实施，褒扬彰显退役军人为党、国家和人民牺牲奉献的精神风范和价值导向。②负责军队转业干部、复员干部、离休退休干部、退役士兵和无军籍退休退职职工的移交安置工作和自主择业、就业退役军人服务管理工作。③组织指导退役军人教育培训工作，协调扶持退役军人和随军随调家属就业创业。④会同有关部门制定退役军人特殊保障政策并组织落实。⑤组织协调落实移交地方的离休退休军人、符合条件的其他退役军人和无军籍退休退职职工的住房保障工作，以及退役军人医疗保障、社会保险等待遇保障工作。⑥组织指导伤病残退役军人服务管理和抚恤工作，制定有关退役军人医疗、疗养、养老等机构的规划政策并指导实施。承担不适宜继续服役的伤病残军人相关工作。组织指导军供服务保障工作。⑦组织指导全国拥军优属工作。负责现役军人、退役军人、军队文职人员和军属优待、抚恤等工作。⑧指导并监督检查退役军人相关法律法规和政策措施的落实，组织开展退役军人权益维护和有关人员的帮扶援助工作。

财政部主要负责：①负责审核并汇总编制全国社会保险基金预决算草案，会同有关部门拟订有关资金(基金)财务管理制度，承担社会保险基金财政监管工作。②管理全国社会保障基金理事会。

国家卫生健康委员会主要负责：①组织拟订国民健康政策，拟订卫生健康事业发展法律法规草案、政策、规划，制定部门规章和标准并组织实施。统筹规划卫生健康资源配置，指导区域卫生健康规划的编制和实施。制定并组织实施推进卫生健康基本公共服务均等化、普惠化、便捷化和公共资源向基层延伸等政策措施。②协调推进深化医药卫生体制改革，研究提出深化医药卫生体制改革重大方针、政策、措施的建议。组织深化公立医院综合改革，推进管办分离，健全现代医院管理制度，制定并组织实施推动卫生健康公共服务提供主体多元化、提供方式多样化的政策措施，提出医疗服务和药品价格政策的建议。③组织拟订并协调落实应对人口老龄化政策措施，负责推进老年健康服务体系建设和医养结合工作。

国家医疗保障局主要负责：①拟订医疗保险、生育保险、医疗救助等医疗保障制度的法律法规草案、政策、规划和标准，制定部门规章并组织实施。②组织制定并实施医疗保障基金监督管理办法，建立健全医疗保障基金安全防控机制，推进医疗保障基金支付方式改革。③组织制定医疗保障筹资和待遇政策，完善动态调整和区域调剂平衡机制，统筹城乡医疗保障待遇标准，建立健全与筹资水平相适应的待遇调整机制。组织拟订并实施长期护理保险制度改革方案。④制定定点医药机构协议和支付管理办法并组织实施，建立健全医疗保障信用评价体系和信息披露制度，监督管理纳入医保范围内的医疗服务行为和医疗费用，依法查处医疗保障领域违法违规行为。⑤负责医疗保障经办管理、公共服务体系和信息化建设，组织制定和完善异地就医管理和费用结算政策，建立健全医疗保障关系转移接续制度。国家税务总局主要承担组织实施税收及社会保险费、有关非税收入的征收管理责任，力争税费应收尽收。

(三)社会保障经办与监督体制

按照社会保险、社会救助、社会福利等保障项目划分，具体的社会保障事务由各级社会保险经办机构、社会救助和社会福利事务办理机构来完成。人力资源和社会保障部门设有基金监督机构，地方政府相关部门设有相应的监督机构对社会保障业务运行情况进行监督反馈。

三、存在问题

经过1998年、2008年、2018年的机构变革之后，中国社会保障管理体制形成。从制度设计的角度来看，这种管理体制既与社会保障自身的内在逻辑基本符合，又与我国现行的行政管理体系相协调。因此，在相当长的时间内，应该保持该管理体制的稳定性。而未来社会保障管理工作的重点则应放在如何进一步巩固新的管理体制，如何协调和磨合各类管理机构之间的关系，如何发挥现行管理体制的功能。但是，从实践情况来看，由于新的管理体制建立的时间不长，新旧体制的交替并未完成，新体制的功能也未充分发挥，因此还存在一些亟待解决的问题。

(一)社会保障相关法律需要进一步完善

2011年7月1日起施行的《中华人民共和国社会保险法》对社会保险领域的诸多内容做出了规定。当务之急是需要各地出台相关的实施细则，改善管理上由于无章可循或有章不循而导致的漏洞。例如，企业拒缴保费、职工漏保、相关社会保障部门不严格履行职责或存在违规行为等。值得指出的是，在中国，社会保障部门在我国行政系统中缺乏足够的影响力，因此其行政上的执行力不够，相应的政策措施往往难以实施，并导致整个制度设计的低效或失效。例如，在很多地区，各类社会保险费难以征缴，处罚措施难以执行，而其阻力不仅来自各类用人单位，还可能来自政府内部的相关部门。

(二)多头管理现象仍然存在

虽然国务院组建了人力资源和社会保障部，各地也建立了相应的机构，但新建立的管理体制实际上还局限于管理社会保险，社会保障所包含的社会救济、社会福利等内容由民政部管理，社会优抚则由退役军人事务部门管理，等等。因此，建立统一的社会保障管理体制的任务还没有完成。

(三)社会保障的职责不明晰

由于社会保障管理体制的改革与其他行政系统的改革并不同步,因此部门之间的协调能力不够。一些社会保障的职责划分不清,例如政府部门横向关系协调不力,社会保障部门的政策措施难以推行。另外,中央政府与地方政府之间往往也协调不力,省与市县级政府之间的事权和财权划分不清,以致形成"企业依赖政府、地方依赖中央"的局面。但是,社会保障事务的管理涉及很多相关部门的相互合作,没有各级政府部门的协调运作是不可能顺利发展的。如医疗保险改革需要与医药卫生管理部门协调,社会保障基金投资运营需要与金融管理部门协调。

(四)社会保障的民主化和透明化程度不高,缺少社会参与和监督机制

在政府研究制定政策的过程中,相关利益方不能有效地参与并影响政策的制定。虽然社会监督系统的原则性规定已经包括在社会保险法中,但并没有切实执行。社会保险服务和基金管理没有得到参与人和社会舆论的监督。这些问题实际上不仅会影响到决策的科学性,还会造成相关利益方对某些政策法规的不理解或误解,增大实际执行的难度,甚至会引发社会冲突。

四、改革的思路

(一)改革的理论依据

1.政治体制传统

综观世界不同国家社会保险体制,可以发现能够对选择社会保障管理体制构成约束作用的因素可能不少,但最终起决定作用的却不外乎两种:一是该国的政治体制传统,二是该国的现实国情。

从中国历史上看,自秦以来,基本上确立了中央集中统一管理、地方受命于中央的国家治理模式。当然,在不同的历史时期,也曾出现过其他的治理模式,例如地方包含中央式的、分割式的等,但是不容否认,这种中央包含地方式的国家治理模式实际上始终居于"法统"地位。新中国成立以后,在中央与地方的关系上,实际上仍然以中央包含地方模式为主,亦即中央包含省、省包含市。中央通过行政命令、无条件的转移支付以及专款挑拨来协调中央与地方之间的关系。这种集中统一的国家治理模式实际上已经构成现代中国政治体制的传统。而且,这一传统已经作为政治文化根植于中国人的民族心理之中。

改革开放以后,虽然在传统的集中统一模式内注入了新的中央和地方之间分工、合作的成分。但是,在中央政府主导之下的分工合作的治国模式仍是当代中国最基本的政治框架。因此,建立新型的社会保障管理体制应当继续沿用全国高度统一的管理模式。当然,应当看到,由于中国幅员辽阔,地区经济发展不平衡,地区间的经济差别较大,在实行全国统一管理模式的前提下,如果没有地方政府以及社会的积极参与,中央政府的社会政策理念难以得到有效的执行。因此,应该在全国架构一个以中央政府为主导、中央政府与地方政府分级管理的模式。

从我国社会保障的国家管理理念来看,我国同样需要统一的管理模式。社会保障的国家责任或政府责任是新中国成立以后就确立的基本方针。1954 年我国公布的第一部宪法就将社会保障权视为公民的基本权利。社会保障的国家责任理念之所以需要全国统一的管理模

式，是因为社会保障国家责任理念所强调的国家主导福利资源配置的社会公平原则、公民准入的平等原则以及法制原则，只有在一体化的统一管理模式中才能得以实现或推行。当然，这一结论的基本依据是中国高度统一的政治体制传统。同样，在这种管理框架中，实际上只有中央政府主导下的统一管理体制才能更有效地实现社会保障的国家责任理念，才能更有效地推行与此相配套的社会公共政策。

2. 现实国情

我国的现实国情是：①人口总量极为庞大。由此带来的是社会保障对象的信息量规模以及保障基金投资管理量的规模都十分庞大。中国社会保障制度所具有的这一规模特征，决定了中国社会保障制度的管理体制有别于其他国家。②中国国土辽阔。我国各地区经济发展水平不平衡，由此带来的是各地区之间社会保障待遇水平参差不齐，这一国情决定了社会保障管理体制的区域性特征有别于其他国家。在以上制约因素的主导之下，中国社会保障管理体制改革所面临的主要问题就是如何高效地管理信息量巨大而复杂的个人账户系统、降低其管理成本的问题。

(二)社会保障管理体制的发展趋势

由于社会保障事业的特殊性，当前世界各国发展的总趋势是社会保障的政策要高度集中，而业务管理则趋向分散以接近群众，即社会保障政策的制定要统一集中于一个部门，负责全面的规划，协调各方面的利益；而业务管理机构和服务设施要靠近群众，深入基层，以便同受保人保持经常的联系，及时了解群众的情况和问题，为社会成员提供服务方便和服务质量。从其发展态势看，大概呈现出以下几个趋势：

(1)社会保障管理的总体格局有从分类分项管理向相对集中统一管理方向发展的态势。相对集中的统一管理具备许多优势：①有利于社会保障的组织实施，避免政出多门。②有利于社会保障体系的内部协调以及社会保障基金的调剂使用。③有利于降低社会保障的管理成本，提高管理效率，因此，管理机构的相对集中逐渐为各国所看好。

(2)社会保障基金的管理有从单一政府管理向市场化管理发展的趋势。为了适应社会保障日益扩大的资金需求，社会保障基金的运作必须提高其安全性、有效性。当今，社会保障财源供给已成为社会保障发展的“瓶颈”，如何提高基金效率，促进其保值增值，早已成为各国共同的紧迫课题。从长远发展来看，社会保障基金必须走多元化组合、优化投资的道路，这是被国际成功经验所一再证明的。在基金市场化的管理中，各国都相当重视基金增值战略的制定以及充实民主决策、社会监督的机制，并且强调发挥专业性基金公司的作用。应该指出，尽管这种发展趋势明显，但是总体管理宗旨（安全有效）并没有改变，只是更加提倡向效率倾斜。

(3)社会保障管理机构的设置有从机构臃肿、效率低下向精简、高效、充满活力方向发展的趋势。许多国家都在对社会保障管理机构进行改革，以保证其体制精简、高效，具体采取的措施有：①推行政事分开、政策分开、政监分工的改革方针，减少职责不清的政府行为。②使管理机构更加相对集中，减少机构重叠、层次不明。③改变国家全面责任的观念，充分利用社会民间的潜力和资源。④促进资金管理的市场化运行，把资金增值重任委托于政府的独立部门。⑤全面推行管理计算机化，提高管理效率和服务质量。应该看到，社会保障的管理体制并不是一成不变的，它随着国家的政治经济条件和其他社会因素的变化而不断地调整和完善。

(三)改革的思路

1. 建立统一的社会保障管理体制

长期以来,我国社会保障事业分别由不同的政府部门负责管理,多头管理社会保险,加大了管理成本,增加了基金的风险,影响了政策的统一,制约着改革进程。针对这种分开管理弊端,今后应按照政企分开、决策管理、营运监督分离原则,理顺社会保障的管理体制,实现制度统一的目标。关于统一管理体制的内容,各种文献说法不一,归纳起来主要有:建立统一的管理机构和经办机构、统一社保对象、统一基金管理、统一服务,进行相对统一的运行方式,兼顾城乡、实行相对统一的政策。

2. 实现社会保障管理体制的社会化

社会保障管理体制的社会化是对原有社会保障管理体制国家化反思的结果。从目前来看,强调社会化需要注重如下两个方面。

1)责任社会分担

对社会保障来说,政府过多地集中权力和责任就是集中风险。由全社会合理地享受权利和承担责任是分散风险。而完全意义上的社会保障则应由政府、单位、个人三方来分担。对这项社会政策,政府主要职责是建立法律规定,组织社会统筹,化解全局性风险,增强社会安全感。结合实际,我国应由中央政府制定全局性的法律法规,而制定具体政策及实施办法的权力可下放到各地方政府。另外,可逐渐把一些适合由社会管理的业务管理权交由社会办理,实现行政管理与业务管理的分离。

2)服务社会分担

社会保障覆盖全社会需要保障的人,数量多、范围广、社会性强,是一种社会事业。社会事业只有在政府的组织、协调、宏观控制下,依靠全社会共同努力,实现服务社会分担,包括服务设施社会化和服务队伍社会化。服务设施社会化即把建设与挖潜、国家投入与全社会参加、"窗口"建设与发展基层社区社会保障设施三者紧密结合起来。服务队伍社会化,即不断充实人员,扩大专职服务,建立一支稳定的具有较高素质的骨干队伍;使企事业单位的工作人员承担一定的社会任务;通过加强精神文明建设,进行社会公德和民族传统教育,建立志愿者队伍;发展互助者协会等,让更多的人参与社会保障服务。

3. 构建综合的社会保障管理服务大平台

要按照中央关于"政事分开、管办分离"的要求,逐步将社会保险、社会救济、社会福利等各项社会保障工作的事务性职能从各行政部门剥离出来,以社会保险经办服务机构为依托,整合现有资源,构建综合的社会保障管理服务大平台,为城市、农村各类人员提供均等化、一站式服务。所有社会保障事务性工作实现前台一个窗口对外、后台一个系统支撑,在此基础上统一建设社会保障信息系统、网络和社会保障卡,进一步提高运行监管效率和服务水平。将各项社会保障服务功能进行整合,构建综合的社会保障管理服务大平台,有利于发挥管理服务的规模效益,提高服务效率,方便群众办理社会保障事务,对保障和改善民生具有深远意义。

4. 实现社会保障管理体制的法制化

社会保障是以解决特定的社会问题为宗旨的,管理对象具有社会的广泛性和全民性,管理过程极为复杂,涉及国计民生的普遍性和根本性问题。因此,实现法制化管理是社会保障的内在要求。没有法制化的管理，社会保障难以发挥其应有的效力。政策管理是法制化管理的必要补充和调节手段。目前我国只有国家宪法中的有关社会保障的导向性的条款以及社会保险法的相关规定，因此，研究制定养老保险、医疗保险、工伤、失业等一系列更详细的有关社会保障的法律、法规，使社会保障工作“有法可依、有法必依、执法必严、违法必究”。同时加强社会保障机构自身的法制化建设，实现组织、资金、物资、工作计划与规划等方面的法制化管理，提高社会保障工作效率，强化管理机制，发挥社会保障的最大功能。在制定新的法律内容之前或出现新的情况时，政策管理往往发挥着重要的作用，而在社会问题剧增的非常时期，法制管理则尤为重要。

5. 完善社会保障管理体制的监督机制

监督实际上也是一种管理，是民主管理的体现。真正完善的监督，绝不是仅仅指望一个监事会就可以完成其使命的，而应该有一整套体系严密的、健全的社会保障监督体系及其运行机制，应当包括法律监督、行政监督和社会监督。社会保障的法律监督是对社会保障的管理过程和管理结果进行评审、鉴定，以使社会保障的管理符合国家的法规。建立健全社会保障的法律监督、实施机制是社会保障法制建设的必然要求。行政监督包括财政监督、税务监督和审计监督。政府有责任组织社会保障监督机构，来对社会保障机构的工作进行监督。监督组织应由政府、企业、公众代表（包括职工、个体经营者、离退休人员）组成，定期听取社会保障金收支、营运及管理的汇报，并应当委托审计部门和审计机构，对社会保障机构的财务收支、资金管理和运营情况进行审计，及时向社会公布。社会监督是指由社会中介机构，对社会保障经办机构的年度会计报告进行审计，确保报告所提供的财务信息质量，并向社会公布。此外，建立有效的社会保障基金的监管机制也是十分必要的。一方面要逐步建立健全基金管理的监督制度，由社会保障行政主管部门负责制定政策，社会保障经办机构负责基金的具体收支活动，基金的征集由税务部门代理，财政部门负责对基金进行预算管理。另一方面要完善社会保障基金的投保管理机制，随着金融市场的发展，不断完善基金的投资结构，力争在较低的风险下，获得较高的投资效益。

本章小结

社会保障管理体制是有效实施社会保障的关键。一国社会保障管理体制与该国的生产力发展水平、社会经济制度、国家政体以及现实国情有密切的关系。随着我国社会主义市场经济体制的逐步完善，社会保障管理体制面临着进一步适应市场经济发展需要的一系列改革。本章首先探讨社会保障管理体制的相关概念和特征。其次，介绍社会保障管理体制的内容，分析建立社会保障管理体制的基本原则、社会保障管理责任的划分及类型。最后，探讨中国社会保障管理体制的发展历程及现状，分析其存在的问题，在预测其未来发展趋势的基础上，提出改革的思路。

案例分析

创新管理与服务 开辟社保经办新路径
——人社部社保中心推动社保经办数字化转型的探索与实践

一、背景情况

养老保险待遇资格认证是养老金发放机构为了确保养老金准确发放而对待遇领取人资格的一种确认，其目的是防止当事人亡故后养老金被其亲属或他人冒领，有效维护社保基金安全，这也是国际上的通行做法。

……

我国社会保险覆盖范围在政府的强力推动下迅速扩大，社保机构服务的参保人也越来越多，截至2018年年底，全国养老保险参保人员达到9.43亿人，其中领取待遇人员为2.76亿人。在基本实现养老金社会化发放的同时，服务人群规模的扩大给社保经办带来严重的挑战：一方面要确保养老金的按时足额发放，另一方面又要防止亡故人员家属骗取、冒领养老金，以保证基金的安全。为此，各地过去主要采取了要求老年人在规定时间、到指定地点进行资格认证的工作方式，并在相当一段时期，有效保证了基金安全，推动了社会保险管理服务的社会化。随着社保经办信息化水平的不断提高，特别是互联网和大数据时代的快速到来，许多地区已经开始探索改变集中认证的方式，但是仍有一些地方没有随着形势的发展对认证方式进行创新，还在采取现场集中认证的做法，给一些老年人带来了不便。

2018年4月，湖北省红安县发生了一起九旬老人被抬上三楼进行养老保险待遇领取资格认证的事件。这一事件被媒体报道后，引起了党中央、国务院领导同志的重视，并做出专门批示。

这一事件看似是偶然的、孤立的，但其实偶然中含有必然性。当前，在我们身边，已经悄然发生了"三个变"，那就是：时代背景变了，"互联网+"和大数据时代迅速到来，新技术、新模式在公共服务领域快速普及和应用，服务手段要变；中央要求变了，特别是"放管服改革""互联网+政务服务""减证便民服务"等一系列新要求，服务理念要变；群众诉求变了，从过去的"有没有""够不够"变为现在的"舒心不舒心""体面不体面"，服务方式要变。因此，社保经办管理服务必须适应时代要求的变化，及时进行改革创新，必须不断满足人民群众对方便快捷社保服务的新期盼，必须把以人民为中心的发展思想贯穿在工作的全过程。这一事件的发生，引起了社保全系统的深刻思考，社保经办管理服务如何走出一条既能防范和化解基金风险，维护社保基金安全，又能通过简除烦苛，完善流程，"减"出老百姓幸福感的道路，成为摆在社保系统广大干部职工面前的一项紧迫而又艰巨的时代课题。

人力资源和社会保障部以取消集中认证为切口，全面审视工作现状，提出了以社保大数据分析应用为"体"，以精确管理和精细化服务为"两翼"的社保经办数字化转型新模式，社保经办管理服务以"一体两翼"的数字化转型为引擎，开启了社保经办管理服务路径转换的探索与实践。

二、主要做法

人社部从人民群众反映最强烈的集中认证问题入手，从提高思想认识、开展问题排查、抓好整改落实、推动行风建设长效机制等方面采取行动，利用互联网、大数据手段对现行的经办管理服务工作进行改革创新，进一步改进认证手段，优化认证流程，打通认证服务“最后一公里”。

（一）简除烦苛，全面取消领取社会保险待遇资格集中认证

2018年5月31日，人社部办公厅发出通知，决定全面取消领取社会保险待遇资格集中认证，加快构建以信息比对为主，退休人员社会化服务与远程认证服务相结合的认证服务模式，实行“寓认证于无形”。7月5日，人社部召开专题新闻发布会，向全社会宣布全面取消领取社会保险待遇资格集中认证，并请社会各界对各地取消集中认证情况进行监督。

取消集中认证，认证模式创新提上日程。社保经办机构拥有全民参保、异地就医、联网监测等数据，可以按月开展数据比对，有条件的地方甚至可以实时比对，因此，实行“寓认证于无形”的条件是完全成熟的。人社部要求各地通过数据比对，在无形中验证参保人的生存状态，不再让所有参保群众专门跑一趟。近年来一些地方正在探索与公安、民政、卫生健康、交通、旅游等部门开展业务协作，实现与人口管理、殡葬、就医、乘坐飞机高铁等实名验证场景的信息共享，提升共享的实时性。通过加强大数据分析和应用，核实参保人员领取社会保险待遇资格。如果一个老人，在一段时期内乘坐过高铁、乘坐过飞机，或者参加过有关部门组织的体检，在药店买过药，完全可以据此确认参保人的生活状态。

对于无法通过数据比对核实的，人社部要求采取远程认证的方式解决。利用手机App，一分钟就能完成认证。对于那些居住在异地，尤其是居住在境外的退休人员来说非常实用。最后剩下还没有认证的就是极少部分了，这部分群众往往是高龄、多病的困难群体，人社部门将会结合社会化服务，进行上门走访慰问，在完成认证的同时，送去党和政府的关怀。

（二）举一反三，大力开展行风建设专项行动

2018年7月，人社部印发进一步加强系统行风建设的工作方案，提出“正行风、树新风，打造群众满意的人社服务”的总体要求，抽调各单位骨干力量，成立工作专班，以思想为引领，以信息化为支撑，抓住清权、减权、晒权、制权四个环节，明确了今后三年分阶段目标任务和工作举措。2018年，重点提高认识，梳理清单，清理证明，转变作风。2019年，重点推进办理事项标准化、信息化，实现“一站式”办理和“一窗通办”，培树一批先进典型。2020年年底，全面实现了“马上办、网上办、就近办、一次办”，形成体制机制，显著提高群众满意度。以简政放权放出活力和动力，以创新监管管出公平和正义，以优化服务服出便捷和品质。

社保中心紧紧围绕人社系统行风建设总体要求，在“加减”两字上做文章。一方面做好“减法”，按照能整合的坚决整合、能简化的坚决简化、能减掉的坚决减掉的原则，对证明事项和流程进行精简，梳理出对外办理事项目录清单，并向社会公开。另一方面，在监管和服务上做“加法”，要求全国社保经办系统从以往忙于事前审批中跳出来，建立健全事中事后监管体系，加大对骗保、冒领等行为的打击力度，前门方便群众，后门要断后，发挥震慑效果。

提出“三个不用”便民举措。社保中心利用门户网站向社会公开承诺“异地业务不用跑、重复表格不用填、无谓证明材料不用交”，积极推进各个社保经办服务“只进一扇门”“最多跑一次”。以老百姓办好“一件事”为标准，换位思考，优化再造流程。推广容缺办理等方式，真正减环节、减材料、减时限、减费用、治痛点、疏堵点。同时推动集成服务、“一窗通办”，推广预约服务、延时服务、上门服务等，规范标准流程，提高能力素质，切实增强群众获得感，把基层窗口打造成群众满意的服务之家。

精简不必要的证明材料。2018年，人社部全面清理家底，制定全系统行政和公共服务事项清单，共40个主项、178个子项，精简证明材料84件次，办事时限总体压缩30%以上。在全国社保经办系统开展的“解民忧、转作风”专项行动，针对梳理出的20个堵点问题、可以取消的19类35项办事材料，在全系统深入开展问题大排查，建立整改台账，明确整改措施、整改责任人和整改时限，一件件整改、一件件销号，并根据地方工作进度有针对性地开展督促指导工作，确保各地专项行动落到实处。截至2018年，解决20个堵点问题、精简19类35项办事材料的完成率均超过50%，已按要求完成年度目标，目前正在努力朝着群众办事“异地业务不用跑”“重复表格不用填”“无谓证明材料不用交”的目标不断迈进。

建章立制，实现改革成果法治化。解决问题，必须治标又治本。社保经办系统在常规动作之外，主动“强身健体”，着力加强法治建设和制度建设，加快制定《社会保险经办管理服务条例》等一系列法规、规章和规程，全面排查社保经办各环节的规范性文件，对于法无据的制度、规范进行清理，对《城乡居民养老保险经办规程》等规程中不符合时代要求的内容，组织人员进行修订。加紧制定印发《领取社会保险待遇资格认证经办规程》，明确领取待遇资格确认的适用范围和基本原则、信息比对和认证信息核实的具体流程，改进优化相关业务环节。将清理证明材料、提升管理服务质量的要求法定化，全面加强基金风险防控，为行风建设提供法治保障。

（三）路径转换，创新社保经办管理服务模式

要彻底实现社保经办管理服务模式的路径转换，离不开信息化和数字化的支撑。一方面，社保经办系统依托大数据、云计算等技术，加快构建全流程一体化的信息化服务平台，把群众最关心的事项端到网上办理，拓展网上办事的广度和深度，深度开发各类便民应用，更加注重人机交互、用户体验，提高服务的智能化；另一方面，加快推动数据共享共用，打破信息孤岛、数据烟囱，推动人社系统内部跨层级、跨地区、跨业务的互联互通，实现“一次采集、一库管理、多方使用、即调即用”。同时，通过信息资源共享，业务无缝对接，让数据多跑路、群众少跑腿。

加强部门间的业务协同和数据共享，打破“信息孤岛”和“数据壁垒”。这是社保数字化转型的前提和基础，针对目前存在的区域间、部门间信息共享程度低、业务协同难的问题，社保中心加强与其他部门间的信息共享，推动各级社保经办机构把更多的精力从事前审核把关逐步转移到加强事中、事后监管上来。然而，让数据多跑路，做起来却远没有想象的那么简单。从2018年6月开始，人社部与公安、外交、移民、铁路、民航、银联等单位商谈数据共享问题，各部门都给予了大力支持。这是一项开创性的工作，有大量的细节需要沟通。例如，数据接口如何规范、统一，数据安全怎么保证，比对的频率是多少，提供哪些字段，等等，这些都要考虑到。由于“互联网+”和大数据应用都还属于新生事物，在推动数据共享的时候，也遇到过不少困难。比如，目前国家对政务信息共享有相应的制度性安排，但对政府获取企业信息没有明确法律、法规规定，一些企业负责人对此顾虑比较多。社保经办机构工作人员推心置腹地与企业负责人交谈，讲清楚这一做法能够为群众带来的便利，同时也设身处地为对方着想，了解对方的需求点，争取双方能够在合作中获得共赢。截至2019年5月，社保中心已经比对下发了两批共八千多万人次的数据，部门间也逐步由一个个的数据孤岛，化作一张巨大的数据之网，在无形中为方便群众办事提供强有力的数据支撑。

大力推行告知承诺制，利用信用管理手段完善堵塞风险隐患。按照国务院统一安排，人社部被列为全国第一批“告知承诺制”试点单位，这也是社保经办数字化转型的主攻方向。在办理有关事项时，以书面（含电子文本）形式将法律、法规中规定的证明义务和证明内容一次性告知申请人，申请人书面承诺已经符合告知的条件、标准、要求，愿意承担不实承诺的法律责任，行政机关不再索要有关证明而依据书面承诺办理相关事项。人社部已将部分社保经办业务证明事项纳入告知承诺制试点范围，社保中心在打通数据应用的基础上，以试点为基础在全系统广泛推行。这一制度的推行会减少大量不必要的证明材料，但要求加强事中、事后的监管。人社部门还将通过全国一体化在线政务服务平台、全国信用信息共享平台、政府部门内部核查和部门间行政协助等方式对申请人的承诺内容予以核实，把这一便民举措切实落到实处。

2018年，人社部社保中心牵头，与国家发展和改革委员会等28个部门共同出台社会保险领域联合惩戒合作备忘录，社会保险领域严重失信"黑名单"制度也在加紧制定，已向社会公开征求意见，并将在2019年内出台。同时，社保中心还建立了社会保险领域守信联合激励和失信联合惩戒措施清单，研究起草了《关于进一步加强社会保险信用管理工作的通知》，积极做好社保严重失信黑名单认定和管理工作，建立以信用承诺和信用公示为核心的新型管理方式，把更多的精力从事前审核把关逐步转向加强事中事后监管上来，确保各项联合惩戒措施落实到位，以服务模式创新构建行风建设长效机制。

加强社保数据分析应用，推动社保稽核风控工作深入开展。实践证明，在风险防控方面，传统方式很难发现问题，但通过大数据分析应用，通过数据横纵比对对疑点数据逐个核实，更容易发现欺诈冒领的蛛丝马迹。为深入推动利用数据比对，查找风险漏洞，社保中心在社保经办全系统推进风险防控措施"进规程、进系统"，制订了养老保险待遇领取人员信息核实工作方案，全面部署各地开展疑点数据核实，提升监管实效。将全国联网数据中领取养老金人员信息与国家人口库数据进行全面比对，按照风险等级高低分批次将720万疑点数据进行查询、比对，系统下发各地核实反馈，提升经办风险防控精细化水平。通过数据的分析应用，发现问题、形成震慑，为推行信用管理和告知承诺制提供兜底保障，确保基金的安全。

社保经办数字化转型正在探索中前行。当前，各地社保经办能力、经办水平发展还不平衡，一些地区和部门基层公共服务建设还相对滞后，数据互联互通和共享程度还不高，社保经办系统的干部职工对社保经办数字化转型的重要性、紧迫性认识还不够，这些都是制约社保经办数字化转型的因素，也是当前社保经办数字化转型起步阶段的必然现象。社保经办管理服务的数字化转型，需要全系统持续发力、久久为功，也需要全系统齐心协力、同频共振，这必将引领未来社保经办管理服务工作的路径转换，并为未来社保经办工作打开一条广阔通道，展现出美好的前景。

（资料来源：共产党员网）

思考：

1. 对于人社部门采取"寓认证于无形"的认证方式，通过社保经办数字化转型改进服务，您有什么好的意见建议？

2. 从这一案例中，您获得了哪些启发和思考？

复习思考题

1. 什么是社会保障管理？
2. 什么是社会保障管理体制？社会保障管理体制分为哪些类型？
3. 中国社会保障管理体制的特点有哪些？
4. 政府和市场的社会保障管理责任如何划分？
5. 中国社会保障现行管理体制存在哪些问题？应如何完善？

推荐阅读书目

1. 林毓铭.社会保障管理体制[M].北京:社会科学文献出版社,2006.

2. 邓大松,刘昌平.社会保障管理[M].北京:中国人民大学出版社,2011.

3. 张民省.社会保障管理学[M].北京:光明日报出版社,2010.

4. 杨燕绥.社会保障管理[M].北京:人民出版社,2015.

第八章 社会保障基金

学习目标

了解社会保障基金的内涵、外延和特点

掌握社会保险基金的筹资模式和特点

掌握社会保险基金投资的原则、特殊性和投资流程

分析中国社会保障基金管理存在的问题

关键概念

社会保障基金　现收现付制　基金制　部分基金制　确定给付制　确定缴费制　社会保险基金投资　社会保障基金监管

第一节 社会保障基金的概念和特征

一、概念

从资金关系来看，基金是指经过国民收入初次分配和再分配后形成的，是用于特定目的的资金，如养老保险基金、救济基金、教育奖励基金、职工集体福利基金等。从组织性质上讲，基金是指管理和作用于特定目的并进行独立核算的资金机构或组织。这种基金组织，可以是非法人机构，如财政专项基金等，也可以是事业性法人机构，如宋庆龄儿童基金会或公司性法人机构。

我国学术界主要是从资金关系的角度来理解和表述社会保障"基金"的含义的，但对于"社会保障基金"一词，学术界的理解并不统一：有时它指社会保险基金；有时它指全国社会保障基金；有时它指由民政、建设等部门管理的用于实施不同社会保障项目的资金；有时它指企业管理的企业年金资金。

严格来讲，只有为未来而积累的社会保障资金才是社会保障基金，笼统地将所有收到的社会保险费等都冠以"基金"的提法是不妥当的。本章是在较为广泛的意义上使用"社会保障基金"一词，认为它是国家或企业等组织按照法律、法规和政策等规定，通过各种方式和渠道建立并依法管理，用于实施社会保障制度的各种专项资金的总和，是实现社会保障制度政策目标的物质基础和核心条件。社会保障基金的内涵包括：①社会保障基金设立的依据是国家的法律、法规和政策等规定。②社会保障基金设立的主体是国家或企业等组织。③社会保障基金是专项资金，必须专款专用。④设立社会保障基金的目的是实现社会保障制度的政策目标。⑤社会保障基金是实施社会保障制度的物质基础和核心条件。

社会保障基金的外延是指社会保障基金包含的范围。中国政府建立的社会保障基金按照保障项目分为社会救济基金、社会保险基金、社会福利基金和社会优抚基金等，如图 8－1 所示。社会救济基金为社会成员提供最低层次的物质保障，可分为贫困救济基金、救灾基金、扶贫基金等。社会保险基金是社会保障基金的主体部分，它保障社会成员的基本生活需要，可分为养老保险基金、医疗保险基金、失业保险基金、工伤保险基金和生育保险基金。从我国社会保障基金运行的实践看，真正按基金模式运行和管理的，主要是社会保险基金。在社会保障制度中，处于较高层次的社会福利基金可分为老年人福利基金、残疾人福利基金、妇女儿童福利基金、教育福利基金、住宅福利基金、职工福利基金等；作为特殊层次的社会优抚基金，主要用于军人退休生活保障、退伍军人就业安置、现役军人及其家属优待，以及军人伤残、死亡抚恤。2000 年建立的全国社会保障基金，具有战略储备性质，主要用于填补未来人口老龄化时期可能出现的各项社会保障基金缺口。

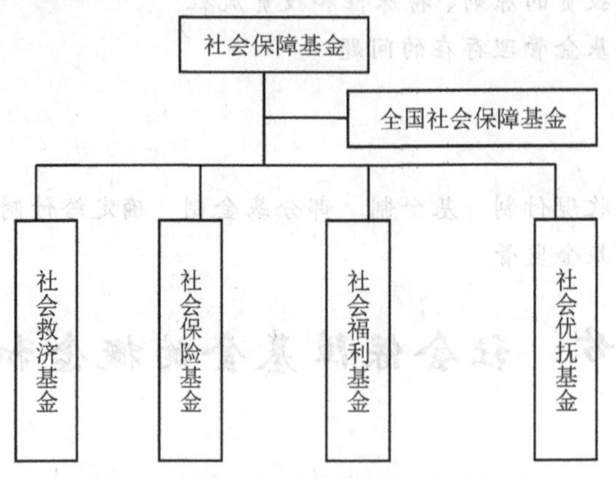

图 8－1　中国政府建立的社会保障基金

从社会保障基金固有的性质来看，它是一种为化解社会成员在特定情况下遭遇的各种风险事故而建立的带有明显消费性质的社会后备基金。首先，社会保障基金既不同于补偿已消耗的生产资料的补偿资金，也不同于用来扩大再生产的积累资金，它是人们对待和处置风险的一种方式，最终用于化解社会成员在特定情况下遭遇的生活风险，保障人民生活和社会的稳定。其次，不能将社会保障基金简单地归为消费基金。一是社会保障基金的给付，为劳动力再生产提供了物质条件，是社会再生产顺利进行的重要保障；二是完全积累制或部分积累制形成的基金，可以成为社会再生产中积累基金的重要来源，具有资本形成的功能。最后，由于风险事故在未来发生的不确定性和偶然性，使得全部或部分社会保障基金通常先积累后支付，处于备用状态。

二、特征

（一）负债性

对政府而言，社会保障是政府对参保人保障权益的一种承诺和“负债”。在参保人需要时，这种承诺和“负债”需动用社会保障基金予以支付。如果因管理不善造成基金浪费，或为获得高收益而冒险投资造成投资失败，或因外界原因致使该回收的基金未能按时收回等，必然会损害社会保障对象的经济利益，也会影响政府形象。

(二)基金管理的强制性

强制性是指社会保障基金的筹集、投资运营和给付等都必须按照国家和政府的有关规定来进行,做到法制化、程序化、规范化。从征缴方面看,凡属于法律规定范围内的社会成员都必须无条件地参加社会保障制度,按规定履行缴费义务。对无故或拒绝履行缴费的义务人,国家要征收滞纳金或者追究其法律责任。在给付方面,社会保障基金的给付条件、给付标准等均由国家法律、法规或地方政府的条例统一规定,任何单位和个人没有更改的权力。从投资运营方面看,基金管理机构必须依法确定社会保障基金的投资组合、投资数额等,以实现基金保值增值。

(三)基金来源的广泛性

社会保障基金的来源是多方面的,主要来自:中央和地方政府的财政拨款及政策性资助;企事业单位承担的社会保障费用;社会成员个人缴纳的社会保障费。除了这三个主渠道以外,还有社会捐助、社会保障基金投资收益及增值等。

(四)基金使用的专项性

筹集的社会保障基金必须专项储存,使用时,必须专款专用,任何个人或机构不得挤占、挪用。

(五)保障水平的适度性

社会保障的主要目的是为遭受生活风险的社会成员提供基本的生活保证,凡符合法律规定的社会成员均有权享受国家所提供的各种社会保障待遇。但一国的经济发展水平决定其社会保障的水平。目前,中国的经济发展水平决定了社会保障基金所能提供的经济补偿水平,只能以劳动者的基本生活需要为基准,不保证被保障人原有生活水平不变,更不会满足其全面的生活需求。不能超过个人从业时的工资收入,这是社会保障水平量的规定性。

第二节　社会保障基金的筹集和支付

社会救济、社会福利和社会优抚基金的运行过程涉及两个环节:基金的筹集和基金的给付。基金的主要来源是政府预算的一般收税项目,也来源于各种社会捐赠。基金给付通过社会保障经办或受托机构支付给受益人。社会救济、社会福利和社会优抚基金一般采用现收现付制,其收支过程可以看作是一种单一的财政过程。

一、社会保险基金筹集

(一)社会保险基金筹集模式

1. 现收现付制

现收现付制是以近期横向收支平衡原则为指导的基金筹集方式。所谓近期横向平衡,是指当年或近期内所有参加社会保障的单位缴纳的社会保险基金总额要与同期内所支付的社会保障金额及相关费用的总额保持平衡。按照这个原则,现收现付制要求先做出当年或近几年内某项社会保险措施所需支付的费用预算,然后按照一定的比例分摊到参加社会保险的单位和个人,当年提取当年支付,一般不留余额。所需费用的测算,一般是根据上年度实际开支的总额,加上本年度预计增加的总额求得,在实际提缴基金时,通常要使提取的总额略大于预计支付的总额,做到略有结余以保证能满足实际支出的需要。

这种模式的特点是:①管理成本低,操作相对简单,可根据需求变动及时调整征税比例或缴费额度,保证收支平衡;②强调社会保障制度的再分配功能,体现社会共济;③资金积累少,没有保值增值压力;④可以避免长期积累基金所面临的经济和政治风险;⑤在人口严重老化或经济持续衰退时期,会使在职劳动者不堪重负,将使一国经济的健康发展面临严重挑战。

2. 完全积累制

完全积累制是以远期纵向平衡原则为指导的社会保险基金筹集方式,实质是个体一生中收入再分配制度。所谓远期纵向平衡是指在一个相当长远的计划期内所提缴的社会保险基金及投资收益总和,与计划期内预计支付的社会保障金额及相关费用总额保持整体的平衡关系。这一原则强调在长时期内逐渐积累基金,逐渐使用基金,保持纵向的循环平衡。运用这种方式,要先对社会经济的发展,对有关人口、就业、健康、利率等指标进行较长期的宏观预测,并在此基础上测算出计划期内社会保障所需费用的总量,再根据所需费用,有计划、按比例地在计划期内由参与社会保障的单位和个人缴纳,对积累起来的基金实行严格科学的管理和运营。

这种模式的特点是:①待遇和缴费高度正相关,激励作用强;②体现储备功能,透明度较高;③抵御人口老龄化挑战能力强;④储备基金可促成资本形成,为经济发展做贡献;⑤再分配和互济功能弱,不利于缓和贫富差距;⑥基金保值增值压力大;⑦建立个人账户,要求获得大量个人信息,管理和运营成本高。

3. 部分积累制

部分积累制是兼容近期横向平衡原则和远期纵向平衡原则的筹资模式。基金的筹集中,一部分采取现收现付方式,保证当前开支需要;另一部分采取积累方式,以满足未来支付需求的增长。这种模式的特点是既避免了基金制的较大风险,又可缓解现收现付模式缺乏储备和负担不均的问题。但存在管理复杂、操作难度大等不足。

4. 三种模式的区别

现收现付、完全积累和部分积累三种模式的主要区别是[①]:①处理当前和未来利益的角度不同。现收现付制只顾当前、不考虑将来;完全积累制着眼将来;部分积累制则既顾当前又考虑将来。②互济性不同。现收现付模式和部分积累模式都是以社会互济为基本特征。现收现付是当代人之间的互济;部分积累模式既有当代人之间的互济,还包括不同代人之间的互济;完全积累模式基本上没有互济功能。③积累性不同。现收现付模式没有基金积累,部分积累模式有相当数量的积累,完全积累模式积累数额最大。④受利率和通货膨胀的影响不同。现收现付模式不受利率变动和通胀的影响,部分积累模式受利率变动和通胀的影响较大,完全积累模式则受影响最大。⑤测算的复杂程度不同。现收现付制和完全积累制的收支数学模型简单,测算容易;部分积累模式既受利率、工资增长率、通胀率等经济因素的影响,又受人口因素变动的影响,平衡模型复杂,测算困难。⑥在效率和公平的关系上,立足点不同。完全积累模式更多强调效率,较少考虑公平。职工在职时工资高,缴费多,退休后养老金收入就高,有利于

① 殷俊.中国社会养老保险金积累模式选择:从"微观积累模式调整"向"宏观积累模式改革"的转变[J].经济评论,2002(5):55-58,70.

调动职工劳动积极性和激励企业、职工缴费的积极性。现收现付模式和部分积累模式兼顾效率和公平，效率和公平所占比重的大小，则要视养老金收入中按职工工资挂钩分配部分和按社会公平分配部分各自所占比重大小而定。一般认为，现收现付模式和部分积累模式更有利于保证退休职工基本养老金收入。

由此可见，在其他条件相近的情况下，完全积累模式的社会养老保险基金的偿付能力是最强的，其次是部分积累模式，最差的是现收现付模式。但每种模式的实施，都需要有相应的社会经济水平与之适应。

(二)社会保险基金筹资的具体形式

1. 社会保险缴费

社会保险缴费是指由用人单位(雇主)和参保人(雇员)以缴费形式形成的社会保险资金。实行社会保险缴费的国家，保险项目比较繁杂，每一项目都有一套相对独立的缴费办法。以社会保险缴费形成的社会保险资金不构成国家财政收入，由政府指定专门机构负责管理运营。

2. 社会保险税

社会保险税是国家为了确保社会保险项目支出所需资金而向用人单位及参保人征收的一种目的税。开征社会保险税的国家，保险项目简单明了，基金收入和支出都遵循一定的规定。以这种形式筹集的社会保险基金直接构成政府的财政收入，成为政府财政预算的重要组成部分。

3. 预算基金账户制

预算基金账户制是采取强制储蓄的形式来筹集社会保险基金。具体做法是将用人单位(雇主)为参保人(雇员)的缴费和参保人(雇员)为自己的缴费存入个人账户，该账户的余额及产生利息的所有权归参保人(雇员)个人，政府仅有部分使用权和调剂权。新加坡是实行这一筹资模式的代表。

(三)社会保险基金收入

社会保险基金来源于社会保险基金收入，目前我国社会保险基金收入包括以下部分。

1. 社会保险费收入

社会保险费收入是指缴费单位和个人按缴费基数的一定比例分别缴纳的基本养老保险费、失业保险费和基本医疗保险费等收入。按我国现行政策的规定，企业按职工工资总额的16%缴纳基本养老保险费，按工资总额的2%缴纳失业保险费，按工资总额的6%缴纳基本医疗保险费；职工按本人工资的8%缴纳基本养老保险费，按工资的1%缴纳失业保险费，按工资的2%缴纳基本医疗保险费。

2. 利息收入

利息收入是指社会保险基金购买国家债券或存入银行所取得的利息收入。

3. 财政补贴收入

财政补贴收入是指财政对社会保险基金给予的补贴收入。当社会保险基金入不敷出时，政府有责任给予财政补贴。

4. 转移收入

转移收入是指社会保险对所有跨统筹地区流动而划入的基金收入。

5. 上级补助收入

上级补助收入是指下级经办机构接收上级经办机构拨付的补助收入。

6. 下级上解收入

下级上解收入是指上级经办机构接收下级经办机构上解的基金收入。

7. 其他收入

其他收入是指滞纳金及其他经财政部门核准的收入。

(四)社会保险费的负担主体和方式

1. 负担主体

社会保险基金的负担主体通常为国家、用人单位和个人。国家作为社会的组织者,在保障社会成员基本生活、维护社会稳定等方面负有不可推卸的责任,因此,国家有义务拿出部分资金用于社会保险。用人单位作为劳动力的使用者,有义务为劳动者提供一定数额的社会保险基金。个人的短视和非理性行为等有可能使自己暴露在风险之中,让个人承担部分社会保险费用可以强化个体责任意识。

2. 负担方式

在实践中,各国往往根据国家、用人单位和个人在不同险种中负有的责任大小,采取不同的负担方式。

1)用人单位全部负担

采用这种负担方式的险种多为工伤保险。美国和意大利的失业保险也采用这种方式。

2)政府全部负担

这是苏联等国家在社会保险中通行的做法。目前,这种方式在部分福利国家的少数险种中采用。如加拿大、爱尔兰及北欧等国家的家庭津贴保险费;澳大利亚的老年、残疾、死亡保险,疾病和生育保险等。

3)个人全部负担

这种基金负担方式以智利养老保险为代表。

4)用人单位与个人共同负担

印度尼西亚、希腊、叙利亚等近40个国家在老年、残疾、死亡、生育保障中采用这种方式。

5)用人单位与国家负担

这种方式将社会保险的责任主要交给企业,国家只是采取帮助的方式。这种形式在中国传统的计划经济体制下具有代表性。

6)个人与国家负担

目前,只有少数国家在个别项目上采用这一方式,如瑞典的失业保险和瑞士的健康保险。

7)个人、用人单位、政府三方共同负担

采用这种方式的国家很多,因其更能发挥社会保险的共济性,逐渐成为当今各国社会保险基金立法的基本原则。

二、社会保险基金支付

社会保险基金支付,是指社会保险经办机构按国家政策规定的条件、项目、标准、方式等,给统筹范围内的社会保险对象支付社会保险金待遇，以保障其基本生活和基本医疗等需要。

(一)社会保险基金支付的原则

1. 统筹范围内支付原则

理解“统筹范围”应把握两点：一是社会保险基金必须是支付给统筹范围内所有参加社会保险的保险对象；二是社会保险基金支付必须在统筹地区范围内，不得跨统筹范围支付。

2. 专款专用原则

社会保险基金是用于保障社会保险对象的社会保险待遇，按照国家法律、法规的有关规定而筹集的专项资金，除了这种特定用途外，任何地区、部门、单位和个人均不得挤占挪用。将社会保险基金用于其他任何方面都是对保险对象合法利益的侵占，都是违法行为。

3. 统一性原则

社会保险基金的支出要严格按照国家政策规定的项目和标准开支，要维护国家的整体利益，保持各项政策执行的统一性，任何地区、部门、单位和个人不得以任何借口擅自增加支出项目，提高支出标准。

4. 适度性原则

社会保险基金的支付既要维持合理的支付水平，满足保险对象最基本的生活和医疗需要，又不能超越生产力发展水平及各方面的承受能力，盲目扩大支付规模，提高待遇水平。

5. 适时调整原则

(1)随着经济社会的发展，整个社会的平均工资和基本生活水平也会相应提高，为了保障参保人员能分享经济社会发展成果，就必然要对社会保险待遇水平和支出进行调整。

(2)在通货膨胀期间，物价上涨使得参保人的购买力水平减弱，导致实际生活水平下降，这时就应适当地向上调整社会保险基金的支出水平。

(二)社会保险基金支出

社会保险业务支出按其项目划分为社会保险待遇支出、转移支山、补助下级支出、上解上级支出和其他支出。社会保险基金支出按社会保险待遇支出等项目设置，主要是为了更全面、更直观地了解社会保险基金用于社会保险对象个人方面的支出，以便分析和掌握社会保险对象的社会保障待遇水平的高低，及时调整保险对象范围的保障水平。

1. 社会保险待遇支出

社会保险待遇支出是指按规定支付给参保人的支出，它包括基本养老保险待遇支出、失业保险待遇支出和基本医疗保险待遇支出。

2. 转移支出

转移支出是指因社会保险对象跨统筹地区流动而转出的养老保险基金、失业保险基金和医疗保险基金支出。

3. 补助下级支出

补助下级支出是指上级社会保险经办机构拨付给下级社会保险经办机构的社会保险基金补助和调剂支出。其资金划拨方式可以通过上级财政专户直接划拨到下级财政专户，也可以通过上级支出户划拨到下级收入户再进入财政专户。

4. 上解上级支出

上解上级支出是指下级社会保险经办机构上解上级社会保险经办机构的社会保险基金调剂支出。其资金划拨方式可以通过下级财政专户直接划拨到上级财政专户，也可以通过下级支出户划拨到上级收入户再进入财政专户。

5. 其他支出

其他支出是指经国务院批准、财政部门核定的其他非社会保险待遇方面的支出。如基金入不敷出时发生的临时借款的利息支出等。银行手续费、社会保险证照工本费、离退休人员活动费等支出均不得在其他支出中列支。

(三)社会保险基金支付模式

1. 支付模式

1)确定给付制

确定给付制(defined benefit,DB)是为了保证员工退休后按期(月)获得固定的养老年金，根据员工退休时的工资水平和工作年限、企业在职职工与退休职工人数、工资增长率、死亡率、预定利率等的预测，预先确定其社会保险待遇支付额，依照精算原理确定各年的缴费水平。

2)确定缴费制

确定缴费制(defined contribution,DC)是指缴费率事先确定，由单位和个人按规定比例出资，计入个人账户，职工退休时依据其缴费及投资收益的积累额度发放养老金。

2. 两种模式的区别

确定给付制和确定缴费制的不同主要体现在以下几方面。

1)待遇确定

在确定给付制下，员工的退休收入水平完全决定于他们退休时的工资和他们在本企业的工作年限，因此，员工知道退休后可以从企业获得的养老金水平，并且这种退休金是有充分保障的，养老金通常支付到退休员工及其配偶死亡为止。这样，有利于稳定职工队伍。

在确定缴费制下，员工的养老金就是其个人账户上的积累额，个人账户上的积累额取决于个人账户缴款水平和积累年数，还取决于资金的投资运作是否成功。由于投资收益难以确定，员工的退休收入也就难以确定。如果投资失败，年金可能化为乌有。退休金缺乏确定性是确定缴费制让雇员不满意的地方。

2)筹资方式

确定给付制的筹资具有灵活性。其灵活性主要体现在两个方面：一是缴费可以根据企业的经营状况灵活调整。因为企业的筹资只要从长远来看能够支付员工的养老金即可，在资金紧张的年份可以少筹一点，资金充裕的年份可以多筹一点。二是缴费可以根据积累的基金的投资收益情况灵活调整。在确定给付制中，根据企业在职职工与退休职工人数、工资增长率、死亡率、预定利率等的预测，可以精算出企业的缴费率。这种缴费率受企业年金投资收益的影响而发生变化，因此需要连续地精算。如果投资收益好，企业缴费可以下降，甚至无须缴费，而在确定缴费制下，缴费水平经过预测确定，包括雇主和雇员的缴费标准是相对稳定的，缺乏灵活性。

3)受益群体

确定给付制对年纪较大的雇员有利。确定缴费制对年轻雇员有利。

4)风险承担

确定给付制下通货膨胀的风险是由雇主承担的；投资风险由雇主承担，投资回报也由雇主享有。而确定缴费制下，退休前及退休后的通货膨胀风险、投资风险都是由雇员承担。

5)与其他社会保障基金结合的有效性

确定给付制能与其他社会保障基金的给付措施很好地结合，可使退休金的数量达到理想的水平。确定缴费制也能够通过调整缴费水平与其他社会保障金结合，但不像确定给付制那样有效。

6)账户结存的处理

在确定给付制下，雇主无须支付雇员死亡后的账户结存，职工的死亡就意味着本人享用养老金的结束，这样雇主能更有效地利用养老金。而确定缴费制为个人建立了可投资的个人养老金储蓄账户，使得养老金的形式有形化和财产化，增加了个人支配养老金的自由度和控制权，并且可作为财产继承给有关受益人。典型的确定缴费制规定，在雇员死亡或病残的情况下，雇主要支付雇员账户的结存。

(四)社会保险基金给付水平

社会保险给付水平是指一定时期内一国或地区社会成员享受社会保险的高低程度。适度的社会保险给付水平具体表现在以下五个方面：①既保障公民的基本经济生活水平，又激励劳动者的劳动积极性。②既保证社会稳定，又促进经济发展。③既有利于社会公平，又有利于提高效率。④既提高公民素质，又促进社会进步。⑤有利于实现社会保险制度的周期平衡，避免出现财务危机，保证社会保险制度的良性运转。

第三节　社会保险基金投资运营

社会保险基金投资运营是指社会保险基金管理机构或委托的机构，运用社会保险基金结余购买国家政策和法律许可的金融资产或实际资产，以使社会保险基金在一定时期内获取预期收益的基金运营行为。社会保险基金投资可以减轻政府、用人单位和社会成员的经济负担；可以促进经济的发展；可以抵御通货膨胀的不良影响和来自人口老龄化的压力；可以解决跨期消费中社会保险基金实物形态与价值形态的矛盾。

一、社会保险基金投资的特点

(一)运营政策严格

一般的投资行为在遵循国家有关投资政策的前提下，为了实现投资收益的最大化，对于投资模式、方向、区域、比例等可以自由选择和决定。但是对于社会保险基金而言，由于其是老百姓的“保命钱”，这就决定了基金投资运营政策要比一般基金的投资政策更为严格，表现为国家对社会保险基金的投资模式、方向、区域等都会做出较为严格的规定，并实时进行调整。同时，明确规定任何地区、部门、单位和个人不得运用结余基金进行法律规定范围以外的其他形式的直接或间接投资。

(二)社会保险基金投资要兼顾经济效益和社会效益，并以社会效益为主

对于有损社会公众利益的项目，即使其投资收益比较高，社会保险基金也不能予以投资。

也就是说，只有促进国民经济持续、快速、健康发展，与社会发展、人民利益密切相关的项目，社会保险基金才能考虑进行投资。

(三)国家给予优惠政策

社会保险基金投资收益免征或少征所得税，这一特点是由基金的性质决定的。社会保险基金运营收益不直接用于分配，而是并入基金，以增强基金实力，也可以减轻国家在社会保险方面的费用负担。因此，国家对社会保险基金投资运营收益不征所得税，或在税收上给予优惠。

二、社会保险基金投资原则

(一)参保人利益优先原则

参保人利益优先原则是指在投资过程中，如果出现利益冲突，必须首先确保社会保障参保人的利益，任何个人和机构不能挤占、挪用社会保险基金为自己或第三方谋取私利。

(二)安全性原则

安全性是指社会保险基金投资必须保证本金能够按期全部收回，并取得一定的投资收益。基金安全分为名义安全和实际安全。名义安全是指投资的本金能够全部收回，并取得一定的投资收益。实际安全是指不仅能够全部收回本金，取得一定的投资收益，还能抵御通货膨胀的不利影响，保持和提升基金的实际购买力。

作为老百姓的“养命钱”，社会保险基金最终用来支付受益人最基本的生活费用，因此，在投资时，社会保险基金不能承担过高风险，而应把规避风险作为追求一定投资收益的前提。规避风险的主要措施有：①必须将一定比例的基金投资于高安全级别的固定收益证券，如国债等。②分散投资，控制投资组合中风险程度较高的金融工具的投资比例。③对投资进行全面的监管。

(三)收益性原则

收益性是指在符合安全性原则的前提下，基金应取得尽可能高的投资收益。通过运作使基金增值是社会保险基金投资的直接目的。对于投资收益率，不同的国家有不同的要求：有的国家规定一个最低收益率；有的国家规定一个具体的实际收益率；有的国家规定收益率应高出通货膨胀率1%～2%。

(四)流动性原则

流动性是指投资出去的基金在不受损失的情况下迅速变现的能力。为了保证日常和各种临时开支的需要，基金投资决策应根据不同社会保障项目对流动性要求的不同，选择合适的投资品种。

三、社会保险基金投资方式

(一)直接入市

直接入市是指社保部门直接负责社会保险基金的投资运作和管理。这种方式的特点是政策统一、制度统一。在现实中，这种方式可分为两类：第一类是将基金存入金融机构，或是购买国家及地方政府发行的债券。这类投资的优点是投资简便易行、安全可靠；缺点是投资收益偏低。然而这类投资又是社会保障基金必要的选择之一。第二类是基金管理机构直接从事商业证券投资和实业投资,如购买股票、开办企业、兴建公共设施等。这类投资可能获得较高的利润回报,但也同时存在着风险大、过程复杂等缺陷。

(二)间接入市

间接入市是指把社会保险基金委托给专业化的资产管理机构进行投资理财。其特点是竞争性强、机制灵活、效率较高,投资者可以得到较高的回报和良好的服务。间接入市存在两种类型:第一种类型是分散方式,即参与社会保险计划的社会成员都拥有自己的个人账户,个人可以自由选择不同的基金公司。我国香港特别行政区的强积金投资就属于这种类型。第二种类型是通过公开招标等形式选择若干家符合要求的基金管理公司来运作管理社会保险基金。新加坡、瑞典等国属于这种类型。

四、社会保险基金投资决策流程

(一)计划阶段

这一阶段包括确定投资目标、明确投资约束、制定投资政策和策略三个流程。①确定投资目标。该流程主要是确定风险目标和收益目标。风险目标由社会保险基金的风险承受能力决定,收益目标以期望收益来表示。对于社会保险基金而言,风险目标决定收益目标,即社会保险基金总是在承担给定风险的情况下追求收益最大化。②明确投资约束。投资约束主要包括流动性要求、投资期限、法律法规要求等。③制定投资政策和策略。该流程主要包括撰写投资政策书、确定投资策略两项内容,其中,投资政策书包括参保人描述、投资的指导性原则等内容;投资策略分为主动投资策略、被动投资策略和半主动投资策略三种。主动投资策略需要根据对市场预期的变化来调整投资组合。被动投资策略不因对市场预期的变化而调整投资组合。半主动投资策略则根据对市场预期的变化,有限度的调整投资组合。

(二)执行阶段

这一阶段包括宏观经济、产业、公司分析和资产配置两个流程。①宏观经济、产业、公司分析。宏观经济分析考虑的主要因素包括 GDP 增长情况、货币供应量、就业率、通货膨胀、国际竞争力等因素。产业分析主要考虑产业生命周期等因素的影响。公司分析主要考虑公司的经营策略、财务状况等因素。②资产配置。资产配置包括两个步骤:一是确定资产组合中的资产类别;二是确定资产组合中每类资产的比例。

(三)评估调整阶段

这一阶段包括投资业绩评估和资产配置调整两个流程。①投资业绩评估。投资业绩评估主要包括两方面:一是评估基金投资是否达到预期目标。二是评估基金管理人的运作能力。②资产配置调整。资产配置调整是依据基金内部约束条件、外部市场环境和交易成本等的变化情况以及投资业绩评估结果对投资目标、投资策略和资产配置等进行重新定位和配置。

五、社会保险基金投资工具

1. 银行存款

从广义上讲,银行存款也是一种投资,并且一般被认为是无风险投资。这种投资工具收益率较低，但具有很强的资产流动性。

2. 债券

债券主要包括国债、金融债券、国家重点企业债券、地方企业债券等。

3. 股票

一般说来，股票是最能够抵御通货膨胀不良影响的投资工具之一。股票代表的是股票发行企业资产的所有权，随着经济的发展、发行企业经济实力的增强，股票所代表的资产的实际价值也在增长，这是它之所以能够使资产保值增值的主要原因。另外，股票的定期收入股息不像债券利息是预先确定了的，而是随企业的名义收入与通货膨胀密切相关变化的，从而保持其实际收入不变，这样股票在一定程度上也能抵制通货膨胀的影响。

4. 投资基金

投资基金是公众化的证券投资方式，它是由专门的投资机构通过发行受益人入股凭证(基金单位)，将分散的资金集中起来，再在证券市场上分散投资于股票、债券等特定的金融商品或其他行业，投资者按基金证券的份额分享基金的增值收益的新型证券投资方式。伴随世界各国信托投资业务的发展，国际资本流动的速度越来越快，投资基金将成为社会保险基金投资的重要工具之一。

5. 其他

如不动产投资、住房抵押贷款、保险、期货和海外资本市场等，对这些工具的投资要与非银行金融机构相互配合，这样才能从审慎的资产组合中获利。

第四节　社会保障基金监管

一、社会保障基金监管的目标

社会保障基金监管是指由国家行政管理部门、专职监督部门、利害关系者以及有关方面对社会保障基金的有关管理机构、管理者的管理行为、过程及结果实行的监督和管理。社会保障基金监管的目标主要表现在以下几个方面。

(一)维护劳动者的合法权益

社会保障的性质和功能决定着社会保障基金监管的出发点。社会保障的根本性政策目标之一就是为广大人民群众解除后顾之忧，使广大人民群众得到基本的生活保障，使人民群众生活水平随着经济发展稳步提高。各项基金是政府强制建立的专项资金，是保障广大劳动者切身利益的“养命钱”和“保命钱”。由于种种原因，社会公众难以了解基金管理运营和资产质量的状况，无法直接参与并保护其切身利益，这使得监管机构代表参保人员，对基金运营实行监管成为一种必然。因此，维护广大劳动者的权益，是进行社会保障基金监管的根本目的。

(二)确保社会保障基金安全完整

保证社会保障基金的安全是各国监管机构的重要目标。中国数额巨大的社会保障基金，无论从收支的过程来看，还是从具体运营的操作来看，都潜伏着巨大的风险，因此，国家对社会保障基金必须实行严格的监管。监管机构应采取有效的措施，建立社会保障基金风险的“防火墙”和“隔离带”,从而维护公众对社会保障的信心。

(三)实现基金保值增值

社会保障是市场经济国家的一项重要的社会经济制度,其政策制度和国家的政治、经济以及文化传统紧密相关。社会保障基金形成后,庞大的基金就成为财政、金融问题,如不能保值增值,制定社会保障政策的良好初衷将难以实现,甚至适得其反,基金保值增值是提高基金供给能力和保障水平的客观需求。社会保障基金监管一方面要保障基金的安全完整,另一方面要通过有效监管,鼓励技术创新,促进经办机构建立一个良好的社会保障基金运营结构和信息反应体系,逐步改善管理方式和运作环境,合理配置社会保障基金资源,稳步提高投资效益,最大限度地满足社会保障基金的需求。

(四)维护社会稳定

社会保障的根本性政策目标之一是维护社会稳定。社会稳定是我国经济和社会稳步健康发展的前提。社会保障基金的管理和运营状况直接影响着我国社会的稳定与否,尤其是目前我国正处于经济结构调整、经济体制转型和社会保障体系建立与完善时期,关系更为重大。因此,社会保障基金监管必须把维护社会稳定作为重要目标。

(五)防止滥用权力

由于社会保障基金经办和运营权掌握在专门机构的少数人员手中,为了防止权力被滥用,防范以权谋私、独断专行等情况的出现,必须建立基金监管制度,形成权力约束机制。

二、社会保障基金监管的基本原则

(一)法制性原则

所谓法制性原则,是指政府监管机构利用法律手段来监督和管理社会保障基金经办和运营业务。法制性原则主要体现在三个方面:一是用法律确定监管对象的权利、义务以及管理和运营的行为标准;二是用法律确定监管机构的法律地位、监管权威、监管职责及其行为标准和管理办法;三是用法律确定监管机构与其他机构之间的关系,涉及政策制定部门、中介机构、国内外相关机构。由于法制原则的确定,使得社会保障基金监管具有严肃性、强制性和权威性等特点,从而保证社会保障基金监管有效运行。

(二)安全性原则

所谓安全性原则,是指监管机构通过监管,维护基金安全与稳健运行,从宏观上维持社会稳定,保护国家利益;从微观上保护参加保险人员的合法权益,防止以权谋私、违规违纪运作,避免基金损失以及由此引发的支付困难。社会保障的根本性政策目标是维护社会稳定。经办机构和运营机构要安全稳健地进行管理和投资业务,是各国政府都坚持的社会保障基金监管政策之一,安全稳健是一切基金监管当局监督管理工作的基本目标。如果经办或投资风险过大,不仅无法获取预期效益,而且可能危及社会保障的基金基础,引起社会动荡,因而安全性原则是社会保障基金监管的首要原则。

(三)公正性原则

所谓公正性原则,是指监管机构在履行监管职能时,应以客观事实为依据,以法律规章为准绳,综合运用行政、经济和法律手段,对经办机构及有关机构的违规违纪行为予以监督检查。

古人说："公生明，廉生威。"公正、超脱，是社会保障基金监管能否收到实效的一个决定性因素。监管机构应按照客观、公正、公开的原则，提高执法的透明度，对监管主体、对象、目的、手段和程度做出统一规范，使被监管者充分了解自己的权利和义务，自觉地依照法律管理社会保障基金。监管人员不得参与经办机构、运营机构和中介机构的管理运营活动，如有利害关系和亲属关系，应予回避。

(四)独立性原则

所谓独立性原则，是指监管机构依照法律独立行使行政监管权力，不受其他机关、企业、社团和个人的干预。独立性原则确保了监管的严肃性、强制性、权威性和有效性。独立性原则主要体现在两个方面：一是监管机构与监管对象、其他机构既要密切合作，又要划清职责界限，互不干涉、越位；二是监管机构对经办机构和运营机构执法时，不能受其他机构、个人的左右，应保持相对的独立性。

(五)审慎性原则

所谓审慎性原则，是指监管机构必须进行审慎监管，包括审慎的准入与退出，审慎的定论与处理，做到宽严适度，创造一个良好的监督管理环境。监管机构按照基金安全性、流动性、效益性三大原则，合理设置有关监管指标，进行评价和预测，最大限度地控制风险。监管机构的管理重心，应放在为经办机构的规范管理和运营机构适度竞争创造环境，放在形成和保持规范程度与适度竞争监测上，要管而不死、活而不乱，有风险但又不会很大，有安全防线的保障。

(六)科学性原则

社会保障基金监管是一个不断发展和完善的系统工程。它涉及监管组织体系、监管方式体系、法律体系以及管理运营预警体系和风险监测体系等，这些体系必须以科学性为原则，这样才能达到监管的目标。监管机构必须运用先进的科学技术手段，建立、健全法律体系和监测评估体系，不断提高监管的质量和效率，推动基金监管工作迈向更高的层次和水平。

三、社会保障基金监管体制

我国已经形成以行政监管为主，行政监管与财政、审计监督以及社会监督有机结合的社会保障基金监管体制。

(一)立法、司法监督

立法监督主要审查政府关于社会保障的法规和其他有关规范性文件是否违反国家的基本法律和有关法规。司法监督的主体主要是中央和各级地方的检察机关，其主要监督对象是政府的社会保障基金行政行为、经济活动当事人事关社会保障基金的行为以及对事关社会保障基金的刑事案件进行侦察、提起公诉或支持公诉等。

(二)行政监管

行政监管是指政府有关职能部门根据其管理职能，代表国家对社会保障基金的运行进行的监督。执行行政监管的机构都是政府的职能部门，都将监督社会保障事务纳入自己的工作范畴，并按照本部门的工作程序、工作手段行使监督权。中国的行政监管机构包括人力资源和社会保障、民政、财政等部门的相关机构，如财政部门对社会保障基金实施财务监督，保证基金的财务收支活动健康、有序地进行。

(三)内部控制

内部控制是社会保障基金监督管理的基础环节。各级社会保险经办机构和有关运营机构作为社会保障基金收支运营管理的主体,必须加强社会保障基金规章制度建设,健全内部财务制度,使之成为内部自我约束机制的重要组成部分。

(四)社会监督

社会监督是社会保障基金监管机制的重要环节。各项社会保障基金是依靠政府信誉强制建立的专项资金,是广大群众的"养命钱"和"保命钱"。广大群众有权了解各类基金的收支、结余情况。各级经办机构要定期或不定期向社会公布基金收支和结余报告,自觉接受社会公众(缴费单位和缴费个人)、舆论界、工会、人民代表大会等个人、团体和组织的社会监督。同时监管机构开设举报电话,受理各种投诉,接受不同渠道的社会监督。

四、社会保障基金监管的要点

社会保障基金监管主要是对社会保障基金合规性(费率管理、现金管理、结算管理)、审慎性(资产管理、偿付能力管理)的监督。

(一)合规性

监管的重点是:社会保障基金的经办机构和运营机构是否有明确的管理规则,并付诸实施;财务记录、会议记录以及向会员提供的基金运营业务情况报告等信息是否真实;基金投资运营是否遵守了监管机构的规定;等等。

(二)社会保障基金资产的充足率及其结构

适量或充足的基金资产能够向社会公众、政府和监管当局提供一种保证,即有资产作后盾。通过现场检查与非现场检查,核查风险资产的数量、逾期存款的数额、存款的集中程度、资产风险的分散性,核对基金账目是否账账相符、账表相符、账卡相符;评价被检查单位基金资产的总体状况,以及近期出现问题的可能性。

(三)社会保障基金收益的水平

这是反映基金资产质量和运营状况的重要指标,是现场检查的重要内容。检查人员评价社会保障基金经办机构及有关运营机构对基金管理运营收益状况时,既要考虑该机构过去两年的净收益情况,还要考虑基金收益来源是否有非常因素,评定该机构长久的、可持续的创造收益的能力。

(四)社会保障基金的流动性

社会保障基金流动性是指基金资产在不发生损失的情况下迅速变现的能力。检查人员判断基金流动性是否合适,主要考虑该机构的一般存款波动能否满足经办机构的支付需要以及近期可能出现的流动性需求,如受保人群因季节性疾病和周期性失业带来的医疗保险津贴、失业保险津贴支付的需要等。

(五)社会保障基金管理的内部控制

内部控制反映了被检查单位的自我管理能力和运营的稳健程度,以及是否有一整套控制各部门内在风险的政策和程序。它覆盖了社会保障经办机构从决策、实施到监督管理的一个完整的运行过程,其核心要素主要有三项:组织程序、会计规则和双人原则。检查的重点有三方面:管理控制、营运控制和会计控制。

五、社会保障基金监管模式

(一)从时间序列分类

1. 事先控制

(1)事先控制主要采用基金预算、确定收益率指标等方法进行控制。

2. 实时监控

实时监控特指对基金在征缴、支付和运营过程中所实施的控制,如现场检查基金运营情况。

3. 事后控制

事后控制是指从基金的运行结果中获取信息后处理有关问题,如清理被挤占挪用的基金。

(二)从监督方式分类

1. 审慎性监督

(1)强调基金管理者对基金持有人的诚信义务以及基金管理的透明度,打击欺诈行为;

(2)要求对基金资产进行多样化组合,避免风险过于集中;

(3)限制基金管理者进行自营业务;

(4)鼓励竞争。

在这种监督模式下监督机构较少干预基金的日常活动,在很大程度上是依靠审计师、精算师等市场中介组织对基金运营进行监管,只是在当事人提出要求或基金运营出现问题时才介入。

2. 严格的限量监督

监督机构独立性强、权力集中,除了要求基金达到审慎性监管要求外,还对基金的结构、运作和绩效等具体方面进行限制性的规定,并通过现场检查和非现场检查的方式密切监控基金的日常运营。

我国资本市场和各类中介机构发育程度低,相关法律和制度环境还不完善,现阶段,对社会保障基金应进行严格的限量监督。随着资本市场和中介组织发达程度的提高以及法律制度的完善,监督模式可逐步转变为审慎性监督模式。

(三)按照监管对象分

1. 针对社会保障基金经办机构的监管

1)对制订和执行社会保障基金运营的规章制度的合法性的监督

这种监督既包括其所制定的各项规章制度和经营决策是否符合有关法律法规和政策的监督,也包括对具体经办机构内控制度的监督。后者的监督包括内部组织结构、基金风险程度、会计系统、计算机业务系统运行状况等。

2)对社会保障基金经办过程的监管

(1)基金征缴的监督。它包括检查征缴机构是否依法征收保费,以及缴费单位是否按规定缴纳保费两个方面。①对征缴机构的监管:是否按规定的项目和标准,及时、足额征缴保费;是否擅自提高或降低保费的征缴比例或减免征收保费；是否转移或隐瞒基金收入，私设“小金库”或多头开户；是否发生挤占挪用收入户基金的行为；是否将收入户基金及时、足额缴存财政专户；是否按规定收取滞纳金，并将滞纳金列入基金收入；是否允许缴费单位以实物抵顶保费，造成基金的少征。②对缴费单位的监管：缴费单位或个人是否按规定缴纳保费，有无隐瞒工资总额，造成少缴或其他形式的漏缴；缴费单位有无故意拖欠或拒缴保费，有无将应缴的保费截留用于其他开支。

(2)基金支付的监管。①对经办机构或社会化发放机构行为的监管：是否违规扩大基金开支范围和标准并支付待遇；是否依法及时足额支付各类保险津贴，有无拖欠或截留；是否按规定编制预算、计划，调剂金的分配、使用是否合理合法，资金的调度和用款计划是否按规定的程序报批；有无虚列支出、转移资金和挤占挪用；内部控制制度是否健全，业务结算中是否出现计算差错，多付、少付或重复支付。②对参保人行为的监管：领取社会保险金的人员是否已参加社会保险并符合享受的条件；是否多报离退休人数或死亡不报、冒领社会保险金等欺诈的行为。

(3)结余基金的监管。如社会保险基金，根据规定必须存入社会保险基金财政专户，实行收支两条线管理，专款专用，任何部门、单位和个人均不得挤占挪用，也不得用于平衡财政预算。各级政府、财政部门、经办机构和其他单位、个人有无将社会保险基金结余用于对外投资、经商办企业、自行或委托放贷、参与房地产交易、弥补行政经费和平衡财政预算，以及为企业贷款担保、抵押等问题；管理人员有无贪污、私分基金等违法违纪行为；是否发生不可抗拒的基金损失，如盗窃和自然灾害事件；基金管理措施是否安全严密。

2. 对社会保障基金投资运营过程的监管

1)社会保障基金投资运营的准入

准入的控制亦称为审批、授权、认证和特许，旨在保证准入的金融机构的数量、结构、规模、分布和规范性符合社会保障事业发展的需要，并与监督当局的监管能力相适应。把好这个关口可以事先将那些可能带来问题的金融机构拒之门外，预先铲除带来违规运作风险的土壤。大多数国家的法律规定，银行等金融机构只有在获得授权或特别许可以后，才能从事社会保障基金的运营业务，否则是一种违法行为。任何得到认证的金融机构都必须接受社会保障基金监督当局的监督。

2)社会保障基金投资运营的退出

与准入机制相对应，退出机制即监管当局，限制或取消某一金融机构已经获得的管理运营基金的资格和权力。当某一金融机构或其分支机构不能履行有关责任和义务，并且威胁到基金的利益和安全时，监管当局有权采取某些措施，限制其运营基金的某些活动，直至取消其资格。

第五节　中国社会保障基金

一、发展历程

(一)传统社会保障制度阶段(1949—1984年)

传统社会保障制度以社会保险为主要构架和表征，这一阶段的社会保障基金管理主要体现在对社会保险基金的管理上。

传统的社会主义分配理论认为，在支付给劳动者工资之前，国家已做了包括社会保险在内的各项必要的公共开支扣除，因此，劳动者个人不需要缴纳保险费就可享受社会保险的各项待遇。依照规定，社会保险的各项费用全部由企业行政或国家负担。

这一阶段，我国依照“工人”与“干部”的身份差别，实行两套社会保障体系，即企业职工的社会保险和国家机关、事业单位人员的社会保险项目。

机关、事业单位人员的社会保险金全部由财政支出，在养老、医疗等方面的享受资格、待遇水平上，国家都做了明确规定。

独立形态的社会保险基金主要表现为企业职工的社会保险基金。1951 年政务院颁布《中华人民共和国劳动保险条例》(以下简称《劳动保险条例》)，标志我国社会保险制度的建立。《劳动保险条例》规定：“凡根据本条例实行劳动保险的企业，其行政方面或资方须按月缴纳全部工人与职员工资总额的 3%，作为劳动保险金，此项劳动保险金不得在工人与职员工资内扣除，并不得向工人与职员另行征收。”这笔劳动保险金由全国总工会委托中国人民银行代收保管。在实行社会保险制度的开始两个月，企业缴纳的保险金全数上缴全国总工会，作为社会保险总基金。从第三个月起，企业缴纳的保险金的 30% 上缴全国总工会，作为社会保险总基金，用以举办各种集体劳动保险事业，如疗养院、养老院、孤儿保育院、残疾人福利院等；70% 作为社会保险基金由企业基层工会管理，用于支付本企业职工的抚恤金、补助金、救济金等。中华全国总工会对全国的社会保险基金拥有调剂权。在管理体制方面，《劳动保险条例》规定：中华全国总工会为全国社会保险事业的最高领导机关，国家劳动部为最高监督机关，企业基层工会负责社会保险基金的收缴、发放。1953 年，政务院修订了《劳动保险条例》，修订的主要内容包括两点：一是扩大了社会保险体系的覆盖范围；二是普遍提高了待遇水平。1956 年，《劳动保险条例》的覆盖范围再次扩大。

1958—1966 年，国家对由《劳动保险条例》和一系列政策文件所确定的超越经济承载水平的、过于慷慨的社会保险承诺进行了微调。

“文化大革命”时期，社会保险基金管理的正常秩序遭到破坏。其一，负责企业职工社会保险管理的中华全国总工会停止活动，负责国家机关、事业单位人员社会保险的内务部被撤销。1968 年，国家计委决定由劳动部门统管劳动保险工作。此后，形成了劳动部门集政策制定、业务管理和监督检查等多种职能于一身的独家管理体制。其二，社会保险资金由社会统筹变为企业从当期收入中筹集，营业外列支。1969 年 2 月，财政部《关于国营企业财务工作中几项制度的改革意见(草案)》规定，国营企业一律停止提取劳动保险费，企业的退休职工、长期病号工资和其他劳保开支在营业外列支。其后果是社会保险的互济性、社会性丧失，倒退为“企业保险”。

“文化大革命”结束至 20 世纪 80 年代中期，政府相关部门制定和颁布了多项社会保障法规，但基本上都是对原有社会保障制度的恢复和补充。在社会保险基金管理方面，“企业保险”的状况没有实质性的改变。

(二)社会保障制度改革阶段(1984 年至今)

20 世纪 80 年代中期我国开始对传统的社会保险制度进行改革。这一时期我国社会保障基本实现了由“企业自保”向“社会互济”、由“全部包揽”向“三方分担”、由“平均主义”向“效率公平兼顾”、由“福利包揽”向“基本保障”、由“局部覆盖”向“全体覆盖”的转变。中国的社会保障基金制度是伴随社会保障制度的改革而发展起来的，基金管理的有关内容有些散见于相关的社会保障文件中，有些形成了专门的“立法”规定。

1984—1990 年，主要是在部分市县试行国有企业职工退休费用社会统筹，建立了劳动合同制工人养老保险基金并实行个人缴费，同时在国有企业部分职工中建立待业保险制度。1986 年国务院颁布《国营企业实行劳动合同制暂行规定》，对劳动合同制工人退休养老保险办法率先采取了缴费制，规定由企业按劳动合同制工人退休养老保险办法率先采取了缴费制，规定由企业按劳动合同制工人工资总额的 15%左右，劳动合同制工人本人按标准工资的 3%缴纳退休养老基金，这是我国最早实行个人缴费制的尝试。在试点的基础上，我国还在全国范围内推广退休费用社会统筹，并以此带动工伤、医疗等社会保险制度的改革。同时由市县统筹过渡到省级统筹。

1991 年至今，对养老、失业等项社会保险制度进行了较全面的改革，出台了与社会保险基金相关的有关法规、条例等。

1991 年国务院发布《关于企业职工养老保险制度改革的决定》，提出“养老保险基金由政府根据支付费用的实际需要和企业、职工的承受能力，按照以支定收、略有结余、留有部分积累的原则统一筹集”；明确规定要“改变养老保险完全由国家、企业包下来的办法，实行国家、企业、个人三方共同负担，职工个人也要缴纳一定费用”。

1997 年 7 月，国务院发布了《关于建立统一的企业职工基本养老保险制度的决定》，决定建立统一的城镇职工养老保险制度，两套方案向统一的方案过渡。其内容是：全国统一按职工工资的 11%建立个人账户，其中个人缴费逐步从 4%提高到 8%，其余部分由企业缴费划入。企业缴费率由省级人民政府确定，一般不得超过企业工资总额的 20%。决定实施后参加工作的职工——“新人”退休后，养老金支付分为两部分：一是按当地年平均工资 20%支付的基础养老金；二是根据累计储存额 1/120 的标准按月支付的个人账户养老金；决定实施前参加工作、实施后退休的职工——“中人”，在发给基础养老金和个人账户养老金的基础上，再按缴费前的工作年限，另外增发过渡性养老金。目前已退休职工的养老金，仍按过去的标准由企业缴费形成的社会统筹部分解决。该决定还提出了其他一些要求，如对养老资金的管理实行收支两条线，逐步实现养老金的社会化发放，逐步实施省级统筹等。

1998 年 8 月，国务院发布《关于实行企业职工基本养老保险省级统筹和行业统筹移交地方管理有关问题的通知》，主要内容包括：将原来 11 个行业的行业内养老统筹移交给地方（省、直辖市）管理；提高统筹层次，实施省级统筹；养老金的差额缴拨改为全额缴拨，并实施养老金社会化发放。

2005 年 12 月 3 日，国务院正式颁布《国务院关于完善企业职工基本养老保险制度的决定》（以下简称《决定》）。与基金管理相关的内容包括：①确保基本养老金按时足额发放，保障离退休人员基本生活。②扩大基本养老保险覆盖范围，城镇各类企业职工、个体工商户和灵活就业人员都要参加企业职工基本养老保险。城镇个体工商户和灵活就业人员参加基本养老保险的缴费基数为当地上年度在岗职工平均工资，缴费比例为 20%，其中 8%记入个人账户，退休后按企业职工基本养老金计发办法计发基本养老金。③逐步做实个人账户，完善社会统筹与个人账户相结合的基本制度；2006 年 1 月 1 日起，个人账户的规模统一由本人缴费工资的 11%调整为 8%，全部由个人缴费形成，原本由单位缴纳、计入个人账户的 3%，进入统筹基金；缩小后的个人账户资金也不得再挪用。④加强基本养老保险基金征缴和监管。⑤改革基本养老金计发办法，规定在1997年《关于建立统一的企业职工基本养老保险制度的决定》实施后参加工作、缴费年限（含视同缴费年限，下同）累计满15年的人员，退休后按月发给基本养老金。基本养老金由基础养老金和个人账户养老金组成。退休时的基础养老金月标准以当地上年度在岗职工月平均工资和本人指数化月平均缴费工资的平均值为基数，缴费每满1年发给1%。个人账户养老金月标准为个人账户储存额除以计发月数，计发月数根据职工退休时城镇人口平均预期寿命、本人退休年龄、利息等因素确定。在1997年《关于建立统一的企业职工基本养老保险制度的决定》实施前参加工作，在2005年《国务院关于完善企业职业基本养老保险制度的决定》实施后退休且缴费年限累计满15年的人员，在发给基础养老金和个人账户养老金的基础上，再发给过渡性养老金。本决定实施后到达退休年龄但缴费年限累计不满15年的人员，不发给基础养老金；个人账户储存额一次性支付给本人，终止基本养老保险关系。本决定实施前已经离退休的人员，仍按国家原来的规定发给基本养老金，同时执行基本养老金调整办法；⑥建立基本养老金正常调整机制，合理确定基本养老金水平，根据职工工资和物价变动等情况，国务院适时调整企业退休人员基本养老金水平，调整幅度为省、自治区、直辖市当地企业在岗职工平均工资年增长率的一定比例；⑦在完善市级统筹的基础上，尽快提高统筹层次，实现省级统筹，为构建全国统一的劳动力市场和促进人员合理流动创造条件；⑧建立多层次养老保险体系，具备条件的企业为职工建立企业年金，企业年金基金实行完全积累，采取市场化的方式进行管理和运营并严格监管规范运作。

在失业保险方面，1999年国务院发布的《失业保险条例》明确规定了失业保险基金来源于城镇企业事业单位及其职工缴纳的失业保险费，以及国家的财政补贴，其中“城镇企业事业单位按照本单位工资总额的2%缴纳失业保险费，城镇企业事业单位职工按照本人工资的1%缴纳失业保险费”。

在医疗保险方面，1999年国务院发布的《关于建立城镇职工基本医疗保险制度的决定》也明确规定，“基本医疗保险费由用人单位和职工共同缴纳。用人单位缴费率应按制在职工工资总额的6%左右，职工缴费率一般为本人工资收入的2%”。

此外，在工伤保险和生育保险方面，也规定了由企业缴纳保险费，建立了工伤保险基金和生育保险基金。

在社会保险基金管理方面，1989年劳动部发布了《国营企业职工待业保险基金管理办法》，对失业保险基金的管理做了专门规定。1993年劳动部发布了《社会保险财务制度（试行）》和《社会保险会计制度》，对社会保险基金的财务管理做了规定。1994年劳动部和财政部发布《关于加强企业职工社会保险基金投资管理的暂行规定》，规定了社会保险基金的审计制度。1997年劳动部还制定《社会保险业务管理程序》，规定了社会保险基金的业务管理程序问题。

1999年1月，国务院还颁布了《社会保险费征缴暂行条例》，对社会保险费的缴费立体、征缴主体、征缴管理、监督检查等做了具体规定。1999年6月，财政部、劳动和社会保障部发布《社会保险基金财务制度》，规定了社会保险基金的预算、筹集、基金支付、基金结余、基金专户、资产与负债、基金决算、监督和检查等涉及社会保险基金财务的内容。2001年5月，劳动和社会保障部发布《社会保险基金监督举报工作管理办法》和《社会保险基金行政监督办法》，对社会保险基金的监督问题做了专门规定。2001年6月，国务院发布《减持国有股筹集社会保障资金管理暂行办法》，规定通过减持国有股以开拓社会保障资金新的筹资渠道的做法。

2010年，人社部出台《人力资源社会保障部关于开展社会保险基金社会监督试点的意见》，引导社会各方面积极规范有序地参与社会保险基金监督工作，希望通过开展社会监督，总结社会保险基金管理经验，发现存在问题，促进完善政策，加强基础管理，更好地维护基金安全，保证社会保险制度平稳健康可持续发展。

2016年9月28日，人力资源和社会保障部、财政部发布《职业年金基金管理暂行办法》，规范职业年金基金的委托管理、账户管理、受托管理、托管、投资管理以及监督管理。

2020年3月30日，人力资源和社会保障部印发《社会保险基金要情报告制度》，以便加强社会保险及补充保险基金监督工作，完善基金要情报告机制，及时掌握基金安全情况，强化基金安全评估和形势研判，提高基金管理风险防控和治理能力。

上述法规、规章的颁布，构成了我国社会保险基金筹资管理的法律制度，使我国社会保险基金得以在法制的轨道上运行。目前，我国的社会保障制度还处在不断改革的过程之中，社会保障基金制度也在进一步地调整和完善。

二、存在问题

(一)筹集方面

1. 社会保险基金登记、申报、征缴脱节

社会保险基金是社会保险制度正常运行的基础，基金的征缴直接关系到社会保险各项待遇的支付。但就目前社会保险基金的筹集过程来看，基金的登记、申报、征缴有一定程度的脱节。首先是人为地增加了业务环节，参保单位及个人先要到社保局进行登记，再去税务局缴费，然后送款到银行，最后返回社保局打印个人账户对账单，这给参保单位、参保个人带来诸多不便；其次是目前社会保险基金征收主体与执法主体不统一，社保部门、税务部门只有征缴和代征权，但没有执法权，征缴力度减弱，拖欠缴费现象时有发生；再次是社会保险基金征缴的核定与征缴分离，使扩面和征缴工作脱节。

2. 社会保障基金缴费工资基数不实

目前，我国社会保险基金的缴费基数是社会保险机构核定的职工工资总额，即由企业上报工资总额再由社会保险机构核定。现实中，经常存在企业少报、瞒报工资总额的现象，加上劳动者收入中一部分表现为非货币收入等原因，导致缴费工资总额小于实际工资收入总额，致使在征管过程中漏缴、少缴情况难以有效遏制。缺乏完整的工资收入基础数据，使得征缴、管理和稽查缺乏有效的依据，严重影响了社会保险基金的筹集。

3. 社会保障覆盖面有待进一步扩大

目前，参加社会保险的企业大部分是国有企业和集体企业；大部分民营企业和部分效益好、负担轻的外资企业没有参加社会保险；个体户、自谋职业者、农民工群体的参保意识普遍不强；由于种种原因，一些已经参保人员还会从原有的社会养老保险制度中溢出，降低参保率。

(二)支付方面

除一些地区对社会保障金的支付项目、标准和发放对象审核不严外，以下原因也增加了社会保障基金支出。

1. 人口老龄化和失业现象使社保基金支付压力增大

人口老龄化，缴费的人口在相对减少，需要领取养老金的老年人口在不断增加；经济体制

的转轨,经济结构调整的加速,科学技术的进步,不可避免产生失业现象,使我国社会保障基金支出压力增大。

2. 冒领行为增加了社会保障基金的不合理支出

一些人名为国有企业下岗职工、失业人员,一方面在享受着国有企业的住房和社会保障福利待遇,领取下岗津贴、失业津贴,另一方面在为私营企业和个体工商业者从事劳动,领取工资报酬。

3. 提前退休行为增加了养老金支出

一些用人单位为解决暂时困难,采取"提前退休"等做法,使一些"劳动年龄人口"退出劳动岗位,结果使劳动人口提前变为靠领取养老金生存的消费人口,使就业矛盾转变为养老矛盾,加大养老金支取的数量。

(三)投资运营方面

1. 社会保障统筹层次低,资金分散管理,不利于统一的投资运营

由于历史的条件和现实的国情,我国社会保障基金统筹的层次比较低,基金管理分散,依然在"县级统筹""市级统筹"或"省级统筹"的分散格局下管理,造成了地区、部门间社会保障资金难以相互调剂,难以进行集中运营、提高增值率。在少数地区基金管理透明度低,信息披露制度既不规范又不健全,社会保险基金存在"内部人控制"、挤占、挪用甚至浪费的现象,致使社保基金进一步被侵蚀。

2. 资金投资渠道单一,增值率低

我国社会保障基金投资渠道狭窄,仅限于购买国债和存入银行,过于强调资金的安全性,资金增值率不高。银行存款随着近几年利率的不断下调使收益率下降,国债的利率受银行存款利率的影响也大幅下调,且流动性较差,在扣除物价上涨因素后,社会保险基金的投资效益较差,使得社保基金的保值增值问题显得日益严峻。

3. 社会保障基金投资运作缺乏法律约束

由于当前的社会保障法尚未出台,对社会保障基金的投资运作缺乏有效的法律约束,突出地表现在承担责任和风险经营管理主体缺位。各地的社会保障部门仅以行政管理机构形式存在,很难承担社会保障基金按市场规则运作的增值任务。基金管理机构的职能很难与政府职能分离,而是附属于上级主管部门,与主管部门之间形成一种部门内的委托代理关系。基金管理机构往往缺乏独立的经营决策权,缺少专业基金管理人员与管理经验,缺乏利益及风险约束机制。责、权、利不对称的问题致使社会保障基金难以实现规范的市场化运作。

(四)制度建设和管理方面

1. 社会保险基金隐性债务矛盾突出

我国的社会保障是在体制转轨过程中建立起来的,在促进经济社会稳定发展的同时,也承担了巨大的转轨成本,形成了规模庞大的养老保险欠账。虽然这些债务将在今后一段时间内才会表现出来,但是相对于我国目前较低的社会保障水平来说,要在未来通过部分积累制应对人口老龄化的严峻社会保障形势下消除这些隐性债务,压力相对较大。

2. 社会保障资金的筹资和管理职责划分不清晰

(1)中央与地方财政对社保资金管理责任划分不明确,中央财政社会保障支出的增长快于地方财政社会保障支出的增长,地方依赖中央的态势越来越严重,造成了地方眼睛不是向内加强管理,导致社会保障资金短缺和浪费并存,加大了社会保障的资金压力。

(2)部门间职责划分不明确,社会保障基金管理分散,除财政部门外,民政、人事、计生、劳动等部门都管。条块分割,监督乏力,并各自设置管理机构,造成机构重叠、人员冗余、费用增大、效率不高。同时,社会保险基金管理者缺乏保证基金安全和完整的责任,也会削弱社会保障基金的偿付能力,增加基金的风险。

3. 预算管理滞后,财政监管不到位

目前我国没有建立统一的社会保障预算,对全社会的社会保障资金规模到底多大,国家、企业和个人社会保障负担到底多重,对国民经济发展的影响多大,谁也说不清楚,正是缺乏严肃的预算约束,使得政府,特别是地方政府对社会保障未来的压力认识不足,资金管理使用上缺乏应有的压力。同时,财政监督也不到位。目前我国的社会保险基金仍作为预算外资金实行收支两条线管理,虽然增加了财政、银行审核一关,但是对社会保险经办机构征缴的社会保险基金和发放情况是否属实,财政、银行部门难以把握;另外,地方税务部门或社会保险经办机构是否据实向企业和职工个人征缴社会保险基金,财政、银行的审核也不易把握。因此,财政部门对目前社会保险基金实行的“收支两条线”管理办法,还存在许多管理漏洞。此外,财政、审计部门对社会保障基金的监管也没有建立切实有效的制度和办法,对社会保障基金收支过程中出现的种种瞒报、欠交、拖交和欠发等违规现象,缺乏有效的监控手段,难以确保社会保障基金的安全。

4. 社会化管理滞后,增加了管理成本

目前一些地区仍然采取“差额结算”的方法向社会保障部门办理缴拨款业务,这种做法增加了企业的社会负担和社会保险基金管理成本,在企业经办过程中难免出现虚报冒领、挤占挪用、欠发少发职工社会保险金的现象,影响社会保险基金的安全健康运行,也不利于提高社会保险基金的专业化管理水平,制约“管理机构—经办机构—职工”之间计算机联网自动化管理系统的建立,难以提高管理效率、节省管理成本。

5. 社会保障基金立法层次低

(1)社会保障基金法律、法规不完备,立法层次较低。现在适用于城镇职工养老保险的是《社会保险费征缴暂行条例》,它只规定了基本养老保险费的征缴范围,未具体规定基金的来源、征收比例、领取养老保险金所应具备的条件及养老保险待遇、养老保险监督管理等内容,而这些都亟须立法进行规范。

(2)当前社会保障法规建设滞后,使社会保险费征缴工作缺乏必要的强制手段,各省、自治区虽然制定了一些规范性文件,但是法律层次不高、刚性不强、执法难以到位,影响社会保险费征收工作的正常开展。

三、改革的思路

(一)筹集方面

1. 加大清欠和稽查力度,最大限度地收回企业欠缴和漏缴的养老保险费

(1)加大宣传力度。通过报纸、广播、电视等媒体,采取多种形式广泛宣传,使社会保险的各项政策、法规家喻户晓、人人皆知，提高企业经营者和职工的社会保险意识。

(2)各级政府应高度重视，加强有关部门单位间的协调与配合，齐抓共管，形成合力，运用经济、行政、法律等手段，对欠费大户进行重点检查清理，保证养老保险费的足额征收。

(3)继续完善企业职工社会保险缴费基数公示制度，接受职工的监督，增强企业缴费透明度。

(4)各级劳动部门加大基金稽核力度，充实稽核力量，对企业缴费基数经常进行稽核检查，确保缴费基数真实准确，确保基金足额征收。

2. 拓宽筹资渠道

在做好按现行条例的规定筹集社会保障基金之外，还应该多方开辟筹资渠道，使资金来源多元化。这些途径包括：①变现、出售部分国有资产；②发行福利彩票；③发行专项国债；④通过增加财政补助、债转股等形式消化隐性债务。

(二)支付方面

首先，认真清理支出项目，严格控制支出标准和范围。各地应按国务院统一部署，调整基本养老金待遇水平，不能自行调整社会保险待遇水平和支出项目，或采取一次性支付失业保险金等不规范做法，更不能从基金中提取管理费。其次，遏制提前退休行为，并选择适当时机逐步提高退休年龄，避免对养老金支出带来更大压力。严格审核企业事业单位缴费工资和计发养老金工资基数，规范待遇支付。

(三)投资运营方面

实现社会保障基金的投资增值，除目前国家规定用于购买国债和存入银行，以及由全国社会保障基金理事会统一以进入证券市场等形式投资运作之外，在不违背国家法律法规的前提下，探索更多的投资渠道。比如由中央及省、自治区政府设立社会保障基金专业管理机构，将各类社会保障基金聚合起来统一管理运作。投资方向主要有以下几个方面：一是直接投资于城市交通、道路、社会公益事业建设等由公共财政还本付息的项目。二是投资于成长型高科技企业，如股份制银行以及科技含量高、成长潜力大的高科技企业。三是参与拟上市股份公司的设立，或购买上市公司的国家股、法人股，等待国家股、法人股上市流通禁令解除时获取较高的投资回报。四是实行委托理财，虽然有一定的风险，但只要把握好机遇，选择有较强投资能力和良好信誉的理财机构，一般均能获得超过银行存款利率的收益。当然，要确保社会保障基金投资运作的安全性和效益性，必须严格加强对社会保障基金投资运营过程及其投资运营机构的事前审核、事中监管、事后检查。

(四)制度建设和管理方面

1. 建立社会保障基金预算

目前我国社会保障基金的收入、支出和使用计划，都是由社会保障主管部门自行编制和执行，没有经过必要的审批程序，存在很大的随意性，缺乏应有的约束机制。因此，将社会保障纳入国家预算，有利于强化用款单位和基金经办机构的责任，有利于社会保障资金的专款专用，有利于资金分配的规范性。通过预算的编制以及审批人执行、监督和决策制度，对社会保障资金实行全过程监督，这样可以有效改变目前社会保障资金管理上的混乱局面。

2. 加强社会保障基金监管

社会保障的监管主体包括国家机关、社会组织及公民个人，监督的内容包括行政监督、审计监督和社会监督三方面。社会保障资金的监管应贯彻到社会保障资金的筹集、使用、支出各个运行环节。同时追究欠交保险金、不合理使用、挪用保险金的单位和个人的法律责任，对拒不交纳社会保险金的行为、不履行支付保险金的义务、不正当使用保险金以及在社会保障领域发生的其他违法犯罪案件，及时予以追究其刑事责任、民事责任和行政责任，提高社会保障资金监管力度和执法水平，促进社会保障资金的安全。

3. 加快社会保障基金法制建设

加快社会保障基金法制建设是社会保障体系健康运行的基础，应从我国各地经济发展水平不均衡、城乡分割的二元化经济结构以及社会保障基础薄弱的现实出发，根据宪法和我国社会保障体系的现状，抓紧制定《社会保障基金法》，实现对社会保障基金的法制化管理。

本章小结

社会保障基金是实现社会保障制度政策目标的物质基础和核心条件。社会保障基金管理是各国社会保障制度改革的中心议题。各国社会保障政策、制度和立法通常都是围绕社会保障基金的筹集、运营和使用而设计和制定的。本章阐述了社会保障基金的概念和特征；介绍了社会保障基金筹集、支付、投资和监管的内容；对中国社会保障基金的发展进程、管理中存在的问题进行了分析，提出了加强中国社会保障基金管理的对策、建议。

案例分析

国家医疗保障局曝光台2021年第五期曝光典型案件(10例)

一、河南省郑州市第六人民医院骗保案

2021年4月，河南省郑州市医保局根据实名举报线索调查，发现郑州市第六人民医院存在椎弓根螺钉使用手术记录与实际植入不符的问题，造成医保基金损失1741491.50元。依据《中华人民共和国社会保险法》《郑州市医疗保障定点医疗机构服务协议》《郑州市基本医疗保险定点医疗机构医保医师管理暂行办法》，当地医保部门处理结果如下：①取消该院骨科主任陈某某、骨结核科主任钱某某等责任人医保服务支付资格；②自2021年4月28日零时起，中止该院骨科和骨结核科的医保基金结算；③追回损失的医保基金，并处以5倍罚款；④相关问题线索移交郑州市纪委监委派驻市卫健委纪检监察组、市公安局和市市场监管局等。目前，郑州市纪委监委派驻市卫健委纪检监察组已对该院骨科主任陈某某、医学装备科科长雷某某予以立案审查(调查)；郑州市公安局二七分局已对该线索立案侦办；损失的医保基金1741491.50元已全部退回，5倍罚款8707457.50元已全部执行完毕。

二、内蒙古自治区赤峰市医院违规案

2020年8月，经内蒙古自治区赤峰市医疗保障局接自治区转国家医疗保障局举报线索调查，发现赤峰市医院康复医学科主任窦某某存在串换项目收费、治疗项目与项目内涵不符等违规行为，涉及医保基金1485982.16元。依据《赤峰市基本医疗保险定点医疗机构医疗服务协议》，当地医保部门处理结果如下：①暂停该院康复医学科主任窦某某医保服务支付资格6个月；②追回该院违规结算的医保基金；③赤峰市医疗保障局对赤峰市医院进行约谈，在赤峰市范围内通报并在媒体曝光；④责令该院对存在问题限期整改等。目前，该院违规结算的医保基金 1485982.16 元已全部退回。

三、福建省福州市第二医院违规案

2020 年 11 月，经福建省医保局与福州市医保局联合专案组调查，发现福州市第二医院超声科医师对患者审核不严造成冒卡就医等违规行为，涉及医保基金 37478.56 元。依据《福州市基本医疗保险违规行为查处办法》，当地医保部门处理结果如下：①分批次暂停该院林某、彭某某、高某某等 9 名医师医保服务支付资格 3 个月；②对于本案涉及超过行政处罚规定 2 年时间的参保人，给予追回冒卡基金处理；对于个别参保人多次冒卡的，给予追回违规基金、列入重点监督名单及改变医保结算方式处理；③追回该院违规结算的医保基金等。目前，该院违规结算的医保基金 37478.56 元已全部退回。

四、四川省第四人民医院违规案

2021 年 2 月，四川省成都市锦江区医保局对四川省第四人民医院日常巡查时发现，该院存在无指征检查，数字化摄影及胶片无报告单，一般专项护理、超声雾化、膀胱冲洗无医嘱或医嘱与收费不一致等违规结算医保基金行为，涉及医保基金 24745.49 元。依据《成都市医疗保险管理局关于加强医保医师协议管理的通知》，当地医保部门处理结果如下：①该院医师张某某未按照《病历书写基本规范》记录病历、未做到准确记录病历，曹某某未按规定履行参保人员(家属)知情同意和签字制度，各扣除医师积分 1 分；②追回违规结算的医保基金，同时按规定扣除违约金；③约谈医院负责人，责令限期整改等。目前，该院违规结算的医保基金 24745.49 元和违约金已全部缴纳。

五、浙江省台州市第一人民医院违规案

2020 年 6 月，浙江省台州市医保部门在例行检查时发现，台州市第一人民医院存在挂床住院、分解住院、降低入院标准、将不符合入院指征的参保人员收治入院等违规行为，涉及医保基金 17733.04 元。依据《浙江省医保医师协议管理实施细则》和《台州市黄岩区基本医疗保险定点医疗机构服务协议》，当地医保部门处理结果如下：①将参保人不符合入院标准但收治入院的医师盛某某扣 2 分、丁某某扣 2 分、黄某某扣 4 分；②追回违规结算的医保基金，并按规定扣除违约金等。目前，该院违规结算的医保基金 17733.04 元和违约金已全部缴纳。

六、河北省廊坊市中医医院违规案

2020 年 8 月，河北省廊坊市开展医保医疗领域专项整治检查时发现，廊坊市中医医院王某某、张某某、李某某等 9 名医师存在违规开具“大处方”，门诊处方中有为女性患者开具治疗前列腺癌药品等违规行为，涉及医保基金 2017176.16 元。依据《廊坊市城镇医疗保险服务医师管理办法》《处方管理办法》和《河北省医疗保障定点医疗机构医疗服务协议》，当地医保部门处理结果如下：①暂停王某某、张某某、李某某等 9 名医师医保服务支付资格；②停止廊坊市中医医院“特病门诊”医保基金结算；③追回违规结算的医保基金；④协调廊坊市纪委监委对医师王某某启动调查审查程序；⑤将该线索移交当地公安机关，廊坊市公安机关对涉嫌构成犯罪的 5 人采取强制措施，案件正在进一步侦办中。目前，该院违规结算的医保基金 2017176.16 元已全部退回。

七、广西壮族自治区钦州市中医医院违规案

2021 年 5 月，经广西壮族自治区钦州市医保局调查，发现钦州市中医医院在 2020 年 1 月至 2021 年 4 月期间存在串换项目收费、过度检查、过度治疗等问题，涉及医保基金 1995547.80 元。经调查发现，以上违规问题的发生，主要是该院针灸科一区、推拿科二区医护人员医保法规观念淡薄、病人管理混乱所致,特别是针灸科一区医师张某、赵某和推拿科二区钟某某、韩某某等11人,没有认真履行医师职责。依据《广西壮族自治区人力资源和社会保障厅关于印发广西基本医疗保险定点医疗机构医保服务医师管理暂行办法的通知》和《钦州市基本医疗保险定点医疗机构医疗服务协议》,当地医保部门处理结果如下:①暂停该院针灸科一区医师张某、赵某和推拿科二区钟某某、韩某某等11人3个月的医保服务支付资格;②暂停该院针灸科一区、推拿科二区3个月的医保基金结算;③追回违规使用的医保基金;④将该院违规问题线索向市纪委监委移送等。目前,该院违规结算的医保基金已全部退回。

八、吉林省辽源市祥瑞老年康复医院违规案

2021年4月,经吉林省辽源市医保局调查,发现辽源祥瑞老年康复医院存在不合理收费、不合理诊疗、低标准住院及超范围使用限制用药等违规结算医保基金行为,涉及医保基金105万元。依据《辽源市基本医疗保险定点医疗机构服务》,当地医保部门处理结果如下:①对该院违规医师做出暂停医保服务支付资格1年的处理;②追回该院违规结算的医保基金;③将该线索移交当地公安机关等。目前,该院违规结算的医保基金105万元已全部追回。

九、安徽省淮南市东方医院集团凤凰医院违规案

2021年1月,安徽省医保局飞检组对淮南市东方医院集团凤凰医院进行专项抽查中发现,淮南市东方医院集团凤凰医院存在违规收费、不合理用药、串换诊疗项目等违规结算医保基金行为,涉及医保基金676907.79元。依据《淮南市医疗保障协议医师管理实施细则(试行)》和《淮南市基本医疗保险住院定点医疗机构医疗服务协议(试行)》,当地医保部门处理结果如下:①扣除该院医师臧某年度考核分12分,暂停本年度医保服务支付资格;②追回该院违规结算的医保基金;③责令该院限期整改并提交整改报告等。目前,该院违规结算的医保基金676907.79元已全部退回。

十、辽宁省大连市众心堂中医医院违规案

2021年1月,经辽宁省大连市医保局调查,发现大连市众心堂中医医院医师武某、赵某、孙某、程某、周某、盖某等6人存在病历记录、实际操作与发生的医疗费不符及降低住院标准等问题。助理医师张某的医师资格证为师承或确有专长,应在执业医师指导下开展医疗服务,但该医师却独立开展诊疗活动,造成非执业医师上传费用的情况发生。上述问题共涉及医保基金104109.7元。依据《大连市医疗保险定点医疗机构医疗服务协议(2020年版)》和《大连市医保服务医师管理办法》,当地医保部门处理结果如下:①对该院医师武某、赵某、孙某、程某等4人给予扣4分的处理,对周某、盖某等2人给予扣8分的处理,将助理医师张某移交至大连市西岗区卫健局处理;②暂停该院住院病房(中医一科、中医二科)6个月的医保基金结算;③对发生的违规费用不予结算并2倍核减,共计追回违规结算医保基金332529.1元;④责令该院限期整改等。目前,该院违规结算的医保基金已全部退回。大连市西岗区卫健局对该院助理医师张某给予罚款3000元、暂停执业6个月的行政处罚。

(资料来源:http://www.nhsa.gov.cn/art/2021/9/17/art_74_6001.html)

思考:

1. 医保领域为何违规案件频频发生,其原因是什么?

2. 应如何保障医保基金安全?

复习思考题

1. 如何理解社会保障基金的内涵、外延与性质?
2. 试比较现收现付制、完全积累制和部分积累制。
3. 试比较确定给付制和确定缴费制。
4. 如何理解社会保险基金投资的特殊性?
5. 社会保障基金监管的目标和原则是什么?
6. 中国社会保障基金管理存在哪些问题?如何解决?

推荐阅读书目

1. 克拉克. 养老金基金管理与投资[M]. 北京:中国金融出版社,2008.
2. 吕学静. 社会保障基金管理[M]. 5版. 北京:高等教育出版社,2020.
3. 曲大雄,罗晶,储丽琴. 社会保障基金管理[M]. 北京:清华大学出版社,2014.
4. 宋明岷. 社会保障基金管理:理论、实践与案例[M]. 2版. 上海:复旦大学出版社,2019.

第九章　社会保障法

学习目标

掌握社会保障法的概念与立法原则

熟悉国外社会保障法的发展历史、重要事件与关键性政策文件

掌握我国社会保障法的发展历程

了解社会保障法的发展趋势

关键概念

社会保障法　发展历程　发展趋势

第一节　社会保障法的概念和原则

一、概念

社会保障法作为社会保障制度运行的客观依据和行为准则，是实现社会保障制度良性运行的保证，是保障社会成员的基本生活需要，是不断提高其生活水平、解决特殊社会群体生活困难的重要支撑。

广义的社会保障法，是指所有调整社会保障关系的规范性法律文件①，即包括以基本法律形式出现的国家立法机关制定的社会保障法、其他法律法规中有关社会保障的规范、具有法律效力的国家行政机关颁布的关于社会保障事项的地方性法规和规章②。

狭义的社会保障法，仅指形式上冠以与社会保障内容相关的规范性法律文件，如《中华人民共和国妇女权益保护法》《中华人民共和国老年人权益保障法》《中华人民共和国残疾人保障法》《国民救助法》。

社会保障法属于社会法的范畴，社会保障法的调整对象是特定的社会关系，即社会保障关系。社会保障关系是国家、各类单位和社会成员在社会保障活动中所发生的各种社会经济关系。社会保障关系可以从不同角度进行分类：在直接关系层面，从内容角度，社会保障关系可以分为社会保险关系、社会救济关系、社会福利关系、社会优抚关系；从主体角度，社会保障关系囊括了国家与社会成员之间的关系（中央、地方各级政府与全体社会成员之间的关系，通过法律明确政府在社会保障中的职责、社会成员享受社会保障的待遇）、社会保障机构与政府之

---

① 郑尚元．社会保障法[M]．北京：高等教育出版社，2019．

② 黎建飞．社会保障法[M]．北京：中国人民大学出版社，2019．

间的关系(社会保障机构作为具体社会保障项目的管理与实施组织方与政府之间的关系,通过法律明确社会保障机构的性质、地位、权利、义务)、社会保障机构与社会成员之间的关系(社会保障的组织管理者与参加者、享受者之间的关系,通过法律明确社会保障机构对社会成员的职责、社会成员参加社会保障的权利与义务)、社会保障机构之间的关系(各个社会保障管理部门的分工、协调、配合、监督)、社会保障机构与用人单位之间的关系(社会保障组织管理者与社会保障参加义务人之间的关系,通过法律明确用人单位缴纳社会保障费的义务)、用人单位与劳动者之间的关系(用人单位在社会保障中对劳动者应负的责任、劳动者应有的社会保障权益,通过法律明确用人单位对劳动者应当履行的保障责任、劳动者在用人单位应享受的社会保障待遇)。在间接关系层面,在社会保障基金管理与运营中,涉及社会保障机构与投资市场不同主体之间的关系。社会保障法主要具有以下特点。

(一)广泛的社会性

社会性是社会保障法的主要特征,保障公民的生存和发展是社会保障法的主要任务。

1. 目的的社会性

社会保障法的设立初衷即为了实现社会利益最大化、保障社会全体成员的生活质量,因此社会保障法的目标在于通过构建社会保障制度,对社会财富进行再分配,调动社会力量保障公民的基本生活需求,维护社会稳定,促进社会发展。

2. 享受权利主体的普遍性

社会保障法是扶弱济贫、互助共济之法。社会保障权应由全体社会成员享有,且随着经济的不断发展,可以享受社会保障的成员数量、可以接收到的社会保障项目会不断增多,这既是对传统优秀美德"老吾老以及人之老,幼吾幼以及人之幼""故人不独亲其亲,不独子其子,使老有所终,壮有所用,幼有所长,鳏寡孤独废疾者皆有所养"的继承与发扬,更是适应现代社会经济发展,以众人之力量帮助因各种变故面临生活困难的群体,实现公民之间互助和谐的重要抓手。

3. 社会保障责任和义务的社会化

一个国家的社会保障制度,涉及多种保障关系、多类利益纠葛,社会保障制度要想获得长久的生命力,势必需要让整个社会积极参与进来。社会保障法采取国家、用人单位、社会成员多方共担的原则,将社会保障的责任和义务充分分散到整个社会的不同主体上,从而最大化地保障制度的良性运行。

(二)严格的法定性

社会保障法作为社会法的一种,天然具备显著的强制性特征,是国家为了保障公民的基本生活需要而强制规定的一系列准则。从社会保障项目的确立、社会保障资金的筹集缴纳、社会保障的享受人群范围、社会保障金的发放给付,社会保障法都做出了明确的法律规定,对涉及的各种保障关系进行调整和规范,任何单位和个人不能任意更改,从而实现符合社会民众利益、实现社会保障制度不断完善发展的目标。

(三)实体法与程序法的统一性

由于社会保障法调整的社会关系较为复杂,社会保障法既具备实体性法律规范(明确具体的权利、义务的实体性规定),也有程序性法律规范(维持社会保障各项程序正常运转的程序性规定)。

(四)特定的立法技术性

社会保障的运行须以"大数法则""平均数法则"等数理计算为基础,需经常使用余命、费率相关统计技术,对社会统筹范围的确定、保险费率的修正进行辅助,使得社会保障法在立法上要求较高的技术性。

二、原则

原则是法律模式的重要构成要素,社会保障法的原则不仅要体现社会保障法的根本宗旨,也要包括高于社会保障法的具体规则,并且由此衍生出的各类规则、概念均不得与其相抵触。因此社会保障法的原则是调整社会保障相关法律关系应当依循的基本准则,全面回应社会保障法涉及、调整的社会关系的客观要求,指导并规范社会保障法对相关社会保障法律关系的具体作用,具有覆盖面更广、综合性和稳定性更强的特点,始终贯穿社会保障法律制度体系。

(一)社会保障法原则的重要性

1. 社会保障法的原则是社会保障立法活动的指示灯

社会保障法的基本原则是整个社会保障法律体系得以构建的基础,各项立法均有其理念、精神与政策,这些理念、精神与政策经过总结归纳便成为立法原则。社会保障法的基本原则首先是由国家实行社会保障的目的与宗旨决定的,然后综合考虑社会群体利益及国家经济发展的状况来确定,在社会保障立法过程中,立法机关必须事先总结制定社会保障法的基本原则,再将这些原则适用于每项社会保障立法的过程之中。只有这样,方可使社会保障的法律体系在正确的原则指导下,实现社会公共利益的最大化。

2. 社会保障法的原则是社会保障执法活动的调节器

在社会保障相关问题执法过程中,如果没有社会保障法基本原则的指导,就会陷入无法可依、无规可循的窘境,出现条文模糊、语言不明、立法落后于社会经济发展的状况。只有依赖社会保障法的原则,明确执法内容,明晰法律文件字面含义和基本推断,才能提高执法效力、完善执法效果。

3. 社会保障法的原则是社会保障司法活动的补充剂

社会保障司法活动是社会保障制度运行和实现的重要环节。在社会保障司法过程中,司法机关主要依据立法机关所制定的社会保障法来解决社会保障领域出现的各类问题。如果遇到了新问题而难以在社会保障法中找到明确的法律依据,或是有相类似法律规定但却没有足够的适用依据时,司法机关应尽快做出解释,使相关问题得以尽快解决。而在制定司法解释时,司法机关不能随意扩大或缩小原法律规范的含义,而应以社会保障的基本原则为指导,按社会保障制度的价值追求对相关的社会保障法律规范加以补充和修正,从而使社会保障法律保持一定的弹性,与社会、经济生活的发展相适应。

(二)社会保障法原则的功能

社会保障法的基本原则是社会保障法立法精神的体现,体现了社会保障法所追求的基本精神和价值主线,集中反映了国家在社会保障制度建设上的基本立场,在整个社会保障法的体系中处于提纲挈领的地位,有助于探讨具体的社会保障法律规范的立法原意。社会保障法原则主要有三大功能。

1. 立法准则

社会保障法的基本原则具有高度抽象性和统领性，既具有目标与价值的特定性、内容的根本性，也具有效力的贯彻始终性，对社会保障制度立法具有普遍性的指导意义。在社会保障制度立法过程中，遵循和贯彻相关基本原则有利于将不同种类、不同法律效力的规范性法律文件统一协调起来，以保证社会保障制度立法体系的系统性、协调性和完整性。具体地，社会保障法原则能够将社会保障的基本立法理念、立法价值和立法精神贯彻到整个社会保障制度立法过程，并最终体现为具体的法律规则和法律概念，以形成具有和其他部门法律特征明显区别的法律制度体系。

2. 法律适用准则

法律从诞生之初就决定了其在社会发展前的天然滞后性，因此立法解释、司法解释、行政解释与学理解释对于补充性规范相当必要。如何将法律更科学、准确地运用在日常执法和司法活动中，有效规范社会行为、协调立法关系，社会保障法原则将扮演重要角色——社会保障法原则在实现社会保障制度立法体系的建构目标、维系社会保障立法体系价值取向协调一致性上发挥着不可忽视的作用。

3. 社会成员的行为准则

法律具有预测、指引、评价、教育和强制的作用，可以通过对人行为的直接调整来作用于社会关系：法律首先对社会成员的行为提出“假定条件、行为模式和法律后果”这一模式化的制度要求，通过对社会成员行为进行积极或消极的评价，实现对社会关系的调整，进而有效控制社会秩序。作为社会保障法的基本原则，其对全社会所有成员，包括立法者、执法者、司法者、学者以及其他社会成员，都具有积极的指引和启示意义，能够正确引导全体社会成员形成合法、合理的行为模式。

(三)社会保障法原则的内容

1. 底线正义与社会安全原则

底线正义是维持社会最基本的效率、最初级的合作与最基础稳定性的一种正义观；社会安全与底线正义之间是相辅相成的关系，无论哪一种社会形态都必须在道义上遵循这一底线正义观，否则这个社会必定难以长期维系。1944 年《费城宣言》将“扩大社会保障措施，以便使所有需要此种保护的人得到基本收入，并提供完备的医疗”作为十项目标之一，1944 年《国际劳工组织建议书》以及《国际劳工组织第 102、128、130 号公约》同样强调了应当充分满足社会成员的最低生活收入与卫生标准，1981 年 11 月 17 日德皇威廉一世发布《黄金诏书》，宣称：社会保险是一种消除革命的投资，这是因为一个期待养老金的人最守本分，也是最容易被统治的。

社会保障法是保障公民生存权的法律体系。而生存权作为维护人的生存所必不可少的基本人权，虽然早在资产阶级民主革命时期，便有了“天赋人权”“人人生而平等自由”的主张，但生存权作为一种权利要得到真正的保障，必须通过社会保障法这一法律形式进行确定，将其列为公民的一项法定权利。由于经济调整、社会改革、自然灾害等各种原因，一个社会中总会有一部分群体因为物质匮乏而面临生活危机；而社会保障法的宗旨就是，当社会成员出现这些生活困难时，国家和社会有责任对其展开物质帮助，以满足公民的基本生活需要为最终目标。例如：社会救济的给付是按各个地区人口的最低生活标准发放的，从而满足社会成员生存的基本需要;社会保险法和社会优抚法是以公民抵御生活风险的基本需要来制定给付标准的,其给付内容主要包括公民的基本生活需求。当然基于不同的社会物质条件的限制,各个国家可以依据国情对社会保障制度采取适当的调整,但为本国所有公民提供基本生活物质保障是每一个国家社会保障制度的基本红线。

一个较为完善的社会保障制度必须惠及所有社会成员,只保障部分成员的社会保障制度是不全面、不合理的,这种制度的实施是不可能达到社会保障的根本目的的。因此,底线正义与社会安全原则理应成为社会保障立法须遵循的首要原则。

2. 普遍性和差异性相结合原则

普遍性与差异性相结合原则是由英国威廉·贝弗里奇爵士在《社会保险及相关服务》中首先提出来的一项基本原则,它要求国家在建构社会保障制度时,不应将对象、范围仅仅局限在贫困阶层,应当在使全体社会成员均能够享受到相应社会保障与福利的同时,将所有社会成员分类,采取不同的社会保障措施。《世界人权宣言》第 22 条规定:"每个人作为社会的一员,有权享受社会保障,并有权享受他的个人尊严和人格的自由发展所必需的经济、社会和文化方面各种权利的实现,这种实现是通过国家努力和国际合作并依照各国的组织和资源情况。"《经济、社会及文化权利国际公约》第 9 条规定:"本公约缔约各国承认人人有权享受社会保障,包括社会保险。"我国宪法第 14 条第 4 款规定:"国家建立健全同经济发展水平相适应的社会保障制度。"宪法第 45 条进一步规定:"中华人民共和国公民在年老、疾病或者丧失劳动能力的情况下,有从国家和社会获得物质帮助的权利。国家发展为公民享受这些权利所需要的社会保险、社会救济和医疗卫生事业。国家和社会保障残废军人的生活,抚恤烈士家属,优待军人家属。国家和社会帮助安排盲、聋、哑和其他有残疾的公民的劳动、生活和教育。"应当认为,普遍性原则符合人类对社会公平、公正的追求与向往,体现了人类社会的终极目标。

然而,由于人们对社会保障的需求在客观上存在差异,且不同国家、不同地区的经济发展水平的不均衡也影响了其福利制度水平的高低,故而有必要在采取普遍性原则的基础上根据社会成员不同的需求展开差异性原则,即坚持普遍性原则,并不排斥对特殊地区、特殊群体在具体保障标准上实行特别对待。目前,我国的社会经济发展仍然较为不平衡,东、中、西部社会经济发展水平差距大,城乡二元结构突出,建立全国统一的社会保障标准的条件显然尚不成熟,因此需要在坚持普遍的前提下对特殊情况进行特殊照顾。

普遍性与差异性相结合的原则是对社会发展不均衡和社会成员需求差异性这一客观现实的充分尊重,符合唯物辩证法对立统一这一根本规律的内在要求,也是社会保障法必须依照的一项重要原则。

3. 公平与效率协调发展原则

公平与效率是社会保障制度的基本价值,科学、合理地协调好二者之间的关系是社会保障立法的基本原则之一。从社会保障的起源和发展过程来看,社会保障的直接目的就是减少社会冲突,帮助解决社会成员眼前的生存困难和潜在的后顾之忧,增强社会成员对社会的认同感和凝聚力,从而维护社会秩序的稳定。但要想实现这一目标,必须通过对国民收入进行"垂直性再分配"和"水平性再分配"这两种再分配的方式来达到,这也就意味着社会保障水平的高低与经济发展水平的高低呈现高度的正相关关系。

作为社会保障制度的法律表现,社会保障法的制定应当充分贯彻公平原则,从发展历程来看，无论是社会保障观念的起源，还是社会保障法的创立史，都体现了人类追求公平的努力，社会保障法是最直接体现社会公平价值的法律规范，是符合有关国际公约、我国宪法精神对公平含义界定的。这里提到的"公平"包含两层含义：一是从社会保障权利享受的角度来说，社会保障法应贯彻人人平等的理念，即任何社会成员只要达到接受社会保障的条件，就有权利享受国家和社会提供的物质帮助；二是从社会保障待遇确定的角度来说，社会保障法应力求遵循平等原则，不能因为社会成员的地位、身份、性别、种族、信仰等方面的不同而差别对待。社会公平始终是社会保障法所追求的价值，这是社会保障法本身的要求。

在社会保障法贯彻公平原则的同时，还需兼顾效率，因为公平是以效率和发展所带来的物质基础为前提的。社会保障的效率性，体现在社会保障的经济调节作用和对社会成员的激励作用上。公平与效率协调发展决定了社会保障水平必须与生产力发展水平相适应，必须与一国或地区的政治、经济、文化、历史、社会等情况相适应；否则，一旦社会保障所追求的公平忽视了效率的一般规律而损害到社会发展的根本，那么公平也不过就是海市蜃楼。假设社会保障提供的服务项目过多、标准过高，就极易导致效率的丧失，促使部分社会成员滋长懒惰心理和不劳而获的思想，从而导致社会生产力水平的全面下降和社会财富总量的减少，滋生全新的、更大程度上的不公平。

因此，社会保障法应始终坚守公平与效率相结合的原则，在公平与效率动态平衡的过程中，兼顾双方。社会保障法必须对国家、单位、个人这三大社会保障主体进行责任和义务的合理划分和组合，实行社会保障费用由三方共同负担的制度，充分强调社会成员权利与义务对等：国家负担社会救济、社会优抚等兜底保障，公平对待全体社会成员，只要符合法定条件，人人均可享受；而个人和单位缴费部分，既要考虑到公平，又要兼顾缴费者的个人利益，以调动其参与社会保障的积极性，但同时也应考虑劳动者贡献的大小，让对社会贡献大的劳动者享受较高的养老保险待遇，以激励所有社会成员勤奋工作，提高劳动生产率和经济效益。

4. 社会化与多元化原则

社会化原则与多元化原则既有交叉也有不同。社会化原则是指社会保障制度立法覆盖范围、主体参与和制度目标的社会化，而多元化原则主要强调社会保障制度目标实现方式、方法的多元化。社会保障制度作为一张强制性、普遍性的社会安全网，是现代化社会大生产的产物，是以社会全体成员为对象的制度建构，针对老、弱、病、残、幼为代表的社会弱者群体的生存与生活保障的制度探索与实践也从未停歇。在前工业化社会，由于家庭承载了生产、教育、保障等多项功能，对这类群体的照护几乎都是靠家庭这一单位角色完成的。但随着工业化、城镇化、现代化不断加深，家庭功能被大大弱化，前工业化呈现的小范围家庭风险逐渐过渡为工业化与现代化时期的普遍性社会化风险，国家与政府为了整个社会的有序发展，不得不参与并积极建构包括社会保险、社会福利、社会救助和社会优抚等多元化内容的社会保障制度体系。但是要让国家将照顾所有老、弱、病、残、幼这类弱势群体的义务一肩挑显然不现实，也不合理，西方福利国家、发达国家过去的高福利政策最终导致的"福利病"就是前车之鉴。

政府与市场之间的关系协调绝不是非此即彼的单项选择关系，而应该在相互博弈的基础上寻求一种全新的利益均衡。它具体包括两方面的内涵和要求：一是社会保障基金来源的双重性，既要依靠国家、政府的财政拨款，也要依靠社会各界的出资，如企业、社会组织、社会机构、个人通过缴纳社会保险金向社会保障制度出资。二是社会保障的日常管理与监督事务应该由国家和社会共同承担，政府作为社会的管理者，应对社会保障制度的实施进行总体规划，但是，社会保障制度作为一项涉及主体多、关系杂、内容丰富的制度，单靠政府的行政资源是很难使社会保障制度运行良好的，必须依靠广大社会成员的共同实施，才能使社会保障制度真正成为一项利国利民的制度。譬如：在社会保障基金的筹集和给付上，由于人力、物力资源有限，政府需要委托相关的社会保障实施机构来协助办理；在社会保障基金的筹集、运营和给付的监督中，也需要有广大民众基金参与，使得社会保障资金得到良好的管理和使用。

从社会保障制度立法角度来说，社会化与多元化的交叠意味着需要合理分配政府、社会、个人等多维主体的权利、义务关系，通过立法将社会保障制度的各类义务进行明晰，建立起科学、完善的社会保障制度体系，并最终实现社会和谐运行、社会福祉水准不断提升的总体目标。

5. 互助共济与社会连带原则

在现代社会中，全体社会成员都承受着诸如失业、伤残、疾病、老龄等多方面的风险，并会因这些风险的发生而丧失工作能力，进而失去了作为生活来源的收入。这种伴随着人类社会工业化进程而出现的伤残、职业病、失业、破产以及人口老龄化等风险，对社会成员的生活甚至生存均会构成威胁，而这些风险的产生在很大程度上也是各种社会因素导致的。例如：由于工业生产机械化程度的提高，工伤事故发生的概率随之增加；由于电器设备的使用，工人在生产中伤亡的可能性增高；在技术条件进步的情况下，由于人工需求的减少、人工智能对传统劳动力的替代导致失业率上升。对于社会风险，完全靠个人来承担其后果是不可能的，由政府大包大揽也是不现实的，这就要求全体社会成员互相帮助，通过社会互助共济的方法，实现对社会所有成员的庇护。其中，实现互助共济所依赖的法律精神便是社会连带思想，社会连带思想起源于欧洲，始终具备较高的精神价值。社会是由不同社会成员集合而成的，社会成员因不同的背景、天赋、教育程度、偶发事件等因素使得他们的生活千差万别，有的人生活安逸富庶，有的人生活窘迫，甚至难以为继，而这些个人无法克服的生活障碍，必须通过社会整体共同消化。就不同的社会保障项目而言，有些保障的人群范围相对较小，如鳏、寡、孤、独；有些群体则范围较广，如社会成员年老与疾病的风险。不论何种情形，均须依赖社会连带主义精神，通过凝聚社会力量克服困难。

体现在社会保障法中，就必须实行由社会成员有条件地共同承担风险的原则，即通过强制性的立法建立社会共同责任机制，使社会风险在一定条件下由全体社会成员共同承担——通过对部分社会成员的特别保护，来实现对全体社会成员的共同保障，从而维护正常的社会秩序，促进社会的顺利发展和进步。社会保障的立法应对所有社会成员同等对待，把他们都纳入社会保障法的调整范围之中，将互助共济作为重要原则进行遵守。

2. 社会保障水平与经济发展相适应原则

社会保障制度的建立和发展，要与社会发展阶段和经济发展水平相适应。世界各国的社会保障制度都不是凭空建立起来的，社会保障立法所确定的社会保障对象、社会保障项目、社会保障待遇水平，无一不受到本国社会经济发展阶段与经济发展水平的制约与影响。如果社会保障滞后于经济的发展，就容易造成社会的不稳定，进而给经济发展造成消极影响；相反，如果社会保障水平超前于经济的发展，则必然造成国家无力承受并最终损害经济发展的后果。

西方工业化国家的历史经验证明，社会保障水平并非越高越好，在早期的设计中，由于忽略了这二者之间的关系，社会保障水平严重超过了经济的增长速度，甚至超过了自身 GDP 的增长水平，最终导致“福利病”的大肆蔓延。为了改变经济发展与社会保障不相适应的状况，各主要资本主义国家在20世纪80年代纷纷对自身的社会保障法律进行修正,适度降低社会保障的水准,使社会保障的发展与经济的发展互相协调、互相促进。因而,社会保障的发展水平既应充分保障公民的基本生活,又需促进国民经济的健康发展;既要保证社会稳定,又要能激励社会成员积极劳动,提高社会成员的素质,促进社会进步。在进行有关社会保障的立法时,一定要从我国经济发展的实际情况出发,充分考虑国家、社会以及公民个人可能负担的财力、物力水平。

社会保障法的基本原则是社会保障法本质的反映,何种性质的法律就应该由该种性质的法律原则来统领,何种性质的法律原则就应该反映出该种性质的法律体系。同时,社会保障法的基本原则是各项社会保障立法的指导原则,由于社会保障法体系较为复杂和庞大,每个社会保障项目的立法如果没有统一的指导原则,便很难使社会保障法形成一个统一协调的体系,社会保障的目的就难以实现。社会保障法的基本原则具有贯穿于社会保障法律体系始终的效力。社会保障的基本原则是各项社会保障法律的制定标准,社会保障法中的各个法律规范都是以社会保障的基本原则为指导而制定的,因而其效力理应贯穿于各个社会保障法律的制定和实施的全过程,当各社会保障法律之间的规定产生冲突时,应该根据社会保障法的基本原则来做出判断。

第二节　社会保障法的产生与发展

一、发展阶段和特点

(一)社会保障法的萌芽

社会保障是源于人类的公平正义理念的一种思想,其产生可以追溯到人类文明早期。早在西周时期,我国就出现了一种为救荒、济贫而产生的重要政策措施"仓储制度";公元前2000多年的《汉拉比法典》曾规定"要保护寡妇、孤儿,严禁以强凌弱";古希腊和古罗马在战争或气候造成危机时,国家也会对普通公民进行粮食或面包的配给。

但是,社会保障真正作为一项制度是从17世纪的英国开始的。随着工商业的兴起,资本主义圈地运动和自由竞争使得封建社会的人身依附关系开始瓦解,成千上万的农民脱离土地,失去了基本的生活来源,许多人成了城镇游民或乞丐,产生了大量的失业和贫困问题,16世纪末期,英国社会处于严重的社会动荡时期,靠传统的教会和慈善院的救济已经不能满足广大失业者和贫困者的需求。为了缓和社会矛盾,为资本主义经济的发展铺平道路,当时的伊丽莎白女王于1601年颁布了《济贫法》,该法通过征收济贫税来对无力谋生的贫民发放救济,《济贫法》规定在全国普遍设立收容贫民的济贫院,对贫民一方面强迫劳动,另一方面实行慈善救济,即以强迫为主,兼顾救济,主要目的是通过强迫劳动,解决贫民流浪问题。《济贫法》规定的救济对象有三种:①有劳动能力的贫民;②无劳动能力的贫民;③无依无靠的孤儿。《济贫法》规定的救济措施包括:①建立地方行政和征税机构;②为有能力劳动的人提供劳动场所;③资助老人、盲人等丧失劳动能力的人,为他们建立收容场所;④组织穷人和儿童学艺,建立贫民习艺所;⑤提倡父母子女的社会责任;⑥从比较富裕的地区征税补贴贫困地区。萌芽时期的社会保障具有显著的慈善性质,该法的颁布标志社会保障从分散走同统一,从临时性走向制度化,从随意性走向法律化,这种由政府提供就业保障和财政补贴的做法,开创了社会保障国家化、社会化的先河。

由于《济贫法》颁布实施后，政府所拨救助款大多流入了封建主和商人的腰包，遭到广大人民群众的反对。另外，由于原《济贫法》的局限性随着社会的发展逐步显现出来。1832 年，国王威廉四世组织“济贫行政与实施委员会”，开始改革济贫行政管理机构；1834 年，国会通过《济贫法修正案》(新《济贫法》)，废止由各教区掌握的济贫行政管理权，合并邻近若干教区，成立“济贫协会”，扩大地方济贫的基层管理单位，将地方贫民习艺所列为地方单位的行政管理中心，成立中央济贫法实施委员会，实行中央督导制，将济贫的执行权力集于中央，从而改进了济贫管理监督机制，将济贫权由分散改为集中，避免了地方济贫管理中的腐败现象。

英国《济贫法》的颁布与实施，对稳定当时的社会和促进资本主义经济的发展起到了重要的作用，该法也因此为后起的资本主义国家所效仿，尤其是欧洲资本主义国家。除了英国以外，瑞典也在 1763 年制定了《济贫法》，由政府征收济贫税，承担救济贫民责任，此后经过多次修订，至 1871 年把救济的主要对象限定为老年人。尽管《济贫法》在内容上有明显的局限性——以“慈善与矫治”的原则使该法兼有强迫劳动和福利救济的性质，强调对不劳动者的惩罚而较忽略对需求者的帮助，但它毕竟是在人类历史上第一次以专门的法律形式对社会保障事项做了规定。该法把贫民和孤儿作为法定的救济对象，对老人、盲人等丧失劳动能力的人提供资助，从比较富裕的地区征税补贴贫困地区的规定，也为社会保障法的内容提供了范例。

(二)社会保障法的产生

英国及之后的一些国家所制定的《济贫法》，虽然规定了政府有对贫民进行社会保障的责任，而且也确立了国家的济贫政策，但是这些济贫法并不是现代意义上的社会保障法，其本身也具有诸多局限性，例如在适应对象上过于狭窄、适用原则上存在偏见、救济手段上过于单一。

现代意义上的社会保障法出现在 19 世纪末的德国。19 世纪中叶，德国开始了工业革命进程，很快就取得了突飞猛进的发展，与此同时，工人阶级的力量也在不断壮大，与资本家之间形成了抗衡局面。19 世纪下半叶，德国国内经济萧条，劳动人民生活贫困，社会主义思潮在工人中广泛传播，工人运动不断兴起，无产阶级力量迅速壮大，劳工问题成为当时社会亟须解决的重大问题。19 世纪末，德国社会完全处于新旧资产阶级势力交替的动荡时期，新成立的德意志帝国面临着如何发展资本主义的压力，一方面，处于统治地位、代表新资产阶级利益的普鲁士集团受到来自社会民主党的革命运动的威胁；另一方面，社会矛盾突出，工人运动的广泛兴起，严重阻碍着资本主义经济的发展。为了缓和社会矛盾，巩固自身的统治，面对如火如荼的工人运动以及蓬勃兴起的社会主义运动，时刻关注对社会改良政策的积极实施，时任普鲁士帝国首相的俾斯麦，采取了“胡萝卜加大棒”的做法。一方面，德国于 1878 年制定《社会党镇压法》，尽力压制社会民主党的革命运动。另一方面，通过制定社会政策和社会立法来保护劳动者，缓解劳资之间的矛盾，1881 年，俾斯麦所倡导的社会保险法案在国会获得了通过，德国先后于 1883 年颁布了《疾病保险法》，于 1884 年颁布了《工伤保险法》，于 1889 年颁布了《养老和伤残保险法》，这三部立法的颁布与实施，在很大程度上改善了工人和广大底层人民的生活生产环境，使社会矛盾得到调和与缓解，确立了社会保险法的基本思想和原则，开创了社会保险立法之先河。不过，由于当时这三部法律仅仅涉及了德国就业人口的 1/5，而且在具体实施过程中也存在着交叉与冲突，所以不久以后，德国政府决定对这三部法律进行整合。1911 年，上述三部法律又被确定为德意志帝国统一的法律文本，另增《孤儿寡妇保险法》，合并成为《社会保险法典》。随后，德国于 1923 年又颁布了《矿工保险法》，于 1927 年制定了《职业介绍和失业保险法》。德国通过立法,实行包括社会保险、孤寡救济、劳资合作以及工厂监督在内的一系列社会政策措施,“自上而下”地实行各项经济和社会改革,完成了当时世界上最为完备的工人社会保障计划,标志着世界范围内的社会保障立法从社会救济进入了社会保险的阶段,全面步入国家立法阶段。

由于这种以社会保险为主体内容的社会保障制度与工业化的进程相吻合,德国的社会保险法为欧洲各国树立了榜样,为西欧多数国家所仿效。这些国家也先后制定与实施了全面的社会保障法律。1890 年至 1911 年短短几十年的历史进程中,就有近 40 个国家先后制定了与社会保障相关的法律;其中,丹麦、奥地利、英国等 16 个国家在此期间实行了养老保险;美国、加拿大、法国、波兰等 37 个国家实施了工伤保险制度;法国、挪威、英国、丹麦等 9 个国家采取了失业保险政策;比利时、瑞士、英国等 9 个国家进行了疾病生育保险立法。而世界范围内大规模社会保障法制化,也彻底标志着社会保障法作为一项新兴的独立法律制度已经形成。

(三)社会保障法的发展

美国是自由经济国家的代表,在经济政策方面,保守主义反对以平等和福利为目的的收入再分配,极力维护个人自由和市场自由,坚信只要遵循传统的价值观,以家庭自我保障为基础,将私营机构帮助、个人自愿捐款的慈善事业作为补充,通过市场经济的调节,社会成员就可以得到最有效的发展。

真正使美国发生转变,推行社会保障制度的契机是 1929—1933 年的经济危机。1929—1933 年资本主义世界发生了严重的经济危机,1929 年 10 月 24 日在历史上被称为“黑色的星期四”。这一波及范围广、影响程度深、后果严重的经济危机使得美国经济陷入了前所未有的困境,失业和贫困人口急剧增加,社会治安问题日益严峻,经济甚至一度走到了崩溃边缘。为改变这种状况,罗斯福总统从 1933 年起推出“新政”,充分强调国家对于社会经济生活的干预。国家不仅把经济干预和调节的范围扩大到再生产领域,且扩展到了国民收入再分配领域,实行社会保障制度就是国家干预国民收入再分配的一种形式。新政中关于社会保障的政策主要包括:①将社会保障视为大机器生产的客观需要,是取代已不适应形势的家庭保障的新社会政策;②建立以普遍福利为核心的社会保障制度,以消除人们对生活中未知灾祸的恐惧;③家庭安全、生活保障、社会保险是社会保障道路第一站的三大任务;④实行强制性多层次养老社会保险,开始由联邦政府承担养老金开支的一半,最终则由自给的保险年金所取代;⑤社会保险必须促进自我保障意识的建立,即保险资金取之于民、用之于民。1935 年 8 月 14 日美国总统罗斯福签发了《社会保障法》,该法的主要内容囊括:①联邦政府设立社会保障署,负责全联邦社会保障计划的实施;②实行全联邦统一的养老保险制度,由雇主和雇员缴纳养老保险税,建立养老保险基金;③由联邦政府和州政府共同实施失业保险计划,对雇佣 8 人以上的雇主征收失业保险税;④在联邦政府资助下,由州政府实施老人和儿童福利、社会救助和公共卫生措施。

美国 1935 年的《社会保障法》在社会保障立法史上具有重要的历史意义,它是世界上第一部对社会保障进行全面系统规范的法律。社会保障的普遍性和社会性原则得以明确,并成为各国之后进行社会保障立法的普遍原则。依照美国的成功经验,西方国家纷纷对原有的社会保障立法进行补充和修订。

(四)社会保障法的成熟

20 世纪初,资本主义世界正处于由自由资本主义向垄断资本主义转变的时期。但是,社会基本矛盾的进一步加剧和经济危机带来的萧条景象严重影响着资本主义的发展。第二次世界大战后，资本主义世界各国在经济上有了不同程度的发展。产业结构发生大变革，由此引发了产业工人比例下降、工人白领化、雇员专业化等一系列社会结构性变化。重工业和其他一些劳动力密集型产业的衰落，使得大批工人失业或被迫改换工作。面对庞大的失业队伍和为解决日益严重的社会问题，社会保障法的发展进入了新的阶段。为了解决日益严重的经济和社会问题，资产阶级的经济学家们站在调和社会矛盾的角度对传统自由资本主义经济的改良理论进行了大量的探索，如凡勃伦和康芒斯的制度经济学、庇古的福利经济学、凯恩斯的有效需求不足理论学说都对传统经济的变革提出了独到的看法，为“福利国家”的诞生奠定了坚实的理论基础。

社会保障法达到成熟的主要标志是以英国为首的“福利国家”制度的构建。1942 年 11 月，时任英国社会保险及有关服务部联合委员会主席的贝弗里奇，着眼于重建战后和平，使英国人民永获安全感的长远安排，提出了名为《社会保险及有关服务》的报告，即《贝弗里奇报告》。该报告以消灭贫困、疾病、肮脏、无知和懒散五大社会病害为目标，制订了一个以社会保险为核心的全方位的社会保障计划。具体的观点包括：①社会保障应遵循强制性、普遍性原则；②社会保障的管理应该统一；③国家有责任防止贫困和不幸，社会福利是一种社会责任；④实现充分就业；⑤每个国民都有权从社会获得救济，使自己的生活水平达到国民最低生活标准。1945 年英国工党上台后，开始实施《贝弗里奇报告》，于 1944 年发布了“社会保险白皮书”，并随后进行了一系列社会保障立法，主要有：1945 年的《家庭补助法》，1946 年的《国民保险法》《工业伤害保险法》和《国民健康服务法》，1948 年的《国民救济法》。这 5 部法律同时于 1948 年 7 月 5 日生效，英国从此形成了涵盖失业、伤残、疾病、养老、死亡、家庭津贴等内容的“从摇篮到坟墓”的福利国家型的社会保障体系，社会保障法律体系趋于成熟，开创了“福利国家”的先河。

英国实施的福利国家立法为西欧许多国家的社会保障立法提供了模式，包括丹麦、芬兰、瑞典在内的许多国家也都效仿了英国的模式来建立社会保障制度。“福利国家”的浪潮不仅对各国国内的社会保障制度产生了影响，同时也对国际社会的社会保障立法产生了极大的推动作用。1952 年，国际劳工组织制定了《社会保障最低标准公约》，对退休待遇、疾病津贴、医疗护理、失业救济、工伤补偿、残疾津贴、子女补助、死亡补助和定期支付应遵守的最低标准做出了明确规定，要求成员国予以遵守。该公约在国际社会产生了重要的影响，被誉为“社会保障的国际宪章”。社会保障法的完善还体现在这一时期立法的内容上，即立法使社会保障普遍地向全民化、普及化方向发展。与俾斯麦时期的社会保障法相比，联邦德国战后的社会保险立法在内容上更接近全民化，以健康保险为例，全国 90％的人口都能享受国家健康保险，而其余 10％的人口则享有私人保险。法国的社会保障也由个别救济向全民保险形式转化，法国立法机构在 1945 年至 1947 年间，连续通过有关社会保障的立法，在全国设立了保险银行及其分支机构，并且逐步建立起低收入劳动者保险、中等以上收入劳动者保险、全国性的疾病和养老保险，直至囊括了个体劳动者和农业劳动者的全民社会保障网。

与此同时，苏联、东欧国家以及中国和亚洲其他社会主义国家的“国家保险”制度纷纷建立，成为社会保障制度的一种新型模式。在苏联，于沙俄时期建立了工伤和疾病保险制度，在苏联建立后，建起了新型的社会保险制度。随后，东欧社会主义国家及中国和亚洲其他社会主义国家，也仿照苏联模式建构了本国的社会保险体系。

(五)社会保障法的改革与调整

至20世纪中叶,社会保障的思想和理念在全球范围内得到了普遍的认同,至50年代中后期,几乎所有的发达国家都初步完成了社会保障立法的工作,建立起了包括养老、疾病、失业、工伤、家庭津贴、贫困救济等项目的社会保障制度。20世纪50年代至70年代,世界经济迎来了高速发展的黄金时期,欧美各国的经济以前所未有的速度向前推进,为各国社会保障制度的全面实施提供了夯实的物质基础。与此同时,欧美国家用于社会保障的费用持续增长,社会保障费用在国内生产总值中所占比重从20世纪60年代的20%上升到70年代的30%左右,社会保障制度来到了绝对的鼎盛时期。

但随着1973年中东石油危机的爆发,西方国家出现了严重的经济危机,发达资本主义国家的经济发展纷纷进入滞胀阶段,社会保障支出占国内生产总值的比重不断提高,在政府总支出中所占比重也大幅度上升,庞大的社会保障开支成为财政上的沉重包袱,导致财政赤字、社会成员交纳的社会保险费与所得税猛增,也影响了国内投资和产品的竞争能力,使失业与通货膨胀加剧,由此也引发了"福利国家危机""福利困境"这类围绕社会保障的危机,各国社会保障制度相继进入调整与改革阶段。为了解决不断增长的社会保障开支所带来的巨大财政赤字,各国纷纷采取各种措施来缓解政府的压力:美国于1987年7月通过了社会保障制度改革方案;日本于1982年制定了《老人保健法》,实行老人医疗收费制度,于1984年修改《残疾人福利法》,从康复所的入所者中收取费用,修改《健康保险法》,规定医疗费由本人负担10%,于1985年修改《国民养老金法》,调整基本养老金制度,1987年制定《社会福利及护理福利法》,1989年修改《生活保障法》;法国、联邦德国、荷兰、加拿大、比利时等国也先后在社会保障立法中提高了保险费率。

从总体上看,这些国家社会保障法的改革与调整主要立足"开源节流",即增加社会保障费的收入,减少社会保障金的支出。改革和调整的具体措施包括以下方面:

①提高或取消缴纳社会保险费的上限,即不论社会成员的工资数额,全部都必须缴纳社会保险费,从而增加社会保障的收入。

②提高社会保险费率,由于社会保险费是以社会成员所得工资的一定比例缴纳的,提高比例便可增加社会保障的收入。

③征收社会保障所得税,过去的社会保障所得一般不纳税,在改革调整后,一些国家对这些所得征收税费,如规定退休金、疾病保险金、残废补贴、失业救济金的领取,都要交一定的所得税。

④修改社会保障金的调整办法,以前为免受通货膨胀、生活费上升的影响,社会保障金会随物价、工资或生活费指数进行调整,而为了限制保障金的增长,一些国家采取了措施,无论长期性或短期性津贴,均只与物价挂钩,或者限制社会保障金的增长。

⑤减少社会保障金,包括减少或取消对病人、孕妇、残废者、失业者的附加补助,降低退休金标准,减少失业救济金和住房、教育补贴。

二、发展趋势

虽然社会保障法律制度经历了多次重大改革和调整,但无疑都是为了完善社会保障制度,而不是削弱或终结这项制度。社会保障制度在社会发展变革中出现的问题,并不是这一制度本身的问题,而是由于社会经济发展到一定阶段,特定的经济、社会、文化、历史、国际背景共同作用的。各国的社会保障制度仍在不断地进行调整，以适应本国目前及未来的经济和社会发展的需要。

(一)完善针对弱势群体的社会保障法制建设

在过去几十年的实践中，诸多国家的福利社会保障制度弊端逐渐凸显，政府在践行社会保障时过于强调对弱势群体的救助，没有授之以渔，忽略了引导和帮助弱势群体自立自强的重要性。这种看似强调"公平"的法制构建，其实是有失偏颇的，极易加重福利财政性的支出负担，导致政府财政不堪重负，出现经济增长率降低、福利支出大幅增加的恶性循环；被救助群体很容易出现"福利病"，滋生对工作的负面消极心态，阻碍社会阶层流动，尤其增加了中下阶段向上流动的难度，间接作用于国家的经济发展、竞争力，影响了社会的整体稳定。

针对弱势群体的社会福利法制构建，政府应从单一的财政承担向调动多方面积极因素发展，始终坚持"促进就业与加强保障并举"，提高社会保障效率，分散政府过重的负担。同时，提高对弱势群体的动态识别能力，加强对残疾人和儿童等弱势群体的保护，建立起系统、完善的法治保障环境，提高整体管理与服务水平。

(二)追求兼顾公平与效率的社会保障法制构架

在连续遭遇 20 世纪 70 年代"石油危机"、21 世纪初"次贷危机"等多个大型经济危机后，各个资本主义发达国家都还没有完全地找回节奏，经济发展速度长期趋缓，经济增长乏力，严重缺乏经济活力与创新动力，劳动力市场表现持续疲软，失业问题严重且有持续存在的趋势。在这样的发展状况下，社会保障架构中的多主体权责被广泛讨论，各个主体如何积极参与社会保障过程，共同构建起既保障公平，也促进社会不断发展进步的社会保障法制体系，是未来的发展方向。

兼顾公平与效率的法制架构，需要重点强调各个主体的权利与义务划分，其整体的目标取向主要是为了提高市场经济的效率，减轻企业负担，为经济发展培养、储备良好的人才素质。一方面，强调劳动者风险保障，社会资源的优化配置与效率提高，充分发挥市场在资源分配中的决定性地位，通过市场中的多主体共同保障劳动者权益；另一方面，通过实体公平来保障公民基本权利的制度性实现，缓和市场竞争带来的诸多矛盾，充分发挥以政府为中心的多主体作用，维护社会秩序的稳定与和谐。

(三)建立动态调整的社会保障法制体系

运行良好的社会保障法需要与国家的经济、政治发展始终保持同频共振，要基于国家的具体情况进行调整。目前，世界局势波谲云诡，各国政治、经济、社会状况始终处于动态变化过程中，大型突发性事件不断侵扰着各国原先、固有的治理逻辑；而社会保障法的酝酿、试行、出台、完善恰恰需要一个较长的周期，如何能够动态适应国家发展形势是社会保障法制体系必须解决的问题。

诸如大地震、核泄漏、新冠肺炎疫情等多类重大突发事件，引发了一系列的次生社会灾害，极大地冲击了原先固有的社会保障体系，使得原有的社会保障架构无法对公共卫生事件、公共安全事件、公共社会事件做出快速、有效的反应，社会保障法需要找到实现法制稳定性、确定性与相对灵活的调整性、应变性的平衡点，确保国家能在正常运转中具备应对突发事件对公民在社会保障各方面的冲击。同时，随着信息化、人工智能的不断发展，出现了诸多就业新业态，部分公民面对着社会保障法断层、空白的尴尬境地。为了更好地明晰这些不同于传统概念的形态，降低制度变迁过程中潜在的转变成本，社会保障法需要建立动态调整机制，及时通过发布从属文件、通知、条例对新事物进行具备法律效应的解释，形成与过去接轨、为未来服务的长效性法制体系，降低公民因为社会发展而遭受的制度变迁风险，安全地度过转型关键期、改革期、调整期，确保社会的良性运转。

第三节 中国社会保障法

一、发展阶段和特点

我国古代社会藩镇割据严重，灾祸发生率高，民众抗御自然灾害能力低，故而，救灾救荒成为各个朝代掌权者的重要事务。概括来说，救荒一般可以分为“消极救荒论”和“积极救荒论”。所谓“消极救荒论”，是指灾荒来临之际的实际应对策略，一般包括赈济、调粟、养恤、除害；所谓“积极救荒论”，则是指预防灾荒发生的一系列政策和具体措施，一般囊括重农、仓储、水利、林垦等，严格来说，“积极救荒论”已经脱离了纯属的救荒范畴，属于生产范畴。而赈济作为典型的救济方法，受制于封建社会的时代背景，赈济或是归于皇恩，或是归于民间慈善，并没有法律上的权利、义务关系。因而，对于灾民来说，若遇严重灾荒，哪怕是卖儿卖女、易子而食，也无法向官府主张“权利”，只能接受所谓的“天命”“因果”。

纵观我国古代提倡的思想及历朝历代所采取的措施，已出现了社会保障思想、保障民生的理念，并能够通过统治阶级实施的“仁政”措施实现维稳目标。但与现代社会保障法制、现代社会政治与法制建构比较而言，我国古代社会的各种救灾举措皆不属于社会保障的范畴。我国的社会保障法制构建与其他法律门类一样，从理念到制度皆为“西法东渐”的产物。

(一)萌芽阶段:1919—1949年

19世纪上半叶，欧洲各类社会主义流派百花齐放，其中，法国空想社会主义、德国讲坛社会主义都是典型代表。讲坛社会主义注重社会改革，主张国家干预经济生活，认为法律至高无上，支持社会改良，推崇所谓的“国家社会主义”。而与此同时，马克思、恩格斯所倡导的科学社会主义及对应思潮下的国际工人运动如火如荼，尤其是1848年《共产党宣言》的发表，更是极大地推动了欧洲工业社会的社会变革浪潮。以德国为代表，19世纪80年代的社会立法，是德国社会变革的重大成果之一，为德国经济社会发展奠定了坚实的法律基础。随着中国逐渐走出“闭关锁国”的封闭局面、欧洲社会法流派的不断兴起，社会改良与社会立法思想漂洋过海，与孙中山先生所创建“三民主义”之民生主义耦合，开始影响东方社会。20世纪30年代，中国法学界开始探索社会法，胡长清、黄佑昌、陆季蕃、吴传颐等学者皆有相关文献著述传世至今①，他们所探讨的社会法，就包含了“社会保障法”的内涵，不过当时法学界所展示出的社会改良与社会法构建理念仅仅停留在理念层面。20世纪上半叶的中国饱受战祸摧残，社会法的法制建构系这一与工业化、现代化(甚至后工业化、后现代化)紧密相连的上层建筑，完全无法适应一个小农经济的社会发展背景。但是，毋庸置疑，20世纪30年代法学学人的学术贡献值得肯定，他们引进的“社会法”概念，对日后社会保障制度的诞生奠定了相应的理论铺垫。

① 蔡晓荣.民国时期社会法理论溯源[J].清华法学，2018，12(3)：58-75.

虽在民国初期即已出现了对社会保险的倡议，但我国社会保障制度的建立仍然相对迟缓，大多停留在针对某一特定领域的尝试。1922 年，由中国劳动组合书记部拟定的《劳动法案大纲》中明确提出了实行社会保险的各项具体要求。1930 年，全国苏维埃区域代表大会上通过的《劳动保护法》中规定了社会保险、劳动保障与抚恤的内容。1931 年 12 月，《中华苏维埃共和国劳动法》通过，该法在第 10 章中对社会保险做出了专章的规定。1940 年，陕甘宁边区政府制定了《陕甘宁边区劳动保护条例》，规定了对女职工的保障和对因工死亡人员的抚恤办法等。1940 年，晋察冀边区政府制定了《边区政府工伤人员伤亡抚恤条例》，规定机关工作人员发生疾病伤亡时，应发放生活费。1941 年，晋冀鲁豫地区政府颁布了《晋冀鲁豫边区劳工保护暂行条例》，并于 1942 年 11 月、1943 年 9 月做了两次修改和补充。1943 年，社会部为安定盐工生活，在川北各监区设置盐工保险社，并制定了川北区各盐场保险暂行办法。1945 年 11 月，晋察冀边区制定了《关于改定中小学教职员待遇标准的决定》。1947 年《"中华民国"宪法》第 155 条规定"国家为谋社会福利，应实施社会保险制度。人民之老弱残废，无力生活，及受非常灾害者，国家应予以适当之扶助与救济"，第 156 条概括规定"国家为奠定民族生存发展之基础，应保护母性，并实施妇女儿童福利政策"，第 157 条规定"国家为增进民族健康，应普遍推行卫生保健事业及公医制度"。1948 年上半年，东北行政委员会批准了哈尔滨市政府草拟的《战时劳动法》，对劳动者福利做了详细的规定。1948 年 8 月，在全国趋近统一时，于哈尔滨召开的全国第六次劳动大会通过了《关于中国职工当前任务的决定》，提出了有关社会保障的立法建议。1948 年 12 月，东北行政委员会颁布了《东北公管企业战时暂行劳动保险条例》。

在战火纷飞的民国时期，实现民生主义和建构社会保障法制的道路举步维艰，但不可否认，在中国共产党的领导下的革命根据地和解放区的社会保障立法，内容和项目已经相当广泛，几乎包括了现代意义上的社会保障法的大部分内容。尽管这些社会保障措施只在革命根据地和解放区实施，并未推及全国，但基本可以认定为中国社会保障制度的萌芽已现，为新中国成立后的社会保障制度奠定了基础并积累了宝贵经验。

(二)创立阶段:1949—1957 年

从中华人民共和国成立到 1957 年，是我国社会保障法的初创时期。

我国颁布了一系列法律，初步确立了社会保障的基本制度。1950 年 5 月，政务院颁发了《关于救济失业工人的指示》，据此，劳动部公布了《救济失业工人暂行办法》。1951 年 2 月，由政务院颁布《中华人民共和国劳动保险条例》为职工的生活保障提供了法律依据，标志着我国除失业保险外，包括养老、工伤、疾病、生育、遗属等职工社会保险制度已初步建立，该法规定企业负有对职工进行劳动保险的义务，劳动者不需交纳保险金，同时，劳动保险的事项均由工会办理，在政府的积极配合下，各项劳动保险事业有序推进。除生产劳动领域，国家机关、事业单位的社会保险制度也均通过法规的形式逐步确立。譬如：1950 年内务部颁布《革命工作人员伤亡褒恤暂行规定革命残废军人优待抚恤暂行条例》《革命烈士家属优待暂行条例》《革命残废军人优待抚恤暂行条例》《革命军人牺牲、病故褒恤暂行规定》《革命工作人员伤亡褒恤暂行条例》《民兵民工伤亡抚恤暂行条例》，政务院 1952 年颁布《各级人民政府工作人员在患病期间待遇暂行办法》《关于全国各级人民政府、党派、团体及所属事业单位的国家工作人员实行公费医疗预防的指示》，1954 年颁布《关于女工作人员生育假期的规定》，1955 年发布《国家机关工作人员退休处理暂行办法》《国家机关工作人员退职暂行规定》，1957 年发布《关于职工生活方面若干问题的指示》等规范性文件，这些都是关于职工的社会保障的规定。这些规范性文件标志着新中国社会社会保障法的创立,共同构成了新中国初期社会保障的基本制度。

(三)改革阶段:1958—1966 年

从 1958 年到 1966 年,是我国社会保障法的改革时期。在第一个五年计划完成的基础上,1958 年第二个五年计划开始,为了适应新形势,对一些不适应经济建设的社会保险制度进行了必要的改革。1958 年,国务院公布了《关于工人、职员退休处理的暂行规定》《关于企业、事业单位和国家机关中普通工和勤杂工的工资待遇的暂行规定》《关于国营、公私合营、合作社营、个体经营的企业和事业单位的学徒的学习期限和生活补贴的暂行规定》《关于工人、职员回家探亲的假期和工资待遇的暂行规定》等四项重要规定。这些规定充分总结了过去的实践经验,统筹兼顾,关注了工人阶级内部关系及工农关系,既考虑到了职工的眼前利益,又照顾了长远利益;既赋予了个人利益,也协调了国家利益。在内容上,这一时期的法律规范统一了企业与国家机关的退休、退职制度,对公费医疗和劳保医疗做出了适当调整,制定了职业病范围和职业病患者的待遇,制定、批准职工病伤生育假期办法,调整了学徒的社会保险待遇。同时,国家还在社会保险、社会福利、社会救济和优抚工作各个方面陆续颁布了大量的法规、规定,1962 年,国务院颁布《关于精简职工安置办法的若干规定》,规定了对精简职工的安置办法,在此期间,国家在城市兴建社会福利院、养老院、残疾人习艺所、精神病院等,在农村建立农村合作医疗制度、集体“五保户”制度等。

这一时期社会保障法的调整使我国社会保障制度在实施范围、保障水平和享受资格等各方面都取得了切实成效。该阶段社会保障的主要特点是“低工资、多就业、高补贴、高福利”,实行“国家包企业,企业包职工”的统包政策,对职工的生、老、病、死、残承担无限责任,由国家最终兜底。

(四)停滞阶段:1966—1978 年

1966 年到 1978 年是我国劳动保障法的停滞时期。受“文化大革命”的冲击,先前已建立的社会保障法制受到了严重破坏,各项保障立法无法发展,陷于停滞状态。“文化大革命”期间,各个管理机构被撤销,当时负责职工社会保险事务的工会被停止活动,负责社会保障行政管理的劳动部、民政部、卫生部、人事部门长期处于瘫痪状态,社会保障工作陷入无人管理的尴尬境地。新中国成立以来建立的各种社会保障法律法规和制度纷纷被废止,社会保障工作无章可循、无法可依。1969 年,财政部颁发的《关于国营企业财务工作中几项制度的改革意见》规定:“国营企业一律停止提取劳动保险金,企业的退休职工、长期病号工资和其他劳保开支,在营业外列支。”自此,企业职工社会保险费用统筹制度被迫放弃,企业自我保障成为主流,社会保险的统筹调剂、互助共济无从体现,致使我国社会保障事业停滞、倒退严重。“文化大革命”时期,我国法制建设全面崩盘,社会保障法同样陷入停滞状态,先前形成的良性社会保障制度建构几乎被全盘推翻,社会保障实际运行失效显著。

(五)发展阶段:1978 年至今

自 20 世纪 70 年代末起,我国开始了市场经济体制改革,我国社会政治经济发展进入了一个新局面。与此同时,社会保障法也迎来了全面的改革和重构。改革开放四十多年来,我国社会保障法律制度经历了三个发展阶段。

1. 改革起步阶段:1978—1992 年

1978 年以来,随着我国市场经济体制改革的全面推进,我国社会保障制度也开始了新一轮的改革探索。1983年年底，国家开始在一些省市实施医疗制度改革试点，1984年，开始实施退休基金社会统筹的试点。1986年，国务院颁布《国营企业实行劳动合同制暂行规定》，规定对劳动合同制工人的退休养老基金实行社会统筹，正式拉开了社会保险改革的序幕。1986年，国务院还颁布了《国营企业职工待业保险暂行规定》，在我国首次建立起失业保险制度。1991年，国务院发布《关于企业职工养老保险制度改革的决定》，提出了建立多层次养老保险的目标，基本养老保险实行社会统筹，先由市、县级统筹，再逐步过渡到省级统筹。1993年，国务院发布《国有企业职工待业保险规定》，将失业保险范围进一步扩大。与此同时，在农村社会保障制度方面，着重开展了中央政府主导下的大规模扶贫运动。

这一阶段，我国社会保障制度设计的目标主要是为当时国有企业改革配套，为国有企业与国有企业职工服务，缓解农村贫困现象，因而，社会保障立法也主要围绕这一目标展开。

2. 重构阶段：1993—2003年

1992年，党的十四大报告提出了建立社会主义市场经济体制的目标；1993年，党的十四届三中全会通过了《关于建立社会主义市场经济体制若干问题的决定》，明确将社会保障制度确立为市场经济正常运行维系机制的五大支柱之一。为适应这样的经济发展背景，我国出台了一系列社会保障领域的法律、法规和规章。

1994年，全国人大常委会通过了《中华人民共和国劳动法》，专章规定了"社会保险和福利"，规定企业职工的社会保险项目应当包括养老保险、疾病保险、工伤保险、失业保险、生育保险和死亡遗属津贴等。在养老保险制度层面，1995年，国务院发布了《关于深化企业职工养老保险制度改革的通知》，确立了社会统筹和个人账户相结合的养老保险制度改革方案。1997年，国务院发布了《关于建立统一的企业职工基本养老保险制度的决定》，规定到20世纪末，要基本建立起适应社会主义市场经济体制要求，适用于城镇各类企业职工和个体劳动者的，资金来源多渠道、保障方式多层次、社会统筹与个人账户相结合、权利与义务相对应、管理服务社会化的养老保险体系。在医疗保险制度层面，1994年，经国务院批准，国家体改委、财政部、劳动部、卫生部印发了《关于职工医疗制度改革的试点意见》，明确提出职工医疗保障制度的改革目标是建立社会统筹医疗基金和个人账户相结合的制度，并使医疗保险制度逐步覆盖城镇所有劳动者。1996年，国务院再次批准了《关于职工医疗保障制度改革扩大试点的意见》，在全国范围内进行了医疗保险制度改革的试点。1998年，国务院发布《关于建立城镇职工基本医疗保险制度的决定》，规定城镇所有用人单位，包括企业、机关、事业单位、社会团体、民办非企业单位及其职工，都要参加基本医疗保险。在失业保险制度层面，1993年，国务院发布《失业保险条例》，将失业保险的范围逐步扩大。在生育保险制度层面，1991年，劳动部发布《企业职工生育保险试行办法》，规定在企业实行职工生育保险制度。在工伤保险制度层面，1995年，劳动部发布了《企业职工工伤保险试行办法》，2003年，国务院正式颁布《工伤保险条例》，规定各类企业及有员工的个体工商户都应当参加工伤保险，工伤保险费由用人单位缴纳，职工个人不用缴纳。在社会保险费征缴设计层面，1999年，国务院发布《社会保险费征缴暂行条例》，对社会保险费的征缴做了明确规定。在社会救助层面，国家开始更多地关注社会弱势群体，为了解决社会低收入人群的基本生活问题，1999年，国务院颁发了《城市居民最低生活保障条例》，建立起最低生活保障制度。

这一阶段的社会保障立法，主要围绕市场经济制度的确立而展开，秉承"效率优先、兼顾公平"的总原则，出台了一系列行政法规，基本建立起了养老、医疗、失业、工伤、生育保险相对完整的社会保险制度，在社会救助层面做出了一定探索。

3. 全面深化阶段：2004 年至今

2004 年，党的十六届四中全会提出了构建社会主义和谐社会的目标，社会保障荣升为国家的基本社会政策。2005 年，国务院颁布《关于完善企业职工基本养老保险制度的决定》，进一步扩大了养老保险的覆盖范围，改革了养老金计发办法。2006 年，国务院颁布《关于解决农民工问题的若干意见》，提出要积极、稳妥地解决农民工的社会保障问题。2007 年，国务院颁布《关于在全国建立农村最低生活保障制度的通知》，规定在全国农村建立低保制度。2007 年，国务院颁布《关于开展城镇居民基本医疗保险试点的指导意见》，决定将基本医疗保险逐步覆盖全体城镇非从业居民。

步入新时期，我国社会保障制度的目标是要建立城乡统筹的社会保障制度，着力解决我国长期存在的、城乡二元结构导致的农村社会保障制度薄弱问题，进一步确立社会保障价值公平的思想导向，加强政府对社会保障的责任。党的十七大报告明确提出，到 2020 年基本建立覆盖城乡居民的社会保障体系。2008 年，第十一届全国人大常委会立法规划出台，预计制定社会保险法、基本医疗卫生保健法、精神卫生法、社会救助法、慈善事业法等法律。2010 年 10 月 28 日，全国人大常委会通过了《社会保险法》，是最高国家立法机关首次就社会保障制度进行立法，明确了我国社会保险制度的基本原则、目标、基本的制度框架，建立起了覆盖城乡全体居民的社会保险制度。

2011 年以来，我国社会保障立法的新发展包括：全国人大常委会制定了《军人保险法》《慈善法》，修改了《兵役法》《老年人权益保障法》；国务院制定了《烈士褒扬条例》《退役士兵安置条例》《无障碍环境建设条例》《社会救助暂行办法》，修改了《军人抚恤优待条例》，发布了《关于开展城镇居民社会养老保险试点的指导意见》《关于建立统一的城乡居民基本养老保险制度的意见》《关于机关事业单位工作人员养老保险制度改革的决定》《机关事业单位职业年金办法》《基本养老保险基金投资管理办法》《关于整合城乡居民基本医疗保险制度的意见》；人力资源和社会保障部先后发布了《社会保险个人权益记录管理办法》《社会保险基金先行支付暂行办法》《实施〈中华人民共和国社会保险法〉若干规定》《在中国境内就业的外国人参加社会保险暂行办法》《城乡养老保险制度衔接暂行办法》《关于调整失业保险费率有关问题的通知》《关于调整工伤保险费率政策的通知》《关于适当降低生育保险费率的通知》等；最高人民法院发布了《关于审理工伤保险行政案件若干问题的规定》，进一步完善了包括社会保险、社会救助、社会福利、社会优抚的社会保障法律体系。

虽然自改革开放以来，我国的社会保障立法从社会保障的运行机制、模式类型、项目构成、待遇水平、管理社会化等方面进行了深层次的改革与创新，颁布了大量社会保障法律法规，取得了显著的成就。但是，从总体来说，我国社会保障立法相对于发达国家还是比较落后的，且我国在社会保障实践工作中还存在着诸如过于依赖行政手段、实施效率欠缺、保险金管理缺乏监督等问题。

二、发展趋势

我国社会保障的诸多改革往往是政策先行，以政策作为主要的治理手段。由于政策治理模式的稳定性、可预期性与强制性缺乏，一些地区存在的地方本位、部门本位等弊病逐步凸显。随着依法治国的推进，法治理念、权利意识、公平正义的价值观念等逐步深入人心，我国社会保障的法治化水平还有待进一步提高，面临着支架性法律亟须构建、法律制度需要进一步完善、权利救济机制需要健全等方面的挑战。

在新时代全面推进依法治国和全面建设社会保障体系的背景下，中国的社会保障法治建设必须树立新的理念，与社会保障制度改革和顶层设计相衔接，统筹协调推进；同时通过强化社会保障法律的实施机制来让各项社会保障制度得以充分落地，必要时发挥司法的作用来保障公民的社会保障权利。

（一）树立社会保障法治建设的新理念

“法治”不仅是“规则之治”，而且是“良法善治”，彰显法律的目的价值，蕴含人权保障、公平正义、正当程序等核心要素。社会保障法治建设是当代“法治中国”建设的重要方面，是推进国家治理体系和治理能力现代化的重要领域，需遵循依宪立法、法律至上、依法行政、严格执法和公正司法等基本原则和理念。全面推进社会保障法治建设需要进一步强化社会保障法的公平价值和目标，确立底线公平，注重创造起点公平，维护过程公平，保证结果的公平。全面推进社会保障法治建设还需要强化责任意识，确保社会保障制度的可持续发展。社会保障法治建设中的责任共担机制包括政府、企业、社会、个人之间的合理的责任分担，以及中央和地方政府的合理的责任分担。一方面，需要达成共识，确立责任分担机制并通过立法把责任变成相关主体的法定义务；另一方面，需要通过法律和制度激励社会力量和社会主体参与社会保障制度建设，构建多层次的社会保障体系。

（二）健全和完善社会保障法律体系

社会保障法治建设要求实现所有保障事务全面纳入法律规范轨道，新保障项目的设立及对原有社会保障制度的修订，均由立法机关通过立法、修法或释法的方式来确立。目前中国社会保障立法采用“多法并行”的模式，即分别制定《社会保险法》《慈善法》《社会救助法》《社会福利法》等来完成社会保障法律体系的构建。健全社会保障法律体系，当务之急是加快《社会救助法》《社会福利法》的立法进程，解决相关领域的基本法律缺位问题，补齐社会保障法律体系的“短板”。同时，应适时启动《社会保险法》的修订工作，增强可操作性与执行力，让其成为总领社会保险关系的基本法律，规范与其他法律（譬如《劳动法》《老年人权益保障法》《未成年人保护法》等）的协调关系，共同促进国家法律体系的和谐发展。

（三）强化社会保障法律的实施机制

行政部门是否依法履行职责、提供服务或进行监管，直接影响了社会保障法律法规的实施效果。《社会保险法》《慈善法》《社会救助暂行办法》等法律法规的颁布实施为社会保障行政部门依法行政提供了法律依据。社会保障各行政部门应以国家的法律法规为依据，坚持合法行政、合理行政、程序正当、高效便民、诚实守信、权责统一的原则，全面履行社会保障法律法规赋予的职责。在社会保障行政执法过程中，重点突出行政机关及相关主体的保障和服务理念，强化执法的绩效评价机制，建立问责制，形成有效激励和约束机制；同时，强调法律的平等原则，制度面前没有特权，制度约束没有例外，坚持实体合法与程序合法的有机统一。

（四）发挥司法在社会保障法治建设中的应有作用

司法是社会正义的最后防线，对社会保障相关法律法规的实施和社会保障权利救济方面具备重要作用。司法的意义在于通过裁判来保证公民社会保障权利的享有，赋予各种社会保障制度以强制效力，并能够通过其活动的反馈继而完善社会保障制度。只有发挥司法机关对社会保障纠纷的最终裁判和对违法犯罪行为的惩戒作用，才能维护社会保障法律制度的权威，守住社会保障法治的底线。目前，在社会保障相关法律法规的实施中，司法机关的功能和作用并没有得到应有发挥。例如，社会保险纠纷立案受理概率不高，“劳动、行政二元分离”的纠纷解决机制严重影响法律的实施效果，劳动者的社会保险权益受到损害得不到法律的及时救济；在社会救助、慈善事业等领域，司法在纠纷解决中的“定分止争”功能以及对违法犯罪的惩戒功能也并没有得到充分发挥。我国有必要根据社会保障纠纷的特点和规律，在社保纠纷案件多发地区法院系统内试行社会保障法庭，独立审理社会保障案件。同时，社会保障争议处理程序应尽可能简易、便捷、高效，不断完善法律援助和司法救助制度，从而保障公民社会保障权利的实现。

本章小结

社会保障法是社会保障制度正常运行的重要保证。与国际社会保障法发展历史相比，我国的社会保障法起步较晚，发展较慢，虽然取得了一定成果，但是仍存在诸多问题，在新时代全面推进依法治国和全面建设社会保障体系的背景下，社会保障法治建设必须树立新的理念，与社会保障制度改革和顶层设计相衔接，统筹协调推进；同时通过强化社会保障法律的实施机制来让各项社会保障制度得以充分落地，必要时发挥司法的作用来保障公民的社会保障权利。

案例分析

刑满释放人员可以领取失业保险金吗？①

王某原是一家企业的工人，因过失伤害被判了1年有期徒刑，工厂解除了与他的劳动合同。出狱后王某一直没有工作，生活困难。入狱前，王某曾在用人单位缴纳了多年的失业保险费，他要求领取失业保险金被拒。于是，提起了相关的诉求。请问：刑满释放人员可以领取失业保险金吗？

就社会保险权利而言，王某工作期间缴纳了失业保险费，履行了相关的社会保险义务，就应当享有相应的权利。人力资源和社会保障部于2000年9月7日发布的《关于对刑满释放或者解除劳动教养人员能否享受失业保险待遇问题的复函》，明确规定：在职人员因被判刑收监执行或者被劳动教养，而被用人单位解除劳动合同的，可以在其刑满、假释、劳动教养期满或解除劳动教养后，申请领取失业保险金。失业保险金自办理失业登记之日起算起。失业人员在领取失业保险金期间被判刑收监执行或者被劳动教养而停止领取失业保险金的，可以在其刑满、假释、劳动教养期满或解除劳动教养后恢复领取失业保险金。失业人员在领取失业保险金期间，按照规定同时享受其他失业保险待遇。

故而，王某可以根据《社会保险法》第46条的规定领取失业保险金，即失业人员失业前用人单位和本人累计缴费满1年不足5年的，领取失业保险金的期限最长为12个月；累计缴费满5年不足10年的，领取失业保险金的期限最长为18个月；累计缴费10年以上的，领取失业保险金的期限最长为24个月。重新就业后，再次失业的，缴费时间重新计算，领取失业保险金的期限与前次失业应当领取而尚未领取的失业保险金的期限合并计算，最长不超过24个月。

① 黎建飞．劳动法与社会保障法教程[M]．北京：中国人民大学出版社，2012.

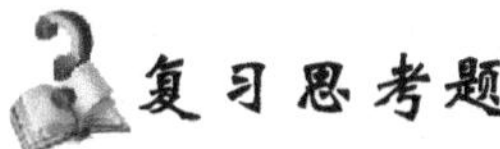

复习思考题

1. 社会保障法的立法原则包括哪些？
2. 国际社会保障法的发展历程中有哪些重要节点？
3. 我国现行的广义社会保障法有哪些？
4. 针对热点问题，社会保障立法需要注意哪些问题？

推荐阅读书目

1. 郑尚元. 社会保障法[M]. 北京：高等教育出版社，2019.
2. 黎建飞. 社会保障法[M]. 6 版. 北京：中国人民大学出版社，2019.
3. 林嘉. 劳动法和社会保障法[M]. 4 版. 北京：中国人民大学出版社，2016..
4. 李炳安. 劳动和社会保障法[M]. 7 版. 厦门：厦门大学出版社，2017.

第十章 国外社会保障制度发展

学习目标

掌握英国、德国、美国和日本社会保障制度的主要内容
熟悉英国、德国、美国和日本社会保障体系的不同之处与特点
了解英国、德国、美国和日本社会保障制度的形成和发展

关键概念

福利国家 NHS 体系　长期护理保险　自助保险　年金保险

第一节 英国社会保障制度

一、起源及发展历程

(一)中世纪的社会救济

英国的社会保障制度有着深远的历史渊源,它最初是由中世纪零星的、小规模的基督教教义所倡导的慈善救济发展起来的。宗教改革后,英国大规模解散修道院,1536 年解散了 373 个修道院,1538—1540 年解散了 186 个修道院[①],到 16 世纪中叶,英国大约有 644 座修道院、110 座教会举办的养育院、2374 个教会举办的施物所被撤销,而在这些场所接受救济的贫民约有 8.8 万人[②]。可见,中世纪英国教会在提供社会救济方面发挥了重要作用。

行会组织曾经是英国十分重要的经济和社会组织,其所提供的各种救济在英国的社会救济中同样有着不可忽视的作用。中世纪英国行会大都对贫困会员提供救济。一些行会设立专门的储备金,针对老年贫困会员、因疾病或意外而陷入贫困,难以维持生计的群体实施周期性救济,直到他们摆脱贫困为止。行会章程对行会的社会救济职能做出了明确规定。诸如每一个病重会员都将得到两名以上会员为期两天的照顾和看护,行会对后者提供报酬;任何陷于贫困的会员都可以根据其需要的紧急程度,分别从本行会的货物、款项及其他收益中获得生活所需的救济[③]等。

中世纪英国的社会救济事业已经有了一定的发展,特别是教会的慈善救济事业与行会的社会救济行为,但是,中世纪英国的社会救济事业还没有形成系统的制度,各种社会救济措施

---

① 勒里桁斯.英国社会史[M].北京:中国人民大学出版社,1991:139.
② 彭迪先.世界经济史纲[M].上海:三联书店,1949:104.
③ 金志霖.英国行会史[M].上海:社会科学院出版社,1996:62-64.

的发展水平还十分有限，所提供社会救济的作用和效果也不明显。

(二)贫困救济法时期

1348—1349年，蔓延欧洲的“黑死病”断送了欧洲三分之一的人口，英国的劳动力锐减，大量成年劳动力四处流浪，成为影响英国社会发展的重要问题。1388年，理查二世制定了《济贫法案》，允许救济那些确实不能自食其力者，该法令标志着政府开始关注那些需要救济和失业的群体。15—16世纪英国大规模展开圈地运动，进一步导致失去土地的无业流民增加，使得原本严重的流民问题愈发严重。为此，考虑到国家长期稳定，英国政府不得不颁布一系列法令，采取措施保障弱势群体的生活权益，以维持社会秩序。1536年，英国颁布《亨利济贫法》，法令规定，地方官员有义务分发教会收集的志愿捐赠物资，用来救济穷人、残疾人、病人和老年人，法令允许地方政府用公共基金为身体健全、能够从事工作的人们提供工作，该法令标志着英国政府开始为解决社会贫困问题承担一定的职责。到16世纪后期，英国政府已经认识到，贫穷不仅仅是一种个人问题，更是一种社会现象，政府应该采取有效的措施，帮助那些无以为生的人们。在伊丽莎白执政时期，政府将与济贫相关的零散法律条款加以收集整理，于1601年颁布了世界历史上著名的《伊丽莎白济贫法》①。该法规定父母有义务抚养子女，晚辈有责任赡养他们贫穷的长辈。政府有责任对没有工作能力的贫困者提供帮助，保障穷人的最低生活水平。政府有义务帮助贫穷的孩子去做学徒，并给身体健全者提供工作。《济贫法》将原来分散化、应急性的济贫事务转化为政府的一项基本职能，国家机器开始被有意识地用来解决工业社会中的剩余人口及社会贫困问题，它标志着英国社会保障制度进入了全新的阶段，是世界上第一部表明政府承担公民福利责任的正式法律②，因此旧济贫法时期的英国被称为“微型福利国家”③。19世纪，工业革命在推动英国社会经济发展的同时，也导致了社会问题尤其是贫困问题和失业问题的出现，1834年政府颁布《济贫法修正案》，俗称“新《济贫法》”，政府开始试图切实地解决穷人问题，以此来缓解严重的社会压力。

各种传统社会救济措施曾经在英国历史上发挥了重要作用，但是，当英国社会经济发展到一定阶段，面对工业化所带来的各种社会问题，传统社会救济措施显得无能为力。英国需要建立一种与工业社会发展相适应的新的社会政策体系和社会保障制度④，将济贫政策纳入规范化、法制化的“福利国家”的建设之中。

(三)福利国家的初步建立

19世纪末20世纪初，随着英国经济社会的发展，国民平均寿命明显延长，英国老年人口迅速增加，老年问题开始不断显现。伴随经济出现明显的周期性，加之英国产业结构开始变化以及第二次科学技术革命的影响，英国的失业问题也逐渐严重化，为应对英国社会不断严峻的养老与失业问题，政府开始探索建立广泛社会保障的制度。英国最早有关养老保险制度的立法始于《1908年老年养老金法》。这一法案被认为社会政策树立了新的原则标准⑤。该法规定

① 在历史研究中，一般将1601年实施的《济贫法》称为“旧《济贫法》”或“伊丽莎白济贫法”，以区别于1834年《济贫法》(又被称为“新《济贫法》)。

② 怀特科，费德里科.当今世界的社会福利[M].解俊杰，译.北京：法律出版社，2003：151.

③ MARSHALL J D. The old poor law, 1795—1834[M]. London：Macmillan, 1968：25－45.

④ 丁建定，杨凤娟.英国社会保障制度的发展[M].北京：中国劳动社会保障出版社，2004：12.

⑤ BRUCE, MAURICE. The coming of the welfare State[M]. 4th ed. London：Batsford, 1972：178.

了英国国家养老金制度的普遍性和免费性原则,任何人只要符合该法所规定的条件,就可以领取国家养老金,支付国家养老金所需的一切费用均来自议会批准的拨款。1909 年,英国通过了《劳工介绍所法》,规定在全国各地设置劳工介绍所,帮助失业人员就业。1911 年,通过《国家保险法》,正式实施强制性的就业保险制度,该法基于贡献向失业者提供疾病与失业保险,被认为是世界上最早实现失业保险的法律。

第二次世界大战的爆发使得英国面临的经济与社会困难越来越明显,失业、贫困与养老问题一直困扰着英国政府,社会保障制度改革的呼声越来越高。由此,1942 年,《社会保险与相关服务的报告》(又称《贝弗利奇报告》)发表,该报告是社会保障制度发展与演变过程中的一份著名文件,对英国社会保障制度的发展产生了重要影响。报告设计了一整套"从摇篮到坟墓"的社会福利制度,提出国家将为每个公民提供 9 种社会保险待遇,还要提供全方位的医疗和康复服务,并根据本人经济状况提供国民救助。随后,英国政府开始投入行动,1945 年通过《国民保险法》、1946 年通过《国民保健法》、1948 年颁布《国家救助法》等,逐渐实现社会保障制度管理的统一化,英国建立起享誉世界的福利国家。

二、英国社会保障制度的体系

英国社会保障制度是以国民保险制度为基本内容、以津贴补助为补充、以社会福利为特殊保障的全方位的、普遍的社会保障制度。社会保险是整个社会保障体系的核心内容,经过长期曲折的发展历程,英国形成了一个完整的、内容十分广泛的社会保险体系,包括养老保险、国民保健、失业保险和工伤保险。

(一)国民保险

1. 养老保险

在 1975 年以前,英国只有国家基本养老金计划这个单一支柱,进入 21 世纪,英国政府于 2002 年实施国家第二养老金计划,于 2006 年实施最低养老金保障制度,经过多轮改革和调整,英国养老保障体系逐步形成了政府养老金计划、职业养老金计划以及个人养老金计划等多层次、多支柱的养老金制度体系。

1)政府养老金计划

政府养老金计划包括国家基本养老金计划(BSP)、第二养老金计划(S2P)和最低养老金保障制度(MIG),所有缴纳国民保险税且没有参加职业养老金或个人养老金计划的雇员都将自动加入第二养老金计划,这种基本养老金主要是为那些最需要帮助的低收入者,例如老年人、残疾人、妇女、非全日制雇员、临时工等人提供养老金,以保障他们生活的实际需要①。政府养老金的共同特点是由政府提供,并由政府承担兜底责任。其资金来源于两部分:一是由雇员、雇主共同缴纳的国民保险税;二是通过一般税收收入安排的财政补贴,以对符合家计调查的残疾人、低收入者等特殊人群免除税费。

2)职业养老金计划

职业养老金由企业和公共部门的雇主自愿提供,由职业年金计划和个人年金账户构成,通

① OLIVIA, STEPHEN. Pension design and structure new lessons from behavioral finance[M]. Oxford: University of Oxford Press, 2014.

常采用待遇确定型、缴费确定型和二者混合型三种模式。由于第一支柱的基本养老金替代率较低,大部分人退休后的主要收入来源于第二支柱的职业养老金。自2012年起,根据规定,所有年收入超过一定标准(每年都有所调整,2016—2017年度为10000英镑)[①]、年龄在22岁到法定养老金领取年龄之间、未参加任何职业养老金计划的雇员都将“自动加入”职业养老金计划。到2016年“自动加入”职业养老金计划的雇员超过621万,覆盖率提高到28.4%[②]。参加职业养老金的人数占全部人口的45%左右,已经成为英国养老金体系中最重要的组成部分。

3)个人养老金计划

个人养老金计划采用个人自愿参加的缴费确定型模式。英国相关法律规定,没有为雇员提供职业年金计划的雇主必须与一家或多家保险公司达成协议,使其雇员能够参加这样的计划。雇员可以在确定的保险公司和投资种类中自愿选择参加,雇主将为选择参加这些计划的雇员代扣应缴费用并向保险公司缴纳。同时,个人也可不经雇主直接参加保险公司提供的缴费确定型养老金计划及寿险计划。

2. 失业保险

英国失业保险法的基础是1992年的社会保障法,其最突出的特点是实行强制性失业保险,除自我雇用者、缴纳减额保险费的已婚妇女和遗孀,所有周收入在58英镑及以上的雇员都必须参加失业保险制度,其费用由雇主、雇员和政府三方共担,与其他社会保险费一同混合缴纳,不再分项单独缴纳。

英国失业保险制度规定了领取缴费型失业保险金和家计调查型失业保险金两种类型。其中,缴费型失业保险就是强制保险,具有社会保险的特征,强调缴费义务和就业时间等因素;家计调查型失业保险金即失业救济补贴,带有社会救济的特征,其保障水平取决于失业者的年龄、家庭收入水平和家庭结构等因素。当失业者不具备领取国民失业保险津贴的资格,或者已经不再具有继续领取国民失业保险津贴的资格时,经过家庭财产状况调查,可以领取失业救济补贴。

领取失业保险金的条件是:年龄在18周岁以上的失业者或每周工作高于16小时的人;最近两个纳税年度中的1年足额缴纳社会保险费且缴费收入基数不低于应税周收入低限的25倍,或者最近两个纳税年度中每年的社会保险缴费的收入基数不低于应税周收入低限的50倍;在职业介绍所登记失业,并且每两周到介绍所填一次表;具有劳动能力并愿意从事全职工作;失业的原因不是由于自愿离职、渎职、拒绝合适的工作安排、错过工作机会和培训机会或者介入劳动争议。失业保险金的保障标准是:年龄在25周岁以上的失业者,每周49.15英镑;18—21岁的失业者为每周38.9英镑;18岁以下的失业者为每周29.6英镑。最长支付时间为6个月。1946年《国民健康保险法案》规定将失业保险基金统一交由国民保险部进行管理和支付,并成立了地方性的国民保险咨询委员会,由其专门负责具体工作。目前,英国社会保障部的缴费机构负责失业保险缴费和失业档案的管理,待遇支付机构和就业服务机构则通过地方

---

① Review of the automatic enrolment earnings trigger and qualifying earnings band for 2016/17: supporting report [R]. 2015,12.

② 张笑丽. 英国“第二支柱”职业养老金改革及其效果分析:以《2008年养老金法案》为例[J]. 社会保障研究,2016(6):76-86.

就业中心或待遇支付办公室具体负责失业保险金的支付[①]。

3. 工伤保险

英国是比较早建立工伤保险制度的西方国家，其工伤保险制度覆盖范围为除了自雇者以外的所有就业者。英国工伤保险制度的费用不同于其他国家（雇主单方承担），而是纳入国民保险体系中，实际上由雇主、雇员和国家三方分担。保险津贴分为暂时伤残补助、永久伤残抚恤金、医疗补助以及遗属补助。申请人领取补助在28周之内，则领取等同于疾病津贴的暂时伤残补助；超过28周，则领取永久伤残抚恤金。永久伤残又分为全部永久伤残和部分永久伤残，伤残程度在100%者为全部伤残，每周津贴标准为不超过95.30英镑，支付时间从事故发生后第15周或疾病发生时间开始。部分残疾是指伤残程度在14%～90%的伤残，其津贴标准为19.05～85.77英镑不等。因伤残转业而造成收入减少者，每周可领取不超过38.12英镑的津贴[②]。遗属包括受供养的遗孀、鳏夫和子女及其符合条件的遗属，如父母或其他供养亲属。其待遇标准视遗属情况而定，发给一定数额的抚恤金。

（二）国民保健

英国实行国民保健制度（national health service，NHS），为全体国民免费提供医疗和健康保障，所有在英国有居住权的人都享有免费使用该系统服务的权利。该制度可以追溯到《贝弗里奇报告》，1944年英国政府正式提出NHS方案，1946年颁布《国民健康服务法案》，规定全国医院实行国有化，所有公民都享有免费医疗和健康服务，并可享受除了普通医疗之外的住院护理、公共卫生设施及预防等。NHS体系是英国社会福利制度的重要组成部分之一，英国《泰晤士报》在1999年曾做过一项调查，46%的人认为20世纪影响英国人生活的最大业绩是NHS体系[③]，可见，NHS对英国人的影响之深。

英国NHS体系主要分为两级结构，即初级医疗服务和二级医疗服务。初级医疗服务是NHS体系的第一道防线，以社区为主的基础医疗网，通常由全科医生及护士负责日常的卫生保健，在全科医生的指导下合理使用卫生资源。当患者需要接受转诊治疗时，必须持有全科医生的转诊证明才能转到上一级医院，即接受二级医院服务。二级医院服务主要由NHS体系的医院负责提供，由各科的专科医师负责并接手由全科医生转介的病人，或处理一些重大意外事故及治疗急诊者，提供如专科服务、手术服务等。此外，还有一些教学医院等承担跨区域和更高层次的诊疗[④]。英国每个公民都要向一个全科医生登记并接受其所有的初级医疗服务，任何需要全面检查或者专科治疗的患者都被转诊给一个顾问医师或者专科医生，或者直接入院治疗[⑤]。

英国NHS体系的主要特点是政府通过税收筹措医疗卫生经费，按区域人口，并结合其他因素给公立医疗机构直接拨款，公立医疗机构的经费95%来自政府拨款。英国NHS体系主要通过税收筹资，也通过国家健康保险费和使用者付费筹资。卫生资金和当前预算是按照从

① 仇雨临．社会保障国际比较[M]．北京：中国人民大学出版社，2019：163．

② 丁建定，杨凤娟．英国社会保障制度的发展[M]．北京：中国劳动社会保障出版社，2004：194．

③ MORTRIMORE R. Why politics needs marketing[J]. International Journal of Nonprofit and Voluntary Sector Marketing, 2003(8):107.

④ 刘亚莉．英国基本医疗卫生法律制度概述及对我国的启示[J]．医药论坛杂志，2013(7)：67－69．

⑤ 仇雨临．社会保障国际比较[M]．北京：中国人民大学出版社，2019：163．

国家到地区，再到地方的顺序进行配置①。在政府的直接领导下，由英国卫生部和财政部承担基金的管理职能，向初级保健信托机构分配资金及部分政府预算。

NHS 体系提供的服务全面，包括：预防性服务（筛查、免疫疫苗等计划）；门诊和住院病人的医院服务；医师服务；住院病人和门诊病人的药物服务；临床必需的牙科服务；眼科服务；精神病服务（学习障碍、缓解疼痛服务）；长期护理服务；康复服务（中风后的物理治疗和基于社区护理的家庭出诊）；等等。随着国民需求的日益增长，NHS 体系支出不断增加，财政负担压力日益严重，英国政府开始对一些项目进行收费，诸如处方收费、牙医收费等②。但是，经资格审查后的受益者及其成年家属，16 岁以下子女或 19 岁以下的学生、孕妇及哺乳期妇女，不必支付处方费，达到州养老金年龄的人群也可以免除处方费③。未成年人、学生、孕妇、囚犯和低收入者都不需要支付牙科的费用，符合 NHS 低收入计划的国民还可以获得看病的交通补助。

（三）津贴补助

英国发放的各种津贴补助名目繁多，不考虑受益人是否缴纳过国民保险，也不看受益人的收入水平和经济状况如何，主要决定于受益人是否符合各项津贴救助项目所规定的条件。按照受益对象不同，主要有以下几种类别。

1. 老人

1）保证补贴

这是一项针对 60 岁以上老人的收入扶持计划，保证补贴的发放对象是经过收入调查且收入和资产都很低的 60 岁以上人群，该补贴免征个人所得税。

2）储蓄补贴鼓励储蓄行为，使那些有一定储蓄的老人受到更好的政策待遇，适用对象为及65 岁

此外，英国还为老人提供圣诞节特别津贴、冬季取暖津贴、免费电视收看授权、免费公交车服务等。

2. 儿童

儿童福利金针对年龄在 16 岁以下的儿童，对于第一胎子女或独生子女，每周给予一定津贴；对于非首胎子女，每人每周给予一定津贴。缴纳了保险费的父母离婚后，如父亲死亡，抚育孩子的母亲每周可领取固定儿童特别津贴。负责抚育孤儿或失去照管儿童的监护人每周可领取监护津贴。

此外，2014 年英国颁布《儿童和家庭教育法案》，针对 0—25 岁中重度经过审核通过的特殊儿童和青年④，为其提供综合性、连续性、动态化、个别化的教育、医疗和社会保障方面的支持与服务，尽可能帮助每一位有特殊教育需要的儿童和青年实现最佳发展，促进更好的生活⑤。

---

① 富兰德，古德曼，斯坦诺. 卫生经济学[M]. 北京：中国人民大学出版社，2011：509.

② 郑春荣. 英国社会保障制度[M]. 上海：上海人民出版社，2012：183.

③ 同①.

④ CASTRO S, GRANDE C, PALIKARA O. Evaluating the quality of outcomes defined for children with education health and care plans in England: a local picture with global implications[J]. Research in developmental disabilities, 2019(86): 41－52.

⑤ KO B. Education health and care plans: a new scheme for special educational needs and disability provisions in England from 2014[J]. Paediatrics and Child Health, 2015(10): 443－449.

3. 孕妇

孕妇和新母亲可以享受法定产假津贴或者生育津贴，当婴儿出生前后，母亲可以申请领取法定产假工资；孕妇在怀孕满 26 周后就可以申请生育津贴。

此外，孕妇健康补助金是政府给予孕妇的一次性补助，规定所有怀孕 25 周的孕妇都能得到一定金额的营养补助金，不需要经过家计调查，也不需要提供国民保险税缴费记录，本项补助金免征个人所得税。

4. 患病与残疾人士

因患病不能工作者每周可领疾病津贴，共 28 周；患病 28 周后仍不能工作者，可领病残抚恤金；对于未到退休年龄而患病逾 5 年者除原抚恤金外，按年龄发给金额不等的病残津贴；对因伤残生活需要照料者，每周发放护理津贴；对于行动不便者，每周发给交通津贴；因工作中的意外事故或某些规定的疾病而受伤或残废者可领取伤残津贴，最多发给 26 周；如果造成残废，则在 26 周的伤残津贴期满之后，按伤残者的残废程度，每周发给一定量的残废津贴。

5. 丧亲人士

丧亲补助金是一次性的补助金，发放给在最近 12 个月内失去配偶的寡妇或鳏夫。申请人可以在领取鳏寡父母津贴或丧亲津贴的同时，领取丧亲补助金。

6. 低收入者

工作税收抵免制度旨在为成年低收入工作者提供援助，最低工资本身不能够解决贫困问题，必须辅之以所谓的在职津贴和其他社会保护措施。收入补助金是针对无业的低收入群体而发放的一种津贴。社会基金是旨在为少数申请遇到的例外情况和紧急情况提供帮助，并帮助那些在管理资金和预算方面有困难的人①。

7. 因战抚恤人士

对于在战争中死伤的士兵，英国出台了军人保障计划，该计划把受伤士兵按受伤程度分为 15 个等级，规定相应的赔偿标准。牺牲军人家庭的保证收入抚恤金是军人保障计划的一部分，保证收入抚恤金的给付额取决于牺牲军人去世时的年龄和薪水。

(四)社会福利

英国的个人社会福利包括政府有关部门和社会志愿者组织针对具有特殊困难的居民所提供的各种福利设施和各类服务，包括教育福利、住房福利以及一些其他福利。

1. 教育福利

英国的教育事业一直是比较发达的，二战后经过几十年的发展，英国新建学校猛增，大部分学生(初等教育和中等教育)是教育基金资助的免费生。免费生除了免缴学费外，书本和其他学习用具也都免费。教育当局向聋哑、低能儿童等特殊学校的学生和其他公立学校 7 岁以下的学生供应免费牛奶。公立学校还普遍设有食堂，向学生供应廉价午餐。有些学校还提供交通工具，免费接送居住较远的学生。

---

① FAST R. Social security law[M]. Palgrave Macrnillan, 1999; HARRIS, NEVILLE. Social security law in context [M]. Oxford: University of oxford Press, 2000.

2. 住房福利

在英国，政府有责任向无家可归者以及低收入家庭或个人提供公共住房，公共住房在英国又称为社会住房，由地方政府和非营利机构的住房协会拥有和管理，主要针对贫困线之下的社会群体。住房津贴制度是一项带有收入调查的福利制度，旨在帮助租住公寓者支付房租。低收入家庭的房屋贷款利息可以通过领取收入补助金，求职者津贴、就业及援助津贴以及养老金补贴等来支付。

3. 其他福利

针对失去工作和劳动能力的人建造适合他们居住的特殊住房，安装供他们使用的电话或电视机，安排他们学习工艺品的制作和其他职业技能，向他们提供特种教育，组织供他们活动的专门俱乐部，帮助他们外出旅游等；对精神病患者在其本人家庭内实行登记治疗，建立精神残废者训练中心，处理由精神病患者引起的各种社会问题，帮助一些精神病患者入院治疗；政府部门和社会志愿组织为老年人提供包括送餐上门、日夜间服务、老年人俱乐部和娱乐室等。

三、英国社会保障的特点

（一）强调保障的全面性

英国社会保障制度是一个全方位、高福利的发展模式。形成保险、津贴和福利三大类，三类分工明确。社会保险与社会成员的就业联在一起，其受益与其缴费完成情况挂钩，体现了权利与义务的对应关系；社会津贴是政府对于特殊人民的优待；社会福利彰显了人权保障的具体内容，体现了社会的精神文明。

（二）强调保障的普遍性

英国国民保险待遇是与收入脱钩的，无论受保人的缴费多少，都同样地享受定额待遇，在受保人之间存在着明显的收入分配。国民保险提供的受赡养人待遇，则将受保人之间的再分配延续到他们的家庭，由于国民保险几乎覆盖了全部劳动者，通过受供养人待遇又延伸到几乎全体公民，因此，尽管它在形式上是社会保险，实质上确是一种普遍主义社会保障。

（三）强调管理的统一性

英国社会保障的管理由政府统一负责，政府通过国民收入再分配形式，组织实施各项社会保障措施。内阁下设的卫生及社会保障部统管医疗保险、健康服务和社会保险金的缴纳与发放。各地方政府设社会服务部，负责社会福利工作。补助给付委员会负责补助给付金的发放。

第二节　德国社会保障制度

一、起源及发展历程

（一）早期救济形式

德国的社会保障思想传统源远流长。早在15世纪，德国就产生了互助性质的保险组织。这种组织最早出现在采矿业中，普遍存在着各种各样的共济会，并且制定出一种保险计划，规定矿工和雇主双方均需交款,以保证计划的实施[①]。行会组织是手工业者的自治组织,根据行会章程的规定,会费和罚款中需有一部分用以救济鳏寡孤独者,为其提供基本的经济保障。面对社会问题,宗教组织也积极采取措施对处境艰难的工人实施帮助,包括为丧失劳动能力的工人设立慈善机构、积极组织和支持基督教工会成立互助的工人生产合作社等[②]。1877 年,天主教中央党进一步提出一个具体的社会改革方案,内容包括工人星期天休息、鼓励成立劳资协会、颁布工厂立法、童工女工立法规章以及成立工人参加的仲裁法庭等[③]。可见,这种自发、自觉的工人自助组织、行会中的传统保障形式以及教会的救助活动为德国社会保障制度的产生和建立提供了丰富的实践经验和思想基础。

(二)社会保障制度的建立

伴随着西欧工业化国家经济危机的加深,工人为争取社会保障而进行的斗争日益高涨。俾斯麦主张由国家通过立法进行自上而下的改良,1881 年,德皇威廉一世在“黄金诏书”中颁布《社会保障法》,提出工人因患病、事故、伤残和年老而出现经济困难时应得到保障,他们有权得到救济。随后德国在 1883 年、1884 年和 1889 年制定了《疾病保险法》《工伤事故保险法》以及《老年和残障社会保险法》,开辟了社会保险之先河,德国成为世界上第一个建立了广泛社会保险的国家。1911 年的《保险法》把伤残保险的覆盖面从过去的工资收入者和低薪职员扩大到所有工薪人员。1924 年的《职员保险法》把职工的退休金计划与工资收入者的退休金计划分开。1927 年通过的《失业保险法》作为社会保险的一个组成部分正式开始实行。自此,一个由社会保险、社会救济和社会服务构成的社会保障网正式建立,德国进入“福利国家”行列。

(三)发展变革时期

二战以后,为恢复和重建联邦德国的社会保险制度,“社会市场经济”模式被正式提出,其基本内涵是要把市场经济的自由原则和社会的平等原则结合起来,并提出“为每一个公民提供基本的生活保障是国家的重要任务,而超过这种基本保障的内容则应发挥个人创造性”原则。这一理念被广泛接受,成为社会各界的一致共识[④]。一系列社会保险法规极大地推动了联邦德国社会保障制度恢复与重建的步伐,在提高社会保障津贴标准方面,德国于 1951 年通过了《养老金提高法和生活费用补贴法》,1952 年通过了《疾病保险津贴提高法》,1953 年通过了《疾病保险津贴提高法》和《基本补贴提高法》。在有关特殊群体的社会保障法律方面,德国于 1950 年通过了《战俘返家人员法》和《联邦养老金法》,1953 年通过了《严重残疾人员法》,这些法律对战争伤残人员的养老金做出了规定。1952 年通过的战争负担公平化法,不仅对因战争造成的财产损失提供赔偿,而且对养老金损失提供赔偿。联邦德国还通过一系列法令逐步建立起比较完善的社会救助制度。在家庭补贴方面,1954 年联邦德国实施《家庭补贴法》,给被雇用者提供从第三个孩子开始的家庭补贴。1964 年对家庭补贴制度进行调整,联邦政府开始承担家庭补贴的费用,并在联邦劳工局建立家庭补贴机构。在老年人社会救助方面,德国于 1957 年实施《老年农场主救助法》,规定当农场被转给继承人或出租时,老年农场主将获得老年补贴而不需缴纳任何费用。至 20 世纪 80 年代,德国已经成为欧洲乃至世界上公民享受福

---

① 克拉潘.1815—1914 年法国和德国的经济发展[M].傅梦弼,译.北京:商务印书馆,1965:374.

② 姚玲珍.德国社会保障制度[M].上海:上海人民出版社,2011:25.

③ 平森.德国近现代史:它的历史和文化[M].北京:商务印书馆,1987:255.

④ 戴卫东.德国 LTIC 及其改革[J].卫生软科学,2007(21):29-31.

利标准较高和范围较广的国家。

二、德国社会保障制度的体系

德国社会保障体系的基本组成部分是社会保险和社会照顾。社会保险是整个社会保障体系的核心内容，经过长期曲折的发展历程，德国作为福利国家形成了一个完整的、内容十分广泛的社会保险体系，包括养老保险、医疗保险、失业保险、工伤保险以及护理保险。社会照顾主要包括母亲保护和儿童补贴、住房补贴、社会救济等内容。

（一）社会保险

1. 养老保险

1889 年，德国颁布《残疾和老年保险法》，标志着养老保险制度的建立。养老保险是德国社会保障制度最基本的内容，是对所有具有保险义务者的有强制性特征的社会保险。德国养老保险制度主要由法定义务养老保险、企业补充养老保险和私人养老保险三部分构成。

1）法定义务养老保险

法定义务养老保险参与人包括所有的雇员、在残疾人工厂工作的残障人士、部分自由职业者、处于特殊时期的人员、自愿服兵役者、育儿初期的父母一方等[①]，缴费由雇主和雇员对半承担，养老保险费的多少和当年的养老保险费率以及雇员的收入有关。2015 年，养老金费率是雇员税前收入的 18.7%，也就是说，雇员和雇主每个月都必须支付相当于该雇员税前收入的 9.35%，用以完成法定养老保险缴费义务。养老金的领取数额是根据投保者领取养老金时的当年平均工资、缴纳养老金的时间等因素计算的。德国目前推行一种缓进、分步式的延迟退休年龄的方案，从 2012 年开始逐步将退休年龄从 65 岁提升至 67 岁[②]。1992 年起养老金改革法实行的法定养老金计算公式为

$$MR = EP \times ZF \times RF \times AF$$ [③]

EP 是法定养老保险参与者对法定养老金体系缴费所积累的总基点。ZF 是和时间有关的养老金水平扣减系数。RF 是养老金类别因子，养老金类别因子是根据每个类型的养老金保障目标确定的，会根据不同的养老金领取状况被赋值。AF 是一个由当年法定养老保险体系统一确定的当期标准养老金水平，这个标准每年的 7 月 1 日会重新设定。

2）企业补充养老保险

企业补充养老保险不是法定的，是根据企业主与其雇员按自愿原则签订的协议规定执行的，部分企业在法定义务保险制度之外，还对本企业内的雇员实施企业养老金制度，将其作为一种福利待遇吸引职工。在本企业内工作时间的长短，是决定领取企业养老金多少的重要条件。实施企业养老保险的企业，其职工在退休后可享受双份养老保险金。

3）私人养老保险

该类保险完全由个人自愿参加。该保险收费高、待遇好，投保者大都是医生、律师和零售

① Deutsche Rentenversicherung Bund. Unsere sozmversichemng：wmsenswertes speziell furjunge Leute[M]. Berlin：Gmbh &Co.，2016.

② 杨伟国，袁可. 二战后德国养老保险制度改革及启示[J]. 北京航空航天大学学报（社会科学版），2020(6)：40－46.

③ RULAND F. Dm system der alterssmherung[M]//RULAND F，RUERUP B. Alterssicherung und besteuerung wmsbaden：Gabler，2008.

商等高收入者。德国的养老保险采用现收现付制，义务保险是现收现付模式不可或缺的前提条件，德国把养老保险的这种现收现付筹资模式称作“代际合同”①。全国实行统一的收费比例，费率由各保险公司测算拟定，再提交由财政部和劳工部专家组成的联合委员会审定后执行。

2. 医疗保险

德国医疗保险建立于1854年，在德国社会保险中历史最长。1883年，德国政府颁布了《疾病保险法》，这是世界上第一部社会保险法律，标志着现代社会保险制度的诞生。20世纪60年代，德国政府先后颁布了《疾病保险所联合新条例》《保险所医生权利新条例》以及《养老金领取者疾病保险新条例》，构成了当今德国医疗保险制度的主要内容②。德国的医疗保险由法定医疗保险（statutory health insurance，SHI）和私人医疗保险两大系统构成（Statutory long-term care insurance，SLCL）。

1）法定医疗保险

法定医疗保险是作为医疗保险体系的主要组成部分，由国家相关法律规定，具有强制性，为德国绝大部分国民提供全面的、基本的医疗保险服务。必须参加医疗保险的人是：所有工人，不论其收入多少；所有收入在一定限度以下的职员；所有学生、实习生、失业者、残疾人、养老金领取者、自谋职业者等。目前，义务医疗保险的覆盖面已达到全国人口的90%以上③。

2）私人医疗保险

这是法定医疗保险的必要补充，凡是收入超过法定医疗保险规定上限，或者需要享受法定医疗保险项目以外的其他补充医保服务的国民，在符合一定条件的情况下均可以参加私人医疗保险④。这类人群主要为可以选择退出法定医疗保险的高收入者。其特点是缴纳保险费用昂贵，享受的医疗服务质量也高。

保险费用是德国医疗保险体系最主要的资金来源，缴费与收入挂钩，参保人员的银行存款、个人财产以及其他收入来源，是保险费用征收的唯一依据，又被叫作“有缴费义务的收入”。保险机构不能按照除收入外的其他标准，如参保人的年龄、性别、健康状况、职业等因素对参保人进行风险选择。为了体现保费征收的公平性和福利性，并非所有的雇员都执行统一的保费征收费率，而是在一定程度上向低收入者提供优惠。在法定医疗保险费用的筹集中，德国政府并不承担任何责任，政府财政主要用于对公立医疗机构的固定资产的投入。对于低收入人群，其医疗费用由具有解决不同保险组织的参保人员因为年龄、性别和健康状况不同而造成的基金风险差异功能的各类医疗保险疾病基金会承担⑤。参加法定医疗保险的雇员和其雇主都需缴费，雇员承担54%，雇主承担46%，最高月缴费不超过630欧元⑥，所有资金统一进入风险调剂池，考虑年龄、性别以及患有慢性或严重疾病的人群特点，进行资金分配。参加私人保险的人需要缴纳一个与风险相关的保费，保费根据一生的风险进行评估。法律强制要求私人保险设置年龄储备金，以备参保人年老时使用，且当参保人取消保单或者变更保险公司时，其年龄

① 温海红．社会保障学[M]．北京：对外经济贸易大学出版社，2016：267．

② 赵立新．德国日本社会保障法研究[M]．北京：知识产权出版社，2008：121．

③ 吕学静．各国社会保障制度[M]．北京：经济管理出版社，2001：73．

④ 姚玲珍．德国社会保障制度[M]．上海：上海人民出版社，2011：137．

⑤ 张晓，黄明安．医疗保险国际比较[M]．北京：科学出版社，2015：51．

⑥ 仇雨临．社会保障国际比较[M]．北京：中国人民大学出版社，2019：125．

储蓄金可以进行转移。

3. 失业保险

德国失业保险首次立法于1927年的《职业介绍和失业保险法》，现行立法为1969的《失业保险法》。失业保险是不考虑雇主和雇员意愿的强制性保险，所有的工人和职员都必须参加。德国失业保险的给付项目主要包括失业保险金、失业救济金、短工补贴、倒闭企业的职工津贴、就业培训费、冬季补贴和恶劣天气补贴以及拖欠工资补贴等其他补助金。

1）失业保险金

失业保险是一项强制性义务保险，要求所有职工都参加。失业保险金的基金来源于三个方面：一是受保人个人依据年收入的一定比率扣缴的部分；二是雇主依据受保人缴纳的额度而缴纳的部分；三是政府在失业保险基金存在收支不平衡时，提供的贷款或者补贴①。失业保险金的给付条件，一般要求受保人同时满足以下四个条件：在收到雇主解雇通知后的3个月内，要到当地就业办公室亲自登记；参加法定失业保险，并且在申请的最近2年保险费累计12个月，季节性行业的雇员要求申请失业的最近2年失业保险费累计6个月；申请者处于失业状态；有意愿、有能力，并积极配合寻找工作，接受职业介绍所的工作推荐和就业办公室安排的职业培训。失业保险金的支付额度依据失业者失业前每月的税后工资的高低和是否有孩子来确定，申请人是独身，领取每月税后收入的60%；申请人最少有一个18岁以下的孩子，领取每月税后收入的60%。

2）失业救济金

失业救济金制度是失业保险金制度的重要补充，法律规定，所有15—64岁，有工作意愿和能力，但无法用收入和资产维系自己和家人基本生活的个人及其家属都有资格得到失业救济和配套的社会救助服务，只要是“有理由”的失业，都可以根据经济困难的程度，申请得到失业救济。领取失业救济的申请者只要满足以下任一条件即可：无权享受失业保险；失业者没有维持生活的足够经济来源；在过去就业年份内至少有1年的身份是雇员；在过去1年内至少享受过1天的失业保险或类似保险金；在过去1年至少从事150天的就业活动；过去是公务员、法官、军人、义务兵或警察；在过去1年内受伤或因病致残②。

失业救济金与失业保险金的本质区别在于，前者的数额主要根据申请人实际家庭收入状况及需要的帮助来确定补助的额度。失业救济金的数额，一般足以支付个人食品、日常生活、住宿、取暖、水电、交通等生活开支，地方政府会利用地方税收为失业救济者提供。

3）其他补助金

短期津贴指的是在经济萧条期，一些公司因为生意清淡缩短雇员的工作时间，甚至裁减人员降低损失，当地就业办公室会通过支付短期津贴来弥补公司的用工成本，减低可能发生的失业；季节性停工的短期津贴主要针对一些特殊的行业，如建筑施工业、园艺业、庭园设计业，为了降低雇主保留雇员职位的用工成本，当地就业办公室会在每年12月1日到第二年3月31日，给从事这些职业的雇员发放季节性停工的短期津贴；破产补助是当雇主破产时，雇员没有收到所有应得的收入，雇员可以在自己劳动合同结束的最后3个月内，向就业办公室申请破产补助。此外，政府还提供职业咨询和就业指导，帮助即将就业的青少年或者求职人员，更好地

① 姚玲珍. 德国社会保障制度[M]. 上海：上海人民出版社，2011：264.

② 杨斌，丁建定. 国外就业保障的发展及对中国的启示：以美国、英国和德国为例[J]. 理论月刊，2016(5)：177-181.

选择适合的职业，提高就业率，降低失业率。

4. 工伤保险

1884 年，德国颁布世界上第一部工伤保险立法《工伤事故保险法》。德国工伤保险实施分类强制参保，所有工作者均有保障，以实现任何人的健康不因工作受损的目标。德国的工伤保险包括三大类型，即专门适用于农业部门的工伤保险、适用于工商业部门的工伤保险以及适用于公共部门的工伤保险。此外，德国政府认为国家和社会有义务为公立教育机构的儿童、青少年以及从事志愿者服务的人员提供工伤保障，所以这类人群被纳入公共部门的工伤保险覆盖范围，成为德国社会保险体系重要的组成部分。德国工伤保险待遇主要包括三个方面的内容。

1）医疗待遇

医疗待遇包括全部医疗服务、职业和社会康复、辅助器具以及家务支持等。一旦发生工伤事故或职业病，工伤事故保险联合会不仅及时给受害者经济补偿，而且紧密协助医院医生的工作，介入个人的治疗和康复。只要有助于受害者恢复健康和恢复工作的能力，行业联合会都支持并全额承担必要的医疗费用和康复训练支出。行业联合会认为，康复措施的重要目的就是让受害者重新回到自己的岗位，重新自立。

2）现金待遇

现金待遇包括暂时性现金待遇和永久性伤残待遇。事故造成受害者受伤、停止工作，最初 6 周由雇主发给受害者全部工资；6 周之后工资停发，由工伤保险联合会发给伤残者事故之前个人净收入的 80%，直至身体康复或领取养老金时止。领取暂时性伤残补助金的最长期限为 78 周[①]。假如受害者由于工伤或职业病导致完全丧失劳动能力，工伤保险联合会将无限期发给受害人之前个人净收入的 67%，直至领取养老金时止。如果部分丧失劳动能力超过 20%，工伤保险联合会将依据能力丧失的程度，以永久性伤残补助金全额为基数，发放部分补助金。如果丧失劳动能力超过 50%、没有工作、没有其他保险金时，在应得伤残补助金的基础上，工伤保险联合会将补充 10% 的特殊补贴，最长的领取期限为 2 年[②]。

3）工亡待遇

若事故受害者死亡，其婚配遗属的抚恤金相当于死者生前月收入的 67%，可以连续领取 3 个月。如果婚配遗属的年龄超过 45 岁，或者残疾，或者需要照顾至少一个孩子，则可以领取死者生前月收入的 40%，连续领取 24 个月。如果遗孤年龄不超过 18 岁（在校学生或接受培训的遗孤，年龄不超过 27 岁），则可以得到死者生前收入的 20%；如果没有双亲，则可以得到死者生前收入的 30%，最高不超过 40% 的补助金，领取时间到遗孤 18 岁时止。如果死者有一位父亲或母亲、一位祖父母，他们可以得到死者生前年收入的 20%；如果父母亲和祖父母都在，则可以共同得到死者生前年收入的 30%。如果遗属没有资格领取遗属抚恤金，或者因为受害者的劳动能力丧失超过 50%，那么遗属可以一次性获得受害者事故前年收入 40% 的补助金。所有遗属抚恤金的总额不能超过死者生前年收入的 80%[③]。

德国工伤保险制度坚持雇主缴费原则，其中，工商业和农业工伤事故保险基金的资金来源于三个方面：雇主缴纳的工伤保险费，这是最主要的部分；事故第三方支付的赔偿费；行业事故

① 仇雨临. 社会保障国际比较[M]. 北京：中国人民大学出版社，2019：179.

② 姚玲珍. 德国社会保障制度[M]. 上海：上海人民出版社，2011：299.

③ 同①.

保险联合会收缴的滞纳金、罚金以及固定资产的经营收益。公共部门工伤事故保险基金的资金仅来源于联邦政府、地方政府，其他公共部门的税收收入或财政收入。工伤事故保险金是雇主强制性的义务，由法定受保人自动享受。即使雇主漏缴或者少缴保险金，也不会影响雇员的法定权益。一旦发生赔偿，行业保险联合会都会先支付，然后向雇主进行追索。保险费用收缴额度的确定原则是"以支定收"，征缴采取延后一年推迟收取的模式，将上一年实际发生的费用在所有成员企业间分摊，不考虑经营利润，只分摊成本。德国工伤保险金费率的差异来源于风险系数的不同，由三方面因素决定[①]：不同行业的执业风险；行业内不同企业的风险控制能力；同一风险等级不同企业的补充风险系数。

5. 护理保险

德国于 1994 年颁布了《长期护理保险法》，护理保险成为德国继养老保险、医疗保险、工伤意外保险、失业保险四大险种之后的第五大支柱险种。德国法律规定了"护理保险遵从医疗保险"的原则，不论参保人参加的是法定医疗保险还是私人医疗保险，都必须参加护理保险。被保险人并不是只要申请就能够获得制度支付，而是需要经过严格的护理等级的评估才能够享受相应的待遇，根据德国 2017 年的最新改革，将护理等级划分为五个等级，65 岁以上的老年人是最主要的护理保险待遇给付群体。德国的长期护理根据护理需求状况，被护理者的意愿以及可及性，主要分为家庭护理和住院护理两种。

1)家庭护理

家庭护理可细分为家庭自配人员护理、护理机构上门服务或者两者兼而有之三种，其护理服务是由家人、朋友或健康护理专业人员等提供的。家庭自配人员护理既可以是由家庭成员承担，也可以请外人来护理。被护理人员每月可以从护理保险机构处获得一定的货币给付，用以补偿护理人员。护理保险机构一般并不直接向被护理人或其家属提供资金，而是由被护理人员先找好一家护理机构上门服务，然后护理机构与保险机构直接结算。此外，被护理人也可选择混合护理形式，即将上述两种护理方式相结合的混合方式。

2)住院护理

住院护理又可分为半住院护理和完全住院护理两种。住院护理是指在护理保险的专门机构即护理院接受正规的护理服务，其护理服务由专业护理人员提供。接受完全住院护理的个人必须首先通过专门医疗机构的审核，才能采取这种护理方式。当被护理人的情况还未完全达到住院护理的标准，而又无法得到足够的家庭护理时，就可选择半住院护理的方式。被护理人一天中的某个时段在某个护理机构接受护理，按在院接受护理的时段分，可分为白天和夜间护理两种护理形式。护理过程中产生的医药费用等由保险机构承担，而照料被护理人的花费则由自己承担。

每个参加法定医疗保险的人在其法定医疗保险机构参加护理保险，而购买私人医疗保险的人也必须参加一项私人护理保险。德国长期护理保险采用雇员和雇主 1∶1 的方式筹资，在长期护理服务递送的总费用中，个人亦承担了较高的自付比例：长期护理保险的筹资占全部长期护理服务筹资的比例不到 60%，7%～8%的费用来自社会救助制度，超过 30%的费用来自个人自付，自付比例最低的为 29.4%，最高则达 41.1%，其中约 70%的个人自付部分用于支

---

① 葛蔓.德国工伤保险的特点及成功之处(下)[J].现代职业安全，2002(2)：58－60.

付护理院护理的支出,约 30%用于家庭照护的支出[①]。法定护理保险通过雇主、雇员缴纳保险费并遵循现收现付原则,德国就业办公室会为领取失业救济金和最低生活保障金的人群缴纳长期护理保险费用。私人护理保险机构采用的是预付基金制度。法律规定提供护理保险的保险公司有义务对任何参加私人医疗保险的人承保,而不得以风险较高或风险异常为由拒绝。

长期护理保险区别于传统的医疗护理保险之处,主要在于它以其辅助方式维持社会成员正常生活,而不是治疗性的服务和照顾。它是保障被保险人住进康复中心等护理机构或家庭护理而发生的费用的津贴型险种。医疗护理的重点是为治愈患者的疾病而采取的措施以及提供一定的护理费用,目的是使患者的健康状况恢复到从前的状况,而长期护理的重点在于尽最大可能长久地维持和增进患者的身体机能,提高其生存质量。

(二)社会照顾

1. 母亲保护和儿童补贴

按照规定,职业妇女及家庭妇女从怀孕到分娩后这一时期内可享受一系列保护和照顾。诸如对从申报怀孕到分娩后 4 个月的妇女不得解雇;分娩前 6 周的妇女可以自己决定是否继续工作;孕妇分娩后的 8 周内必须休息,不得参加工作;产前 6 周、产后 8 周的保护期内的妇女,可领取相当于分娩前 3 个月净工资的工资额;分娩后可享受 6 个月的休假期,休假期间享受一定量的现金补贴;等等。1975 年德国政府颁布了《联邦子女补贴费用法》,以法律形式对儿童补贴做出规定:每个有义务抚养儿童的公民,不论其收入多少,都可以领取一定数量的儿童补贴;每个儿童从出生之日起,到年满 16 岁止,都可享受儿童补贴,如果儿童在年满 16 岁时还在继续上学或还在接受职业培训,可以进一步把儿童补贴延长到 27 岁止;补贴标准主要根据每一家庭孩子的多少和家庭收入的多少来决定。

2. 住房补贴

住房补贴是专门为解决低收入、多子女家庭及残疾人、老年人的住房而实施的。《联邦住宅补贴法》规定,凡收入不足以租住适当面积住房的公民都可以享受国家提供的住房补贴。决定住房补贴额度的是家庭收入、人口、住房费用的多少。在实施住房补贴的同时,政府还辅之以其他保证公民住房需要的政策,如保护住房政策,规定房主不得无理或随意废止住房合同,房租不得超过当地同类住宅的租金,鼓励个人建房和购房的优惠政策,对决定自建或自购住房的公民,给予贷款、减税和补贴等。

3. 社会救济

社会救济是为了帮助被救济者能够维持最低生活水平,并力求使被救济者在最短的时间内靠本人的力量达到自救。按《联邦社会救济法》有关规定,凡是生活在德国的居民,不论是德国人还是外国人,只要在遇到该救济法所列的各种困难时,都可以要求得到社会救济。救济的内容包括两类:为维持日常生计提供的帮助和在特殊困难时提供的帮助。前者包括对被救济者的衣、食、住、家庭用具、取暖等方面的救济;后者主要包括建立和保障生活基础的救济,涵盖对危及健康的预防性健康救济,对残疾人的救济,为家庭主妇设立的因病不能料理家务的家庭救济,对居住在国外的德国人的救济,对无家可归者、流浪者和罪犯等特殊社会困难者设立的

---

① 2008—2017 年德国长期护理保险数据报告。

救济等[①]。

三、德国社会保障的特点

(一)以社会保险为主

由养老保险、疾病保险、工伤保险、失业保险和护理保险等险种组成的社会保险是德国社会保障制度最基本、最重要的组成部分。同时,保险的强制性与保险方式及承保机构组织的多样性并存,德国社会保障体制浓厚的强制性色彩是俾斯麦型保障制度的主要特征[②]。

(二)施行资金自助

德国社会保障的基金采取国家、雇主和雇员共担的办法。随着福利项目增多,开支加大,在国家增加预算的同时,雇主和雇员负担的那部分份额都随之增加[③]。在保障资金的筹措方面,德国政府重视社会职能的发挥,让社会保障的受益者及企业来承担大部分的重任,由雇主和被保险人缴费构成的社会缴费占德国社会保障资金来源的60%左右,政府承担第二位的责任。

(三)完善的法规保障

德国十分注重社会保障的法规建设,先后颁布了一系列社会保障法规,形成了一个完整的社会保障法规体系,使德国社会保障的发展有章可循、有法可依。战前德国已积累许多社会保障的立法,这为战后德国的社会保障立法奠定了良好的基础。战后,立法成为历届政府社会政策运用的主要手段,每一社会保障项目都是通过立法而建立,并按照相应的法律规定进行管理和运营[④]。

(四)保险自治管理

社会保险机构施行自治管理是德国社会保障体制中最具特色之处。在各类承办社会保险机构中,分别设置代表大会和董事会,负责决定保险承办机构的财政预算和人事安排[⑤]。德国在社会保险基金的管理上贯彻共同参与的民主管理思想,各项社会保险基金除失业保险外,均实行自治管理的办法。主要办法是由参保人与企业资方分别派出代表进入保险机构的董事会和监事会,在决策方面反映参保人与企业的意见和要求,并参与各保险机构的管理与监督[⑥]。

第三节 美国社会保障制度

一、起源及发展历程

(一)社会保障的萌芽

美国是一个移民国家,早期迁往美洲大陆的移民崇尚克勤克俭,提倡个人奋斗,把贫困归

---

① 吕学静.现代各国社会保障制度[M].北京:中国劳动社会保障出版社,2006:7.

② 丁纯.德国社会保障体制的现状与改革[J].国际经济评论,2000(Z2):45-48.

③ 同①9.

④ 林闽钢,周薇,周蕾.社会保障国际比较[M].北京:科学出版社,2015:91.

⑤ 周茂荣.德国的社会保障制度[J].世界经济,1998(07):46-49,58.

⑥ 仇章建.德国社会保障制度考察[J].首都经济,2020(7):21-23.

因于个人的懒惰和无能，而不是社会的责任，在早期美国历史中，美国人通常乐意进行个人自保。而福利事业仅仅是被当作一种济贫措施[①]，北美最早的济贫所出现于纽约殖民地，随后出现了各类慈善事业，主要指由社会团体、教会和私人举办的救济院、养育院、收容所等慈善性机构提供的救济，老残孤寡者的生活问题主要依靠上述济贫机构解决。“促进公共福利”思想被正式写入了1787年《美利坚合众国宪法》，这是美国社会保障制度法治化的起点[②]。美国南北战争后，全国性工会组织联合成立了“美国劳工联合会”，以合法的手段保护工人的权益、改善工作条件、维护女工和童工的权益等。第一次世界大战后，美国的职业福利制度有了很大的发展，企业普遍承担了很多的社会职能，一些企业面向职工推行教育计划，实行免费医疗和带薪休假制度。在美国“新政”以前，美国没有国家出面组织的社会保障制度，保障是企业与职工之间的一种契约关系，国家则负责社会救济事务，以填补职业福利的空缺。

(二)社会保障制度的建立

1929年，一场罕见的经济危机猛烈地袭击了美国各行各业，成千上万的劳动者，一夜之间变成了处于极端困境、需要接济的穷人，人们逐渐意识到，贫困不只是个人的问题，还有社会的责任。危机打破了廉价政府自由放任和无为而治的政治观念，人们强烈要求政府承担其社会责任。1935年，罗斯福签署了《社会保障法》，这是美国第一个全国性的由联邦政府承担义务以解决老年和失业问题为主体的社会保障立法，第一次明确提出了社会保障的概念，并规定了社会保障的基本原则和内容：第一，设立退休养老金，其基金来自工人与雇主的缴费，退休养老金的领取与在职时的工资以及缴费挂钩；第二，联邦政府对退休计划实行管理，强制在职职工加入这项保险计划；第三，政府对财政困难的地方政府以特别贷款，使其有能力向特困户提供资助；第四，没有资格享受老年保险的65岁以上老人，在经过调查确认后，由各州政府自做决定是否建立援助项目，对其实行补贴；第五，对父母双亡故或出走或残疾而无人抚养的儿童，由各州自愿举办援助项目，联邦政府对该州予以补助。这是一个由联邦政府承担义务以解决养老和失业保障问题为主的法规，也是社会保障立法的第一次高潮[③]。

(三)社会保障改革与完善

美国社会保障制度经历了几十年的改革与变迁，在实践中得到不断完善和发展。1939年国会通过社会保障法的修正案，为工作人员的遗属提供保险。1950年社会保障受益者扩大到从事公共服务、农场工人和家庭仆人身上，并增加了福利金额。1954年社会保障适用范围扩大到自由职业者如律师和医师身上。1956年社会保障的覆盖面再次扩大，包括军职服役人员和其他自谋生活人员，残疾人保障加入了社会保障制度行列。1965年通过了健康医疗照顾法案，它包括医院保险和补充医疗保险两个部分。1983年国会颁布修正案逐步将领取福利金的年龄由65岁提高到67岁，并建立社会保障信贷基金制度。1994年社会保障税提高到雇主和雇员所得的7.65%[④]。总的说来，美国社会保险保障事业在20世纪五六十年代经历了不断发展，其保障程度与保障范围已接近中等福利国家的水平。而70年代，由于通货膨胀日益加剧，美国政府继续改革社会保障制度，几次提高社会保障津贴，解决地区间的不平衡问题，减轻各

---

① 张桂琳，彭润金，等.七国社会保障制度研究：兼论我国社会保障制度建设[M].北京：中国政法大学出版社，2005：109.

② 黄安年.当代美国的社会保障政策[M].北京：中国社会科学出版社，1998：7.

③ 吕学静.各国社会保障制度[M].北京：经济管理出版社，2001：105.

④ 同③107.

州日益沉重的福利负担。到了20世纪80年代中期，社会保障法案已进行了17次修正，在不断修改中，保障种类增多，给付水平提高，社会保障税上升，社会保障制度从不完善逐渐趋于完善。

二、美国社会保障制度的体系

美国的社会保障立法虽然起步较晚但发展速度快，其社会保障制度体系由社会保险和社会救助两大部分组成。其中社会保险包括养老保险、医疗保险、失业保险和工伤保险。社会救助是社会保障制度的重要组成部分，是对社会保险的补充，主要包括贫困家庭临时补助、补充性保障收入、医疗救助计划、补充营养补助项目、贫困家庭住房补助以及退役军人福利计划。

(一)社会保险

1.养老保险

美国是多层次养老金制度的典型代表，由政府立法制定实施的公共养老保险制度始于20世纪30年代，1935年美国国会通过《社会保障法案》，为美国养老保险制度的建设奠定了法律基础。20世纪50—60年代私人养老金计划得以普及。个人储蓄退休金在国家税收优惠鼓励下，作为退休收入的补充也获得相当的发展。历经半个多世纪，美国形成了包括国家法定养老保险、私营退休养老保险和个人储蓄养老保险在内的多支柱养老保险体系。

1)国家法定养老保险

这是美国养老保险制度的第一层次，是美国为其公民提供的全民退休保障。其资金来源为雇主、雇员共同缴纳的工资税，税率从收入的12.4%(雇主和雇员各半)到15%不等[①]，实行现收现付制。养老金的享受条件及发放方式为年满65周岁，并在工作期间缴纳满10年的养老保险费，退休后即可按月领取养老金；未到65周岁退休属提前退休，但领取的养老金是减额退休金，其扣减办法是每提前一个月减发养老金1.56%，减少是永久性的，不会恢复到满65岁(改革后享受养老金的年龄提高，目标为67周岁)退休时应领的退休金数额。提前于62岁退休将获得按65岁退休的待遇标准按月递减5/9的待遇，最高递减20%。养老保险替代率为40%左右，美国采用一种累退的待遇计算方式，虽然高缴费者获得的待遇绝对额高于低缴费者，但是，低缴费者获得待遇的工资替代率却高于高缴费者[②]。

2)私营退休养老保险

这是由政府雇主或者企业雇主出资，采取自愿原则，不具有强制性，包括公共部门养老金与企业雇主养老金两个部分。公共部门养老金是联邦、州和地方政府为其雇员提供的各种养老金计划。美国公务员退休金计划是一个待遇确定型养老金制度，它由联邦政府根据雇员的工作年限和工资水平为退休者提供一定的养老金收入。其资金来源于联邦政府部门和公务员的共同缴费，不足部分由联邦政府财政负担。退休金待遇的确定主要取决于其工作年限和工资水平。1983年，美国国会规定联邦政府的新雇员全部参加联邦社会保障计划。企业雇主养老金起源于1974年通过的《雇员退休收入保障法案》，通过两种方式建立养老金计划：第一是限定投入的缴费，由雇员或与雇主双方共同缴费构成的个人收益账户，美国大部分企业规定雇

① 仇雨临.社会保障国际比较[M].北京：中国人民大学出版社，2019：96.

② 魏红英.社会保障制度比较[M].北京：新华出版社，2007：126.

员最多可存入工资的 13%，雇主按照雇员选择的比例，每年定期向雇员投入一定量的资金；第二是限定福利的待遇，由雇主承诺给每位工龄到达一定年限的雇员按月支付一定的养老金，雇员工龄越长，所获越多。

3)个人储蓄养老保险

这是一种由联邦政府通过提供税收优惠而发起的、个人自愿参与、自行管理的补充养老金计划。最早于 1981 年初建立，通常做法是建立个人退休账户，个人退休账户不仅为个人提供养老储蓄，还允许调换工作的职工将其在私人养老金计划中的积蓄取出，暂时存入个体退休账户。个人退休账户由银行、人寿保险公司和共同基金等多种金融机构来管理，其投资方式也多样化。它有个人退休普通账户和个人退休特别账户之分。前者是可以享受延后纳税优惠的个人退休储蓄计划，数额有最高限制。存入个人退休账户的收入是否享受延后纳税，取决于所有者的收入税申报身份、扣除各种免税部分后的调整收入和参加具有税收优惠性质的退休金计划的情况；后者中的存款不享受延后纳税，但持有个人退休特别账户满 5 年和年龄超过 59.5 岁时，通过个人退休特别账户获得的收入可免交个人所得税①。

2. 医疗保险

1929 年，美国一些学校的教师与得克萨斯州达拉斯的一所医院签约，预定月费用以获得一些医疗服务，称为"蓝盾计划"，这是最早诞生的医疗保险。1956 年，约翰逊总统签发了《医疗保险法案》，自此，美国社会保险管理局开始负责实施医疗等在内的新的社会保险计划。在美国，国家没有一体化的医疗保险制度，医疗保险的主要方式有两种：一是雇主为他们的雇员及其被供养人提供的医疗保险，称为私人健康保险；二是政府为老年人、残疾人和低收入家庭、儿童孕妇、军人以及印第安人等提供的医疗保障计划②。

1)私人健康保险

私营医疗保险公司在美国医疗保险中承担重要角色。美国企业的医疗保险在 20 世纪 80 年代以前的 20 年中，基本上实行的是实报实销制度，蓝十字和蓝盾是美国最大的两家民间医疗保险公司，前者为住院患者提供保险，后者为门诊医疗提供服务③。1985 年部分企业开始向人寿保险公司投保，采用定额付费方式，企业交给保险公司一定的费用，保险公司对员工看病规定一个报销办法和报销水平，省下的费用可以成为保险公司的赢利。保险费主要由雇主为雇员缴纳，雇员能否参加医疗保险取决于雇主是否为其缴纳医疗保险费。雇主参加医疗保险时，要考虑三个因素：一是劳动力市场的供求状况；二是生产费用及产品竞争力情况；三是劳资谈判即工会力量的强弱程度。基于以上三点，规模较大、效益较好、工会力量强大的大、中型企业一般都参加医疗保险，而很多小企业都不参加医疗保险④。

2)政府主办的医疗保障计划

医疗保险计划是根据社会保障法建立的，主要有医疗照顾计划、医疗补助计划和健康保险计划。医疗照顾计划是只对 65 岁及以上的老年人、低于 65 岁的残疾人和肾病患者提供，包括强制性的住院保险计划和自愿性的补充医疗保险计划。住院保险主要支付住院的治疗所需费

① 魏红英.社会保障制度比较[M].北京：新华出版社，2007：126.

② 李超民.美国社会保障制度[M].上海：上海人民出版社，2009：196.

③ 穆怀中.社会保障国际比较[M].北京：中国劳动社会保障出版社，2014：200.

④ 温海红.社会保障学[M].北京：对外经济贸易大学出版社，2016：269.

用，出院后的康复服务费用及家庭护理费用，临终护理费用等，资金来源通过政府征税取得；补充保险主要提供参保人员看门诊需支付给医生的相关费用，资金来源于联邦补充医疗保险信用基金，这个基金通过参加者缴纳保险费用和联邦政府的一般性财政收入拨款来建立。医疗补助计划是针对低收入人群、失业人群、残疾人群提供各种特别医疗项目，由联邦政府和州政府共同资助低收入居民，实行部分免费医疗。服务项目包括门诊、住院、家庭保健等，有的州、市还提供药品、配眼镜、助听器等十多个项目的医疗资助。健康保险计划是联邦政府为联邦雇员赞助的健康福利计划，这项计划与美国国防部健康系统的军人健康福利计划相对应①。国防部为军事人员及其抚养人建立了医疗保健提供体系，医疗服务向现役与退役人员提供，包括退休人员的遗属。

与其他福利国家相比，美国的医疗保障制度有着很大不同，它以复杂多样的自由市场型为其主要特征。美国是唯一没有实现全民医保的发达国家，历届政府都尝试推行医疗改革，但其内容依然由住院保险和补充医疗保险两部分组成，原有的以雇佣关系为基础的私人医疗保险体制没有发生根本变化②，保险覆盖对象的限制非常严格，给付水平也很有限，在医疗卫生领域中，美国人不强调医疗卫生工作的政府责任和社会的统一性，充分体现了社会保障制度设计中对个人责任的强化③。

3. 失业保险

1935 年，国会通过立法授权各州政府建立失业保险制度。美国的失业保险制度属于强制性社会保险制度，完整的美国失业保险制度由联邦和州失业保险制度两部分组成。美国联邦有关失业保险的法律规定，各州政府必须建立失业保险制度。

1)适用范围

在美工作的绝大多数劳动者都能受到失业保险法的保障，主要包括工商业雇员、受雇于农业部门的人员、受雇于非营利机构的人员、家庭佣工、医院工作人员、受雇于高等学校的人员、海员及铁路工人、公务员、军人。联邦立法规定，所有工商企业的雇员，一年有 20 周雇佣人数在 4 人或 4 人以上的非营利机构的雇员，州和地方政府的工人，家庭佣人以及部分农场工人有资格参加失业保险。州立法规定的保险范围包括：凡一年中连续 20 周雇佣一人以上，或任何一个季度支付 1500 美元或更多的工资、缴纳联邦失业税的私人企业；每个季度支出工资 2 万美元，或者一年内有 20 周每周至少有一天雇用 10 人或 10 人以上的农业企业；在一个季度中支付佣人工资 1000 美元或以上的家庭所雇佣的劳动者；一年内有 20 周每周至少有一天雇佣 4 人或 4 人以上的福利、教育和宗教等非营利组织。在给付期限上，有 4/5 的州失业保险等待期是 7 天，给付期最长为 39 周，一般各州规定最多 26 周④。

2)资金来源

依据 1935 年国会通过的《社会保障法》和《联邦保险税法》的规定，美国失业保险金由国家税务局通过国家税收方式强制收缴。失业保险税由雇主缴纳。企业开业，雇主必须办理失业保险登记，并在企业内公开张贴参加失业保险书。失业保险办法全国不统一，各个州的计税依

① 李超民．美国社会保障制度[M]．上海：上海人民出版社，2009：202.

② 仇雨临．社会保障国际比较[M]．北京：中国人民大学出版社，2019：131.

③ 杨玲．美国、瑞典社会保障制度比较研究[M]．武汉：武汉大学出版社，2006：28.

④ 杨斌，丁建定．国外就业保障的发展及对中国的启示：以美国、英国和德国为例[J]．理论月刊，2016(5)：177－181.

据和税率由各个州的《失业保险法》确定。联邦政府的失业保险税全部存入联邦失业信托基金,在该基金中,各个州都有自己独立的账户,记录各州的资金收支和运作状况。该基金统一用于投资联邦政府公债和社会公债以确保利息收益。失业保险金仅限于支付失业救济金,必须专款专用。各州根据失业人员的工资水平和工作时间支付失业救济金①。

3)给付条件与标准

失业者领取失业救济金必须具备事先规定的资格条件,具体包括:工资收入或就业时间达到法定要求;履行等候期;有工作能力且有工作意愿;积极寻找工作和不属于取消给付金资格的范围等。失业保险给付的标准没有统一的规定,完全由各州根据本州的实际和被保险人的就业收入和家庭情况来决定。有 34 个州根据本州周平均工资发放失业保险金,周失业保险金的上限相当于周平均工资水平的 50%~70%②。各州规定,如果工人所获得的工资收入或者工资收入加其他来源低于救济金数额,被视为部分失业。给付标准是:部分失业救济金=失业救济金-工资收入。如果失业者家庭按规定领取了公共年金和私人年金,那么,这些年金视为失业救济金的一部分,需要在应领救济金总额中扣除。

4. 工伤保险

1837 年,为防止工伤事故造成劳动者及其家庭的过度损害,美国颁布了工业意外事故保险法,有条件地对伤残工人进行补偿。1908 年,美国工伤保险法得以通过,适用于部分联邦雇员,之后在州政府层面迅速发展,现在美国 50 个州和哥伦比亚特区都有工伤保险法。

1)适用范围

美国工伤保险制度既有强制性参保又有选择性参保。联邦工伤保险针对特殊群体制定了相应的工伤保险制度,这些特殊群体包括联邦雇员、海岸和港口雇员、患黑肺病的煤矿工人、暴露于辐射下的雇员、能源雇员、退伍军人、铁路雇员和商船队雇员。法律规定雇主有权选择是否需要参加工伤保险,美国各州覆盖范围不同,大多数企业雇员均已参保,只有少部分人群被排除在制度之外,如家庭劳动者、农业雇员、一些小企业雇员、临时劳动者以及自由职业者。美国工伤保险产品分为三种形式,即私人工伤保险、州工伤保险和雇主自我保险。目前,私人工伤保险是主体,占到工伤保险支付赔偿总额的一半以上,雇主自我保险占到 20%左右,为第二大补偿方式③。

2)资金来源

美国工伤保险费率分为三个层次:手册费率、经验费率及运用借贷手段进一步调整等。手册费率是依据雇员所在行业的风险程度来确定的;经验费率是指各行业在实际中由于其职业健康和安全环境不同,即使同一行业同一性质的工作也会有不同的工伤发生率,因此美国依据企业过去的工伤事故量,制定经验费率,通常是用 3 年内工伤事故的发生率来确定的,经验费率可以激励雇主积极改善工作条件;借贷手段是由手册费率确定,经验费率调整以后,再运用借贷费率进一步调整,在测算的保险费基础上打折,各州的费率标准不一致。

3)工伤待遇

美国工伤保险待遇包括收入补偿、医疗补偿、遗属待遇和死亡抚恤金等。收入补偿包含四

① 魏红英.社会保障制度比较[M].北京:新华出版社,2007:217.

② 杨斌,丁建定.国外就业保障的发展及对中国的启示:以美国、英国和德国为例[J].理论月刊,2016(5):177-181.

③ 仇雨临.社会保障国际比较[M].北京:中国人民大学出版社,2019:187.

个方面的内容：①暂时性伤残补贴。在大多数州，自发生工伤之日起 3～7 个等待日，可得到工资水平的 66.6%的补偿，如果残疾产生一个从 5 天到 6 个星期的持续期，则补发待遇。②永久性补贴。它包括完全和部分伤残年金，在大多数州对完全伤残者会提供约相当于收入的 66.6%的永久性伤残年金，对于部分伤残，则根据失能等级相应减少津贴。③日常护理补贴。部分州会对需要日常护理才能正常生活者发放护理补贴，该补贴会终身或根据残疾持续时间发放。④黑肺病年金。患者最后一任雇主需要为其发放每月 625 美元的黑肺病年金，该待遇会随着黑肺病患者需要供养的人数而增加，最高限额为 3 个供养者，每月为 1251 美元[①]。医疗补偿指的是所有州均提供医学上需要的治疗费用，没有时间限制。遗属待遇中配偶可得到相当于死亡者收入的 35%～70%的津贴，子女中需要供养的儿童可得到死亡者 60%～80%的津贴。死亡抚恤金一次性发放，数额由各州自行确定。

(二)社会救助

社会救助在美国称作公共救助或福利补助，是帮助贫困阶层维持最低生活水平和享有某些权益的社会保障项目，是社会保障体系的重要组成部分。美国社会救助制度形成于 20 世纪 30 年代，被列为社会保障的三大项目之一。经过长期的补充，其制度日趋完善。目前政府提供的社会救助或福利补助有 70 多项，其中主要的有贫困家庭临时补助(抚养未成年子女家庭补助)、补充性保障收入、医疗救助计划、补充营养补助项目(食品券项目)和贫困家庭住房补助等。

1. 贫困家庭临时补助

这项计划的主要受助对象为单亲家庭或是父母双方当中有一人无劳动能力或是长期失业的家庭。该项目由联邦政府和州政府共同出资，救助待遇主要包括按月给付生活津贴以及提供相关的医疗救助项目。此外，各州一般规定在此计划下，具备一定资格的成年人一生最多可领取 60 个月的福利津贴，一旦领取补助的时间总计达到规定上限，该成人及其家庭所有成员都不再具有家庭补助福利的领取资格。一旦接受该项目补助，受助家庭会被要求在 2 年内找到符合项目规定的工作，受助家庭每周还要参加至少 30 小时的工作，有孩子的单亲家庭每周至少参加工作 20 小时。

2. 补充性保障收入

这项计划的资金不是由社会保障基金支出，而是由美国财政部的一般基金项目列支[②]。该项目受助资格较为宽松，只要是 65 岁以上的老年人、盲人、残疾人，资产低于 2000 美元的低收入者，都可领取。

3. 医疗救助计划

这项计划的受助范围包括抚养未成年子女家庭援助计划和补充性保障收入计划的受助对象、低收入家庭的儿童和孕妇、低收入的医疗照顾对象。有较大医疗开支的人和接受机构护理的人。按照联邦法律，前三类人各州必须予以救助，后两类人各州可以进行选择性救助。救助范围包括了一系列基本的医疗服务以及口腔护理、精神疾病治疗等特殊服务。医疗救助的资金由联邦政府的州政府共同承担。

---

① 仇雨临. 社会保障国际比较[M]. 北京：中国人民大学出版社，2019：190.

② 李超民. 美国社会保障制度[M]. 上海：上海人民出版社，2009：84.

4. 补充营养补助项目

美国的食品券项目最早从 1939 年启动，其受助人群和可购买食品不断发展，目前已被电子福利转账卡所取代，在项目目的上，也从最初的反贫困措施转变为营养补助，如改变低收入群体的肥胖现状。食品券项目在 2008 年正式更名为补充营养补助项目，项目经费来源于联邦政府，经证明，该项目有效增强了受助人员在代表值等营养物质上的获取量①。

5. 贫困家庭住房补助

该项目始于《住宅与社区发展法》，前身称为住房补助项目，包括公共住宅和房租补贴两种形式。2004 年，正式更名为"贫困家庭住房补助"项目，主要转变是向私人房产主提供租金补贴，低收入家庭只需向房主缴纳占收入固定比例的房租，其余部分由政府补贴。贫困者的收入低于该地区平均收入的 80%，或低于贫困线的两倍就可以获得房租补贴②。该项目主要由联邦政府出资，补贴的住房券金额以核定房租（市场上中等水平的住房房租）与 30% 的核定收入（除去消费、医疗和教育开支的余额收入）之间的差额为标准发放③。

美国凡领取救助的，事先均需进行经济调查。经济调查分为资产调查和劳动收入调查。申请者被调查的收入包括现金、支票、养老金和一些非现金收入，如食品、住所等。食品券的分发是依据家庭的收入水平和家庭人口按月进行的。美国实行中央、地方政府分别负责的社会救助管理制度，方式有中央政府管理、中央政府定标、中央财政负担的制度；也有中央政府定标、地方政府管理、共同出资的制度；还有地方政府定标、地方政府管理并负责全部资金的制度④。

6. 退役军人福利计划

在美国，有资格的退伍军人、军人家属、阵亡军人的遗属都享有一系列的退伍社会福利。美国退伍军人事务部通过各种计划提供福利，主要包括：①军人伤残福利计划。对于现役军人服役期间因负伤和疾病造成的伤残，退伍后联邦政府将给予伤残补偿，退伍军人个人每月领到的伤残补偿福利，取决于退伍伤残等级、退伍军人是否有配偶和被赡养者、军人在服现役期间出现截肢和丧失器官而给予的每月特别补偿费等要求。②退伍军人养老金。退伍军人养老金的支付对象为战争期间服过役的退伍军人，以及因非服役原因造成永久性和全面性伤残的退伍军人，或者 65 岁以上的老年退伍军人，还包括这类军人的遗属。领用退伍军人养老金者，必须满足收入和财产资格要求，福利的发放以家庭人数为考量，提供最低收入保障。③转业福利。美国退伍军人事务部的退伍军人计划，对于符合一定资格条件的退伍军人和军队人员，提供转业教育、工作训练和职业再安置福利，同时美国劳工部也为退伍军人提供就业咨询和岗位培训。④住房福利。美国退伍军人事务部向退伍军人提供住房福利，包括担保贷款和直接贷款等。美国联邦政府还开办了一些计划，帮助无房的退伍军人，福利内容涵盖了保健、就业服务和住房项目。⑤保健护理计划等。退伍军人的医疗福利项目包括了门诊和住院医疗，资格标准包括服役伤残和收入要求。退伍军人事务部向符合服役条件的退伍军人和不符合服役条

---

① LANE S. Food distribution and food stamp program effects on food consumption and nutritional "achievement" of low income persons in Kern County, California[J]. American journal of agricultural economics, 1978, 60(1): 108-116.

② 褚福灵. 社会保障国际比较[M]. 北京：中国劳动社会保障出版社，2006：474.

③ 廖俊平，林青. 住房券：美国最大的直接住房补贴项目[J]. 中国房地产，2006(7)：80.

④ 魏红英. 社会保障制度比较[M]. 北京：新华出版社，2007：327.

件的低收入军人，提供免费的门诊和住院医疗服务①。

三、美国社会保障的所特点

（一）强调自助保险

美国社会保险资金基本上由本人提供，社会保障制度一开始就强调"财务自理"原则，保障资金的来源体现了多方共同负担的原则，雇主与雇员都有缴纳保险税的责任，主张由职工在就业期间缴纳，专款专用于退休的福利，不同于西欧国家部分或全部由政府提供。基金纳入政府财政预算，独立于预算之外。此外，还强调社会福利制度具有私人保险的特征，提倡由企业和职工自己出钱办理②。

（二）资金来源多渠道

美国社会保障资金主要以税收形式向企业和个人征收，具有强制性，政府将征收到的社会保障税作为一个独立的基金与财政分开，支出如有不足，则由联邦、州和地方政府从财政拨款补贴。由联邦政府支付的项目有退伍军人津贴和低收入家庭的补充保险收入以及食品津贴；由州和地方政府支付的项目有公共救济、医疗补助、对抚养儿童家庭的补助等；由企业支付的项目有失业救济金、私营企业养老金、补充失业津贴和残疾保险等。此外，社区组织、工会组织、慈善机构、宗教组织等也负担一些小规格的局部社会保障和社会服务项目。

（三）差别化社会保障

强制与自愿相结合，但对受惠者的条件有严格的规定。对那些开支大、影响面广的社会保障项目，如老年保险、失业保险等采取强制执行的办法，而对那些开支少、影响面窄的项目，如医疗费用保险等则采取自愿的原则。社会保障主要倾斜参保儿童和老人，而对劳动年龄以内的人，除提供伤残和失业救济金之外，其他保险内容未能涵盖。

（四）多层次管理体系

美国社会保障项目的管理体系是多层次的，不同项目由联邦、州、地方政府各有关部门分别管理，并与民间机构形成了遍布全国的组织机构体系。为了节约行政开支，加强管理，提高效率，美国政府近年逐步将一些社会保障项目交给私营企业或民间群众团体管理。同时，社会保障基金的管理与运营严格分开，政府部门只负责监管，保险基金保值增值在内的运营活动是由专门的经营机构进行的③。

第四节　日本社会保障制度

一、起源及发展历程

（一）起步阶段

日本在1868年明治维新后，开始进入工业化社会，作为反对贫困和防止贫困的措施，社会

---

① 李超民.美国社会保障制度[M].上海：上海人民出版社，2009：180.

② 魏红英.社会保障制度比较[M].北京：新华出版社，2007：46.

③ 吕学静.各国社会保障制度[M].北京：经济管理出版社，2001：141.

救助和社会保险相继出台，这可视为日本社会保障制度的萌芽。1874 年颁布的《恤救规则》，针对贫困者实施社会救助，可以视为日本实施社会保障制度的开端。1875—1884 年日本相继推出《海军退隐令》《陆军恩给令》和《官吏恩给令》，标志着日本国家公务员和地方公务员养老保险的问世。1907 年日本开始对国营企事业职工实行养老保险，意味着共济年金制度从此出台。1922—1938 年，日本着手制定并推出医疗保险法规。1922 年《健康保险法》问世，它包含了工伤社会保险，适用于企业职工。1938 年日本推出《国民健康保险法》，针对农民和个体工商业者实施医疗社会保险。1941 年劳动省颁布《养老金保险法》，标志着日本从此在私营企业中间实施了老年社会保险制度。1944 年，厚生省接管养老保险事业，推出新的"养老保险法"。20 世纪 60 年代初日本推出了以非雇佣者即个体劳动者为对象的养老保险。至此，日本各种类别的社会养老保险制度基本得以出台①。

(二)重建阶段

第二次世界大战结束以后，日本作为战败国，国民经济几乎遭到毁灭性的打击，医疗保险和年金制度一度陷入崩溃的境地。在社会福利和国家救济方面，针对战后贫困人口大量增加，孤儿、残疾人增多的情况，政府先后颁布《生活保护法》《儿童福利法》和《残疾人福利法》等。在公共卫生方面，制定了《环境保护法》。在社会保险方面，针对失业率过高的问题，颁布《失业保险法》。1959 年政府进一步颁布《国民健康保险法》，规定全国市町村必须实行。1960 年，颁布《国民年金法》，将健康保险和年金制度扩展到农民和自营职业者。到 1961 年，实现了全民皆医疗保险和全民皆年金。这些出台的法规大多与社会救助有关，针对贫民、贫困家庭、孤儿、残疾人以及失依老人，此后，直到 1973 年，日本每隔大约 3～5 年修改一次国民健康保险法、养老保险法、国民养老保险法和工伤保险法，由于这一时期日本经济持续高速发展，医疗保险和养老保险的支付额得到提高，劳动者工伤保险的内容也得到扩充②。日本社会保障事业获得空前发展，实现了"全民皆养老"和"人人享受医疗保险"。

(三)改革阶段

1973 年石油危机后，日本的经济渡过了不景气时期，进入稳定成长的轨道。从该时期开始，日本人口高龄化速度加快，从而要求重新制定 21 世纪高龄化社会的社会保险制度。1974 年，替代《失业保险法》的《雇佣保险法》出台，该法不仅支付失业补助，还包含预防失业、稳定雇佣、开发能力等综合性政策。20 世纪 80 年代初开始改革社会保险，其中最引人注目的是老年社会保险改革，先是实现双重公共年金制，接着促使医疗保险和养老保险一元化、保险负担公平化。在这一时期，政府进行了一系列制度方面的改革，受雇者在保险方面的负担急骤增加，福利水平和保险费取费标准逐年降低。主要体现在：1983 年，废除原定 70 岁老人免费看病的规定，改为个人负担部分费用；1984 年，设立了退休人员医疗制度，减少国库对国民健康保险的补贴比例；1985 年，政府规定未来医疗病床床位将不超过 1985 年的水平；1986 年，变更了各医疗保险制度的公积金的负担方法，增加了患者一部分负担；1994 年，通过修改年金制度的议案，决定享受年金的年龄从现行的 60 岁推延到 65 岁；1995 年，提高厚生年金的保险费率等。

---

① 吕学静. 日本社会保障制度[M]. 北京：经济管理出版社，2000：6.

② 同①8.

二、日本社会保障制度的体系

日本的社会保障制度是针对生活中可能出现的各种各样困境和风险，由政府强制征收社会保险金，它既是对参加保险者本人及家属的生活保障，也是一种相互扶助的制度。它包含社会保险、生活保护和社会福利三个部分，其中社会保险是日本社会保障制度的核心，其内容主要分为年金保险、医疗保险、雇佣保险及工伤保险。

(一)社会保险

1. 年金保险

日本实行的养老保险又称为年金保险，由国家建立并运行。国民养老保险所依据的法律是1961年4月开始实行的《国民养老保险法》。日本年金制度基本上是按企事业职工及非企事业职工分类的。对于一般企事业职工，年金制度分为厚生年金和共济年金。厚生年金的对象是公司职员，共济年金的对象为国家及地方政府的公务员(包括国立及公立学校的教职员工)以及私立学校的教职员工等。对于非企业事业职工的年金称为国民年金，其对象主要是个体经营者[①]。

1)国民年金

国民年金是根据日本宪法第25条——"国家有义务为国民的社会福祉、保障、公共卫生条件改善而努力，面向全休国民以备养老、伤残、死亡"而设立的面向所有国民支付共同的基础年金的制度。1961年日本实施《国民年金法》规定，凡是20—60岁的国民以及常驻日本的外国人都有权而且必须参加不同的年金保险，并按月缴纳保险费，60岁开始享受一定年限的年金。根据保险金的交纳方法，可以将加入者分为三类：第一类为自营业者及其妻子、20岁以上的学生以及非法人化的5人以下小企业的职员。第二类为厚生年金、共济年金的加入者。加入厚生年金、共济年金，就意味着自动加入国民基础年金。第三类为受第二类被保险者抚养的妻子，如果妻子本人也参加工作且年收入超过规定数额，则失去第三类被保险者的资格，须每月交纳保险费。此外，还有自愿加入的情况，称为任意加入者，主要是已经退休但还不够领取养老金条件的人。第一类被保险者即个体营业者，由本人直接向地方政府交纳保险金。第二类厚生年金、共济年金的加入者及其妻子(第三类)，则直接由厚生年金、共济年金的保险机关向国民年金的保险机关转账，个人无须直接交付。为了照顾生活困难的人，国民基础年金设有保险金免除制度，分为法定免除与申请免除。身体障害者、生活贫困者或接受国家生活保护的人，可以按手续获得法定免除。申请免除适用于低收入的人，申请提出后经审查批准获得免除[②]。

2)厚生年金

这是针对在企业工作的工薪人员等被固定雇佣的人加入的一种公立保险制度，有强制加入与任意加入之分。法律规定，在就业人数5名以上的企业中未满65岁的职工都必须加入厚生年金。有些人虽然到了领取年龄，但尚未满最低加入年限，为了获得领取厚生养老金的资格，就必须在退休后继续交纳保险金，这些人被称为任意加入者。厚生年金的保险费是根据一

① 吕学静. 日本社会保障制度[M]. 北京：经济管理出版社，2000：29.

② 同①37.

定的基数标准按比例按月进行征收的，由被保险人及其雇主各负担一半，雇主不仅负有缴纳自己应该承担的保险费义务，而且还负有代缴被保险人保险费的义务。厚生年金按赔付种类可分为老龄厚生年金(养老)、障碍厚生年金(伤残赔付)和遗族厚生年金(死亡赔付)。厚生劳动省每五年修订一次年金制度，根据人口老龄化发展和经济社会发展更新给付标准。2020 年日本厚生劳动省对《国民年金法》进行了最新修订，降低了参与职工保险企业的规模要求，对选择延迟退休的职工在职期间的养老金领取方式进行了修正等①。领取老龄厚生年金必须同时满足年满 65 周岁以上以及保险费的缴纳期间和减免期间之和必须在 25 年以上两个条件。对于被保险人在职期间因故成为残疾人士时，厚生年金制度规定进行满足条件的残疾人厚生年金的支付。能领取遗属厚生年金的遗属，必须是被保险人或者曾是被保险人的配偶、子女、父母，第三代或者祖父母，而且他们还必须是在被保险人或者曾是被保险人的人员死亡或被视为死亡时，依靠死者的收入来维持生计的人②。

3)共济组合年金

在日本，共济组合的历史比厚生年金和国民年金要长得多，加入者中领取年金人员的数量较多，其成熟度也较高。目前拥有年金制度的共济组合包括国家公务员共济组合、地方公务员共济组合和私立学校教职员共济。随着以全民为对象的基础年金制度的导入，共济组合也和厚生年金一样，成为附加在基础年金之上的两层次公共年金给付框架中的第二层。共济组合的缴费额和厚生年金保险一样，是以标准收入制度为基础的，并以此作为计算年金额的依据。其给付的种类主要包括退职共济年金、残疾人共济年金和遗属共济年金这样三种，其领取条件和厚生年金基本相同。两者在制度上的主要区别是，共济年金还拥有相当于企业年金的第三层给付，而厚生年金中则不存在第三层。此外，共济年金的缴费率也根据共济组合不同而略有区别③。

2. 医疗保险

1938 年颁布的《国民医疗保险法》是日本国民健康保险制度的开始，现行立法是 1958 年的《国民健康保险法》和 1986 年的《健康保险法》④。日本医疗保险制度从整体结构上来看，分为职域保险和地域保险两大类。前者是通过各种职业团体的保险机构进行的医疗保险，其中有健康保险和各种组合共济；后者是以市町村为保险机构的国民健康保险。两种保险均由政府运作，属于公共健康保险性质。

1)职域保险

日本的职域保险主要是以职业或行业为单位建立的保险，要求被适用的单位必须强制性地加入各个相应的保险制度。具有代表性的有健康保险、船员保险、各种共济以及由各种相同业务的单位成员参加的国民健康保险组合。在健康保险中又分为政管和组合两个部分，其主要涵盖的是企业在职员工，而企业的规模不同，其适用的保险制度就不相同。一般来说，中小企业或机构组织(除私立学校之外)适用政管健康保险，而大型企业则适用健康保险组合。健康保险组合是一个法人单位，其成员是各个健康保险适用单位以及被保险者。只有当员工数

① 厚生劳働省.年金制度の機能強化のための国民年金法等の一部を改正する法律の概要[N].2020-06-05.

② 宋健敏.日本社会保障制度[M].上海:上海人民出版社,2012:155.

③ 同②158.

④ 姜守明,耿亮.西方社会保障制度概论[M].北京:科学出版社,2002:210.

量达到一定要求时，才可以建立健康保险组合。船员保险适用面比较狭窄，是指渔业中船舶所有者。日本的各种共济保险采取的是地方自治，中央与地方政府的行政工作人员的管理体系具有相当的独立性。目前健康保险的保险人为“全国健康保险协会”，三种共济保险制度根据被保险者对象不同，其主管者和保险人也不同。以国家公务员为对象的共济保险的主管者为中央财务省，以地方公务员为对象的共济保险主管者为中央总务省，以私立学校教职员为对象的私立学校共济保险的主管为文部科学省。健康保险和国家公务员共济以及私立学校教职员的保险费按“标准报酬”(月工资)的一定比率进行征收，而只有地方公务员共济是按年收入的一定比率来计算，保险费率设有上限。国库承担财源的方式分为国库负担和国库补贴。前者是指国库预算中每年都有支付各个健康保险机构的事务性支出的项目；后者是指对于财政发生困难的组合给予的财政补贴(国库补贴)①。

2)地域保险

国民健康保险属于地域医疗保险制度，其覆盖面广，将各种被其他制度遗漏、零星分散的人群全部囊括之中，因此，可以说它是日本“国民皆保险”体制的基石。国民健康保险的被保险者从形式上看有三类：市町村所属的国民健康保险的被保险者、退职被保险者和国民健康保险组合的被保险者。从《国民健康保险法》的规定来看，所有具有正式居住地址的居民都首先被纳入为国民健康保险的被保险者(称“市町村国民健康保险”)，然后再从其中排除具有被雇佣者身份的被保险者以及属于生活救助对象的人员。市町村国民健康保险制度的被保险人，不包括被其他健康保险制度所覆盖的人员以及 75 岁以上的高龄者。国民健康保险制度区别于健康保险组合等制度的重要特征是，健康保险组合等制度，虽然通常都以在职人员本人为被保险人，但其家属可以作为被抚养人，在不进行缴费的情况下享受保险给付；而国民健康保险制度则只以加入者本人为被保险人，其家属不能享受被抚养人的待遇。国民健康保险费是该制度的主要财源，保险费征收标准由各市町村根据具体情况独自确定。由于被保险者人群特征分散、收入差距大等原因，大多数市町村的保险费在考虑家庭总收入、家庭资产、被保险人人均费率以及家庭平均费率四个因素的基础上采取类似税收的方式，确定当地的保险费(税)水平，根据“国民健康保险条例准则”向各家庭户主征收，有些市町村就直接称之为“国民健康保险税”，并根据地方税法进行征收②。

3. 雇佣保险

20 世纪 70 年代，日本整个社会高龄化程度也不断提高，随之而来的是雇佣市场出现了劳动需求不足，这成为审视失业保险制度、制定雇佣保险法的契机。于是，政府 1974 年将《失业保险法》改名为《雇佣保险法》。这一改变具有十分重要的意义，雇佣保险制度不再仅仅是雇佣中断(失业)时的生活保障制度，而是包括防止失业、职业能力开发、雇佣创造和确保这三项更为广义和更为积极的雇佣保险制度。

日本的雇佣保险是政府掌管的强制性保险制度，除了农林、畜牧、水产等行业以外，只要是“雇佣劳动者的单位”，不论其行业、规模，均为雇佣保险的适用单位。而“被适用企业雇佣的劳动者”中，“被雇佣”是指有雇佣关系，并在企业主的指挥监督下提供劳动，作为其报酬获取薪水的人，以承包或委任关系提供劳动的人通常不能称为“被雇佣”，判断有无雇佣关系，不能被合

---

① 宋健敏.日本社会保障制度[M].上海：上海人民出版社，2012：98.

② 同①102.

同的形式或名称所局限，而要综合考虑包括工作场所、企业主是否提供器材在内的业务活动的实际情况以及报酬或津贴的形态等各种因素。对于人寿保险公司、财产保险公司、证券公司等的推销员，如果能根据业务的内容、服务的形态、工资的计算方法等认定雇佣关系，他们也是被保险人。

日本的雇佣保险制度由"失业等给付"和"雇佣保险二事业"构成，其中相当于"失业保险制度"的"失业等给付"是雇佣保险制度的核心所在，其内容可以概括为三个方面的给付：第一是劳动者由于"失业"状态引起的收入的中断、丧失情况下给予生活保障；第二是劳动者在维持雇佣困难的某些特定情况给予"必要的给付"；第三是劳动者自愿接受相关职业教育与训练的情况下给予"必要的给付"。"失业等给付"所包含的内涵比较丰富，但其主要功能仍然是维持失业者的生活安定并援助其求职活动。雇佣保险中承担这一功能就是以"求职者给付"和"就职促进给付"为基本内容，以"教育训练给付"和"雇佣继续给付"为补充内容的"失业等给付"体系①。

失业保险费来源为保险对象和雇主共同承担的保险费和中央财政补贴，一般企业的三种类型规定有不同的保险费率，但是除了相当于雇佣稳定项目等三种项目的费用全部由雇主负担外，剩下的部分费用由雇主和劳动者平分。对于高龄劳动者，在一般保险费中，雇主和劳动者都可以免除雇佣保险相关部分的保险费的负担。雇佣保险由政府掌管，其具体管理机构为厚生劳动省内部的职业安定局中下设的雇佣保险科。但是，有关雇佣保险的一线事务则由各地公共职业安定所进行，有关适用单位的事务、失业给付的事务以及决定雇佣安定事业等的给付金的事务等都属于公共职业安定所所长的权限。

4. 工伤保险

日本工伤保险，又称"劳动者灾害补偿保险"，1947 年日本政府颁布了《工伤补偿保险法》，该法第一条指出，"对工人因业务上的事由或因上班造成负伤、生病、残疾或死亡者，予以迅速且公正的保护，实行必要的保险给付。同时，谋求促进这些因业务上的事由或上班而病残的工人重返社会，救援该工人及其遗属、确保工人的劳动条件，以利于工人福利的改善"。该法在实施过程中经过历次修改并一直沿用至今。

在日本，除了个别个人经营的小型农林水产业以外，工伤事故保险将所有"使用劳动者的事业"作为适用事业，是对被雇佣者在工作以及上下班中所发生的伤、病事故进行的保险。劳灾保险实施分类参保，由 4 个体系构成：一是劳动者灾害补偿保险，保障对象为一般工薪阶层；二是船员灾害补偿保险，保障对象是各类船员（2001 年开始，这两项合并为一般劳动者灾害补偿保险）；三是专为国家和地方公务员设立的公务员灾害补偿保险，由政府内阁人事院主管；四是地方公务员灾害补偿保险，由各级地方政府的公务员灾害补偿基金管理运营。

工伤事故保险费率按照企业的类别并考虑过去的事故发生率等来制定，其中包含通勤事故在内的基础费率。一定规模以上的企业按照各个企业的事故发生、保险给付的多寡，在一定范围内增减保险费率、保险费金额。工伤事故保险由政府掌管，政府作为工伤事故保险的保险人运营工伤事故保险事业，同时向经营者征收保险费。日本劳灾保险施行全国统一的行业差别费率，在全国范围统筹实施以支定收，行业差别费率一般每 3 年调整一次，调整依据是过去

① 宋健敏. 日本社会保障制度[M]. 上海：上海人民出版社，2012：322.

3 个保险年度的收支状况及职业伤害发生情况。在行业差别费率的基础上实行浮动费率，政府根据参保企业前 3 年劳灾保险的收支率确定企业的浮动费率。工伤事故保险通过导入浮动年金等制度显著地强化了对受害者的生活保障的功能，不同于健康保险、年金保险，工伤事故保险对劳动事故的补偿依据是工伤事故这种劳动关系上的风险，因此以雇佣者的责任对这一风险进行补偿是公平且妥当的。

对遭受业务事故或上下班事故的劳动者或其遗属进行保险给付，其支付内容不仅包括对被雇佣者的补偿，还包括对其家属的补偿，从补偿时间上来看，既有一次性的、短期的补偿，也有长期的、终身的补偿。与其他的社会保险给付相比，工伤事故保险的给付处于比较高的水平，这与补偿给付具有补偿损害的特性有关。受理有关工伤事故保险事务的中央行政机关是厚生劳动省，为了掌握工伤事故保险制度全体的运营管理，在厚生劳动省劳动基准局设置了工伤事故补偿部，其下又设有工伤事故管理科、补偿科、工伤事故保险业务室。

5. 护理保险

在日本，随着人口老龄化的不断加剧，老年人的护理需求日益提高。为了解决这一严峻的现实问题，日本从 2000 年开始实施护理保险制度，又被称为“介护保险”制度。日本是继德国之后世界上第二个建立护理保险制度的国家，该制度是日本为应对老龄化社会的一项重要举措。

护理保险制度的对象是 40 周岁以上的人，其中又分为两种被保险人，一是 65 周岁以上的老人，称为第一种被保险人；二是 40—64 周岁参加医疗保险的人，称为第二种被保险人。护理保险制度提供包括保健、医疗、福利在内的综合服务，主要有两个方面，即居家服务和设施服务。居家服务指的是被保险人大部分时间住在自己家里，接受各种服务。被保险人所能接受的服务种类大致有上门护理（家庭服务员）、上门帮助洗浴、上门帮助康复、日托康复、居家疗养指导（医师、牙医等上门诊断、治疗）、日托护理、短期入住设施、痴呆性老人共同生活护理、自费老人福利院护理、支付租赁及购买福利用具费用、支付住房改修费（安装扶手、拆除台阶等）等。设施服务是指被保险人入住到各种福利设施的服务，具体有护理老人福利设施（特别养护老人之家）、护理老人保健设施（老人保健设施）、护理疗养型医疗设施（疗养型病床、老年人痴呆病疗养病房）等。

护理保险的保险人是市町村和特别区。市町村作为保险人，不仅负有向符合法定条件的被保险人进行保险给付等“实施护理保险”的责任，还必须设立特别会计，管理护理保险的收入和支出。市町村具有决定给付、实施给付的给付主体的“事权”功能，又具有决定保险费率、征收和管理保险费的财政主体的“财权”功能①。在费用方面，日本介护保险费用由国家与个人共同负担，国家负担 50%，其中中央政府负担 25%，都道府县、市町村各负担 12.5%；在个人缴纳部分，65 岁以上退休老年人和 40－64 岁在职人员都需要缴纳，其中，65 岁以上老人个人负担 22%，由基层政府直接从退休金内扣除，40－64 岁负担 28%，与医疗保险同时缴纳，有困难者保险费减轻。此外，在接受护理的同时，也要缴纳一定比例的费用，以控制护理费用的增长。2014 年修正的日本介护保险法规定，65 岁以上护理服务利用者若收入超过规定标准则需

① 宋健敏. 日本社会保障制度[M]. 上海：上海人民出版社，2012：235.

要缴纳20%的服务费,其他利用者仍保持10%的原有标准①。

(二)生活保护

在日本社会保障制度中,社会救济制度被通称为生活保护制度,始自1932年日本《救护法》的颁布。二战后,1946年日本颁布《生活保护法》,开始了一个新的阶段,直至今天。生活保护是针对贫困者进行最低生活水平保障的一种事后"救贫"措施,属政府行为,由国家出资救助,其财源来自税收,受益者与成本负担之间没有必然联系。日本生活保护制度是通过八种扶助来实现最低生活保障的,这八种扶助根据被救济者或家庭的实际情况并考虑各地不同的经济发展水平,制定最低生活费标准后给予的各种不同给付。

1. 生活扶助

生活扶助是生活保护最基本和最核心的内容,它是为了维持各种情况下日常生活所必需的伙食、衣服寝具、家具杂货等支出以及移动所必需的支出。生活扶助所设定的标准原则上是以居家生活所需支出为限,如果因故无法实施居家保护,则有相应的生活保护设施,但进入设施接受保护则不能违背被保护人自身的意愿,不可强制。生活扶助一般以现金方式支付,但是在特殊情况下也可以由社会福利事务所代购物品来进行实物支付。

2. 教育扶助

教育扶助包括义务教育所必需的教材等学习用品、上学交通费以及学校伙食费,教育扶助支付也以现金形式支付,但为了确保使用目的,与教育用品相关的费用以及学校伙食费则直接交由学校校长并代其支付各项费用。

3. 住宅扶助

住宅扶助是针对生活极端贫困者提供维持最低生活所必需的住宅房租以及修缮费用,一般也是以现金方式支付,但在特殊情况下,也以提供简便宿舍的方式进行实物支付。

4. 医疗扶助

医疗扶助的内容包括诊疗、药材、治疗设备、手术以及必要的治疗措施、居家疗养管理以及伴随性的看护、住院治疗以及伴随性看护等。医疗救助原则上是以在指定医疗机构通过医疗给付的实物给付形式支付。接受医疗给付者每月需要在医疗机构申请医疗扶助,在医疗扶助身份未被确认前,采取交付医疗券的方式。

5. 护理扶助

护理扶助是护理保险法成立以后出台的新内容,是对于需要护理对象或者需要支援对象给予的扶助,具体内容可以参见前文提到的护理保险,这里不再重复。

6. 生育扶助

生育扶助包括分娩的措施和卫生用品,也一般以现金方式支付,但其中接生等费用直接支付给医疗机构。

7. 生业扶助

生业扶助是指针对有劳动意愿、但生活极端贫困者所提供的用于经营开业所必需的资金

---

① 厚生労働省老健局総務課.公的介護保険制度の現状と今後の役割(平成27年度)[EB/OL]. http://www.mhlw.go.jp/file/06-Seisakujouhou-12300000-Roukenkyoku/201602kaigohokenntoha.pdf.

技能学习费、就职准备费等，一般也是以现金形式给付。

8. 丧葬扶助

丧葬扶助是针对被保护者死亡情况下的给付，包括验尸、遗体搬运、火葬、埋葬等丧葬必需的费用。支付的对象是举办葬礼的被保护人的亲属或义务抚养人，如果没有的话，则支付给实际举办葬礼者，并一般以现金方式支付①。

(三)社会福利

社会福利是社会保障制度三大支柱之一，日本《宪法》第25条提出“国家必须在所有生活方面，不断努力促进社会福利、社会保障以及公众卫生水平的提高”。早期的社会福利制度与生活保护制度紧密相连，在经济高速增长期间逐步得以扩充。后来，随着社会少子化与老龄化趋势的发展，家庭功能的变化，残障者自立及其社会参与度的提升，人们对福利的需求更加多样化，与社会保险强调以社会“连带责任”来抵御生活中的各种风险不同，社会福利强调保障国民最低限度的健康、文明生活中的国家责任。日本的社会福利主要内容可以分为以下内容。

1. 对低收入者的生活保障

针对因某些原因生活陷入困境的人员，根据困难程度给予援助，提供日常生活福利，以保证其最低生活标准并帮助其自立，同时对于因疾病生活陷入困境的低收入者，提供生活费、医疗费。这一福利项目必须通过由需要协助的人员、其法定监护人或居住在与其相同地址的亲属提交申请来启动。原则上，以家庭为单位提供。扶助的种类包括：提供食品、衣服以及其他日常生活必需品；提供义务教育课程需要的课本；提供住所；提供医疗检查及药品；提供生育帮助；提供工作所需的资金与设备方面的协助；提供丧葬费用以及提供长期看护方面的协助。

2. 对高龄者的福利保障

对高龄者的福利保障包括为老人进行癌症检查及完善老人保健设施等一系列保健措施，承担老年人医疗费用的医疗保障措施，向老人家中派遣护理人员提供必要的护理服务的种上门服务措施，为无法在家中生活的老年人提供老人养护之家等公共设施的保障措施。

3. 对残疾、痴呆患者的福利保障

被确认为有身体残疾的人员可以享受咨询与指导、特殊康复与医疗服务、残疾人辅助设备与器械的更换和维修以及在几种康复设施里接受治疗等福利项目。对于那些有特别严重残疾的人，服务的项目还可以包括用于购买澡盆、便壶、特别设计的床、文字处理机，雇家政服务人员，请医务人员登门体检的无偿赔款或借款。特殊残疾人员还可以获得一笔津贴，使他们能够在经济上自立，那些精神及身体残疾人员还可以通过一套扶持与互助系统领取一项特殊补助。

4. 对儿童的福利保障

儿童保障包括为孤儿提供生活场所、向有问题的儿童提供咨询服务、向抚养者提供必要的抚养资金援助等。对于身体或精神残疾的儿童，那些在家中养育这些儿童的法定监护人还可以得到一笔特别儿童养育津贴，津贴的数额根据残疾程度分为几等。教育方面的设施有盲人学校、聋人学校、可以提供特别护理的住所学校以及公立学校中的特殊课堂。

---

① 宋健敏. 日本社会保障制度[M]. 上海：上海人民出版社，2012：354－355.

5. 对单亲家庭的福利保障

单亲家庭保障措施是指面向单亲家庭提供的包括生活咨询服务、低息贷款等各种必要的援助措施①。

三、日本社会保障特点

(一)年金一体化

为使年金制度更合理,日本厚生省提出了建立基础年金制度的构想,内容包括:设立全体国民共同固定的基础年金制度,从65岁起发放;现行的国民年金、厚生年金,各种共济组合的年金制度予以继续保持,扣除基础年金应支付的费用后,其剩余部分作为附加年金给予支付;将现行各种年金收取的保险费交给基础年金作为保险支付金,不足部分由国库承担。这把现存的各种年金制度进行统一,全体国民都有平等的享用权。虽然医疗制度中的国民健康保险在保险费的缴付方面有地区和家庭的差别,但在医疗费的支付方面完全相同。

(二)保障自我化

日本社会保障制度强调劳动者个人的自我保护意识,鼓励个人依靠自身的努力和家庭的协助满足社会保障方面的需要。日本倡导建立以个人的资助努力和家庭、邻里即社区共同体的结合为基础,以政府重点保障公共福利的自由经济社会所具有的创造性活力为原动力的福利社会。在这种保障思想下,日本劳动者个人负担相对较多,与国际水平相比,日本老龄者就业率相对较高。让国民自己保障自身和家庭的形式是日本社会化保障制度中的重要制度选择。

(三)负担全民化

在日本的社会保障制度中,政府负担大部分保险费用,其次是企业再其次是个人。公共救助部分依据的是必要的原则,由政府承担保证最低生活水平的责任;养老保险和医疗保险主要依据贡献原则,其社会保险资金来源采取受保人、雇主、政府三方分担的原则,其中政府责任占有较高比例。日本的社会保险资金主要包括保险费、公费和其他资产收入等,政府负担的费用,依靠税收获取。全民皆保险和全民皆年金制度实质上是全体国民共同保障全体国民生活的社会保障制度②。

(四)管理多元化

日本的社会保障制度是按系统分散管理的,没有形成全国统一的管理体系,可以简单分为政府、专业机构和社会团体三个层次。政府的职责主要集中于制定、实施、监督和落实社会保险的政策和方案;社会保险专业机构具体负责日常业务管理;社会团体协助办理相关的社会保险实务。养老保险中的国民年金、私人企业厚生年金和船员保险、疾病与生育保险以及家庭津贴,均有厚生省负责管理。养老保险中的私立学校教职员共济年金由文部省管理,而工伤保险与失业保险均有劳动省负责管理③。

---

① 宋健敏.日本社会保障制度[M].上海:上海人民出版社,2012:198-200.

② 郑秉文,方定友,史寒冰.当代东亚国家、地区社会保障制度[M].北京:法律出版社,2002:111-113.

③ 林闽钢,周薇,周蕾.社会保障国际比较[M].北京:科学出版社,2015:172.

本章小结

世界各国在不同的政治制度背景、历史文化环境、经济发展水平等多种因素的影响下，形成了多种风格的社会保障制度。本章分别介绍了英国、德国、美国和日本的社会保障制度，梳理各国保障制度的起源与发展历程，从历史起源、保障内容、保障对象、筹资方式、给付标准及管理手段等方面介绍了各国社会保障体系内容，总结归纳不同社会保障制度的特征。

案例分析

当代资本主义国家的“新福利风险”

福利国家发展早期，福利国家要为因战争失去生活能力和就业能力的人提供基本生存保障，保护社会弱者基本权利，这些属于传统社会保障所包含的基本内容，被称为“老社会风险”(old social risks)。进入 21 世纪，福利国家经历了“后工业社会”，传统的工作和家庭的平衡被打破、产业结构发生变化带来的社会不安定因素、不同类型技术工人的就业风险、单亲家庭的骤增、女性家庭责任的缺位等，俨然成为福利国家在新世纪之际亟待解决的新问题，这些问题被 Giuliano Bonoli 归纳为“新社会风险”(new social risks)①。

从“新社会风险”的提出到现在，过去了十余年，资本主义世界又发生了很多“大事件”——金融风暴席卷全球、经济普遍不振、英美“黑天鹅”事件为代表的局部逆全球化运动、民粹主义思潮的死灰复燃、“黄背心”运动席卷欧陆、新冠肺炎疫情不断……如今的资本主义国家面对的是与新老社会风险时期截然不同的格局。

一、难民潮催生新社会保障风险

2015 年开始，受战乱影响，西亚、北非地区涌现大量难民，他们为了躲避战争和饥荒，不顾艰险迁徙到欧洲，形成二战以来欧洲最大的难民潮。造成了这些传统福利国家出现新的社会保障风险。对难民构成的社会保障机制难以在短期内完善，以普惠制社会保障为例，德国经济最发达的巴伐利亚州，每月为每个成人难民提供 140 欧元的低保补助，以此推算巴伐利亚州在未来两年在难民方面的财政支出将超过 10 亿欧元②。这种纯粹消耗性社会保障机制显然不是长久之计。

二、不平等加剧和民粹思潮复燃引发新社会政策风险

20 世纪 80 年代以来，资本主义国家的贫富差距不断拉大，特别是以英国、美国等为代表的自由市场经济模式的国家，贫富分殊加剧的一个后果，是民粹主义的复燃。如 2012 年伦敦骚乱事件、2018 年巴黎“黄背心”运动，以及 2020 年 5 月美国明尼苏达警察暴力执法引发席卷 140 余座城市的街头抗议活动。资本主义国家普遍的不平等加剧，对社会政策的制定带来更大挑战：面对新时期基于民粹主义思潮的社会抗争运动，资本主义用以应对二战创伤、建立福利“兜底”机制的老社会政策收效甚微，导致结合了民粹主义的新社会政策风险频发。

---

① BONOLI G. The politics of the new social policies: providing coverage against new social risks in mature welfare States"[J]. Policy and Politics,2005,33(3):431 449; ARMINGEON K, BONOLI G. The Politics of Post-industrial Welfare States[M]. London:Routledge,2006.

② 刘益梅. 难民危机与欧洲民粹主义崛起探析[J]. 学海,2016(4):42－48.

三、互联网时代产业结构变化导致新劳动力风险

随着互联网产业突飞猛进，在大数据时代，通用型技能工人需求增加，劳动力市场上的特定高技术劳动力需求越来越旺，大量具有一般专业技能的失业工人成为社会不稳定的导火索，同时也造成了低端薪酬劳动力需求萎缩，进一步增加了失业，这便形成了新的高端通用型技术工人短缺的劳动力风险，这也会对资本主义国家福利保障结构产生影响。

（资料来源：冉昊.当代资本主义国家的新福利风险：表现、原因与应对[J].教学与研究，2021(2):56-67.）

思考：

当今资本主义福利国家面临的新风险是什么，结合你所学的知识，思考资本主义国家应该如何应对福利危机？

复习思考题

1.简述英国福利型社会保障的起源及其发展历程。

2.德国社会保障体系主要包括哪些内容？

3.美国的社会保障具有哪些特点？

4.日本为什么要建立介护保险体系？

推荐阅读书目

1.郑春荣.英国社会保障制度[M].上海：上海人民出版社，2012.

2.姚玲珍.德国社会保障制度[M].上海：上海人民出版社，2011.

3.李超民.美国社会保障制度[M]上海：上海人民出版社，2009.

4.宋健敏.日本社会保障制度[M].上海：上海人民出版社，2012.

5.林闽钢，周薇，周蕾.社会保障国际比较[M].北京：科学出版社，2015.

5.仇雨临.社会保障国际比较[M].北京：中国人民大学出版社，2019.

参考文献

[1] 郑功成. 社会保障学[M]. 北京:中国劳动社会保障出版社,2005:22 - 34.

[2] 赵曼,周祖荣,蔡伟. 美国社会保障制度研究于借鉴[M]. 武汉:武汉出版社,1999:150 - 157.

[3] 许琳. 社会保障学[M]. 北京:清华大学出版社,2008:70 - 80.

[4] 丁建定. 西方国家社会保障制度史[M]. 北京:高等教育出版社,2010:45 - 50.

[5] 孙树菡. 社会保险学[M]. 北京:中国人民大学出版社,2012:66 - 87.

[6] 柏拉图. 理想国[M]. 郭斌和,张竹明,译. 北京:商务印书馆,1986:58,279

[7] 亚里士多德. 政治学[M]. 吴寿彭,译. 北京:商务印书馆,1965:113,118 - 119

[8] 马克思恩格斯文集第 1 卷[M]. 北京:人民出版社,2009:156.

[9] 马克思恩格斯文集第 2 卷[M]. 北京:人民出版社,1957:357 - 359.

[10] 马克思恩格斯文集第 3 卷[M]. 北京:人民出版社,2009:9 - 12.

[11] 马克思恩格斯文集第 5 卷[M]. 北京:人民出版社,2009:743 - 745.

[12] 马克思恩格斯文集第 6 卷[M]. 北京:人民出版社,1961:646.

[13] 列宁全集第 4 卷[M]. 北京:人民出版社,2013:190 - 196.

[14] 列宁全集第 6 卷[M]. 北京:人民出版社,2013:195 - 197.

[15] 桑巴特. 现代资本主义第 1 卷[M]. 李季,译. 北京:商务印书馆,1958:212 - 215.

[16] 凯恩斯. 就业利息和货币流通[M]. 徐毓枬,译. 北京:商务印书馆,1983:326

[17] 斯密. 国民财富的性质和原因的研究(上卷) [M]. 郭大力,王亚南,译. 北京:商务印书馆,1972:64 - 74.

[18] 吉登斯. 第三条道路:社会民主主义的复兴[M]. 郑戈,译. 北京:北京大学出版社、生活·读书·新知三联书店,2000:122 - 134.

[19] 布莱尔. 新英国:我对一个年轻国家的展望[M]. 曹振寰,等译. 世界知识出版社,1998:166 - 169.

[20] 穆怀中. 社会保障适度水平研究[J]. 经济研究,1997(2):8.

[21] 穆怀中. 社会保障的生存公平与劳动公平:"保障适度"的两维度标准[J]. 社会保障评论,2019,3(2):10 - 12.

[22] 林义,任斌. 政治经济视角下的中国社会保障:变迁逻辑与发展经验 [J]. 社会科学,2021(10):57 - 69.

[23] 鲁全. 新时代中国社会保障体系建设的路径:兼论"十四五"时期社会保障改革新要求[J]. 行政管理改革,2021(4):42 - 39.

[24] 郑功成. 中国社会保障 70 年发展 [J]. 社会科学文摘,2019(12):49 - 50.

[25] 郑功成. 中国社会保障 70 年发展(1949—2019):回顾与展望[J]. 中国人民大学学报,2019,33(5):2 - 10.

[26] 郑秉文,张笑丽. 中国社会保障 70 年:助推封闭型经济转向开放型经济[J]. China Econo-

mist,2019,14(4):98 - 120.

[27] 郑秉文.中国社会保障40年:经验总结与改革取向[J].中国人口科学,2018(4):2 - 16.

[28] 杜惠敏,张小楠,梁佳伟.习近平新时代民生观的逻辑维度研析[J].理论导刊,2020(9):19 - 23.

[29] 周弘.福利的解析:来自欧美的启示[M].上海:远东出版社,1999.

[30] 卫兴华.中国社会保障制度研究[M].北京:中国人民大学出版社,1994.

[31] 丁建定,罗丽娅.试论中国共产党民生思想的发展[J].中州学刊,2020(6):70 - 75.

[32] 钟仁耀.社会救助与社会福利[M].上海:上海财经大学出版社,2005.

[33] 陈银娥,潘胜文.社会福利[M].北京:中国人民大学出版社,2004.

[34] 杨燕绥.社会保障[M].北京:清华大学出版社,2011.

[35] 刘力宁.习近平社会公平思想研究[D].沈阳:沈阳理工大学,2020.

[36] 李长达.中国共产党民生观研究(1949 - 1956)[D].锦州:渤海大学,2020.

[37] 张园园.习近平民生观研究[D].临汾:山西师范大学,2019.

[38] 贾桓宇.社会保障国际比较[J].现代经济信息,2015(12):143.

[39] 库少雄,HOBART A B.社会福利政策分析与选择[M].武汉:华中科技大学出版社,2006.

[40] 王玉明.发挥慈善事业三次分配作用[J].中国民政,2021(17):22.

[41] GILBERT N,TERRELL P.社会福利政策导论[M].黄晨熹,周晔,刘红,译.上海:华东理工大学出版社,2003.

[42] 孙炳耀,常宗虎.中国社会福利概论[M].北京:中国社会出版社,2002.

[43] 冉昊.企业年金制度的比较与借鉴[J].河北大学学报(哲社版),2021,44(5):125 - 130.

[44] 陈先玲.企业年金制度演进历程、运行现状和发展路径[J].科技创业月刊,2021,34(7):156 - 157.

[45] 张轶妹,周明.中国共产党百年社会保障管理体制探索、演进与创新[J].西北大学学报(哲社版),2021,51(4):100 - 102.

[46] 迪尼托.社会福利:政治与公共政策[M].北京:中国人民大学出版社,2007.

[47] 怀特科,费德里科.当今世界的社会福利[M].北京:法律出版社,2003.

[48] 单大圣.中国建成世界最大社会保障体系后的政策选择[J].北京航空航天大学学报(社会科学版),2019,32(2):30 - 33.

[49] 童星.社会保障与管理[M].南京:南京大学出版社,2002.

[50] 陈成文,胡书芝.社会救助与建设和谐社会[M].长沙:湖南大学出版社,2007.

[51] 王卫平,郭强.社会救助学[M].北京:群言出版社,2007.

[52] 曹立钱.社会救助与社会福利[M].青岛:中国海洋大学出版社,2006.

[53] 时政新.中国社会救助体系研究[M].北京:中国社会科学出版社,2002.

[54] 宋晓悟.中国社会保障制度改革[M].北京:清华大学出版社,2002.

[55] 刘钧.社会保障理论与实务[M].北京:清华大学出版社,2005.

[56] 郑秉文,和春雷.社会保障分析导论[M].北京:法律出版社,2001.

[57] 孙建勇.社会保障基金监管[M].2版.北京:中国劳动社会保障出版社,2005.

[58] 丁建定.社会保障概论新编[M].北京:中国人民大学出版社,2016.

[59] 林义.企业年金的理论与政策研究[M].成都:西南财经大学出版社,2006.
[60] 齐海鹏,刘明慧,付伯颖.社会保障基金管理研究[M].大连:东北财经大学出版社,2002.
[61] 林义.社会保险基金管理[M].北京:中国劳动社会保障出版社,2002.
[62] 丁建定.社会保障制度论:西方的实践与中国的探索[M].北京:社会科学文献出版社,2016.
[63] 李珍.社会保障理论[M].北京:中国劳动社会保障出版社,2013.
[64] 郭士征.社会保险基金管理[M].上海:上海财经大学出版社,2006.
[65] 孙祁祥,郑伟,等.中国社会保障制度研究:社会保险改革与商业保险发展[M].北京:中国金融出版社,2005.
[66] 郑功成.当代中国慈善事业[M].北京:人民出版社,2012.
[67] 孟昭喜.社会保险经办管理[M].北京:中国劳动社会保障出版社,2005.
[68] 曹信邦.社会保障学[M].北京:科学出版社,2007.
[69] 孙光德,董克用.社会保障理论[M].5 版.北京:中国人民大学出版社,2016.
[70] 张思锋,温海红,赵文龙.社会保障概论[M].武汉:武汉出版社,2003.
[71] 洪进,杨辉.社会保障导论[M].合肥:中国科学技术大学出版社,2006.
[72] 章晓懿.社会保障:制度与比较[M].上海:上海交通大学出版社,2004.
[73] 费梅苹.社会保障概论[M].3 版.上海:华东理工大学出版社,2008.
[74] 周德民,邹文开,刘志红.社会保障概论[M].北京:中国轻工业出版社,2008.
[75] 穆怀中.社会保障国际比较[M].2 版.北京:中国劳动社会保障出版社,2007.
[76] 郭捷.劳动与社会保障法[M].北京:中国政法大学出版社,2007.
[77] 杨燕绥.社会保障法[M].北京:人民出版社,2006.
[78] 王洪春.社会保障学[M].合肥:合肥工业大学出版社,2008.
[79] 贾俊玲.劳动法学[M].北京:北京大学出版社,2009.
[80] 董保华.社会保障的法学观[M].北京:北京大学出版社,2005.
[81] 张开云,李倩.社会保障学导论[M].2 版.北京:科学出版社,2015.
[82] 向运华,王晓慧.公平理念在中国:改革开放 40 年社会保障事业回顾和展望[J].河北大学学报(哲社版),2019,44(3):127-128.
[83] 范丛.中国共产党社会保障理念的演进及思考[J].当代世界社会主义问题,2019(2):46-48.
[84] 徐进.中国社会保障 70 年:制度演进、理念变迁、中国经验[J].哈尔滨商业大学学报(社会科学版),2019(6):126-128.
[85] 郑功成.中国社会保障发展报告[M].北京:人民出版社,2016.
[86] 曾煜.新编社会保障通论[M].北京:中国建材工业出版社,2003.
[87] 陈林,董登新.我国社会保障基金投资应借鉴国际经验:基于美国、新加坡的投资经验[J].武汉金融,2015(2):39-41,47.
[88] 任丽芳,李俊杰.全国社会保障基金投资股票市场实证分析[J].征信,2014(2):86-89.
[89] 唐艳,陈志国.公共养老储备基金资产配置比较研究与启示:基于挪威、法国、爱尔兰、新西兰四国公共养老储备基金比较分析[J].社会保障研究,2014(3):105-112.
[90] 泰阳,张瑾.新加坡社会保障基金监管模式及其启示[J].内蒙古农业大学学报(社会科学版),2021,23(3):60-62.

[91] 丁建定,王伟.西方国家社会保障制度发展模式研究[J].东岳论丛,2021,42(3):140-144.
[92] 唐运舒,胡琪.基本养老金市场化投资的理论依据与风险控制[J].华东经济管理,2014(8):169-173.
[93] 张兴.我国养老保险个人账户基金管理体制研究[J].经济与管理,2014(4):40-44.
[94] 邹东涛,李欣欣.社会保障:体系完善与制度创新[M].北京:社会科学文献出版社,2011.
[95] 邱春明.社会保障水平与经济发展的适应性关系研究[J].商业观察,2021(16):56-57.
[96] ATKINSON, MOGENSEN, GUNNER. A North European perspective[J]. Welfares Work Incentives, 1993(10):12-26.
[97] 巴尔.福利国家经济学[M].郑秉文,穆怀中,等译.北京:中国劳动社会保障出版社,2003.
[98] 郑功成.中国社会保险法制建设:现状评估与发展思路[J].探索,2020(3):36-38.
[99] 米尔丝.社会保障经济学[M].郑秉文,译.北京:法律出版社,2003.
[100] 杨风寿.中国社会保障水平与经济水平关系的研究[J].开发研究,2015(4):164-168.
[101] 郭林,杨斌,丁建定.政府职能与社会保障制度体系发展目标嬗变研究[J].浙江社会科学,2013(9):78-84,157-158.
[102] 米拉什.资本主义社会的福利国家[M].郑秉文,译.北京:法律出版社,2003.
[103] 郑功成.中国慈善事业发展:成效、问题与制度完善[J].国家行政学院学报,2020,24(6):58-60.
[104] 张宗坪,董西明.社会保障概论[M].上海:上海财经大学出版社,2012.
[105] 刘宁宁,王小川.社会保障适度水平探究[J].劳动保障世界,2019(3):35-36.
[106] 柳清瑞,沈毅,陈曦.社会保障水平变动规律的跨国实证分析[J].人口与发展,2014(6):51-62.
[107] 王健.我国社会救助制度中受救助者义务条款的正当性、体系化及其限度[J].河南财经政法大学学报,2021,36(5):32-36.
[108] 马斌.社会保障学[M].北京:科学出版社,2015.
[109] 刘钧.社会保障理论与实务[M].2版.北京:清华大学出版社,2009.
[110] 郑功成.全面深化医保改革:进展、挑战与纵深推进[J].行政管理改革,2021(10):14.
[111] 丁建定,何二毛.论中国社会福利制度类型的完善[J].贵州社会科学,2015(6):62-66.
[112] 潘锦棠.社会保障学[M].大连:东北财经大学出版社,2015.
[113] 鲁全.新发展格局要求社保发挥新功能[J].中国社会保障,2021(5):36.
[114] 王立剑.社会保障的价值理性与工具理性[J].中国社会保障,2021(8):33.
[115] 赵峰,李清章.我国社会保障水平区域差异化综合评价研究[J].商业经济研究,2018(21):148-149.
[116] 李平.历史视角下公共政策功能限度的转变:以中国社会保障领域政策为例[J].现代商贸工业,2020,41(12):55.
[117] 王震.公共政策70年:社会保障与公共服务供给体系的发展与改革[J].北京工业大学学报,2019,19(5):26-29.